Jörg-Thomas Titz

Premiumwege Pfälzerwald

Donnersberg · Pfälzerwald und Weinstraße · Rheinaue

50 ausgewählte Touren

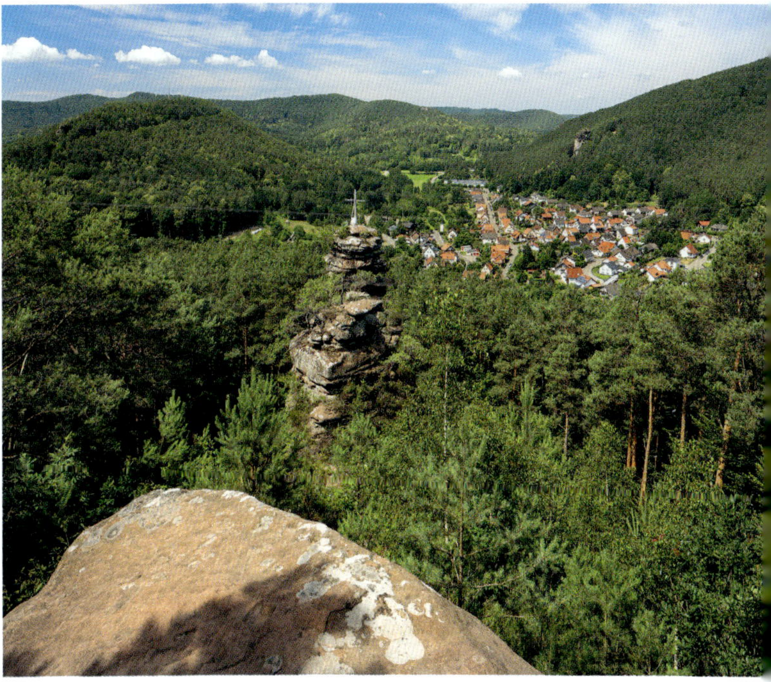

ROTHER BERGVERLAG

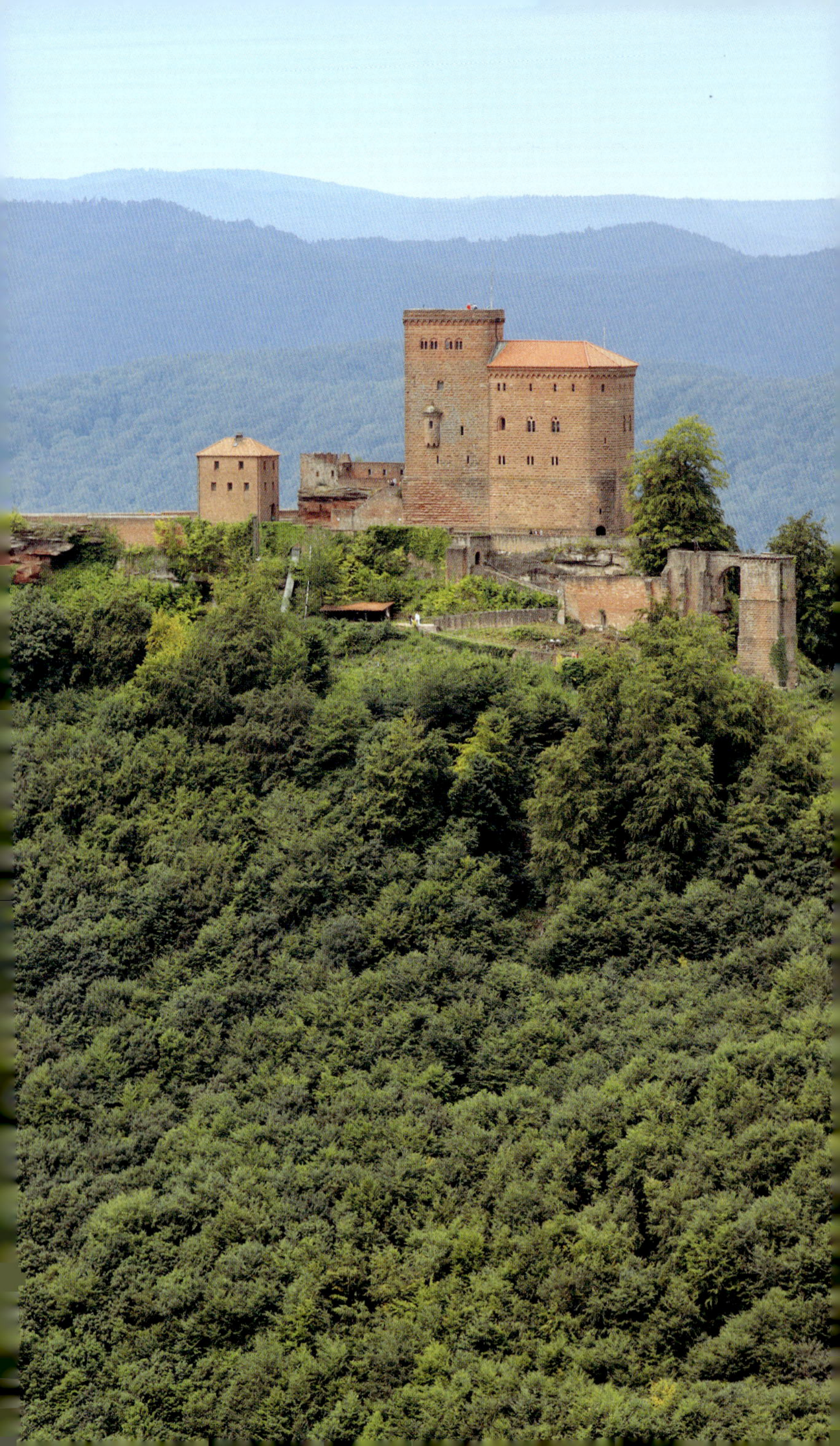

Vorwort

Unterwegs in einer Gegend, die einzigartig in Deutschland ist. Die Deutsche Weinstraße wurde 2020 als erste Region in Rheinland-Pfalz als »Nachhaltiges Reiseziel« ausgezeichnet, und seit 2021 gehören die bewirtschafteten Hütten im Pfälzerwald zum Immateriellen Kulturerbe Deutschlands der UNESCO.
Im Pfälzerwald, entlang der Weinstraße, auf dem Donnersberg und im Auwald am Rhein laden zahlreiche Themenwege dazu ein, diese abwechslungsreiche Landschaft zu Fuß kennenzulernen. Viele dieser Rundwanderwege wurden vom Deutschen Wanderinstitut als Premiumwege zertifiziert. Es ist ein besonderes Erlebnis und Vergnügen, auf diesen schönen Premium- und Themenwegen entlang schmaler Pfade durch die Natur zu wandern und die Landschaft mit ihren Farben, Geräuschen und Düften zu genießen. Gepflegte Wege und eine gute Beschilderung sorgen dafür, dass sich unterwegs niemand verläuft. Wir kehren in Waldgaststätten, Naturfreundehäusern und urigen Hütten ein, in denen die Pfälzer Küche deftig und die Atmosphäre locker ist. So kann selbst eine Winterwanderung bei frostig-kalten Temperaturen oder ein verregneter, trüber Tag zu einem gelungenen Wandererlebnis werden.
Der Pfälzerwald ist das größte zusammenhängende Waldgebiet Deutschlands. Charakteristisch für diese Region sind ausgedehnte Wälder, mächtige Felsen aus rötlichem Buntsandstein und spektakuläre Fernsichten. Auf diese Felsen bauten die Staufer im 12. Jahrhundert trutzige Burgen, deren Ruinen wir erkunden. Die Pfalz ist auch das zweitgrößte Weinanbaugebiet Deutschlands – und die mediterran anmutende Landschaft am Rand der klimatisch milden Rheinebene mit ihren Weinbergen, Mandel- und Feigenbäumen wird »Toskana Deutschlands« genannt.
Der 687 m hohe Donnersberg ist der höchste Berg der Pfalz. Vor über 2000 Jahren war er der heilige Berg eines Keltenstammes und dem germanischen Gott Donar geweiht. Einst befand sich auf ihm die größte Siedlung der Kelten in Mitteleuropa. Dieser Berg wölbte sich vor 280 Millionen Jahren auf, als flüssiges Magma aus dem Erdinnern emporstieg und unter der Erdoberfläche erstarrte, ohne dass ein Vulkan ausbrach. Die dabei entstandenen vulkanischen Gesteine und Erze machen den Donnersberg zu einem geologisch besonders interessanten Gebiet. 2021 wurde er als »Nationaler Geotop« ausgezeichnet.
In der Rheinaue bei Hördt wandern wir durch den Auwald am Rhein und lernen dabei nicht nur die besondere Fauna und Flora dieses Naturschutzgebietes kennen, sondern erfahren auch, wie früher die Schiffe auf dem Rhein flussaufwärts getreidelt wurden.
Auch für Kinder sind die Wanderungen spannend. Sie können auf Felsen herumklettern, an Quellen und kleinen Bächen im Wasser spielen, Waldgeister entdecken oder sich in einem Geisterschloss ein wenig gruseln.
Die Pfalz ist wunderschön! Tolle Wandererlebnisse sind auf den 50 beschriebenen Premium- und Themenwegen garantiert. Also – Rucksack auf, Wanderschuhe an und raus ins Grüne!

Altleiningen, im Herbst 2022 Jörg-Thomas Titz

Inhalt

Der Drachenfels bei Busenberg (Tour 39).

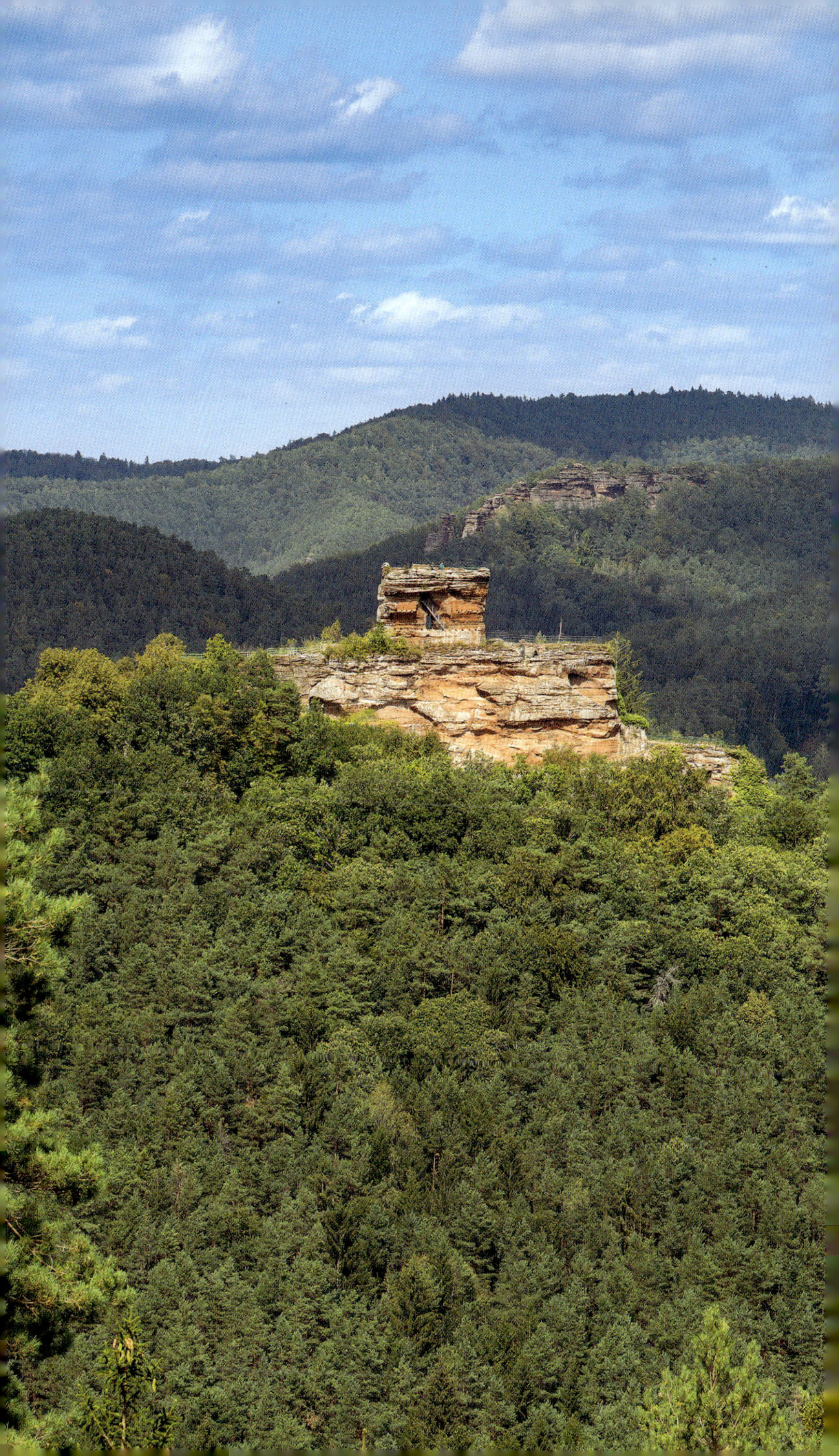

Top-Touren

Kupferweg
Der Kupferweg führt am Südrand des Donnersbergs an den historischen Erzgruben und Abraumhalden des einstigen Bergbaureviers vorbei durch eine geologisch äußerst interessante Landschaft mit schönen Aussichtspunkten und einer Hütte zum Einkehren (Tour 3, 2.30 Std).

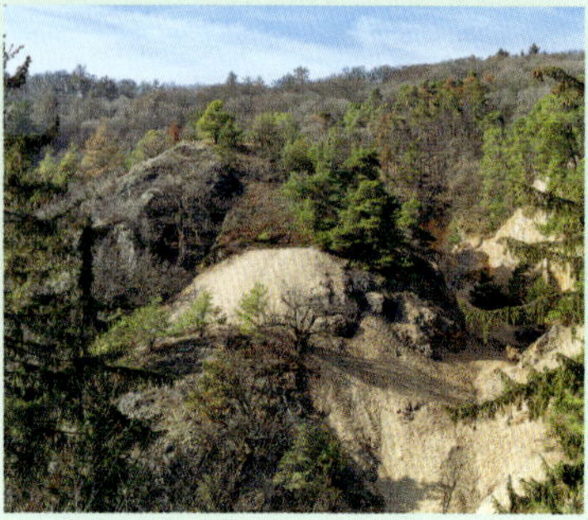

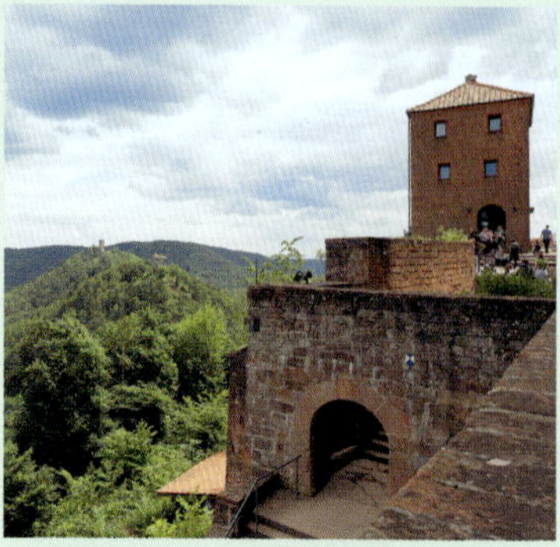

Annweilerer Burgenweg
Der aussichtsreiche Premiumweg führt zu den drei bekanntesten Gipfelburgen des südlichen Pfälzerwalds: den Felsenburgen Scharfenberg und Anebos und der mächtigen Burg Trifels. (Tour 28, 2.45 Std.).

Ganerbenweg
Im Wald der Ganerben führt dieser abwechslungsreiche Premiumweg an moosbewachsenen Felsen, historischen Grenzzeichen und einem römischen Steinbruch vorbei zum Ungeheuersee, an dem wir in der Weisenheimer Hütte einkehren können. (Tour 12, 3.00 Std.).

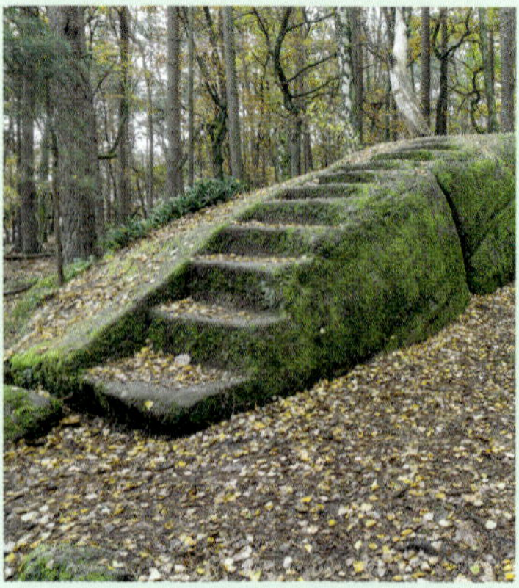

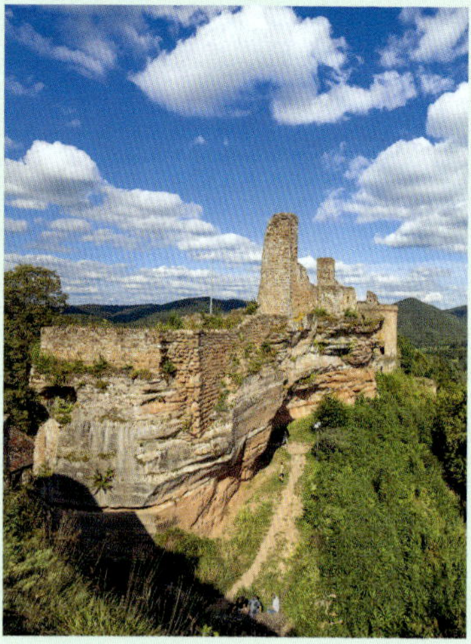

Dahner Felsenpfad
Auf einem faszinierenden Premiumweg lernen wir die beeindruckendsten Buntsandsteinfelsen des Dahner Felsenlands aus der Nähe kennen. Der Weg bietet »Felsen-Hopping« pur, großartige Aussichtspunkte und eine Hütte zum Einkehren (Tour 32, 4.15 Std.).

Dimbacher Buntsandstein Höhenweg
Mehr spektakuläre Buntsandsteinfelsen und Aussichtspunkte gehen fast nicht mehr! Ein Premiumweg der Superlative! (Tour 37, 4.15 Std.).

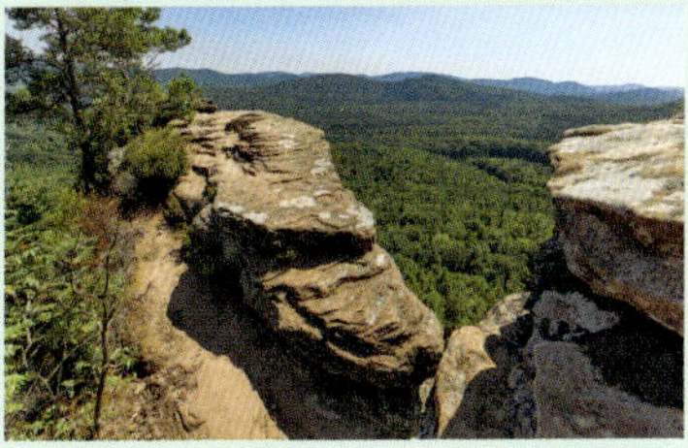

Bären-Steig
Der Drachenfels mit seinen Felsenkammern und die fantastische Aussicht von der Jüngstbergkanzel über die bewaldeten Berge des Wasgaus sind nur zwei der vielen Highlights dieses abwechslungsreichen Premiumwegs (Tour 39, 4.30 Std.).

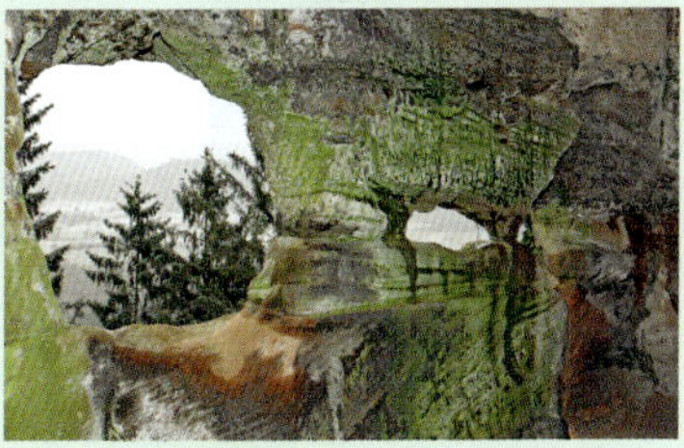

Geisterschloss-Tour
An diesem abwechslungsreichen deutsch-französischen Wanderweg liegen mit den Ruinen Blumenstein und Wasigenstein zwei der schönsten und abenteuerlichsten Felsenburgen (Tour 40, 4.00 Std.).

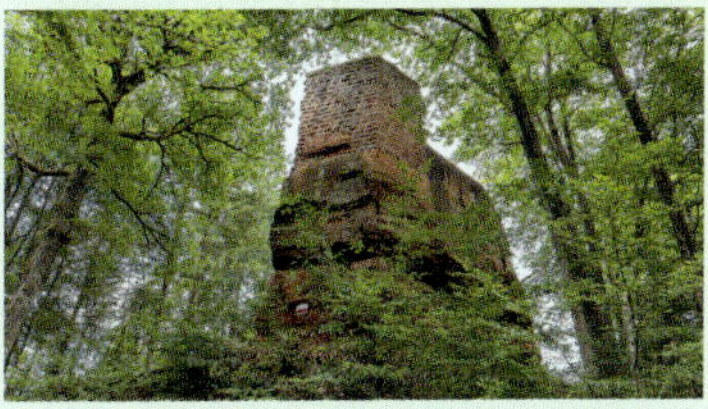

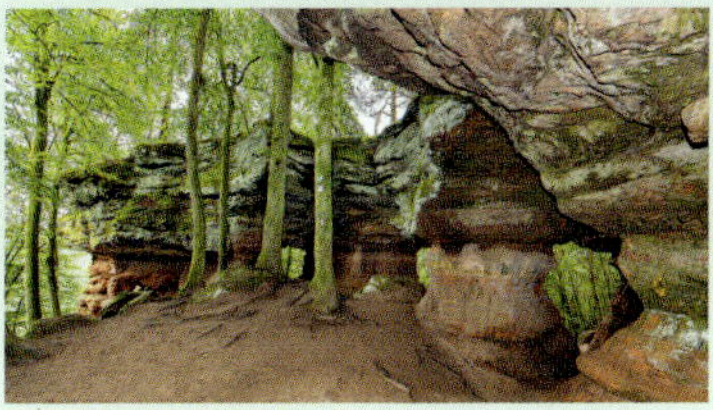

Altschlosspfad
Die Altschlossfelsen sind die längste und spektakulärste Buntsandsteinformation im Pfälzerwald. Der Premiumweg schaffte es 2022 neben dem Rimbergsteig in die Endauswahl für »Deutschlands schönster Wanderweg« (Tour 41, 3.00 Std.).

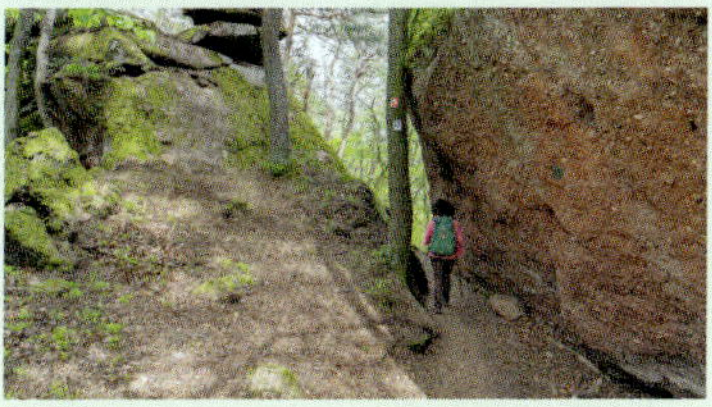

Lemberger Rothenberg-Weg
Der Premiumweg führt auf naturbelassenen Felsen- und Waldpfaden durch die faszinierende Felslandschaft des Rothenbergs zum Waldhaus Drei Buchen, in dem wir einkehren können (Tour 43, 2.30 Std.).

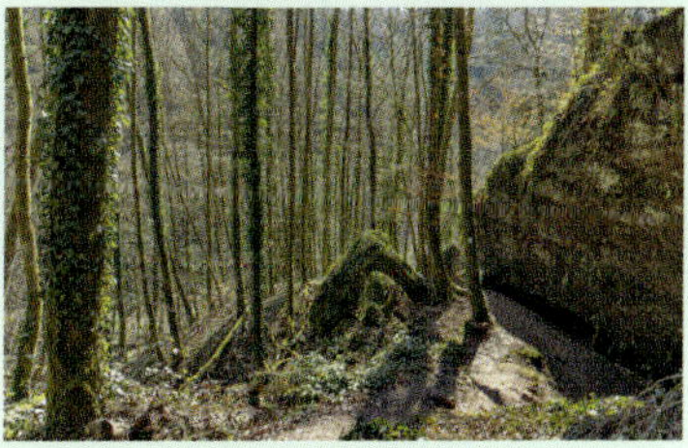

Teufelspfad
Dieser Premiumweg bietet viel Abwechslung, ein abenteuerliches Dschungel-Feeling und in der Höhle des Teufelsfelsens einen kleinen Wasserfall (Tour 47, 1.45 Std.).

Allgemeine Hinweise

Alle 50 Touren sind Rundwanderungen, die als Halbtages- und Tagestouren von sechs bis 23 km Länge auf gut markierten Wegen verlaufen. Die Wege werden zwar mehrmals im Jahr kontrolliert und gewartet, trotzdem kann nicht ausgeschlossen werden, dass manchmal ein umgefallener Baum den Weg versperrt oder ein Wegstück nach starkem Regen abgerutscht ist. Solche Stellen können aber meistens gefahrlos umgangen werden. Planen Sie auf einer Wanderung auch ausreichend Zeit für Besichtigungen, eigene Entdeckungen, Pausen und eine Einkehr ein. Auf den Premium- und Themenwegen wandern wir oft auf schmalen, stellenweise auch abschüssigen Naturwegen. Diese können felsig, vor allem im Herbst und Winter mit Laub bedeckt und bei Nässe aufgeweicht und rutschig sein. Auch steile An- und Abstiege wird es geben. Schwierigere Passagen sind manchmal mit Seilen oder einem Geländer gesichert. Trittsicher wandern zu können ist auf jeden Fall gut; die meisten Wege sind aber gefahrlos auch von weniger Geübten begehbar.

Die Anforderungen sind in zwei Gruppen eingeteilt, wobei die Farben bedeuten:

■ **Leicht**

Die Wege sind nicht allzu schmal, steil und lang. Der Wegverlauf ist gut zu erkennen, und es gibt keine ausgesetzten Stellen, sodass diese Wege gefahrlos auch von weniger Geübten begangen werden können. Die reine Gehzeit überschreitet vier Stunden kaum.

■ **Mittel**

Es gibt schmale, steile, felsige und abschüssige Wegstücke. Ein gewisses Maß an Trittsicherheit und Kondition wird vorausgesetzt.

Der Herbst ist eine traumhafte Wanderzeit – wie hier am Ungeheuersee (Tour 12).

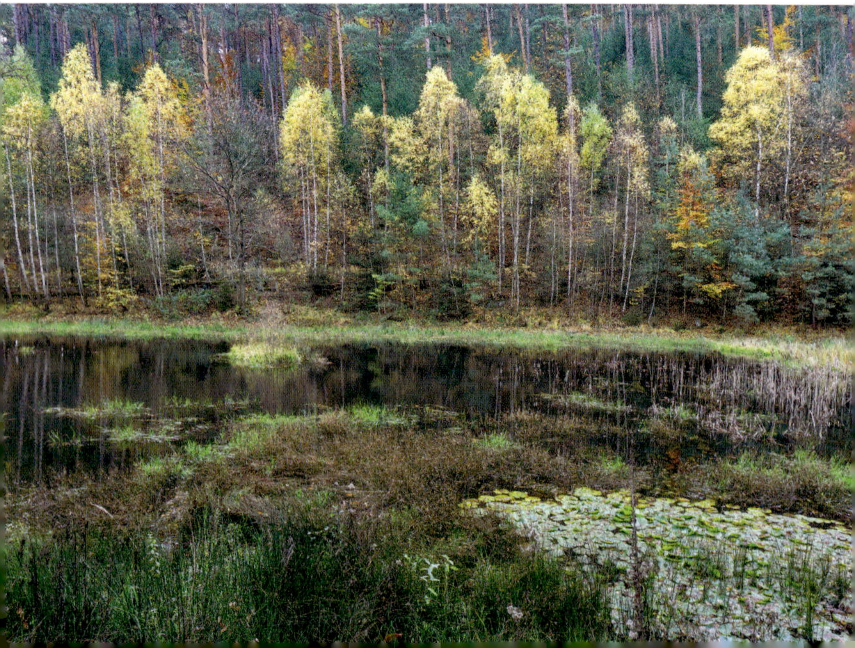

GPS-Tracks und Koordinaten der Ausgangspunkte

Zu diesem Wanderbuch stehen auf www.rother.de GPS-Tracks und Koordinaten der Ausgangspunkte zum kostenlosen Download bereit.
1. Auflage, Passwort: 329901bat
Sämtliche GPS-Daten wurden vom Autor im Gelände erfasst. Verlag und Autor haben die Tracks und Wegpunkte nach bestem Wissen und Gewissen überprüft. Dennoch können wir Fehler oder Abweichungen nicht ausschließen, außerdem können sich die Gegebenheiten vor Ort zwischenzeitlich verändert haben. GPS-Daten sind zwar eine hervorragende Planungs- und Navigationshilfe, erfordern aber nach wie vor sorgfältige Vorbereitung, eigene Orientierungsfähigkeit sowie Sachverstand in der Beurteilung der jeweiligen (Gelände-)Situation. Man sollte sich für die Orientierung auch niemals ausschließlich auf GPS-Gerät und -Daten verlassen.

Gehzeiten

Die angegebenen Gehzeiten beziehen sich auf ein durchschnittliches Wandertempo von vier Kilometern pro Stunde auf guten Wegen ohne längere Steigungen. Steile An- und Abstiege und Wegabschnitte, die nur langsam begangen werden können, verlängern die benötigte Zeit. Dies wurde bei den Zeitangaben berücksichtigt. Beschriebene Abstecher sind in den Gehzeiten und Entfernungsangaben enthalten, nicht aber Pausen und Besichtigungen.

Beste Wanderzeit

Im Frühjahr, wenn an der Weinstraße die Mandelbäume weiß und rosa blühen, sind Wanderungen dort besonders reizvoll. Dann entfalten in den noch kahlen Weinbergen auch schon die ersten Blumen ihre Blüten und machen bei Sonnenschein eine Wanderung zu einem besonderen Erlebnis. An heißen und schwülen Sommertagen lässt es sich im schattigen Pfälzerwald angenehmer wandern. Hier ist von Mai bis Ende Oktober die beste Wanderzeit. Bei klarer Sicht und blauem Himmel ziehen auch die vielen Aussichtsfelsen und die Burgen die Wanderer in den Wald und auf den Donnersberg, und im Herbst leuchten die Laubbäume in gelben und roten Farbtönen. Die Rheinaue gefällt mir im Frühjahr von Mitte März bis Anfang Mai am besten, wenn dort die Blumen blühen und ein dezenter Duft von Knoblauch durch den Auwald strömt. Dieser stammt vom Bärlauch, der Ende April/Anfang Mai ein Meer aus weißen Blüten bildet. Ab etwa Mitte Mai bis Ende des Sommers meide ich den Auwald, denn dies ist die Zeit der lästigen Stechmücken, die besonders an warmen, schwülen Tagen sehr aktiv sind. Auch bei Hochwasser des Rheins kann man in der Rheinaue nicht wandern, denn dann stehen dort die Wege unter Wasser.
Im Pfälzerwald bin ich an kühlen, trüben Tagen und selbst bei Regenwetter gerne unterwegs. Dann ist die feuchte Waldluft voller Duftstoffe, das Grün der nassen Moose ist besonders intensiv, und die hohen Bäume halten manch einen Regenschauer ab. Obwohl die Wege im Pfälzerwald im Winter bei Schnee nicht geräumt sind, kann man dort gut durch den verschneiten Wald wandern, denn meistens liegt der Schnee nicht allzu hoch. Die Wege können jedoch vereist sein, weshalb man schon gut zu Fuß sein sollte. Ich habe die Erfah-

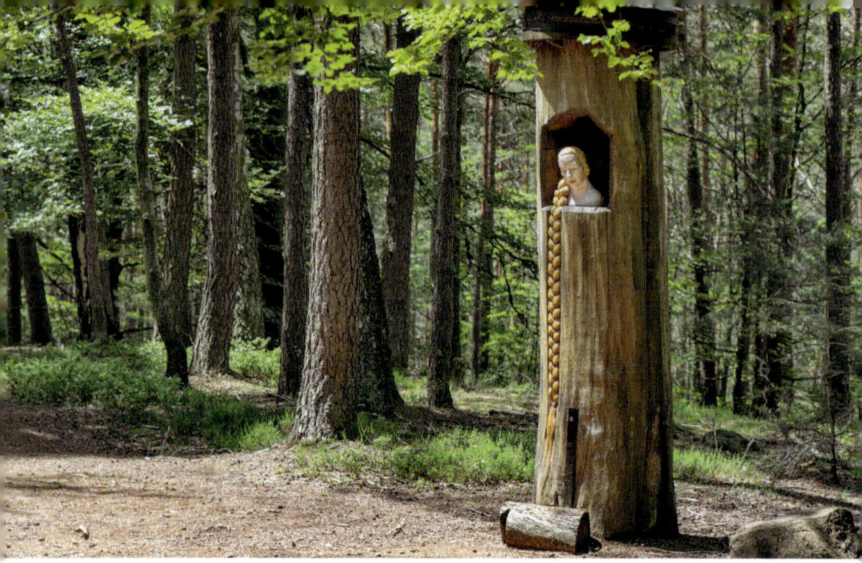

Auf dem Gebrüder Grimm Märchenweg wandern Kinder besonders gerne (Tour 27).

rung gemacht, dass die Sohlen von Wanderstiefeln hart sind und man damit leicht auf dem Eis ausrutscht. Bei Eis und Schnee ziehe ich deshalb lieber spezielle Winterwanderschuhe oder Trailrunning-Schuhe an, die eine weiche Sohle mit spezieller Grip-Technologie haben und dadurch viel besser auf dem Eis haften. Für einen sicheren Halt nehme ich auch Wanderstöcke mit.

Kinder

Die meisten der Themen- und Premiumwanderwege sind gut für Kinder geeignet. Kinder mögen kurzweilige Wege mit vielerlei Abwechslung, mit Quellen und kleinen Bächen, in denen man spielen und die müden Kinderfüße kühlen kann, und mit Felsen, auf denen man gefahrlos herumklettern kann. Burgen mit engen Gängen und gruseligen Kammern erwecken den Ritter im Kind. Und wenn es dann noch ein wenig märchenhaft und sogar gespenstisch im Wald werden könnte, wie auf dem Gebrüder Grimm Märchenweg oder bei den Waldgeistern und im Geisterschloss, wird eine Wanderung mit Kindern zu einem nachhaltigen Erlebnis. Planen Sie beim Wandern mit ihren Kindern viel mehr Zeit und regelmäßige Pausen ein. Zeigen Sie Ihren Kindern die Blumen, Käfer und Schmetterlinge am Weg, denn damit schaffen Sie Verständnis für die Natur. Wenn ich mit Kindern wandere, sind wir stets auf der Suche nach irgendeinem Tier, einem Vogel, vielleicht sogar einem Reh oder einem Wildschwein – und solche Tiere kann man nur entdecken, wenn man nicht lärmend durch den Wald geht.

Ausrüstung

Die meisten Wege können mit leichten Wanderschuhen begangen werden. Auf steilen und felsigen Wegen rate ich zu hohen Wanderschuhen, die den Knöchel umschließen. Über Schuhe für Winterwanderungen bei Schnee und Eis habe ich im Abschnitt »Beste Wanderzeit« bereits etwas geschrieben. Grobstollig sollten die Schuhe aber schon sein, denn sie geben auf aufgeweichten und rutschigen Wegen mehr Halt.

Bei trockenem Wetter wandere ich lieber mit leichten Schuhen ohne Wasserdicht-Membran, denn diese tragen sich angenehmer und man schwitzt darin viel weniger als in wasserdichten Wanderschuhen.
Wanderstöcke entlasten nicht nur die Kniegelenke, sondern bieten auch etwas mehr Sicherheit beim Gehen.
Abschließend möchte ich noch erwähnen, dass man trotz der guten Beschilderung der Wege eine Wanderkarte dabeihaben sollte. Vor allem in den Wintermonaten können Streckenabschnitte wegen Baumfällungen gesperrt sein, die man dann weiträumig auf nicht markierten Wegen umgehen muss. Im Sommer sind auf den sonnigen Weinbergwegen Sonnenhut und -creme nützlich. Und wer wie ich viel bei Regenwetter wandert, schätzt vielleicht die Vorteile eines Regenhuts gegenüber einer Kapuze.

App

Mit der kostenlosen »Rheinland-Pfalz erleben App« kann man sich Tourenbeschreibungen auf sein Smartphone laden und unterwegs damit navigieren und Infos zu Sehenswürdigkeiten, Einkehrmöglichkeiten und mehr abrufen. Auch zum Aufrufen der Audio- und Videostationen an den Premiumwegen ist diese App geeignet. Sie steht für iPhones und iPads im Apple Store und für Androidgeräte im Google Play Store zum Download bereit. Im Internet sind weitere Infos zu der App unter www.rlp-tourismus.com/de/service/rheinland-pfalz-erleben-app abrufbar.

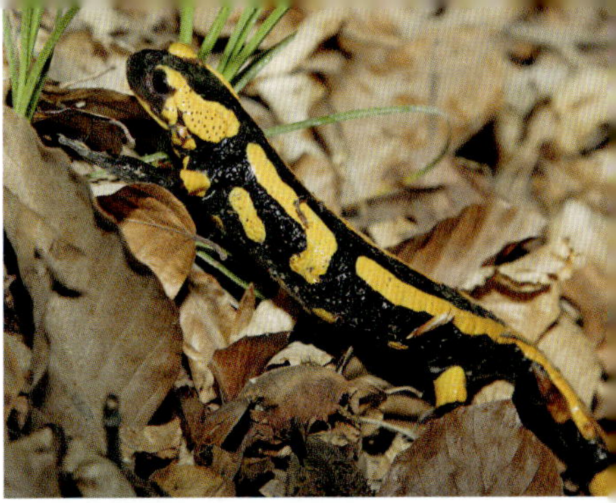
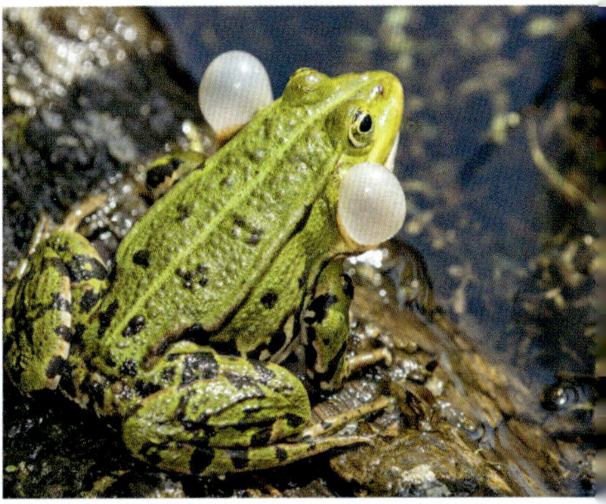
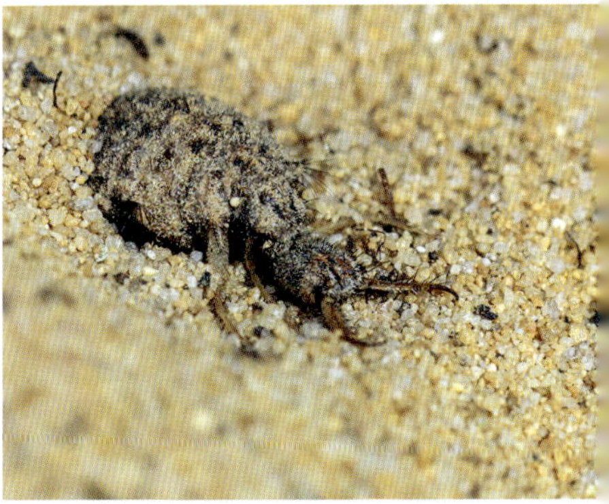
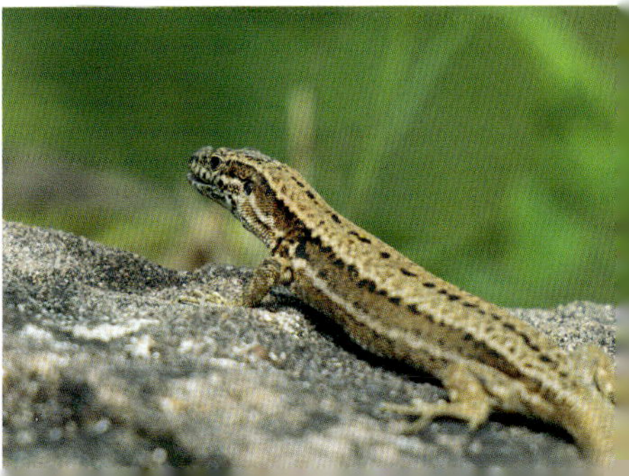

Unterwegs entdeckt (v. oben n. unten:) Feuersalamander, Teichfrosch, Ameisenlöwe, Mauereidechse.

Touristische Informationen

Adressen

- Pfalz.Touristik e. V., Martin-Luther-Straße 69, 67433 Neustadt an der Weinstraße, www.pfalz.de. Zuständig für die überregionalen Tourismus- und Marketing-Konzepte der Pfalz.
- Tourismus Deutsche Weinstraße, www.deutscheweinstrasse-pfalz.de. Auf dieser Internetseite sind die regionalen Tourist-Informationen der Pfalz verlinkt: Trifelsland in Annweiler (www.trifelsland.de), Bad Bergzaberner Land (www.bad-bergzaberner-land.de), Region Bad Dürkheim (www.bad-duerkheim.com), Leiningerland (www.leiningerland.com), Deidesheim (www.deidesheim.de), Edenkoben (www.garten-eden-pfalz.de), Elmstein und Lambrecht (www.vg-lambrecht.de), Freinsheim (www.urlaubsregion-freinsheim.de), Grünstadt (www.gruenstadt.de), Herxheim bei Landau (https://herxheim.suedliche-weinstrasse.de), Kallstadt (www.urlaubsregion-freinsheim.de), Landau (www.landau-tourismus.de), Leinsweiler und Landauland (www.landauland.de), Maikammer (www.maikammer.de), Neustadt an der Weinstraße (www.neustadt.eu) und St. Martin (www.sankt-martin.de).
- Südliche Weinstraße e. V., An der Kreuzmühle 2, 76829 Landau, www.suedlicheweinstrasse.de.
- Tourismus im Dahner Felsenland, Schulstraße 29, 66994 Dahn, www.dahner-felsenland.net.
- Südpfalz-Tourismus, Luitpoldplatz 1, 76726 Germersheim, www.suedpfalz-tourismus.de.
- Südwestpfalz Touristik e. V., Unterer Sommerwaldweg 40–42, 66953 Pirmasens, www.suedwestpfalz-touristik.de
- Donnersberg-Touristik, Uhlandstraße 2, 67292 Kirchheimbolanden, www.donnersberg-touristik.de.
- Pfälzerwald-Verein e. V., Fröbelstraße 24, 67433 Neustadt an der Weinstraße, www.pwv.de. Unter dieser Internetadresse ist ein Verzeichnis aller PWV-Hütten abrufbar.

Dahn im Pfälzerwald.

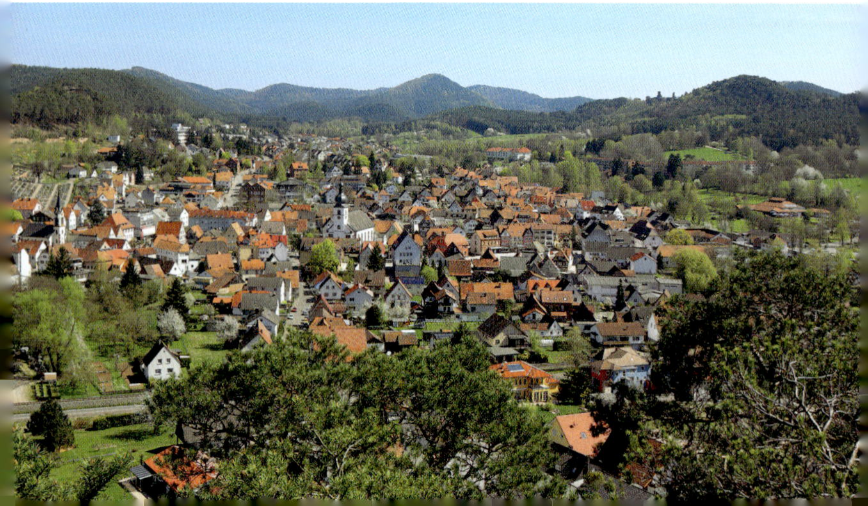

Verkehrsverbindungen und ÖPNV

Die Pfalz ist verkehrstechnisch gut erschlossen. Wer mit dem Auto von Osten aus der Metropolregion Rhein-Neckar oder Karlsruhe anreist, nimmt die Autobahn A6 (Ludwigshafen–Kaiserslautern) bzw. A65 (Karlsruhe–Landau–Neustadt). Aus Richtung Norden führen die A61 (Koblenz–Ludwigshafen) und die A63 (Koblenz–Kaiserslautern) und von Südwesten die A8 (Zweibrücken –Pirmasens) und die sich anschließende Bundesstraße B10 (Pirmasens –Landau) in die Pfalz.

Auch mit dem öffentlichen Personennahverkehr (ÖPNV) ist die Pfalz gut versorgt. Es sind jedoch nicht alle Ausgangspunkte unserer Wanderungen damit erreichbar, da manche Touren an abgelegenen Wanderparkplätzen starten. In die meisten Wanderungen kann man aber auch unterwegs einsteigen, wo es eine Haltestelle eines Busses oder Ruftaxis gibt. Diese sind bei den betroffenen Touren angegeben. Regelmäßige überregionale Zugverbindungen gibt es von den großen Städten Heidelberg, Mannheim, Ludwigshafen, Karlsruhe, Pirmasens und Kaiserslautern in die Pfalz. Östlich des Pfälzerwalds verläuft eine regionale Bahnlinie zwischen Grünstadt, Freinsheim, Bad Dürkheim, Neustadt, Landau und Wissembourg; im Norden zwischen Neustadt, Lambrecht und Kaiserslautern und im Süden zwischen Landau, Annweiler, Hinterweidenthal und Pirmasens bzw. zwischen Hinterweidenthal, Dahn und Bundenthal. Die Rhein-Haardt-Bahn (Straßenbahn) fährt von Mannheim/Ludwigshafen nach Bad Dürkheim. Orte und Gegenden, zu denen es keine Bahnverbindung gibt, sind mit Bussen erreichbar. Die Fahrpläne des ÖPNV in der gesamten Pfalz und am Donnersberg sind auf der Internetseite des Verkehrsverbunds Rhein-Neckar (VRN, www.vrn.de), auf der Internetseite zur Mobilität in Rheinland-Pfalz ROLPH (www.rolph.de) und bei www.fahrplan.guru abrufbar.

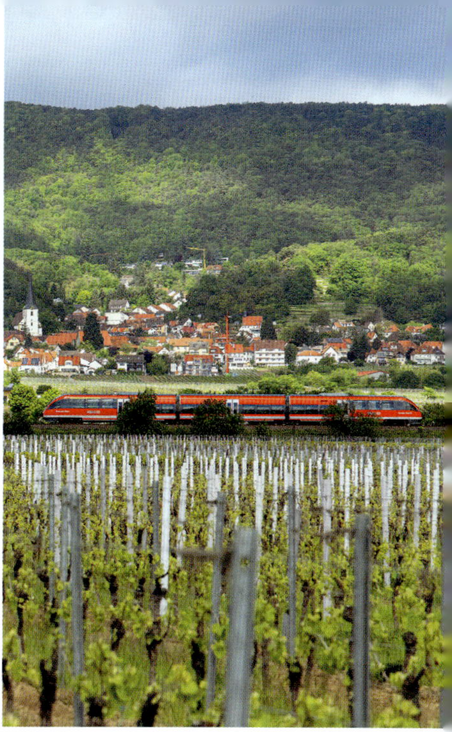

Ein Regio-Zug fährt an Neustadt-Hambach an der Deutschen Weinstraße vorbei.

Pfalzcard

Die Pfalzcard (www.pfalzcard.de) ist die all-inclusive Gästekarte für die Pfalz. Gäste, die in einem der teilnehmenden Hotels, Gästehäuser oder Jugendherbergen übernachten, können den öffentlichen Nahverkehr in der Region kostenlos nutzen und haben freien Eintritt in den Landauer Zoo, das Sea-Life in Speyer, das Dynamikum in Pirmasens, das Hambacher Schloss und viele andere Museen und Freizeiteinrichtungen.

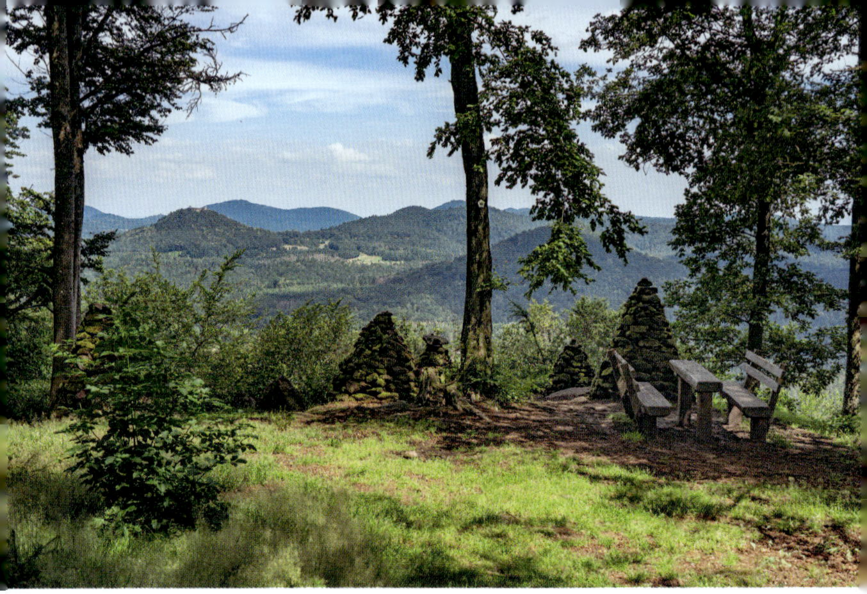

Steinpyramiden auf dem 445 m hohen Löffelsberg im südlichen Pfälzerwald bei Busenberg (Tour 33).

Tier-, Freizeitparks und mehr

- **Kurpfalzpark Wachenheim**, Tierpark mit heimischen Wildtieren sowie Freizeit- und Erlebnispark, geöffnet Anfang April bis Anfang November täglich ab 9 Uhr, www.kurpfalzpark.de.
- **Wild- und Wanderpark Südliche Weinstraße bei Silz**, Tierpark mit heimischen Wildtieren, geöffnet März–Okt. täglich ab 9 Uhr, Nov.–Febr. Mi.–So. ab 10 Uhr, https://wildpark-silz.de.
- **Zoo Landau**, Tiere aus aller Welt, täglich geöffnet März–Okt. ab 9 Uhr, Nov.–Febr. ab 10 Uhr, https://zoo-landau.de.
- **Kakteenland Steinfeld**, Wengelspfad 1. Außer Kakteen aus aller Welt werden auch Edelsteine, Mineralien und Fossilien zum Anschauen und Kauf angeboten, ganzjährig geöffnet Mo.–Fr. 8–17 Uhr, Sa., So. 10–17 Uhr, www.kakteenland.de.
- **Frosch-Haus Göcklingen**, aktuelle Öffnungszeiten unter Tel. 0160-96 42 48 35 erfragen. Amphibienexperte Harry Winkler hat in einem ehemaligen Pumphaus, das in Göcklingen gegenüber der Kaiserbachmühle an der Kreuzung der B 48 und der L 508 liegt, etwa 40 Terrarien eingerichtet, in denen rund 250 der in Deutschland vorkommenden Amphibien gezeigt werden.
- **Otfried Culmann's Traum-Garten**, Raiffeisenstraße 3 in Billigheim-Ingenheim, geöffnet Juli–August sonntags 13–19 Uhr, http://www.otfried-culmann.de/traumgarten/traumgarten.html. Seit 1983 arbeitet der Künstler Otfried H. Culmann an seinem Traum-Garten, in dem er inspiriert von den surrealen Bildern eines Hieronymus Bosch und den fantastischen Bauwerken eines Antoni Gaudí einen Garten der besonderen Art geschaffen hat. Hier findet der Besucher zwischen grünen Pflanzen und bunten Mosaiken aus Steinen und farbi-

gen Gläsern einen Ort der Träume. Vielleicht wird die Vision des Künstlers einmal zur Realität, sein fantastisches Museum, ein Haus der Kunst wie von Gaudí geschaffen in der Südpfalz.

- **Keltendorf am Donnersberg**. In dem Freilichtmuseum in Steinbach (Brühlstraße, Nähe Jugendherberge) wurde eine keltische Siedlung aus der 2. Hälfte des 1. Jahrhunderts vor Christus nachgebaut. Vom 11,5 m hohen Aussichtsturm hat man einen guten Überblick über die kleinen, aus Lehm gebauten Häuschen, deren Dächer mit Holzschindeln gedeckt sind. Geöffnet April–Oktober So., Feiertage 11–16 Uhr, https://keltendorf-steinbach.de.

Besucherbergwerke und Bergbaumuseum

- **Eisenerzberwerk Sankt Anna Stollen Nothweiler**, geöffnet April bis Oktober Mi.–So. und Feiertage von 11–17 Uhr, www.nothweiler.de. Im Informationszentrum des Bergwerks wird die Ausstellung »Bergbau und Hüttenwesen im Wasgau« gezeigt.
- **Besucherbergwerke »Weiße Grube« und »Maria« in Imsbach**. Die beiden Bergwerke sowie das Bergbaumuseum sind Teil der Bergbau-Erlebniswelt Imsbach. In dem ehemaligen Bergwerksdorf Imsbach am Donnersberg wurden mit Eisen und Schlägel von Hand enge Stollen in den Berg getrieben, die auf Führungen besichtigt werden können. Der Besucher lernt unter Tage die schwierige Arbeit der Bergleute kennen, die in der »Weißen Grube« seit der Römerzeit bis 1921 Kupfererze wie Chalkosin (Kupferglanz), Malachit (Kupfercarbonat), Chrysokoll (Kieselkupfer) und auch Erythrin (Kobaltblüte) und Silber abbauten. In der Grube »Maria« wurde von 1770 bis 1923 nach Eisenerzen gegraben, deren Abbau sich aber nicht besonders lohnte. Auf der nahen Abraumhalde findet man kleine Bruchstücke der blauen Kupfererze. Bei den Pfälzischen Bergbautagen am 2. Juliwochenende wird in einem nachgebauten Kupfer-Reduktionsofen aus Lehm demonstriert, wie in der Bronzezeit aus Erz und Holzkohle das Metall gewonnen wurde.
- **Das Pfälzische Bergbaumuseum** in Imsbach in der Ortsstraße 2 und das Bergmannshaus in der Lützelbachstraße informieren über den 1000-jährigen Bergbau am Donnersberg (aktuelle Öffnungszeiten unter www.bew-imsbach.de). Am 3. Wochenende im September findet in der Gemeindehalle die Imsbacher Mineralienbörse statt.

Das ehemalige Bergwerksdorf Imsbach am Donnersberg.

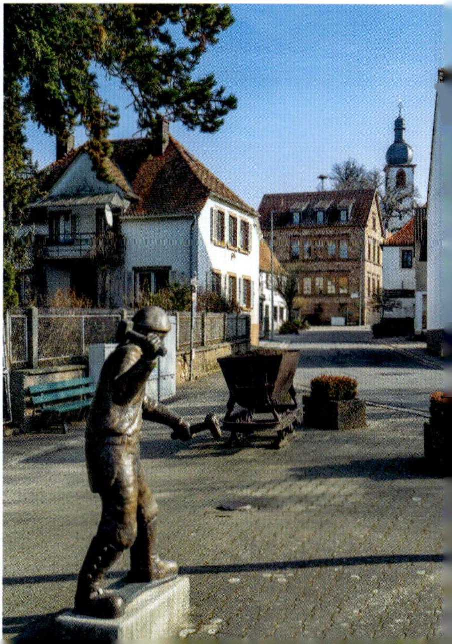

Trekking-Camps

Wer im eigenen Zelt übernachten möchte, kann unter www.trekking-pfalz.de einen Platz in freier Natur in einem der 15 Trekking-Camps buchen. Diese sind nur zu Fuß erreichbar und von 1.4.–1.11. buchbar. Sie liegen zwischen dem Donnersberg im Norden und der Burgruine Guttenberg im Süden im östlichen Teil des Pfälzerwalds. Frühzeitiges Buchen ist angeraten, denn an jeder Übernachtungsstelle gibt es höchstens vier Lagerplätze für jeweils zwei bis drei Personen pro Zelt. Alles, was man zum Übernachten, Essen und Trinken benötigt, muss man selbst mitbringen. Feuerstelle, Brennholz und eine Komposttoilette sind vorhanden.

Brauchtum

Die Pfälzer pflegen ihr Brauchtum, und so finden in der Pfalz das ganz Jahr über größere und kleinere Feste statt. Ende Februar/Anfang März wird mit der »Winterverbrennung« und dem »Stabauslaufen« der Frühling begrüßt. Das Hansel-Fingerhut-Fest in Forst, bei dem in kleinen Spielszenen der Sommer den Winter besiegt, wird am Sonntag Laetare drei Wochen vor Ostern veranstaltet. Zur Faschingszeit ziehen bunte Fastnachtsumzüge durch viele Orte, die größten in Dahn und Grünstadt. Vor Ostern findet wie in Ramsen das traditionelle »Ostereierschießen« statt, bei dem mit einem Luftgewehr auf Scheiben geschossen wird und als Preis bunt gefärbte Ostereier verteilt werden. Am Dienstag nach Pfingsten wird vor dem Deidesheimer Rathaus die historische Geißbockversteigerung nachvollzogen. Mit einem gut gehörnten und gebeutelten Geißbock bezahlten die Lambrechter Bürger früher für die Weiderechte auf Deidesheimer Gebiet. Am 3. Wochenende im Juli lockt das beliebte Stadtmauerfest unzählige Besucher in das historische Freinsheim. Der traditionelle Billigheimer Purzelmarkt mit seinem großen Festumzug, dem Pferderennen und den Wettbewerben für Jung und Alt findet am 3. Wochenende im September statt. Von Mai bis September muss man an der Weinstraße nicht weit bis zu einem Weinfest fahren. Jeder Ort hat hier seine eigene Weinkerwe oder sein Winzerfest. Die größten sind das Mandelblütenfest in Gimmeldingen (abhängig von der Mandelblüte im März/April), das Andergassen-Fest in Neustadt-Hambach (1. Wochenende im Mai), das Burg- und Weinfest in Wachenheim (2. Wochenende im Juni), das Kalmit-Fest in Ilbesheim (4. Wochenende im Juli), der Grünstadter

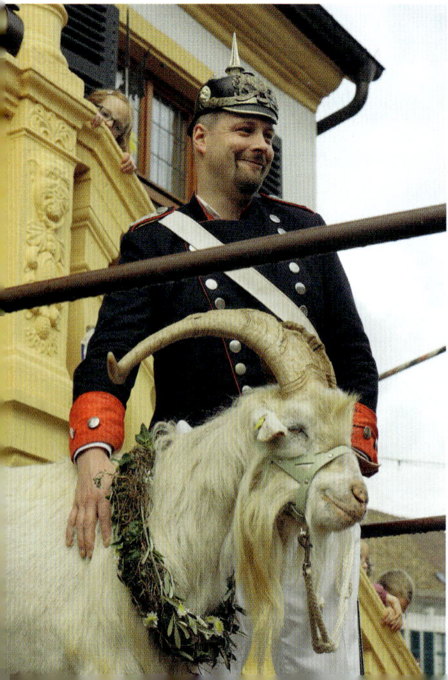

Geißbockversteigerung vor dem Deidesheimer Rathaus.

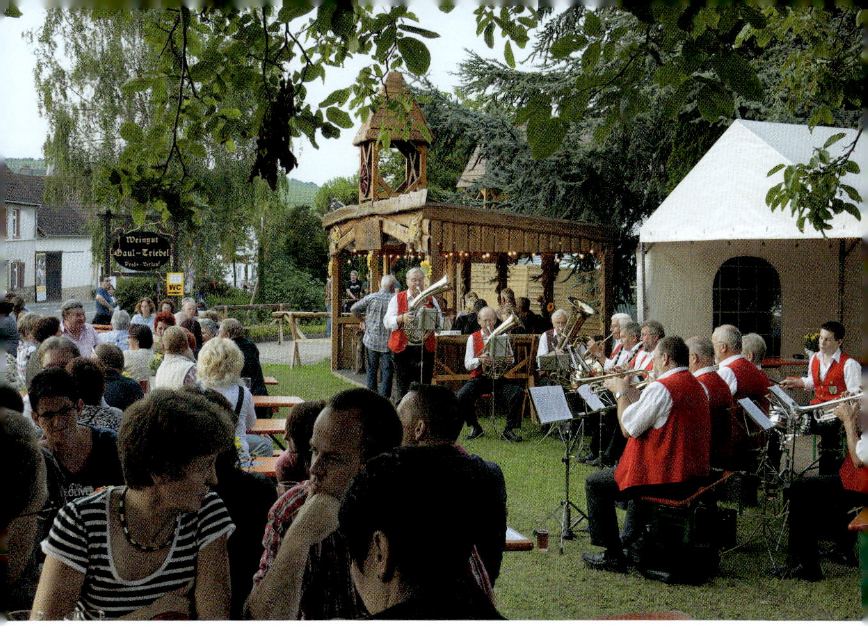

Weinfest in Grünstadt-Asselheim.

Weinwettstreit (3. Wochenende im August), der Bad Dürkheimer Wurstmarkt (2. und 3. Wochenende im September) und das Deutsche Weinlesefest in Neustadt (1. Wochenende im Oktober) mit seinem großen Winzerfestumzug. Feuerwehrfeste, Töpfer- und Bauernmärkte, Mittelaltermärkte, kulinarische Weinbergwanderungen und Veranstaltungen zu Kultur, Kunst und Wein gestalten das Pfälzer Festjahr kurzweilig. Etwas Besonderes ist die Bad Dürkheimer Weinbergnacht. Die spektakuläre Open-Air-Weinprobe findet Anfang März in den Weinbergen oberhalb des Orts statt. Ein Netz aus grünen Laserstrahlen spannt sich dann dort über die Weinberge, und die Wege beleuchten bunte Lichtinstallationen. Am Erlebnistag Deutsche Weinstraße (letzter Sonntag im August), bei dem die 80 km lange Weinstraße zwischen Bockenheim und Schweigen für den Autoverkehr gesperrt ist, verwandeln sich diese und die Weinorte in eine einzige Festmeile, die Hunderttausende von Besuchern auf Fahrrädern, Inlineskates und Wanderschuhen anlockt. Im Dezember endet dann das Festjahr mit den Weihnachtsmärkten, deren bekanntester in Deidesheim stattfindet.

Pfälzer Küche

Die traditionelle Pfälzer Küche ist deftig und sättigend. Vermutlich liegt dies daran, dass die Pfälzer sich früher ihren Lebensunterhalt mit schwerer körperlicher Arbeit verdienen mussten und ihr Land oft unter kriegerischen Auseinandersetzungen zu leiden hatte. So entstanden viele Pfälzer Speisen in Notzeiten aus den wenigen Dingen, die die Menschen damals hatten. Das bekannteste Pfälzer Gericht ist der »Saumagen«. Er besteht aus magerem Schweinebauch, Bratwurst-Mett, Kartoffeln, Weißbrot, Eiern, Zwiebeln und Gewürzen wie Muskat und Majoran. Auch grobe Bratwürste und Leberknödel sind typisch für die Pfalz. Deftig sind aber nicht nur

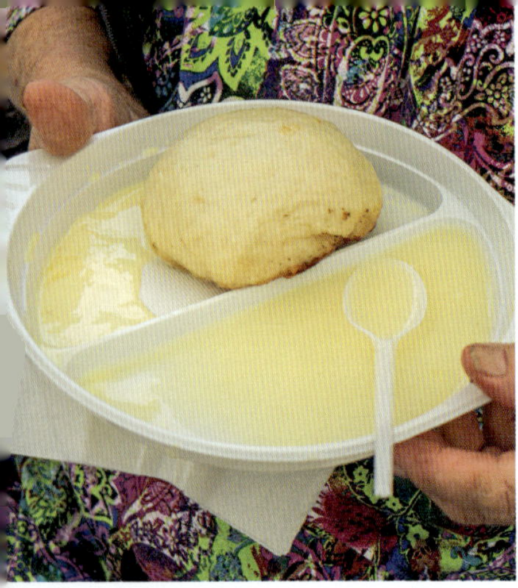

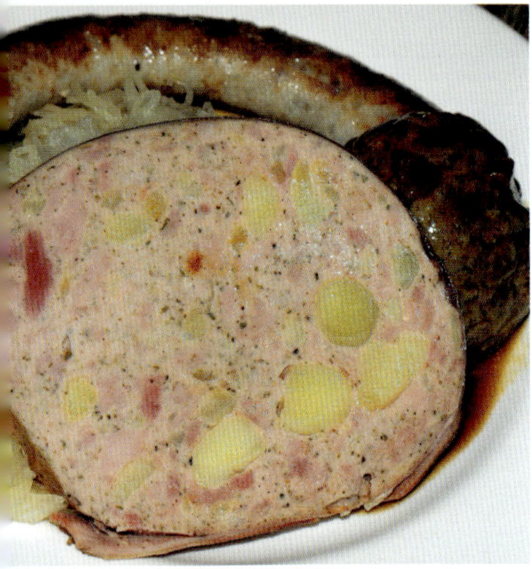

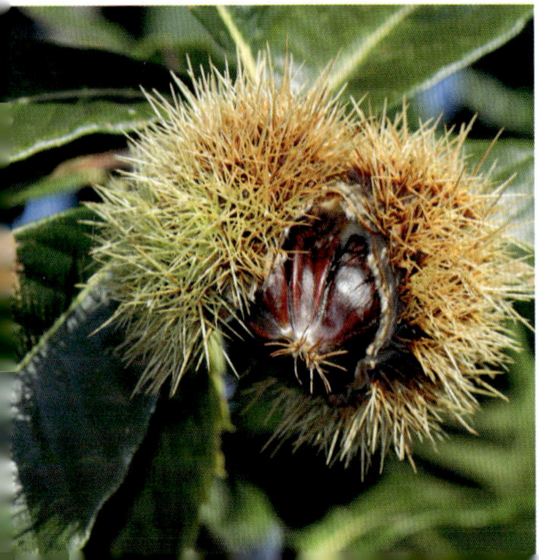

die Speisen, sondern auch die Sprache der Pfälzer. Ein »Pfälzer Sack« besteht aus einer Bratwurst und zwei Leberknödeln, während der »Schiefe Sack« neben der Bratwurst nur einen Leberknödel hat. Die »Pfälzer Dreifaltigkeit«, die auch »Pfälzer Teller« genannt wird, vereint Saumagen, Leberknödel und Bratwurst in einem Gericht. »Himmel und Hölle« ist eine heiß ausgelassene Blut- und Leberwurst mit Kartoffelbrei. Auch »Gequellte mit weißem Käs« (Pellkartoffeln mit Quark) sind ein beliebtes Pfälzer Gericht. In der Westpfalz schätzt man die »Hoorische Knepp«, kleine Klöße aus rohen, geriebenen Kartoffeln mit einer Specksoße. »Schales« sind dicke Kartoffelpuffer mit Speck und Zwiebeln. Für »Rostige Ritter« oder »Arme Ritter« werden Reste aus altbackenen Brötchen oder Weißbrot in eine Mischung aus Milch, Eiern, Zucker, Zimt und Vanille eingelegt und gebacken. Die Pfälzer kombinieren auch gerne salzige und süße Speisen, wie bei der »Grumbeersupp mit Quetschekuche«, der Kartoffelsuppe mit Zwetschgenkuchen.

Da die Römer die Esskastanien in die Pfalz brachten und diese am Haardtrand regelrechte Kastanienwälder bilden, gibt es natürlich auch viele Gerichte mit »Keschde« als Beilage. Die Nähe zum Elsass brachte den Flammkuchen in die Pfalz. Mit Beginn der Weinlese wird Neuer Wein ausgeschenkt, der gut zu einem Zwiebelkuchen passt.

Die moderne Pfälzer Küche jenseits von Saumagen und Schiefem Sack wird heute immer beliebter, und die

Oben: Eine Pfälzer Dampfnudel mit Weinsoße.
Mitte: »Pfälzer Teller« mit Saumagen, Leberknödel, Bratwurst und Sauerkraut.
Unten: Esskastanie (»Keschde«).

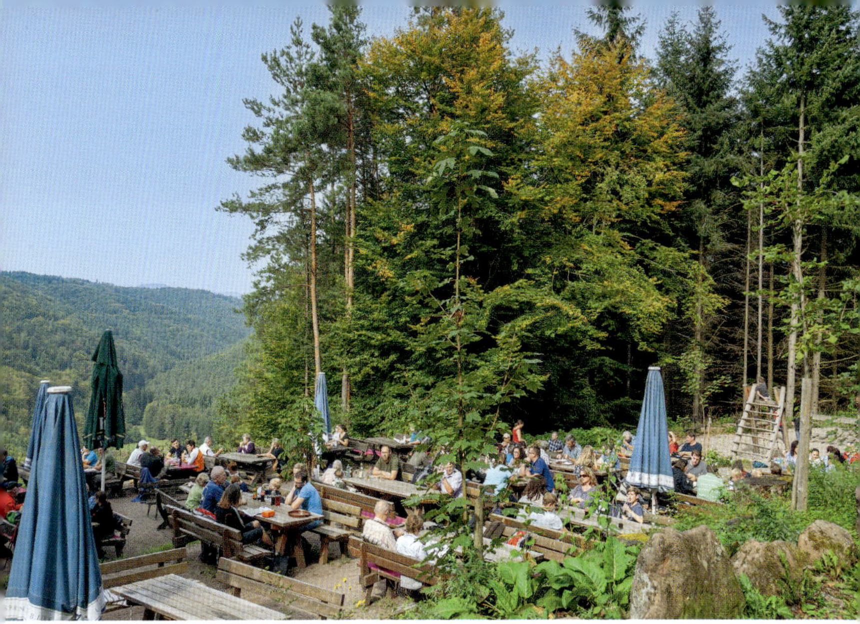

Pfälzer Küche unterwegs: Jung Pfalz-Hütte bei Annweiler.

Pfalz hat ihre traditionellen Gerichte kulinarisch aufgewertet. Pfälzer Gourmets verschmelzen Mediterranes mit Regionalem zu Speisen, die nicht nur gut schmecken, sondern auch Außergewöhnliches bieten: ein Carpaccio aus Pfälzer Saumagen mit Weißkrautsalat und Kümmelvinaigrette, Pfälzer Zander mit geschmorten Blutwurstscheiben oder Wildforelle auf glacierten Gartengurken.

Pfälzer Wein

Dass es in der Pfalz auch einen guten Wein gibt, dürfte bekannt sein. Die Pfalz ist nach Rheinhessen das zweitgrößte Weinanbaugebiet Deutschlands. Angepflanzt werden rund zwei Drittel weiße und ein Drittel rote Rebsorten. Die wichtigsten weißen sind Riesling, Müller-Thurgau, Grau- und Weißburgunder, Chardonnay und Gewürztraminer. Die wichtigsten roten Rebsorten sind Dornfelder, Portugieser, Spätburgunder, Regent, Cabernet-Sauvignon und St. Laurent. Der dunkelrote Dornfelder ist eine Spezialität der Pfalz. Er wurde einst entwickelt, um dem blassen Spätburgunder mehr Farbe zu geben, war also ein »Deckrotwein«. Mit der Zeit hat dieser Bordeaux-ähnliche Rotwein viele Liebhaber gefunden. Das Lieblingsgetränk vieler Pfälzer ist jedoch die »Schorle«, eine kühle Mischung, die zur Hälfte bis zu zwei Dritteln aus Wein (Riesling, Müller-Thurgau oder Weißherbst) und einer Hälfte bzw. einem Drittel aus kohlesäurehaltigem Mineralwasser besteht. Die Pfälzer Schorle wird aus einem Halbliter-Schoppenglas, einem »Dubbeglas«, getrunken! Und an warmen Sommertagen bleibt es oft nicht bei einer Schorle ... Wer keinen Alkohol mag, kann eine Apfelsaftschorle bestellen.

Die Felsenburgen

Im 11. und 12. Jahrhundert regierten die Salier- und Stauferkaiser nicht von einem festen Ort aus, sondern sie waren umherreisende Herrscher und regierten ihr Reich auf Reisen.

Zur Sicherung ihrer Macht und als Etappenziel auf ihren Regierungsreisen durchs Land ließen sie zahlreiche »Pfalzen« und Burgen erbauen, die zu einer wichtigen Stütze ihrer Politik wurden. Eine kaiserliche »Pfalz« bestand aus mehreren befestigten Gebäuden, in denen die Herrscher residieren und mit ihrem Gefolge übernachten konnten. Diese waren mit einer Wehrmauer, Toren und Türmen umschlossen. Die einfachsten Burgen bestanden aus einem hölzernen Burgturm, der auf einem felsigen Hügel oder Bergsporn errichtet wurde. Sie werden als Motte (Turmhügelburg) bezeichnet. Bei mächtigeren Burgen nutzten die Erbauer natürliche Felshöhlen im Buntsandstein der Nordvogesen und des Pfälzerwalds und gruben weitere Gewölbe, Gänge, Kammern und Treppen in den Sandstein. Darüber errichteten sie aus Holzbalken und Brettern die eigentliche Burg. Mitte des 13. Jahrhunderts endete die Herrschaft der von Burg zu Burg reisenden Staufer. Als die ersten Städte entstanden, wurden ihre Nachkommen sesshaft und regierten von dort aus ihr Land. Viele der Burgen verfielen. Mit dem Aufkommen von Kanonen wurden die Burgen im 15. Jahrhundert mit meterdicken Mauersteinen umfasst und aus Stein befestigte Wohntürme und Flankierungstürme mit Schießscharten errichtet. Doch die Kriege des 17. Jahrhunderts zerstörten auch die meisten dieser »Kanonenburgen«. Die Bevölkerung der Gegend nutzte die Ruinen als Steinbruch und baute mit den Mauersteinen in den Dörfern ihre Häuser. Heute sind von den einst mächtigen Burgen meistens nur noch Fragmente und von den einstigen Felsenburgen der Staufer oft nur noch die in den Fels gehauenen Kammern und Steintreppen erhalten.

Geologie des Donnersbergs

Im Zeitalter des Perm stieg im Gebiet des heutigen Donnersbergs glutflüssiges Magma aus dem Erdinneren empor und bildete beim Erkalten das Vulkangestein Rhyolith (Quarz-

Die drei Dahner Felsenburgen Tanstein, Grafendahn und Altdahn im südlichen Pfälzerwald.

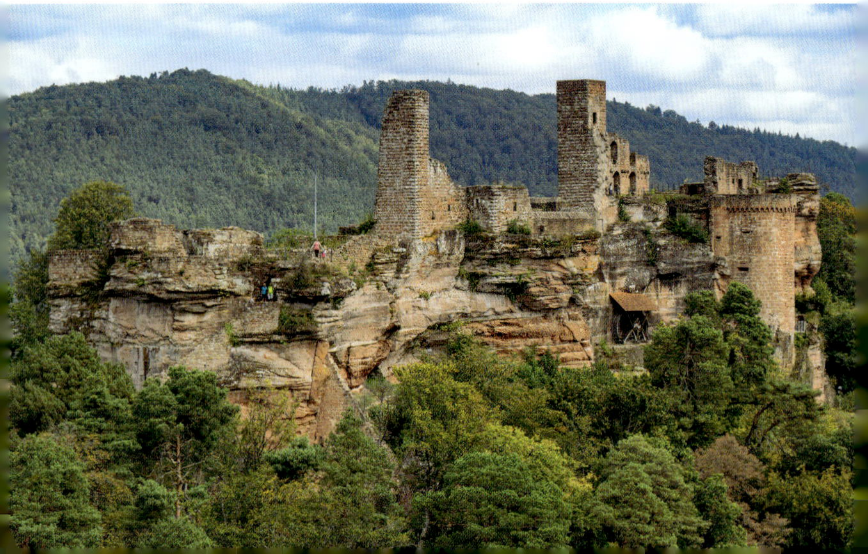

porphyr). Die zähe Lava erreichte damals jedoch nicht die Erdoberfläche, sondern drang in 3 km Tiefe zwischen die Gesteinsschichten ein und wölbte diese domartig über eine Fläche von 20 Quadratkilometern und 1500 m Höhe auf. Mit der Zeit trugen Wind, Wasser und Frost dieses Gestein ab und legten den harten vulkanischen Rhyolith frei. Dieser verwitterte mit der Zeit, sodass die Hänge des Donnersbergs heute mit vulkanischem Gesteinsschutt bedeckt sind. Wegen seines landesweit einzigartigen Vulkanismus wurde der Donnersberg 2021 als »Nationaler Geotop« ausgezeichnet.

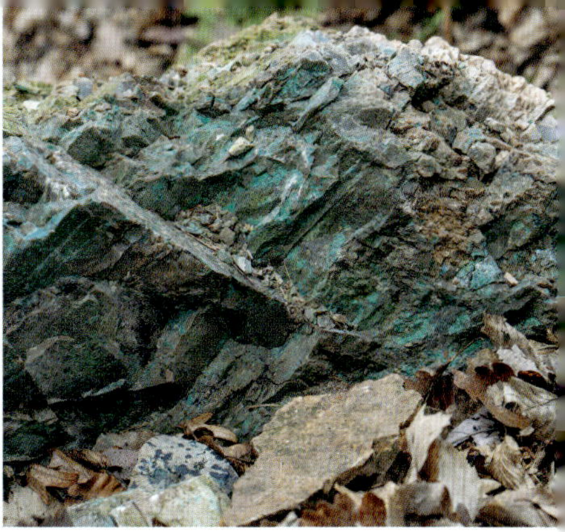

Türkise Krusten aus Kupfererz auf dem Rhyolith-Gestein am Donnersberg.

Fauna und Flora

Der Pfälzerwald und die Weinberglandschaft entlang der Haardt stellen für Tiere und Pflanzen ganz unterschiedliche Lebensräume dar. Neben Wald gibt es Flusstäler, Teiche, Sümpfe, Moore, Wiesen und nackten Fels. Wo es wegen des kargen Bodens oder der Topografie des Landes keine Landwirtschaft gibt, blieben Lebensräume erhalten, in denen viele Tiere und Pflanzen vorkommen, die heute auf der Roten Liste stehen.

Für Ackerbau und Weidewirtschaft und als die Römer die Weinreben und Esskastanien in das Land brachten, wurden die ursprünglichen Eichen-Buchenwälder gerodet. In dem klimatisch begünstigten Landstrich siedelten sich nun wärmeliebende Tiere und Pflanzen an, die aus den östlichen Steppen und südlichen Ländern einwanderten. Auf den Halbtrockenrasen oberhalb der Weinberge blühen im Frühjahr die Küchenschellen. Auch Kalkaster, Goldaster und Frühlingsadonisröschen kommen dort vor – und als besondere Kost-

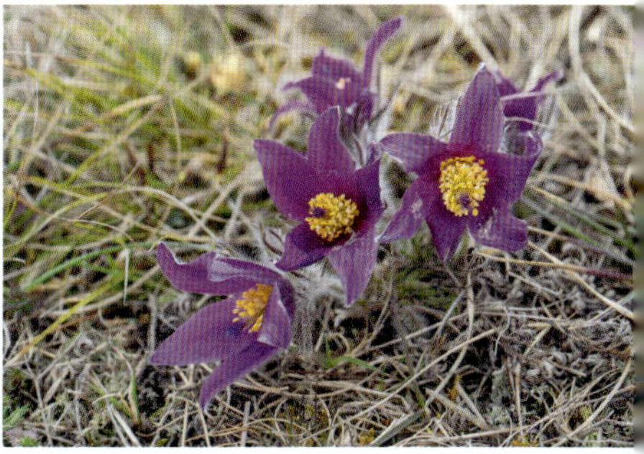

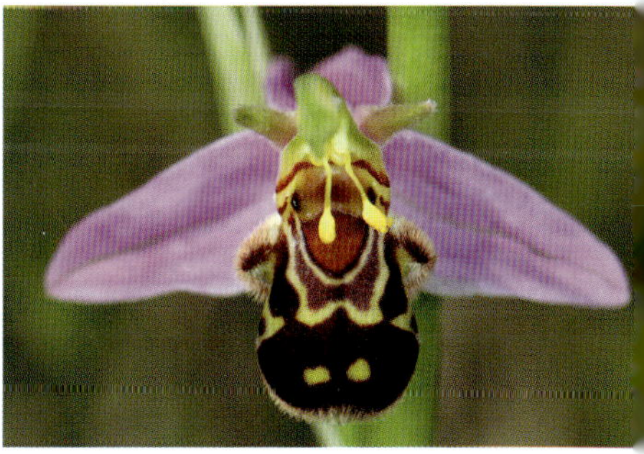

Oben: Küchenschelle.
Mitte: Bienenragwurz.
Unten: Pyramiden-Spitzorchis.

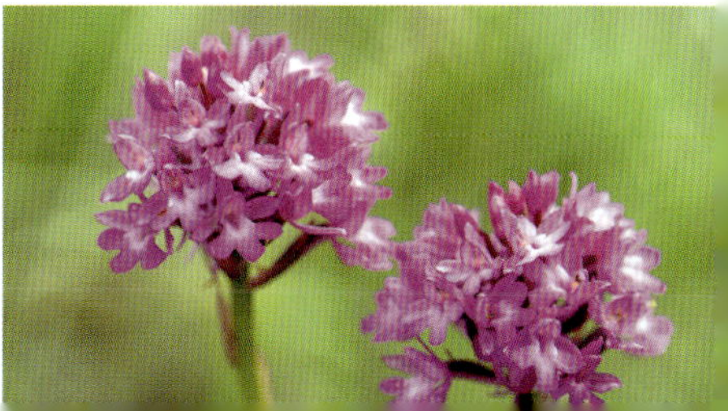

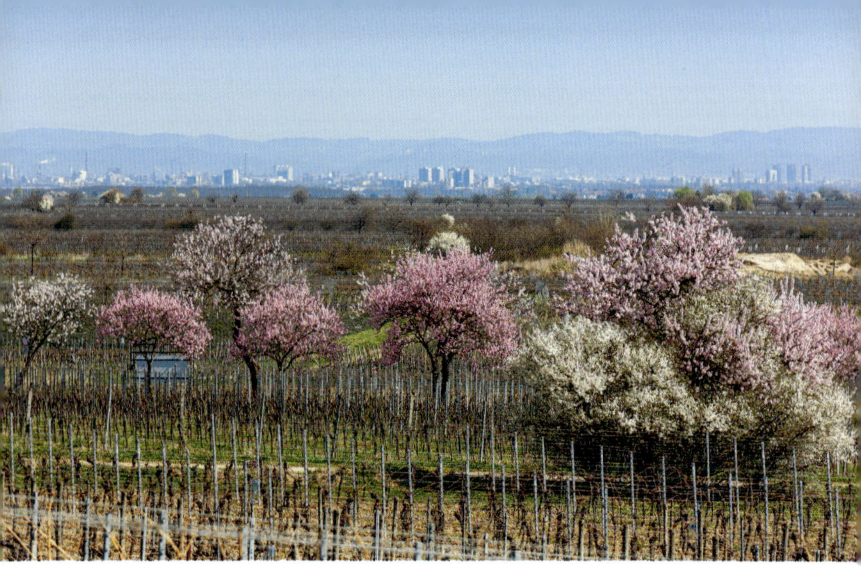

An der Weinstraße in der Pfalz blühen Mandelbäume und Schlehen, im Hintergrund Ludwigshafen, Mannheim und der Odenwald.

barkeiten unserer heimischen Flora kann man hier seltene Ochideen wie die Bienenragwurz entdecken. Auch zahlreiche Schmetterlingsarten, Käfer und Heuschrecken lassen sich hier beobachten. In den Weinbergen findet man den Weinberglauch mit seiner kugeligen, blauvioletten Blüte, den weißblühenden Dolden-Milchstern, den Acker-Gelbstern, blau blühende Traubenhyazinthen und roten Klatschmohn. Am Waldrand können wir im späten Frühjahr das blaue Leberblümchen und den Zweiblättrigen Blaustern entdecken. Der Waldboden ist dann übersät mit den Blüten des Weißen Buschwindröschens, und manchmal wächst dazwischen das Gelbe Windröschen. Auf Waldlichtungen blüht im Sommer der Rote Fingerhut, eine altbekannte, bis zu 150 cm hohe, aber giftige Heilpflanze. Manchmal können wir auch die weiß blühende Variante dieser schönen Pflanze entdecken. Wo es feucht ist, kommt das gelbe Scharbockskraut vor. Auch Grasfrösche, Erdkröten und die Ringelnatter sind hier zu Hause. In nährstoffarmen Mooren und kleinen Waldseen findet man Seerosen, Fieberklee, Sumpfcalla und den fleischfressenden Sonnentau. Auf ungedüngten Feuchtwiesen wachsen das Breitblättrige Knabenkraut, eine heimische Orchidee, und Wollgras. Wo Wasser in der Nähe ist, schwirren Libellen.

Typisch für die Kulturlandschaft an der Weinstraße sind die blühenden Mandelbäume mit ihren rosa und weißen Blüten. Aus den weißen Blüten entwickeln sich süße, essbare Früchte, aus den rosa Blüten bittere, ungenießbare Mandeln. Später im Jahr stehen die Streuobstbäume in voller Blüte. Sie kommen vor allem im Süden und Norden der Weinstraße noch in großer Zahl vor. An vielen Häusern findet man die Mittelmeerfeige, deren Früchte geerntet werden. Auch blühender Oleander, Palmen und Zitronenbäumchen, die im Sommer ins Freie gestellt werden, betonen das mediterrane Flair dieser Pfälzer Landschaft.

Das Wandergebiet

Unser Wandergebiet liegt an der südwestlichen Ecke des Bundeslandes Rheinland-Pfalz und grenzt im Osten an die Rheinebene und im Süden an das Elsass in Frankreich. Der Pfälzerwald mit dem Donnersberg und die Weinberge am Rand der Haardt, wo die Deutsche Weinstraße verläuft, entwickelten sich dank ihrer abwechslungsreichen und reizvollen Landschaften zu Beginn des letzten Jahrhunderts zu einem beliebten Wandergebiet. Dazu beigetragen hat wohl auch die verkehrstechnisch gute Zugänglichkeit dieser Region und ihre Lage in der Nähe der heutigen Metropolregion Rhein-Neckar mit den Großstädten Ludwigshafen, Mannheim und Heidelberg im Osten, den Städten Kaiserslautern und Pirmasens im Westen, sowie Karlsruhe im Süden.

Auch die grüne Grenze mit Frankreich, wo der Pfälzerwald lückenlos in die Nordvogesen übergeht, und ein französisches Savoir-vivre, eine Lebenseinstellung, bei der man genießt und es sich gut gehen lässt, verstärkt sicherlich, dass man in dieser waldreichen Landschaft mit ihren Felsen und Burgen gerne wandert. 1902 wurde in Ludwigshafen der Pfälzerwaldverein (PWV) gegründet. Dieser Wanderverein, der heute über 25.000 Mitglieder hat und auch eine eingetragene Bundesnaturschutz-Organisation ist, ist maßgeblich an der Entwicklung des Wandertourismus in der Pfalz beteiligt. Ein besonderes touristisches Alleinstellungsmerkmal des Pfälzerwalds sind seine bewirtschafteten Wanderhütten. Etwa 110 solcher Hütten errichtete der Pfälzerwaldverein seit 1904. Heute gibt es davon noch rund 70, in denen Wanderer einkehren und zum Teil auch übernachten können. Seit 2021 gehören diese bewirtschafteten Hütten im Pfälzerwald zum Immateriellen Kulturerbe Deutschlands der UNESCO.

Unser Wandergebiet ist von einem dichten Netz mit 12.000 km markierten Wanderwegen durchzogen, die

Weisenheimer Hütte des Pfälzerwaldvereins am Ungeheuersee (Tour 12).

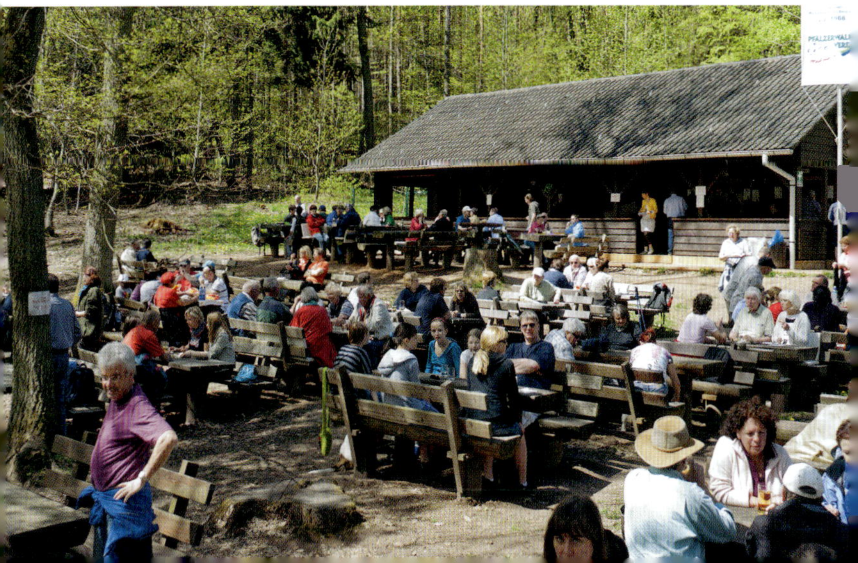

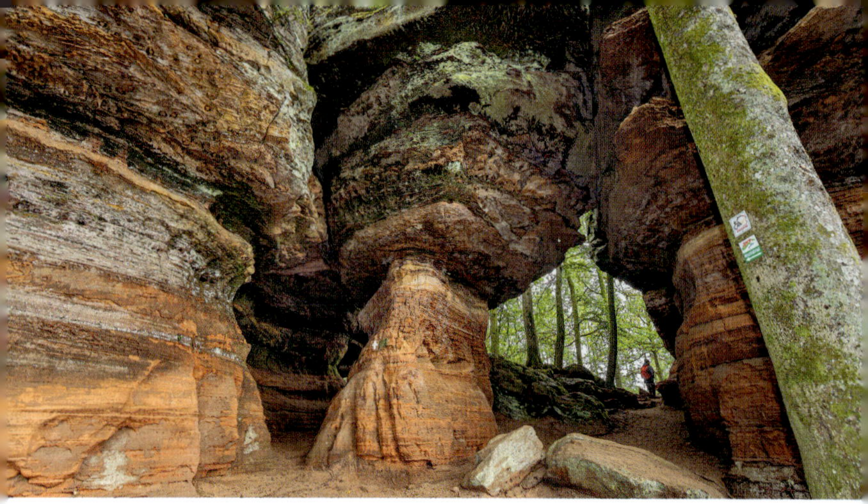

Der Premiumweg Altschlosspfad schaffte es 2022 neben dem Rimbachsteig in die Endauswahl für »Deutschlands schönster Wanderweg« (Tour 41).

mit Punkten, Balken, Kreuzen und Rauten in unterschiedlichen Farben markiert sind und vom Pfälzerwaldverein gepflegt werden. In den letzten Jahren wurden neue Rundwanderwege ausgeschildert und mit individuellen Logo-Schildern markiert, die ein bestimmtes Thema verfolgen und dieses anhand von Infotafeln zur Geschichte, Geologie, Fauna, Flora und Sagenwelt der jeweiligen Region vermitteln.

Premium- und Themenwege

In unserem Wandergebiet laden zahlreiche Themenwege dazu ein, die abwechslungsreiche Landschaft zu Fuß kennenzulernen. Viele dieser Rundwanderwege sind vom Deutschen Wanderinstitut e. V. als Premiumwege zertifiziert. Damit ein Wanderweg dieses Wandersiegel erhält, muss er bestimmte Kriterien erfüllen: Er muss unterhalten und einwandfrei markiert sein. Er muss einen hohen Erlebniswert bieten und eine abwechslungsreiche Wegführung möglichst mit Wald, Gewässern, Felsen, tollen Aussichten und gepflegten Rastplätzen bieten. Schmale Pfade statt breiten, befestigten Forststraßen sind angesagt. Nur höchstens 15 Prozent der Wegstrecke dürfen auf Beton oder Asphalt verlaufen. Auf die abwechslungsreichen Premiumwege passt das Zitat von Theodor Heuss: »Der Sinn des Wanderns ist es, unterwegs zu sein«.

Wir werden auf 50 der interessantesten und schönsten Premium- und Themenwege unterwegs sein. Dabei lernen wir die einzigartigen Naturlandschaften der Pfalz und die besondere Lebensart der Pfälzer kennen. Das Wanderbuch bietet aber nicht nur Wegbeschreibungen, Orientierungskarten und gpx-Downloads der Touren. Es vermittelt auch Hintergrundwissen zur Geschichte, Kultur, Geologie und Natur der Pfalz. Das ist viel mehr, als man beim Download der Themenwege unter den Internetadressen von Wanderportalen wie www.tourenplaner-rheinland-pfalz.de, www.outdooractive.com/de oder www.komoot.de bekommt. Auf der Internetseite des Deutschen Wanderinstituts (www.wanderinstitut.de) sind die zertifizierten Premiumwege abrufbar.

Rundwanderwege, die sehr lang, übermäßig anstrengend oder mehrtägig sind, und Streckenwanderungen werden im Buch nicht beschrieben; auf Teilstrecken sind wir aber unterwegs. Die schönsten dieser Wanderungen sind

- der August-Becker-Weg, Klingenmünster – Bad Bergzabern – Slevogthof (71,1 km).
- der Deutsch-französische Burgenweg, ein Premiumweg zu den Burgen zwischen den Nordvogesen und dem südlichen Pfälzerwald (31,6 km).
- der Busenberger Holzschuhpfad, ein Premiumweg von 24,2 km Länge und anstrengenden Auf- und Abstiegen.
- der Felsenland Sagenweg, Premiumweg Dahn – Nothweiler – Fischbach (87,1 km).
- der Rimbachsteig, ein 17,1 km langer Premiumweg, der wegen seiner vielen Auf- und Abstiege und steiler Felsenpfade ziemlich anspruchsvoll ist. Er führt zwischen den Gemeinden Darstein, Schwanheim und Dimbach über die Bergkämme rund um das Quellgebiet des Rimbachs.
- der Holzlandweg, Waldfischbach – Heltersberg – Steinalben (37,4 km).
- der Kapellen-Pilgerweg, Klingenmünster – Oberschlettenbach – Dörrenbach (72,4 km).
- der Pfälzer Keschdeweg, eine mehrtägige Wanderung von Hauenstein zu den Esskastanienwäldern bei Neustadt an der Weinstraße (61 km).
- der Rodalber Felsenwanderweg, Premiumweg (45,1 km).
- der Felsenkönigweg (31,1 km) zwischen Elmstein, Erlenbach und Iggelbach.
- der Uni-Villa-Wanderweg von der Universität Kaiserslautern zur Villa Denis im Frankensteiner Ortsteil Diemerstein (26 km). Fitte Studenten und geübte Wanderer schaffen diesen Weg an einem Tag!
- das Wanderwegenetz der »Rätselhaften Zeitzeichen«, das aus dem Hochfelsweg (12 km) und dem Sonnwendweg (9 km) bei Mehlingen, dem Schanzenweg (12,5 km) und dem Kelten- und Römerweg (8,5 km) bei Enkenbach-Alsenborn und dem Mönchsweg I (12 km) und II (13 km) bei Hochspeyer besteht und auf 67 km Länge verschiedene Stationen der keltischen Vergangenheit der Nordpfalz miteinander verbindet.

Die beliebtesten Strecken-und Fernwanderwege im Pfälzerwald sind

- der 172 km lange Pfälzer Weinsteig (rot-weiße Welle), der am Rand der Haardt auf schmalen Wegen mit vielen Aussichtspunkten durch die Weinberge, Weindörfer, Kastanien- und Kiefernwälder von Bockenheim nach Schweigen verläuft.
- der 96 km lange Wanderweg Deutsche Weinstraße (grüne Weintraube), der ebenfalls von Bockenheim nach Schweigen verläuft und die Pfälzer Weinorte miteinander verbindet. Anders als der Pfälzer Weinsteig verlässt dieser Weg nur an wenigen Stellen die sonnenverwöhnten Weinberge.
- der 143 km lange Pfälzer Waldpfad (grün-weiße Welle), der in Kaiserslautern beginnt und auf der Westseite des Pfälzerwaldes über Johanniskreuz, Rodalben und Dahn ebenfalls nach Schweigen führt.
- Auch der Pfälzer Jakobsweg (Jakobsmuschel) verläuft durch un-

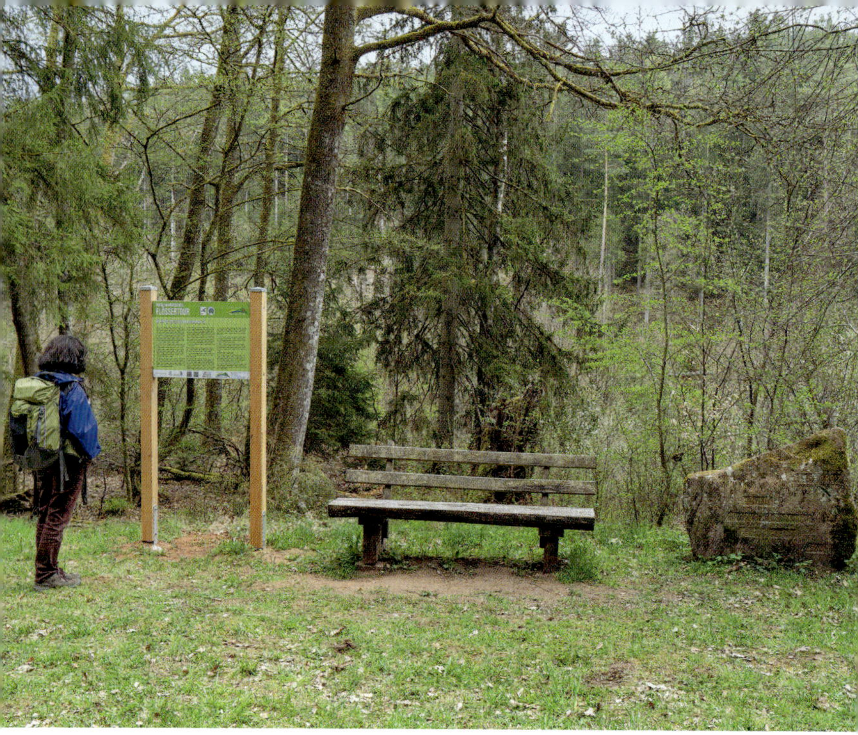

Ritterstein im Storrbachtal, wo einmal der Storrwoogerhof stand (Tour 44).

Wasserschwall erzeugt werden. Damit dieser nicht zu turbulent durch den Kanal floss und die Ufer zerstörte, stürzte das Wasser zuerst in ein gemauertes Tosbecken, wo es sich beruhigen konnte. Mit Rumpeln, kleinen gemauerten Stauwehren mit einer schiefen Ebene, wurde die Fließgeschwindigkeit des Wassers verringert und reguliert, sodass es im Kanal überall gleich schnell floss. Das Köhlerhandwerk und die Holztrift wurden für den Tourismus wiederentdeckt. An qualmenden Meilern werden Köhlerfeste gefeiert, wie im Mai in Erfweiler oder im September in Trippstadt. Im Juni findet am Kaltenbach bei Rinnthal ein Triftfest statt, und Anfang Juli wird im Leinbachtal bei Frankenstein die Holztrift gezeigt.
In Erfweiler soll die Geburtsstätte der Elwetritschen liegen, jene unfassbaren, aber doch allgegenwärtigen Fabelwesen der Pfalz. Einst sollen sich in einem schweren Unwetter einige Hühner, Gänse und Enten im Pfälzerwald verlaufen haben, wo sie mit Kobolden und Elfen neue Familien gründeten und sich über den ganzen Pfälzerwald ausbreiteten. Bei den Felsen zwischen Dahn und Erfweiler soll man bei Vollmond die besten Chancen haben, eine Elwetritsche mit einer Lampe in den Fangsack locken zu können …

Rittersteine

Rittersteine sind die steinerne Geschichtsschreibung des Pfälzerwalds. Dies sind meistens große Sandsteine, aber auch Mauerwerk und natürliche Felsen, die eine eingemeißelte Inschrift tragen. Sie stehen an Wegkreuzungen und bemerkenswerten Örtlichkeiten im Pfälzerwald, dienen zur Orientierung und informieren über naturkundliche, kulturelle und geschichtliche Besonderheiten. Etwa 300 Rittersteine gibt es. Sie wurden im Jahr 1912 nach ihrem Förderer Karl Albrecht von Ritter (1836–1917) benannt, einem Königlichen Oberforstrat und damaligen Vorstand des Pfälzerwaldvereins. Unter https://de.wikipedia.org/wiki/Liste_der_Rittersteine erfährt man Näheres über diese für den Pfälzerwald typischen Steinmarken.

Weinstraße

Die 80 km lange Deutsche Weinstraße führt vom Haus der Deutschen Weinstraße in Bockenheim bis zum Deutschen Weintor in Schweigen. Die Touristikstraße entstand 1935, um den damals ins Stocken geratenen Weinhandel anzukurbeln. Mit 23.684 ha Rebfläche ist die Pfalz nach Rheinhessen das zweitgrößte Weinanbaugebiet Deutschlands. Die Weinberge erstrecken sich entlang der Haardt auf rund 60 km Länge und 5 bis 10 km Breite. Viele Winzer bearbeiten ihre Weinberge im Nebenerwerb, 25 % der Ernte werden von Winzergenossenschaften vertrieben.

Rund um Grünstadt erstreckt sich das Leiningerland. Der Name stammt von den beiden Stammburgen der Leininger Grafen, Alt- und Neuleiningen. Die Burg Neuleiningen ist von der Autobahn A 6 aus sichtbar, die Altleininger Burg wurde zu einer modernen Jugendherberge ausgebaut.

Das Hambacher Fest am 27. Mai 1832 gilt als Geburtsstunde der deutschen Demokratie. Eine Dauerausstellung im Hambacher Schloss widmet sich dieser Freiheitsbewegung. Geprägt von der Französischen Revolution und dem Liberalismus kämpften die Publizisten Philipp Jakob Siebenpfeiffer und Johann Georg August Wirth vehement gegen eine Zensur der Bayern, die damals die Pfalz regierten. Außerdem behinderten hohe Steuern und Zölle die Wirtschaft. Dem Aufruf der beiden zu einem politischen Volksfest für Einheit und Freiheit der Deutschen in der Ruine des Hambacher Schlosses folgten viele Gleichgesinnte.

Rhodt unter Rietburg besitzt den ältesten Weinberg Deutschlands, seit 1630 werden hier Traminer Trauben geerntet. Der Rhodter Pfiff, ein 1-Liter-Schoppenglas, wurde sogar in Sandstein gemeißelt. In Edenkoben erinnert der Lederstrumpfbrunnen an den amerikanischen Schriftsteller James Fenimore Cooper, der sich 1831 in der Pfalz aufhielt. Ob der in Edenkoben geborene Johann Adam Hartmann tatsächlich als Vorbild für sei-

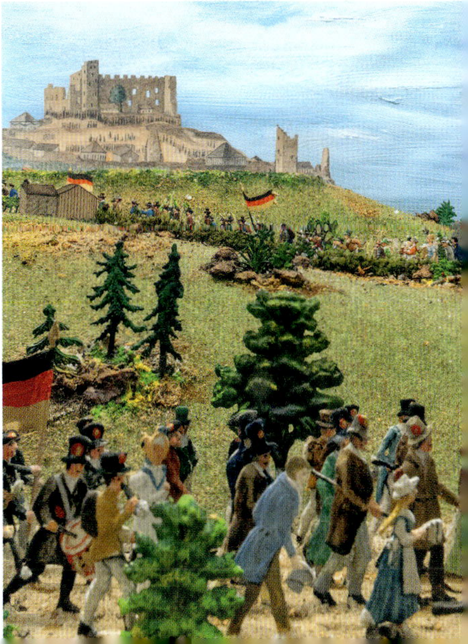

Im Deutschen Zinnfigurenmuseum in Kulmbach ist das Hambacher Fest von 1932 eindrucksvoll dargestellt. Erstmals wurde hier auch die schwarz-rot-goldene deutsche Fahne geschwenkt.

ne Romanfigur Fritz Hartmann alias Lederstrumpf diente, wird angezweifelt. Tatsache ist hingegen, dass der Maler Max Slevogt die Lederstrumpf-Romane Coopers illustrierte. Und kaum bekannt ist, dass der Roman Coopers »Die Heidenmauer oder Die Benediktiner« bei Bad Dürkheim und auf der Limburg spielt.
Landau wurde 1291 zur Reichsstadt erhoben und Ende des 17. Jh. unter französischer Herrschaft von Vauban zur Festung ausgebaut. In Schweigen endet die Deutsche Weinstraße beim Weintor. Ins elsässische Wissembourg (Weißenburg) ist es nicht mehr weit.

Donnersberg

Der Donnersberg ist mit 687 m Höhe der höchste Berg der Pfalz. Er war vor über 2000 Jahren heiliger Berg eines Keltenstammes und dem germanischen Gott Donar geweiht. Einst befand sich auf dem damals baumlosen Berg die größte Siedlung der Kelten in Mitteleuropa. Deren Befestigungen waren selbst von der Rheinebene aus sichtbar und zeugten von der damaligen Macht der Kelten. Im frühen Mittelalter erstreckte sich hier Königsland. Daher und von einer nach Norden geöffneten Vertiefung im Fels, die dem »Königsstuhl« ein sesselartiges Aussehen gab, dürfte sich dessen Name ableiten. Der Felsen ist der höchste Punkt der Pfalz. Von ihm haben wir heute eine grandiose Aussicht über das bewaldete Nordpfälzer Hügelland. Vom Königsstuhl verläuft ein keltischer Ringwall auf 1,25 km Länge bis zum Ludwigsturm. Auf dem 8 km langen Keltenweg können Reste des Keltenwalls aus dem 2. Jahrhundert v. Chr., eine Viereckschanze und die rekonstruierte Befestigungsanlage eines keltischen Oppidums (Siedlung) aus dem 1. Jahrhundert v. Chr. besichtigt werden. Symbol des Keltenwegs und Wahrzeichen des Donnersbergs ist ein maskenverzierter Achsnagel, der 1964 in der Viereckschanze gefunden wurde. Dieser Nagel könnte das Rad eines prunkvollen Kultwagens gesichert haben, sodass dieses nicht von der Achse rutschte. Seit 2018 steht ein großer Achsnagel, der sich an ein Wagenrad lehnt, im Verkehrskreisel

Der 687 m hohe Donnersberg ist der höchste Berg der Pfalz.

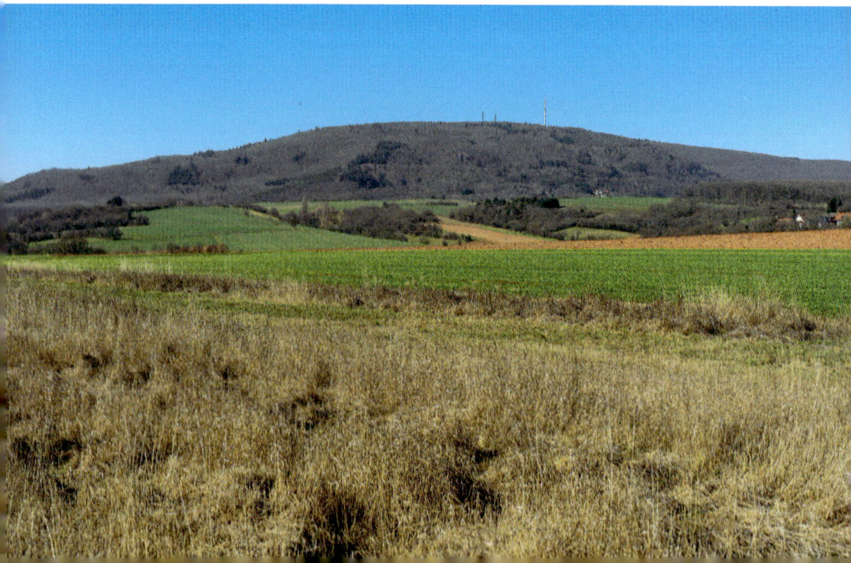

Hördter Rheinaue (Tour 50).

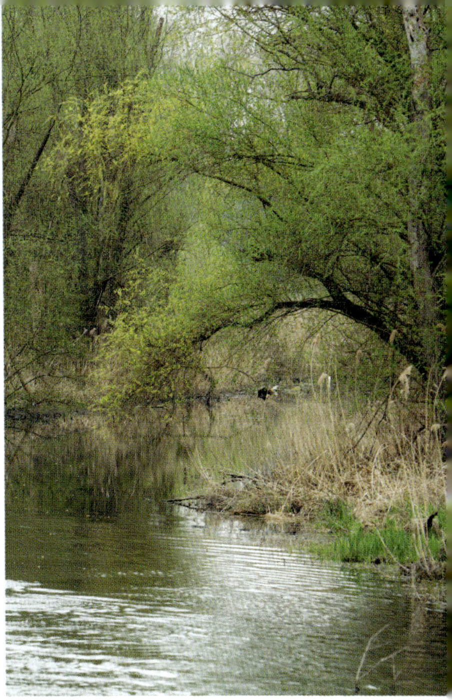

beim Bastenhaus. Diese Plastik aus Cortenstahl haben die Künstler Uli Lamp und Motz Tietze geschaffen.
Die Hänge des Donnersbergs sind steil und mit tief eingeschnittenen, bewaldeten Schluchten durchzogen. Diese »Dellen« sind charakteristisch für den Donnersberg. Die meisten Wege führen durch sie auf den Berg. Der Donnersberg ist auch ein altes Bergbaurevier. Wir erkunden dieses auf dem Kupferweg und dem Eisenweg.

Rheinaue

Zu einer Zeit, da der Rhein noch nicht für die Schifffahrt reguliert war, suchte sich das Wasser seinen Weg dort, wo ihm das Land den geringsten Widerstand entgegensetzte. In unzähligen Mäandern floss das Wasser nach Norden. Während es an der Außenseite jeder Flussschleife Land mit sich riss und dadurch die Schleife erweiterte, lagerte sich an der ruhigeren Innenseite das mitgeführte Schwemmmaterial wieder ab. Dadurch entstanden immer größere Windungen; der Weg des Wassers wurde länger und seine Fließgeschwindigkeit geringer. Nach Hochwasser wurden diese Flussschleifen vom Hauptstrom abgeschnitten. Tote Seitenarme entstanden, die keine unmittelbare Verbindung mehr mit dem Rhein hatten. Nur der Regen und das Grundwasser sorgten dafür, dass diese Gewässer nicht völlig austrockneten. Andere Seitenarme, die noch teilweise mit dem Fluss verbunden waren, wurden zu stillen Altrheinarmen. Mit der Zeit entwickelte sich entlang des Rheins eine einzigartige Wasserwildnis, von der heute nur noch wenige Reste vorhanden sind.

Im Sommer wird es im Rheintal oft subtropisch heiß und schwül. Tagelang herrscht dann ein Treibhausklima, welches das Wachstum der Pflanzen begünstigt. Wo viele verschiedene Pflanzen vorkommen und überall Wasser in der Nähe ist, finden sich auch zahlreiche Tiere ein. Auf engstem Raum entwickelte sich dadurch in den Auwäldern eine Tier- und Pflanzenwelt, die zur artenreichsten in Mitteleuropa zählt.
Der Einfluss des Menschen veränderte das Gesicht dieser Landschaft. Die aufkommende Industrialisierung und die Schifffahrt forderten ihren Tribut von der Natur. Der Rhein wurde in den Jahren 1817 bis 1882 nach Plänen des badischen Wasserbau-Ingenieurs Johann Gottfried Tulla (1770–1828) begradigt und kanalisiert. Von Basel bis Mannheim hat sich der Flusslauf dadurch von 324 auf 255 km verkürzt. Zum Schutz vor dem Hochwasser baute man Deiche. Aus sumpfigem

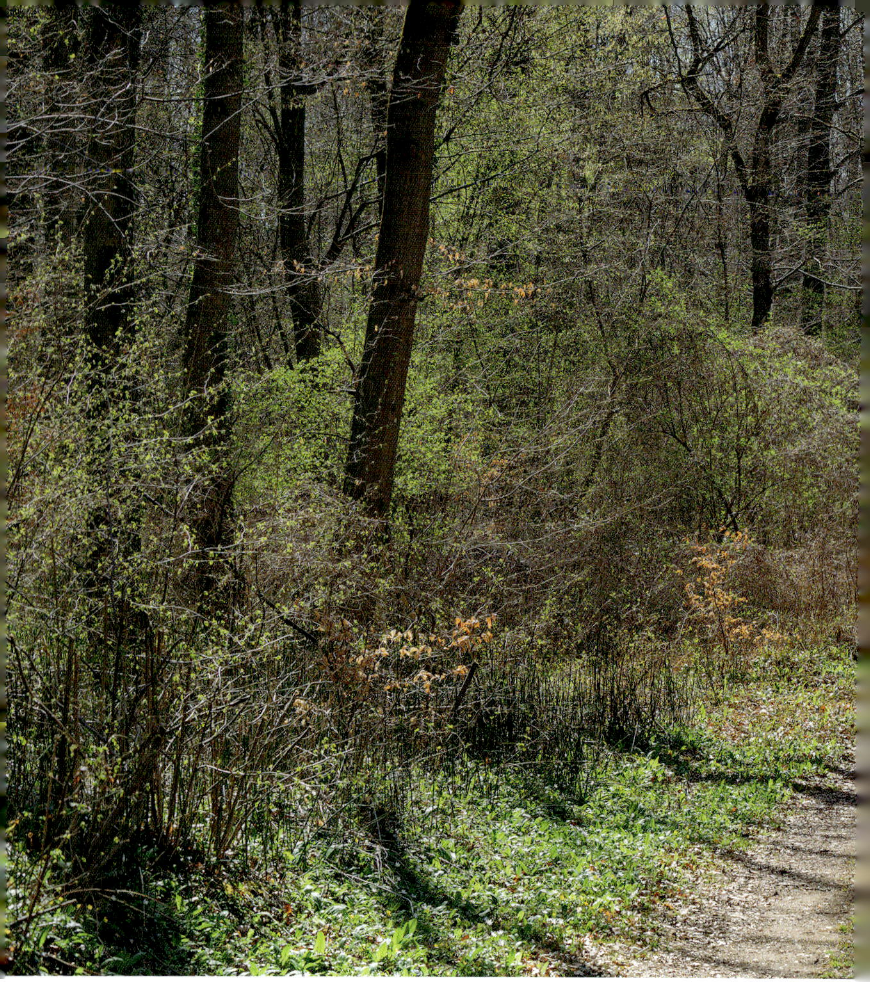

Frühling am Treidlerweg (Tour 49).

Land entstanden Äcker und Wiesen. Durch Tullas Rheinkorrektur und weitere flussbautechnische Maßnahmen in den Jahren 1907 bis 1974 wurde der Rhein auch für große Schiffe befahrbar. Die Auenlandschaft am Rhein veränderte sich, und die charakteristischen Auwälder verschwanden größtenteils.

Heute trennt der Rheinhauptdamm die flussseitige Weichholzaue von der Hartholzaue. Die Weichholzaue mit ihren charakteristischen Silberweiden, aber auch Grau-, Silber- und Schwarzpappeln ist durchschnittlich an hundert Tagen im Jahr überflutet, die trockenere Hartholzaue nur an zehn Tagen. Hier wachsen Stieleiche, Ahorn, Feldulme und Esche. Die Silberweide ist der Charakterbaum der Rheinauen. Früher wurden die Weidenzweige zu Reisigwalzen – sogenannten Faschinen – gebunden, mit Steinen beschwert und im Wasser versenkt, um die Verlandung zu fördern, die Ufer zu befestigen oder die Dämme zu sichern. Mit Silberweiden wurden großflächige Faschinenwäl-

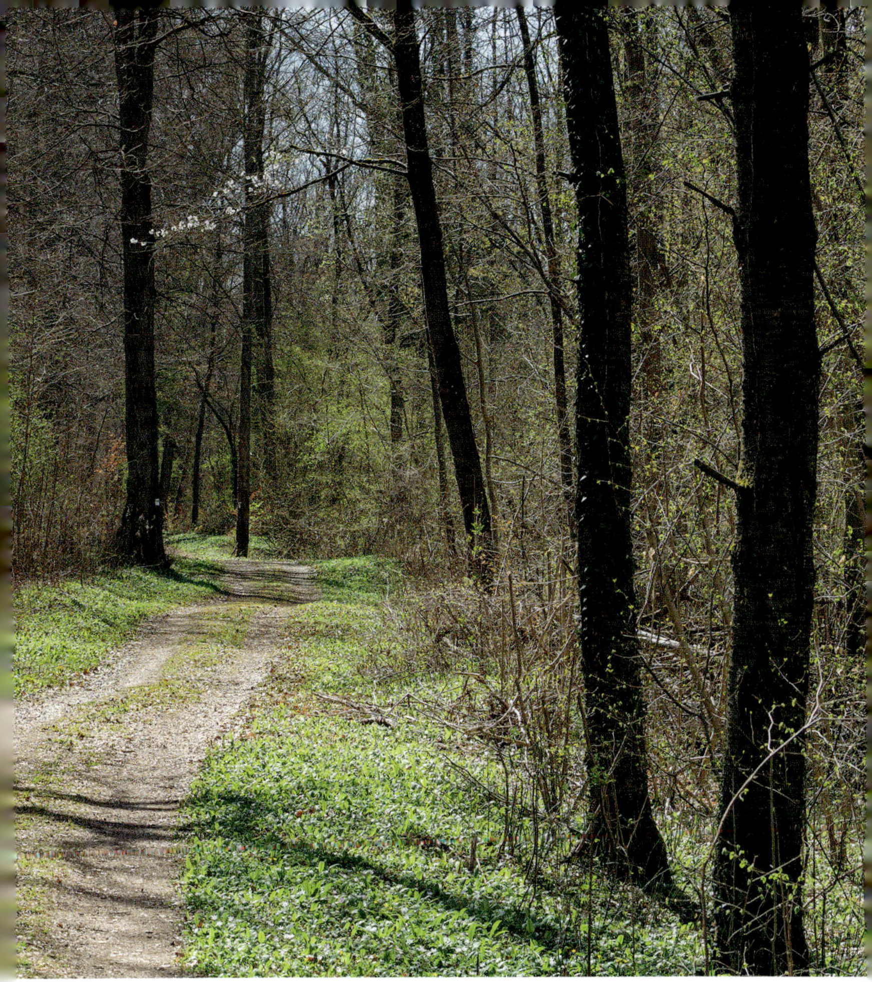

der angelegt. Nach der Rheinregulierung verloren sie ihre Bedeutung. Verstärkt wurde die Weichholzaue jetzt mit Pappeln bepflanzt.
Die Hochwasserdämme in der Auenlandschaft sind vom Menschen geschaffene Biotope. Auf engstem Raum bieten sie Standorte für verschiedene Tier- und Pflanzenarten. Die Artenvielfalt am Hochwasserdamm ist deshalb besonders groß, da je nach Besonnungsgrad, Bodenverhältnissen, Alter, Pflegezustand und Wasserhaushalt unterschiedliche Nährstoffverhältnisse und Lebensbedingungen herrschen. Auf den mageren und nährstoffarmen Wiesen der Dämme wachsen Orchideen, Heilkräuter und Gräser. Auch in den wenigen noch vorhandenen ungedüngten Stromtalwiesen, die meist nur einmal im Jahr im Spätsommer oder Herbst gemäht werden, kommen solche Pflanzen vor.
Die Wasserwildnis im Auwald am Rhein lernen wir auf zwei Wanderungen kennen, dem Treidlerweg und dem Tulpenbaumweg.

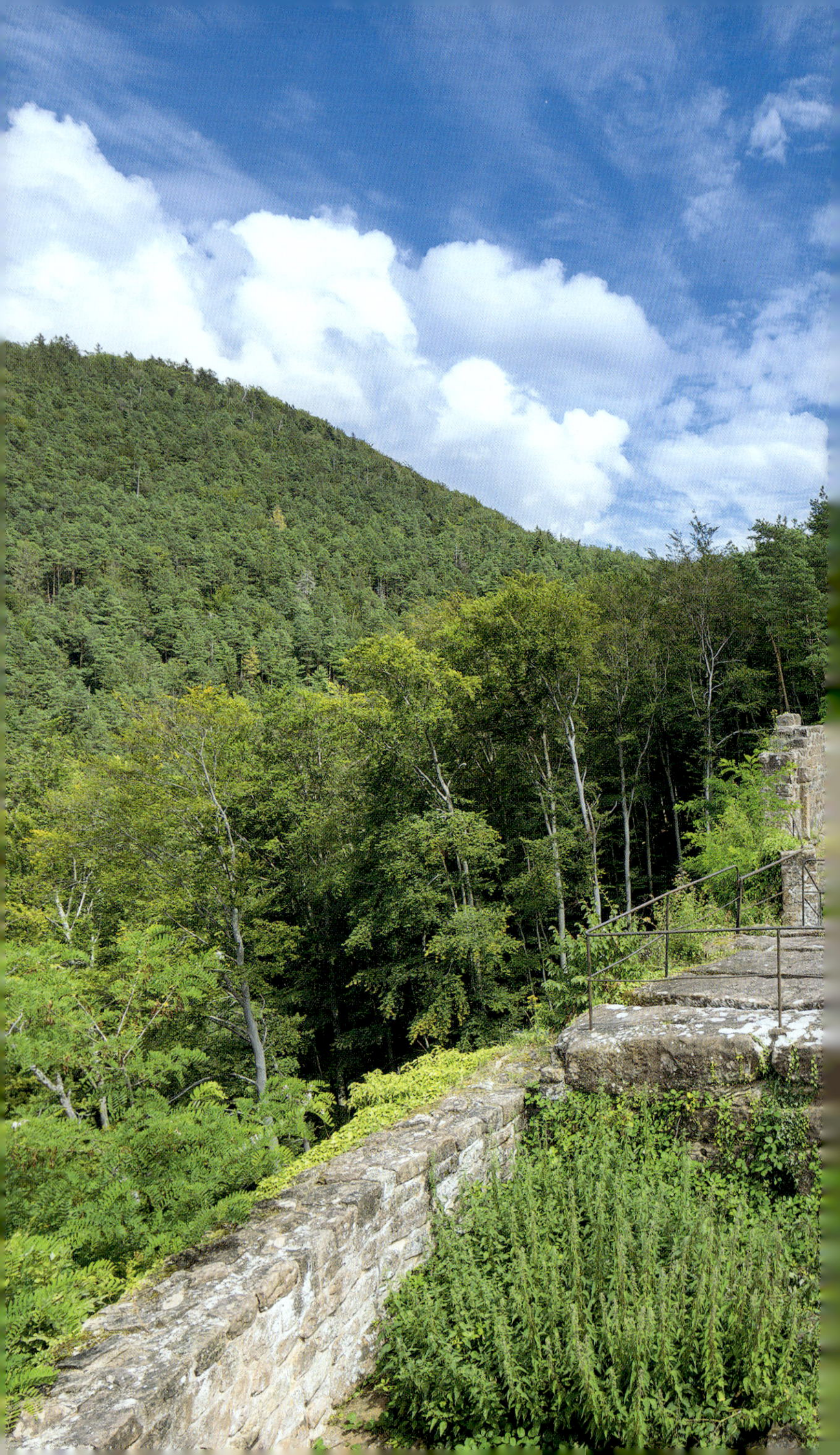

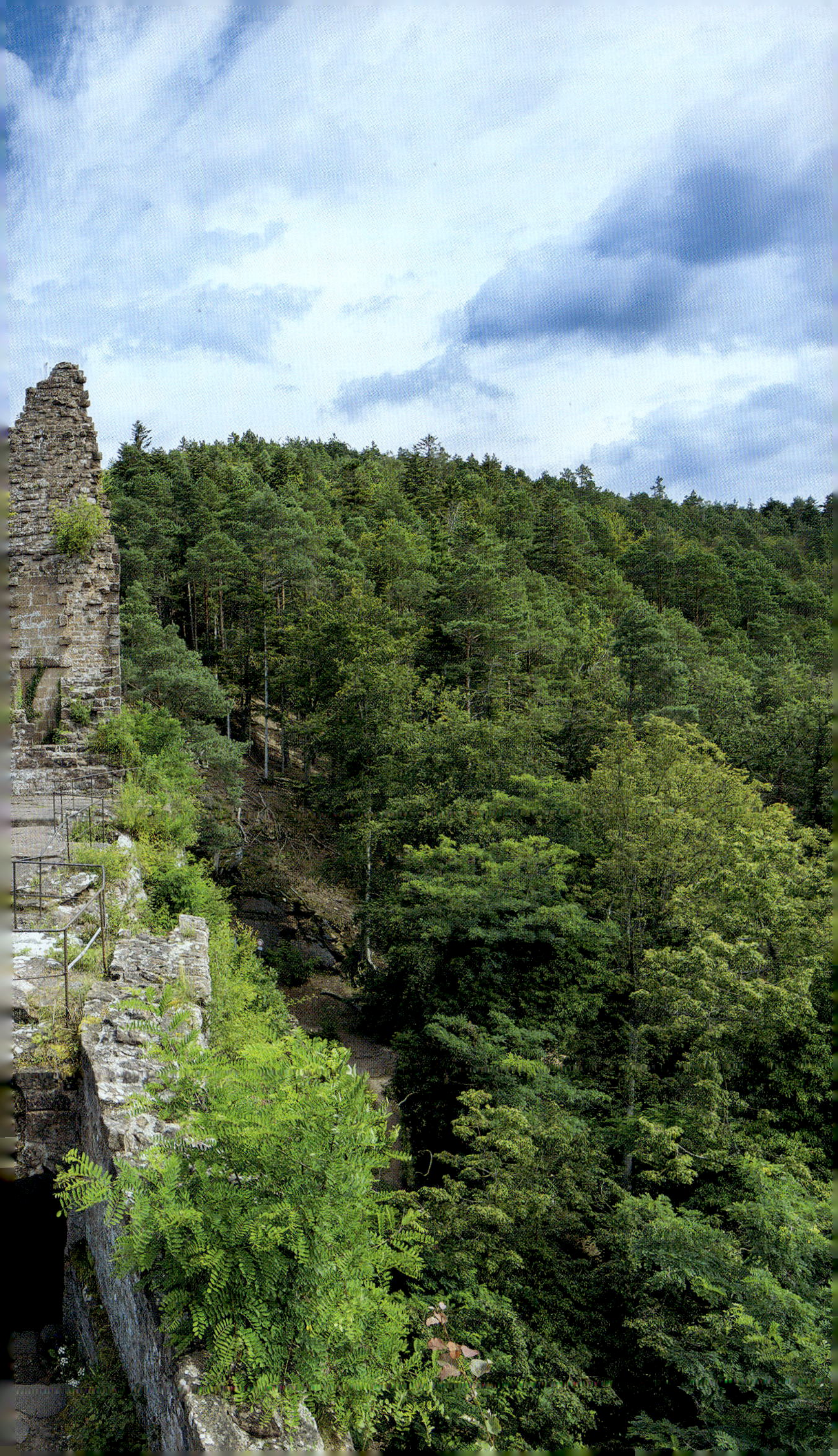

1 Der Keltenweg auf dem Donnersberg

Wo die Pfalz am höchsten ist

1.45 Std. | 5,3 km | ↗ 180 m | ↘ 180 m

Rundgang durch eine keltische Stadt

Auf dem 687 m hohen Donnersberg, dem höchsten Berg der Pfalz, befand sich vor 2000 Jahren die größte befestigte keltische Siedlung nördlich der Alpen. Mehrere Tausend Menschen sollen in diesem Handels- und Handwerkerzentrum gelebt haben. Hier wurden Märkte abgehalten und auch Münzen aus Silber und Bronze geprägt. Die Siedlung, die sich auf rund 240 ha erstreckte, war von einer 4 m hohen, aus Steinen und Eichenbalken errichteten Wallanlage mit Graben umfasst. Sie war vermutlich von 180 bis 20 vor Christus dauerhaft bewohnt. Die Römer bezeichneten diese als Oppidum (Stadt). Ein Stück der keltischen Wehrmauer ist rekonstruiert worden. In der Viereckschanze fand man 1964 bei Ausgrabungen einen keltischen Achsnagel, der zum Logo des Keltenwegs wurde. Brechen wir auf zu einem geschichtlichen Stadtmauerrundgang, auf dem wir das Leben der Kelten näher kennenlernen können!

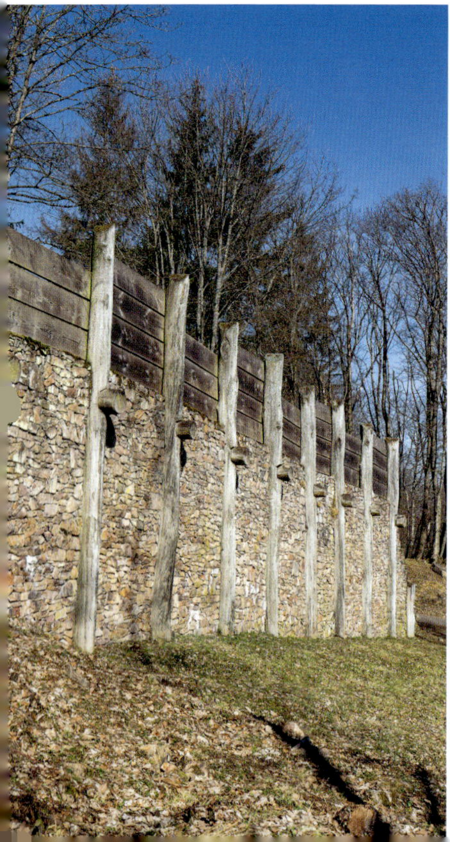

Ausgangspunkt: Wanderparkplatz auf dem Gipfelplateau des Donnersbergs.
Markierung: Grüner Achsnagel auf weißem Grund.
Anforderungen: Wanderschuhe mit Profilsohle, da holprige und bei Nässe rutschige Pfade mit großen Steinen und Wurzeln.
Einkehr: Keltenhütte, Sa., So. von 10.30–18 Uhr geöffnet. Kiosk am Ludwigsturm. Hier verkauft der Donnersbergverein Produkte regionaler Hersteller wie Wurstdosen, Wild, Schinken und Pfälzer Spirituosen. Probieren Sie unbedingt den Donnersberger Wandertropfen, einen Zirbenlikör.
Tipp: 142 Treppenstufen führen auf den 26,9 m hohen Ludwigsturm, der 1864 errichtet wurde. Von ihm hat man eine Rundsicht über das Donnersberger Land. Tickets gibt's im Kiosk.
ÖPNV: Von Mai bis Oktober fährt an Wochenenden und Feiertagen ein Bus der Linie 900 von den Bahnhöfen in Kirchheimbolanden und Winnweiler auf den Donnersberg.
Karte: Pfälzerwald 2 von NaturNavi.

Rekonstruierter Keltenwall auf dem Donnersberg.

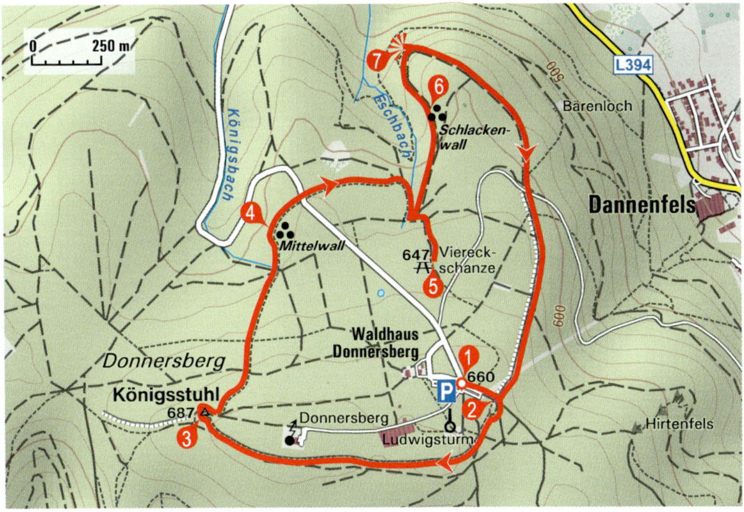

Wir gehen auf dem Gipfelplateau des Donnersbergs dem grünen Achsnagel-Logo des Keltenwegs folgend vom **Wanderparkplatz ❶** auf der asphaltierten Straße zur 50 m entfernten, rekonstruierten **Wehrmauer ❷** des einstigen keltischen Oppidums. Rechts daran vorbei steigen wir hinauf auf den Keltenwall und wandern auf diesem durch den Wald. Unterwegs kommen wir an den Resten eines keltischen »Stadttors« vorbei, das in Form eines Zangentors gebaut wurde, um Angreifer von zwei Seiten aus abwehren zu können. Zwischen den Bäumen sehen wir den Fernsehturm und den Ludwigsturm, den wir am Ende unserer Wanderungen besteigen können. Nächstes Ziel unserer Wanderung ist der **Königsstuhl ❸**, mit 687 m ist dies der höchste Punkt des Donnersbergs. Um die Aussicht über das Nordpfälzer Hügelland mit seinen Windrädern zu genießen, müssen wir ein wenig klettern. Vor dem Königsstuhl führt uns der Keltenweg zuerst 70 m nach rechts, dann links wieder zum Keltenwall. Geradeaus folgen wir diesem durch den Wald zum **Mittelwall ❹**. Hier können wir an einem Profilschnitt durch den Wall erkennen, wie dieser aufgebaut ist. Die etwa 1 m dicke Steinmauer wurde mit senkrechten Eichenpfosten und Querhölzern stabilisiert und verstärkt. Darüber befand sich eine Mauer aus dicken Holzbrettern. Dieser keltische Wall, der als Pfostenschlitzmauer bezeichnet wird, unterscheidet sich deutlich vom Palisadenwall am römischen Limes. An einer Grabungsstelle überqueren wir die Straße und wandern geradeaus auf dem Keltenwall weiter. Wo wir auf das weiße Kreuz treffen, wandern wir rechts an dem kleinen Bach entlang bis zu einem Forstweg. Auf diesem gelangen wir links zur ausgeschilderten, 150 m entfernten **Viereckschanze ❺**, in der man

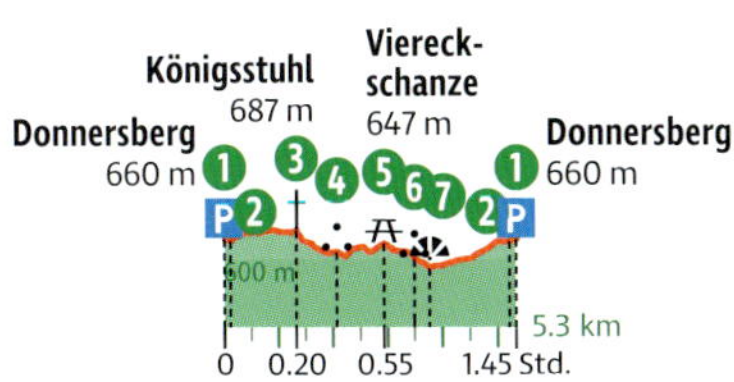

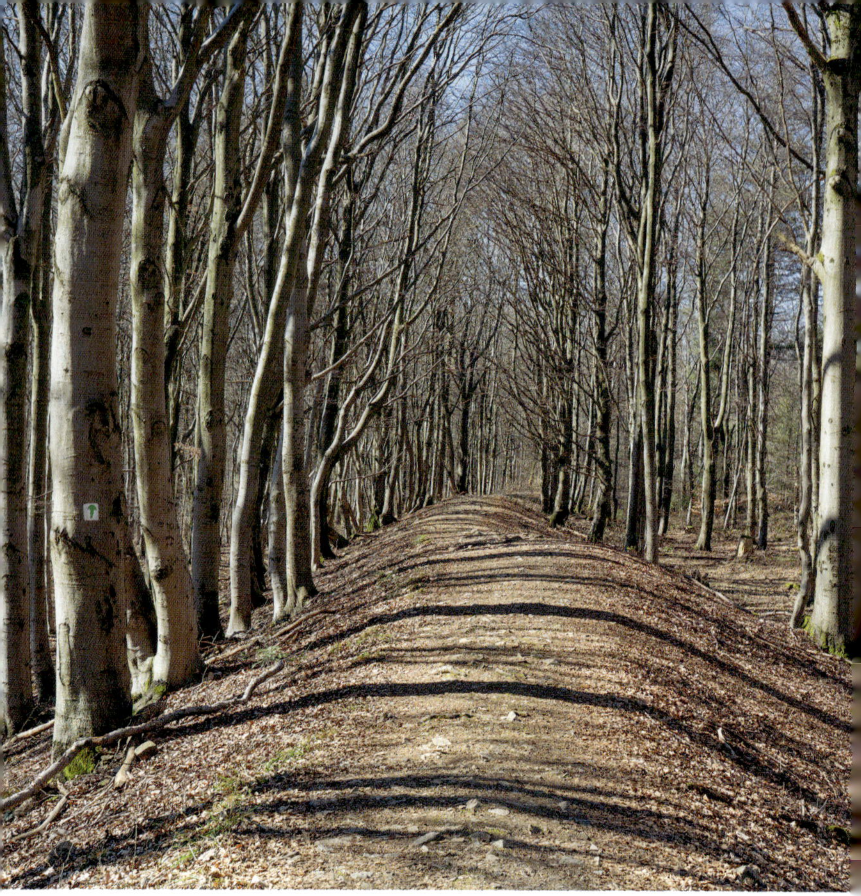

Der Keltenweg auf dem Donnersberg verläuft auf dem ehemaligen Keltenwall.

den Achsnagel fand. Viel mehr als eine Infotafel ist zwar nicht zu sehen, aber mitten auf dieser heutigen Waldwiese gibt es einen Rastplatz. Wenn Gleitschirmflieger in der Luft sind, können wir diese über den Bäumen beobachten.

Wir gehen zurück zu dem Forstweg und lassen uns rechts vom grünen Achsnagel zum ausgeschilderten **Schlackenwall ❻** leiten. Hier findet man verschlackte Rhyolithfragmente, die ein Rückstand von keltischen Glasöfen sind. Man nimmt an, dass es hier in der Nähe eine keltische Glasfabrik gegeben haben könnte, in der das vulkanische Rhyolithgestein bei 1000 °C zu Glas verschmolzen wurde.

In der nächsten Wegkurve liegt links vom Weg ein **Aussichtspunkt ❼** auf dem Keltenwall, von dem wir einen schönen Blick zum Bastenhaus haben. Unsere Wanderung führt uns weiter durch den Wald. Unterwegs überqueren wir die Straße nach Dannenfels und gelangen kurz darauf auf dem Keltenwall wieder zurück zur rekonstruierten **Wehrmauer ❷**. Von dort ist es nicht mehr weit bis zum **Parkplatz ❶**. Wer möchte, kann jetzt noch den nahe gelegenen Ludwigsturm besteigen. Der Weg dorthin ist ausgeschildert.

Von Imsbach auf den Donnersberg

Auf dem Eisenweg zur Ruine Hohenfels

2

2.20 Std. | 6,3 km | ↗315 m | ↘315 m

Im Bergbaurevier des Donnersbergs

Der Eisenweg führt uns durch das historische Imsbacher Bergbaurevier, wo seit dem 9. Jahrhundert im Langental Eisenerz gewonnen wurde. In der Frühzeit des Bergbaus wurde dieses im Tagebau in sogenannten Pingen abgebaut. Diese sind heute noch als flache Vertiefungen im Waldboden zu erkennen. Das Erz wurde gleich vor Ort in einfachen, schornsteinartigen Schmelzöfen aus Lehm verhüttet. Diese Öfen wurden mit Holzkohle beheizt, um das Eisenerz bei 1200 °C zu metallischem Eisen zu reduzieren. War dieser Prozess abgeschlossen, wurden die Öfen »abgestochen«, worauf die glutflüssige Schlacke herausrann. Deshalb werden diese alten Schmelzöfen auch »Rennöfen« genannt. Am Ende wurden die Öfen umgekippt und zerschlagen, sodass das erstarrte Eisen, das als »Luppe« bezeichnet wurde, entnommen werden konnte.

Die Eisenerzgruben im Langental gehörten seit dem 9. Jahrhundert der Abtei Brünn in der Eifel. In der ersten Hälfte des 12. Jahrhunderts ließ diese oberhalb des Langentals auf einem 545 m hohen Felsplateau die Burg Hohenfels zum Schutz der Eisenerzgruben erbauen. Noch im selben Jahrhundert gab die Abtei die Burg den Reichsministerialen von Bolanden als Lehen. Aus ihnen ging im 13. Jahrhundert das Adelsgeschlecht der Hohenfelser hervor, die zu Raubrittern wurden und mit vielen in Fehde lagen. 1351 wurde ihre Burg belagert und zerstört. Heute sind nur noch Mauerreste von der einstigen Höhenburg zu sehen.

Ausgangspunkt: Wanderparkplatz am Eisernen Tor (Besucherbergwerke) östlich von Imsbach.
Markierung: E.
Anforderungen: Wanderschuhe mit Profilsohle, bei Nässe rutschige Pfade.
Einkehr: Kronbuchhütte, Sa., So. ab Mittag geöffnet. Grubenhütte bei der »Weißen Grube« (bewirtschaftet während der Öffnungszeiten des Besucherbergwerks).
Sehenswürdigkeiten: Die »Weiße Grube« bei Imsbach ist seit 1979 ein Besuchsbergwerk, die Grube »Maria« seit 2006 (aktuelle Öffnungszeiten unter www.bew-imsbach.de). Durch die im 15. Jahrhundert mit Eisen und Schlägel von Hand in den Berg getriebenen engen Stollen werden Führungen angeboten. Der Besucher lernt unter Tage die schwierige Arbeit der Bergleute kennen, die in der »Weißen Grube« bis 1921 Kupfererze wie Chalkosin (Kupferglanz), Malachit (Kupfercarbonat), Chrysokoll (Kieselkupfer) und auch Erythrin (Kobaltblüte) abbauten. In der Grube »Maria« wurde von 1770 bis 1923 nach Eisenerzen gegraben, deren Abbau sich aber nicht lohnte. Bei den Pfälzischen Bergbautagen am 2. Juliwochenende wird in einem nachgebauten »Rennofen« aus Lehm demonstriert, wie früher aus Erz und Holzkohle das Metall gewonnen wurde. Das Imsbacher Bergbaumuseum in der Ortsstraße 2 und das Bergmannshaus in der Lützelbachstraße dokumentieren den 1000-jährigen Bergbau am Donnersberg.
ÖPNV: Bus vom Bahnhof Winnweiler nach Imsbach.
Karte: Pfälzerwald 2 von NaturNavi.

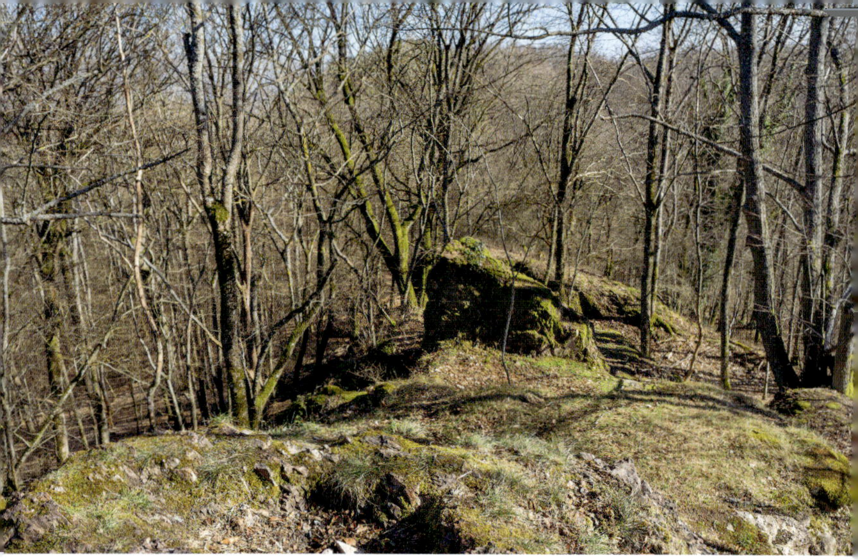

Die Burg Hohenfels wurde vermutlich Mitte des 12. Jahrhunderts zum Schutz des Bergbaureviers im Langental am Donnersberg erbaut. 1351 wurde sie zerstört. Übrig geblieben sind nur Mauerreste und der Felsen, auf dem die Burg einst stand.

Unsere Tour beginnt östlich von Imsbach am Wanderparkplatz beim **Eisernen Tor ❶**. 1773 war dies der am tiefsten gelegene Eingang – in der Bergmannssprache Mundloch genannt – zum Gienanth-Stollen im Langental. Wir lassen uns von der Markierung E des Eisenwegs leiten und wandern am Rand einer Wiese (Jugendzeltplatz Imsbach) in Richtung Kronbuchhütte durch das Langental. Nach etwa 500 m macht der Weg eine Rechtskurve. Jetzt befinden wir uns im zentralen Bereich des historischen Eisenerzbergbaus. Ab dem Schild Naturwaldreservat **Hohenfelshalde ❷** führt der Weg stetig bergauf. Im Frühjahr blüht hier zwischen den hundertjährigen Laubbäumen, die auf der Blockhalde aus verwittertem Rhyolith gut gedeihen, die Stinkende Nieswurz und im Frühsommer die blauviolette Hundszunge. Beim **Marx Georg Brunnen ❸** liegt wenige Meter rechts davon der Schwarze Schacht. Er war bis 1864 der Hauptförderschacht der Eisenerzgruben im Langental. Auf der großen Abraumhalde unterhalb davon gab es zur Versorgung der Bergleute einen »Pflanzgarten«. Bis 1940 standen hier auch noch einige Wohnhäuser der Bergleute. Der Weg führt nun an bis zu 10 m hohen Abraumhalden vorbei zu einem Pingenfeld. Da hier heute überall Bäume wachsen, müssen wir schon etwas genauer hinsehen, um die Vertiefungen und Halden im Wald zu entdecken. Bei diesen »Pingen« wurde das Erz früher auch gleich verhüttet. Römische Gefäßscherben, die hier bei Ausgrabungen gefunden wurden, belegen, dass schon die Römer hier Eisen gewonnen haben. Nach einem kurzen,

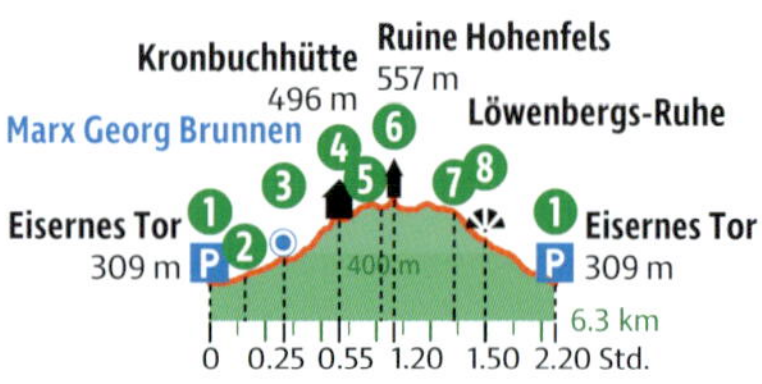

steilen Wegstück erreichen wir die am Wochenende bewirtschaftete **Kronbuchhütte ❹**.

Wir wandern vor der Hütte rechts weiter durch den Wald bis an den Fuß des **Hohenfels ❺**, wo uns eine Tafel die Geschichte der Burg erklärt. Am Ende des Felsens führt ein Pfad rechts hinauf zur **Ruine Hohenfels ❻**. Nachdem wir die Mauerreste der einstigen Höhenburg besichtigt haben, steigen wir wieder hinunter und wandern weiter. Nach 800 m kommen wir an einem Aussichtspunkt vorbei und erreichen kurz darauf den 517 m hohen **Beutelfels ❼**. Auf dieser schroffen, steil abfallenden Felsklippe aus Rhyolith steht seit 1930 ein Eiserner Mann. Der fanfarenspielende Landsknecht mit seinem blau-schwarz angestrichenen Blechhemd ist das Wahrzeichen von Imsbach. Wir genießen die grandiose Fernsicht nach Süden, sehen auf die Windräder bei Börrstadt und folgen dem schmalen, felsigen Pfad zur **Löwenbergs-Ruhe ❽**, einem weiteren Aussichtspunkt. Danach queren wir die vegetationslose Rote Halde. Ihre auffallend rostrote Farbe stammt vom Roteisenstein (Hämatit), der hier abgebaut wurde. Normalerweise besteht dieses Erz zu 70 % aus Eisen, das Erz am Donnersberg enthielt jedoch viele Verunreinigungen und nur etwa 30 % Eisen. Der Abbau der Eisenerze lohnte sich deshalb nicht besonders.

Nach einem kurzen, steilen Abstieg erreichen wir im Tal die »Weiße Grube« und die benachbarte Grube »Maria« . Von dort ist es nicht mehr weit zurück zu unserem Ausgangspunkt am **Eisernen Tor ❶**.

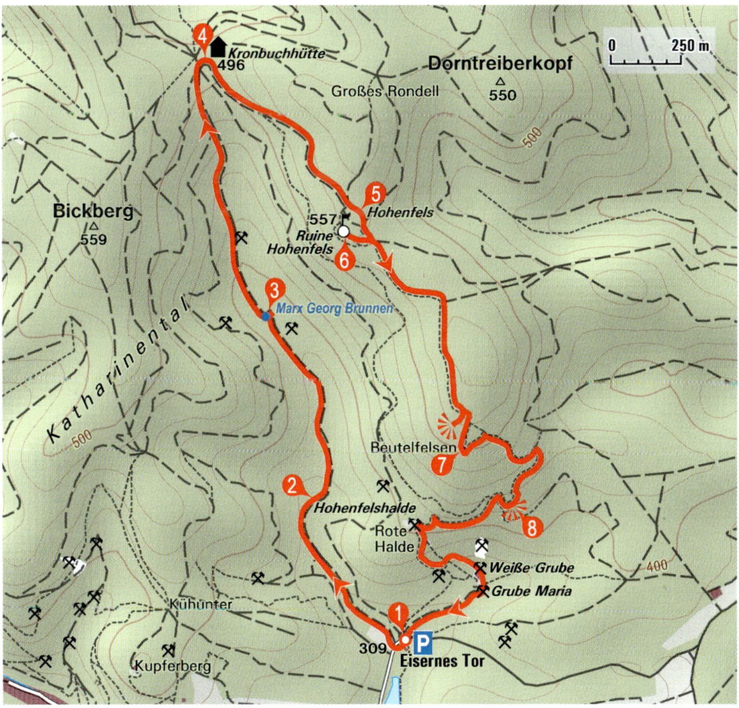

3 Am Fuß des Donnersbergs

Auf dem Kupferweg zu historischen Bergwerken

TOP | 2.30 Std. | 8,1 km | ↗ 240 m | ↘ 240 m

Teufelsstollen, Bienstandstollen, Katharina und Grüner Löwe

Am Südrand des 687 m hohen Donnersbergs wurde von 900 bis 1921 nach Kupfer, Silber, Kobalt, Eisen und Blei gegraben. Von 1474 bis 1550 ließen die Grafen von Falkenstein hier Kupfer und Silber abbauen. Danach ruhte der Bergbau bis etwa 1700. 1720 wurden von rund 500 Bergleuten monatlich 50 Zentner Kupfer und 12 Pfund Silber gewonnen. 1721 ließ Graf Casimir von Wartenberg aus dem Silber Münzen prägen, den Imsbacher Taler. Zwischen 1746 und 1873 ruhte der Bergbau wieder weitgehend. 1900 übernahmen die United Copper Mines aus London die Gruben, die monatlich knapp 1000 Tonnen Kupfer förderten. 1921 wurden die Kupfergruben geschlossen, und die Anlagen verfielen.

Ausgangspunkt: Pfälzisches Bergbaumuseum in der Ortsmitte von Imsbach, Ortsstraße 2.
Markierung: K-2.
Anforderungen: Wanderschuhe mit Profilsohle, bei Nässe rutschige Pfade.
Einkehr: Restaurant »Zum Eiserne Mann« in Imsbach, Gienanthstraße 35 (gegenüber Bergbaumuseum), geöffnet Fr.–Sa. ab 17 Uhr, So. ab 11 Uhr. Kupferberghütte, von Ostermontag bis Oktober an Sonn- und Feiertagen geöffnet.
Sehenswürdigkeiten: Bergbau-Erlebniswelt Imsbach mit den Besucherbergwerken »Weiße Grube« und »Maria« und dem Pfälzischen Bergbaumuseum in Imsbach (siehe Tour 2).
ÖPNV: Bus vom Bahnhof Winnweiler nach Imsbach.
Karte: Pfälzerwald 2 von NaturNavi.

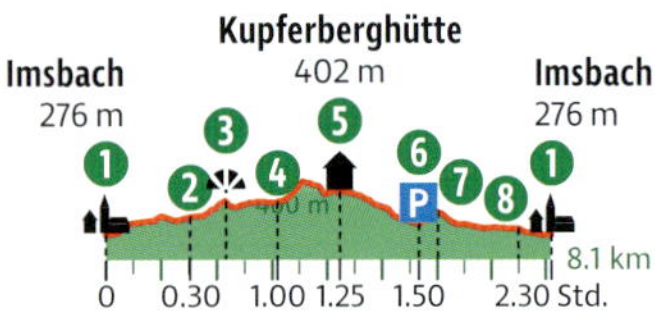

Das 1800 erbaute Imsbacher Bergmannshaus in der Lützelbachstraße ist heute ein Heimatmuseum.

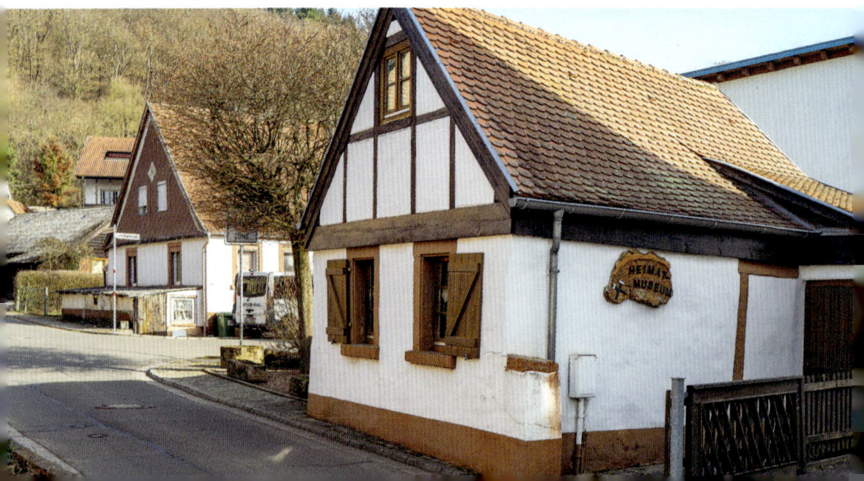

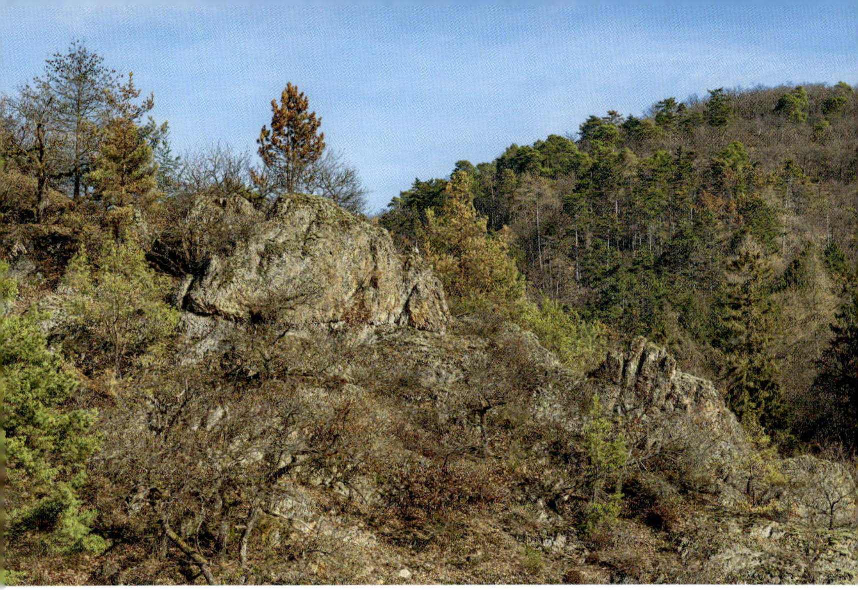

Im Erzrevier der Katharinengruben bei Imsbach am Donnersberg wurde früher Kupfererz abgebaut.

Wir erkunden das ehemalige Bergbaurevier am Donnersberg auf dem Kupferweg K-2 und wandern auf diesem von Grube zu Grube um den 428 m hohen Kupferberg. Erklärungstafeln informieren uns unterwegs über den historischen Bergbau. Unsere Wanderung beginnt am Pfälzischen Bergbaumuseum in **Imsbach ❶**. Von dort folgen wir auf der Ortsstraße dem Kupferweg K-2 und biegen nach knapp 100 m rechts in die Lützelbachstraße ab. Dort kommen wir am 1800 erbauten Bergmannshaus vorbei, dessen originale Einrichtung uns zeigt, wie eine typische Bergarbeiterfamilie früher lebte. Oberhalb des Wohngebiets

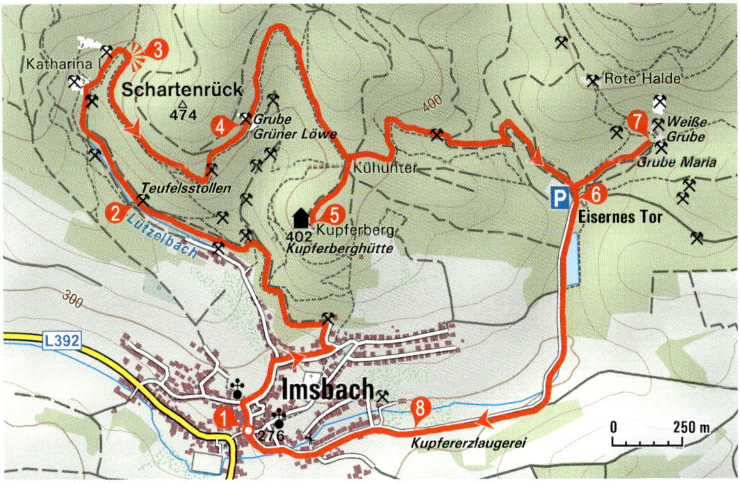

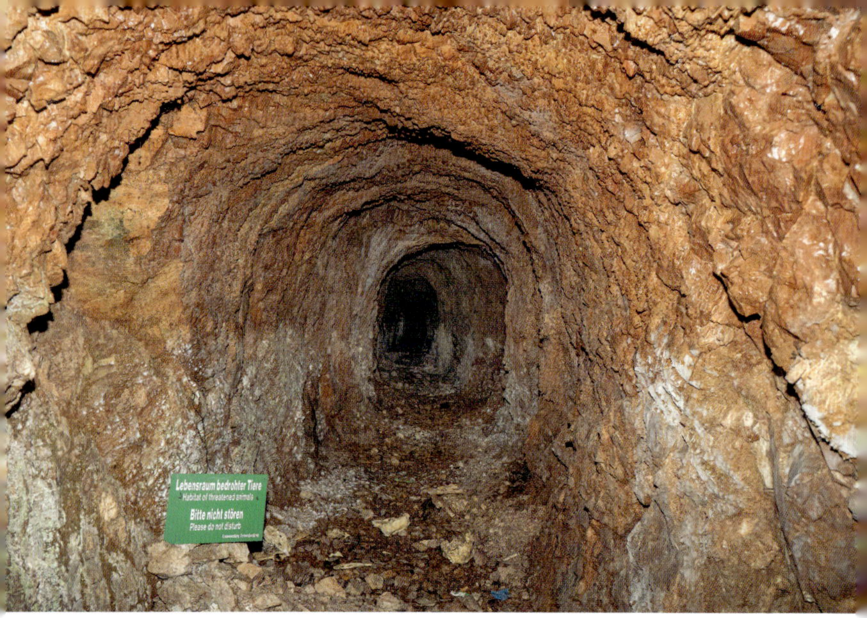

In dem 25 m langen Teufelsstollen, einem Versuchsstollen bei Imsbach am Donnersberg, wurde von 1917 bis 1921 nach Manganerzen gesucht.

wandern wir Am Kupferberg links um den Ort. Der schmale Wanderweg verläuft am Waldhang auf der Trasse der ehemaligen Grubenbahn, die am **Teufelsstollen ❷** vorbeiführt. In dem 25 m langen Versuchsstollen wurde von 1917 bis 1921 nach Manganerz gesucht, dessen Abbau sich aber nicht lohnte. Nach dem Zweiten Weltkrieg hat sich ein ausländischer Zwangsarbeiter darin versteckt, weil er befürchtete, in seine Heimat zurückgeschickt zu werden. Dieser hatte sich in ein Mädchen aus dem Ort verliebt. Die Geschichte endete gut, die beiden heirateten. Danach kommen wir zu einem Highlight unserer Wanderung, den für den Imsbacher Bergbau wichtigsten Kupfergruben im Katharinenthal, »Katharina 1« und »Katharina 2« . Hier wurde das Erz zwischen 1883 und 1912 im Tagebau abgebaut. Die übereinanderliegenden Stollen lassen erahnen, wie mühsam und gefährlich die Arbeit der Bergleute einst war. Wir queren die Abraumhalden der eingezäunten und nicht zugänglichen Katharinengruben und erreichen danach das Mundloch des mittelalterlichen Bienstandstollens. Im Gestein funkelt das Blau des Kupfererzes Chrysokoll. Mit etwas Glück findet man kleine Bruchstücke davon vor dem Stollen auf der kleinen Halde. Etwas weiter macht der Weg einen scharfen Rechtsbogen und führt als schmaler, felsiger Pfad hinauf zu einem **Aussichtspunkt ❸** und Rastplatz. Danach wandern wir am steilen Waldhang des 474 m hohen Schartenrücks entlang, in dem weitere Stollen liegen, und erreichen schließlich nach einem Linksbogen des Wegs (Aussichtspunkt) das Schweinstal. Dort erklärt uns eine Infotafel, die an der Grube **»Grüner Löwe« ❹** mit ihrer großen Abraumhalde steht, die Geschichte des Bergbaus.

Nun wandern wir ein Stück talaufwärts und folgen K-2 rechts hinauf auf den 428 m hohen Kupferberg.

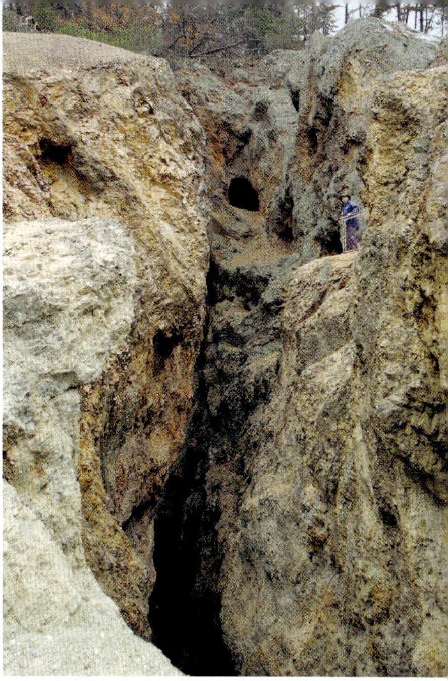

Grube »Katharina I«.

Unterhalb des Bergs können wir an einer Wegkreuzung einen Abstecher zur sonntags bewirtschafteten **Kupferberghütte 5** des Pfälzerwaldvereins machen. Hier haben wir eine weite Sicht über das Land am Südrand des Donnersbergs bis in den Pfälzerwald hinein. Wieder zurück an der Wegkreuzung, folgen wir rechts weiter K-2 und wandern hinunter ins Langental zum Wanderparkplatz am **»Eisernen Tor« 6**. Hier gelangen wir links auf dem Pfälzer Höhenweg zu den Besucherbergwerken **»Weiße Grube«** und **»Grube Maria« 7**. Wieder zurück am **»Eisernen Tor« 6**, wandern wir links entlang der Straße und K-2 nach Imsbach. Am Weg liegt ein kleiner Weiher, in dem der Imsbach früher zur Kupferverhüttung aufgestaut wurde. Am Ortsanfang kommen wir in der Gienanthstraße an einer bewaldeten Stelle vorbei, an der zur Zeit des Bergbaus die **Kupfererzlaugerei 8** stand. Die ehemalige Halde wurde hier mit Akazien bepflanzt, die unempfindlich gegen Schwermetallsalze sind. Am Ende der Straße erreichen wir wieder das **Pfälzische Bergbaumuseum 1**.

Kupfererz (Chrysokoll) bildet türkisfarbene Krusten auf dem Rhyolith-Gestein aus dem Bienstandstollen, einer mittelalterlichen Kupfererzgrube im Imsbacher Revier am Donnersberg.

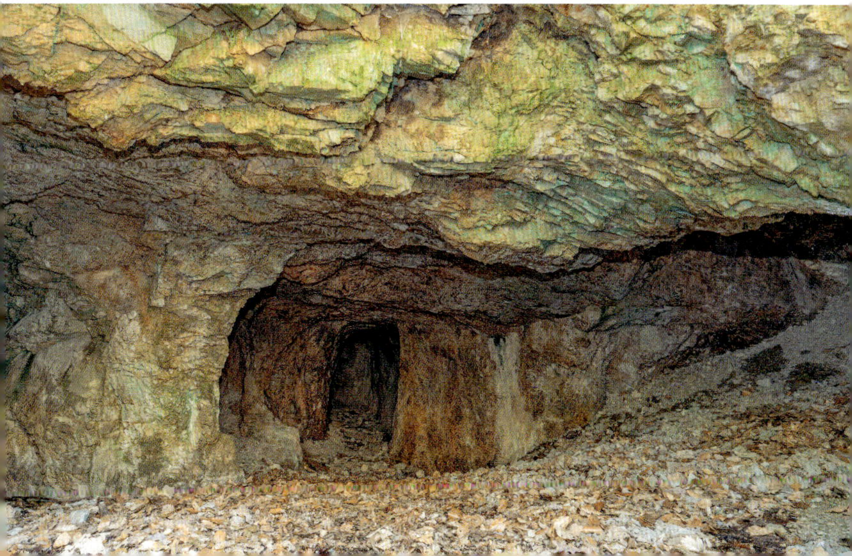

4 Rund um Alsenborn

Der Alsenborner Lebenspfad

1.30 Std. | 5,0 km | ↗100 m | ↘100 m

Meditative Wanderung mit Naturerlebnissen

Mit Entschleunigung, Achtsamkeit und innerer Ruhe könnte man diesen meditativen Rundweg beschreiben. Der Alsenborner Lebenspfad wurde von der katholischen Pfarrgemeinde und der protestantischen Kirchengemeinde angelegt und mit 12 Stationen versehen, die Elemente der Natur und des menschlichen Lebenswegs beschreiben. Es sind Stationen zum Innehalten. Abschnittsweise folgt die Tour dem Wanderwegenetz der »Rätselhaften Zeitzeichen«, das auf 67 km Länge verschiedene Stationen der keltischen Vergangenheit der Nordpfalz miteinander verbindet.

Ausgangspunkt: Freibad in Alsenborn, ein Ortsteil von Enkenbach-Alsenborn.
Markierung: Labyrinth.
Anforderungen: Gering.
Einkehr: Pizzeria Da Franco und Manda an der Alsenzquelle, Burgstraße 29A, geöffnet Di.–Sa. ab 17 Uhr, So. ab 12 Uhr.
Tipp: Wer sich für die Geschichte der Kelten interessiert, kann den »Schanzenweg« der »Rätselhaften Zeitzeichen« wandern. Dieser 12 km lange Rundweg führt zu keltischen Hügelgräbern aus vorchristlicher Zeit und Schanzanlagen aus den französischen Revolutionskriegen von 1794. In der Nordpfalz gibt es eine Häufung von 400 keltischen Grabhügeln, die einzigartig in Deutschland sind.
ÖPNV: Bus Linie 136 von Kaiserslautern nach Alsenborn-Mitte oder Burgstraße.
Karte: Pfälzerwald 4 von NaturNavi.

Wir starten am Freibad in **Alsenborn ❶** und gehen rechts auf dem Fußweg daran vorbei. Am Ende des Freibads treffen wir bei der Alsenzquelle auf das Logo des Alsenborner Lebenspfads, ein stilisiertes Labyrinth. Diese Markierung leitet uns zwar auf der gesamten Wanderung recht gut, aber den Weg durch den Ort beschreibe ich genauer. In der Nähe der Quelle stand einst die Dieburg, eine einfache Turmhügelburg (Motte), die in der ersten Hälfte des 12. Jahrhunderts zur Sicherung der »Stauferpfalz« in Kaiserslautern errichtet wurde. Sie wurde Ende des 12./Anfang des 13. Jahrhunderts aber bereits wieder aufgegeben. Die Grundmauern der Turmhügelburg wurden aus Gabionen wiederaufgebaut. Wir gehen rechts an der Burg und kurz darauf vor der Pizzeria rechts auf der Burgstraße an der Alsenzhalle vorbei. An der nächsten Abzweigung halten wir uns kurz links und wandern dann rechts An den Neuwiesen durch das Wohngebiet. Nach 100 m gehen wir erneut rechts und kurz darauf links über den Spielplatz. Danach führt uns das Logo Labyrinth rechts zur Leininger Straße. Wir überqueren diese links haltend und folgen dann rechts der Schorlenberger Straße immer geradeaus, bis wir am Ende eines Baumstücks vor dem Haus Nr. 8 links die

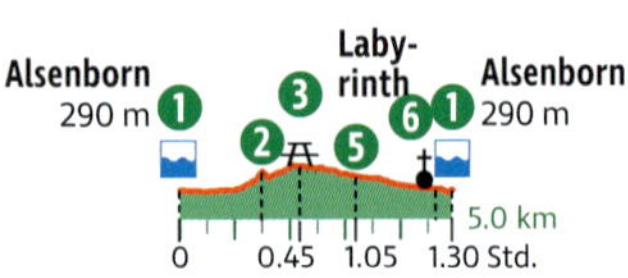

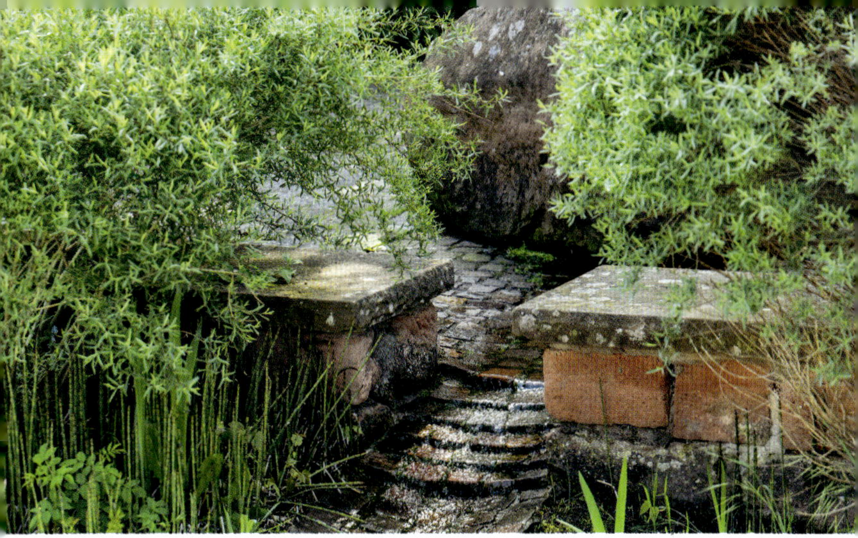

Die Alsenzquelle in Alsenborn.

Treppe hinaufsteigen. Danach queren wir den kleinen Wendeplatz und folgen links dem Weg zum Blüchersteig. Auf dieser ansteigenden Straße verlassen wir links den Ort und wandern danach geradeaus auf der asphaltierten Forststraße durch den Wald. Nach 150 m machen wir auf dem »Schanzenweg« der »Rätselhaften Zeitzeichen« einen Abstecher zu einer **Schanzanlage 2** aus den französischen Revolutionskriegen von 1794, die etwas versteckt rechts im Wald liegt. Außer einem kleinen Wall im Wald ist zwar nicht mehr viel von dieser Schanze zu sehen, aber eine Tafel erläutert uns die Geschichte. Wieder zurück auf dem Alsenborner Lebenspfad, folgen wir diesem weiter bergauf durch den Wald. Wir kommen an einem Stein vorbei, der eine Inschrift aus vedischer Zeit trägt, einen religiösen Text aus dem Hinduismus: »Gott schläft in

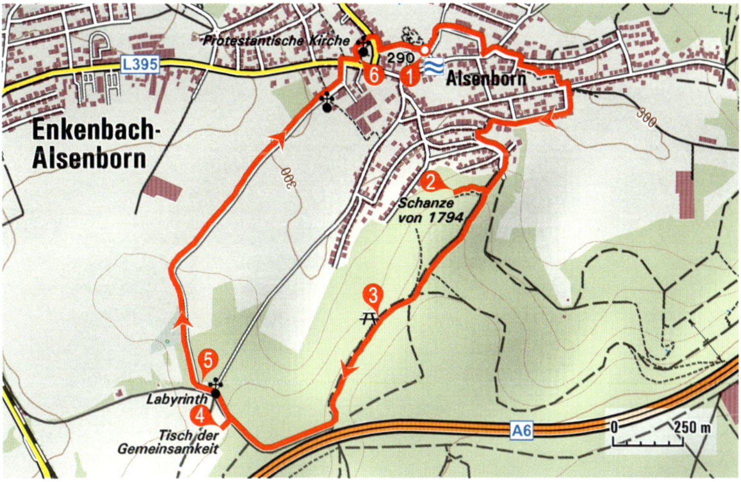

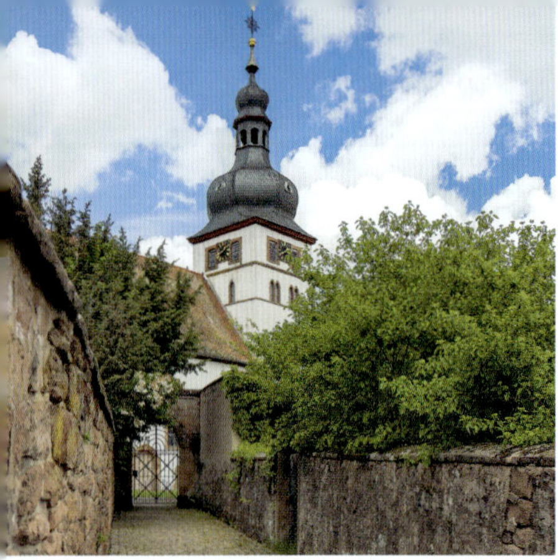

Der Alsenborner Lebenspfad endet an der protestantischen Kirche des Ortes.

den Steinen, atmet in den Pflanzen, träumt in den Tieren und erwacht in den Menschen«.

Nach kurzem Innehalten wandern wir weiter zur nächsten Station am Weg. Am »Wegekreuz« biegen wir nach rechts ab. Etwas weiter können wir an einem **Steintisch 3** rasten und die Aussicht auf Alsenborn und die bewaldete Nordpfalz genießen. Auch dies ist eine Station am Weg mit besinnlichen Textzeilen von Demokrit. Danach steht der »Familienbaum« am Weg, der durch die mächtige Wurzel eines umgestürzten Baums symbolisiert wird. Unser Weg nähert sich jetzt der Autobahn, vor der wir uns rechts halten. Etwas unscheinbar stehen ein schlichtes Holzkreuz und eine Tafel mit der Aufschrift »Unfalltod« neben dem Weg. Sie sagt uns, dass es im Leben viel Leid, aber auch viel Leben im Leid gibt. Nachdenkliche Worte, die bedrückend wirken, wenn man die schnell vorbeirauschenden Autos hört.

Am Waldrand hellt sich unsere Stimmung wieder auf, denn hier steht der lange **Tisch der Gemeinsamkeit 4**. Dies ist ein schöner Rastplatz und Aussichtspunkt, an dem »Jung und Alt, Fremde und Freunde zusammen essen und trinken, lachen und singen, reden und schweigen können«, wie auf der Stationen-Tafel geschrieben steht. Und diese Gemeinsamkeit gilt für alle Menschen, egal welche Sprache sie sprechen und woher sie kommen. Der Satz »Raste ein wenig« steht hier in vielen Sprachen.

An der nächsten Wegkreuzung steht ein Feldkreuz und daneben ein Stein mit der Inschrift »Ich bin der Weg ...« aus dem Johannes-Evangelium. Danach erreichen wir das **Labyrinth 5**. Es ist eines der ältesten Symbole der Menschheit, aber kein Irrgarten, sondern ein einziger, verschlungener und langer Weg mit vielen Richtungsänderungen, der vom Anfang zum Ende führt. Das Logo des Alsenborner Lebenspfads ähnelt dem Labyrinth in der Kathedrale von Chartres.

Nach dem Labyrinth öffnet sich der Wald, und wir wandern rechts auf einem aussichtsreichen Weg an Streuobstwiesen vorbei über die Felder zurück nach Alsenborn. Den Ort erreichen wir bei der katholischen Kirche auf der Josefstraße. Danach überqueren wir vor der Sparkasse rechts haltend die Rosenhofstraße und gelangen nach 100 m links auf der Grünstadter Straße zur **protestantischen Kirche 6**. Hier stehen die beiden letzten Stationen des Alsenborner Lebenspfads, im Pfarrgarten neben alten Sarkophagen das »Ende eines Wegs« mit Zeilen von Christian Morgenstern und an der Kirche der »Rosenstrauch«.

Wir umrunden die Kirche und folgen dem Fußweg durch den Pfarrgarten zurück zur Grünstadter Straße. Entlang dieser gehen wir rechts bis zum Haus Nr. 3, wo wir links durch die Gasse wieder zum **Freibad 1** gelangen.

Von Rosenthal zum Göllheimer Häuschen

Auf dem Rosenwanderweg rund um Rosenthal

3.45 Std. | 13,3 km | ↗400 m | ↘400 m

Eine Klosterruine, die Schlacht bei Göllheim und eine sagenhafte Burg

Graf Eberhard IV. von Eberstein, der Burgherr von Stauf, stammte aus einem wohlhabenden Adelsgeschlecht, das seine Residenz auf der Burg Eberstein bei Baden-Baden hatte und mehrere Klöster stiftete. Die Herren von Eberstein tragen eine fünfblättrige rote Rosenblüte in ihrem Wappen. Man erzählt sich, dass Graf Eberhard IV. einmal auf einem seiner winterlichen Ausritte im Tal unterhalb seiner Burg an einer Stelle vorbeigekommen sei, an der eine Rose blühte. Hier gründete er 1241 das Zisterzienserinnenkloster St. Maria und nannte den Ort Rosenthal. Es war ein Kloster für reiche adlige Frauen, deren Herkunft dem Kloster viele Zuwendungen und Ländereien bescherte. In der Reformation wurde das Kloster 1572 aufgelöst. Das Langhaus und der Westflügel der Klosterkirche mit seinem schlanken frühgotischen Glockenturm sind erhalten geblieben. Im Langhaus sind Grabplatten wie die des Klostergründers und mehrerer Äbtissinnen aufgestellt.

1298 fand auf dem Hasenbühl bei Göllheim eine historisch bedeutsame Schlacht um die deutsche Kaiserkrone statt. Südlich von Rosenthal liegt die Ruine der Burg Stauf. Sie gehört zu den ältesten der Pfalz. Um die Burg rankt sich die Sage von den drei Schwestern.

Ausgangspunkt: Parkplatz in Rosenthal (südlich Adolf-von-Nassau-Straße).

Markierung: Rote, fünfblättrige Rosenblüte.

Anforderungen: Wanderschuhe mit Profilsohle, da bei Nässe stellenweise rutschige Pfade.

Einkehr: Rosenthaler Hof, Hotel & Steakhouse, geöffnet Do.–Sa. ab 18 Uhr, So. ab 9 Uhr. Göllheimer Häuschen, geöffnet Do. 12–18 Uhr, Fr.–So. 11.30–19.30 Uhr. Kriegsberghütte, sonntags geöffnet von Oktober bis März So. 9–17 Uhr, April bis September 9–18 Uhr sowie am Ostermontag und Pfingstmontag. Von Mai bis Oktober auch Mi. von 13 bis 17 Uhr bewirtschaftet (keine warmen Speisen). Gasthaus Zur Schönen Aussicht in Stauf, Ebersteinstraße 16, geöffnet Mo.–Mi., Fr. 10.30–14 Uhr und ab 17 Uhr, Sa., So. ab 11.30 Uhr durchgängig.

ÖPNV: Bus von Eisenberg nach Rosenthal oder Stauf.

Karte: Pfälzerwald 2 von NaturNavi.

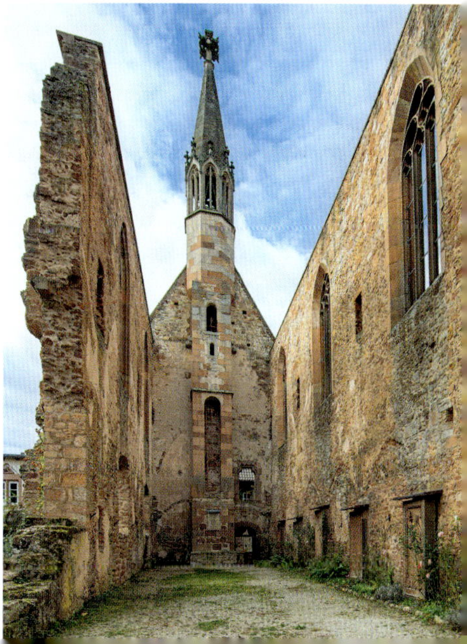

Kloster Rosenthal.

Rund um Rosenthal sind mehrere Rosenwanderwege ausgeschildert, die Namen wie Blütenstempelweg, Blattrandweg und äußerer Rosenweg tragen und mit einer roten, fünfblättrigen Rosenblüte und einer Nummer markiert sind. Bei manchen Schildern fehlt leider die Nummer, was vor allem in Ortsnähe und an Kreuzungen unterwegs, wo sich die Wege treffen, die Orientierung erschwert. Ausgangspunkt unserer Wanderung ist der große Parkplatz am Ortsrand von **Rosenthal ①**. An seinem westlichen Ende folgen wir dem Fußweg, der stellenweise am kleinen Rodenbach entlangführt, in Richtung Klosterkirche zum Rosenthalerhof. Wir gehen durch das ehemalige Klostergut, das heute ein Bauernhof ist, und treffen am Rosenthaler Weiher auf eine Infotafel zu den Rosenwanderwegen und die Beschilderung der Wege. Dort folgen wir rechts der roten, fünfblättrigen Rosenblüte auf dem Blütenstempelweg 0 entlang der Adolf-von-Nassau-Straße zum Ende des Weihers, wo wir nach links abbiegen und auf dem aussichtsreichen Wirtschaftsweg hinauf zum Wald wandern.

An der ersten Abzweigung im Wald folgen wir links der Rosenblüte des Blattrandwegs 1 und wandern immer geradeaus über den 369 m hohen Bauernkopf zum **Göllheimer Häuschen ②**. Ursprünglich als Jagdschloss der Fürsten von Nassau erbaut und seit 1778 ein Wirtshaus, ist es eines der ältesten Gasthäuser in der Nordpfalz. Wir gehen links an dem historischen Wirtshaus vorbei und lassen uns danach rechts auf Waldwegen von der Rosenblüte des äußeren Rosenwegs 5-1 bzw. dem blauen Logo des Adolf-von-Nassau-Wanderwegs zur **Kriegsberghütte ③** leiten, die sonntags vom PWV Göllheim bewirtschaftet wird. Etwa 50 m vor der Hütte halten wir uns links und folgen der Rosenblüte des äußeren Rosenwegs 4–5 auf einem sonnigen Forstweg über den bewaldeten Kuhberg. In Sichtweite des Motocrossgeländes des AMC Kerzenheim biegen wir nach rechts ab und überqueren im Rodenbachtal die Kreisstraße K 78. Wir gehen kurz rechts an der Straße entlang und folgen dann links der Zufahrtsstraße zum **Arleshof ④**. Sein Hofladen ist dienstags und donnerstags von 15 bis 8 Uhr und freitags von 9 bis 18 Uhr geöffnet. Danach wandern wir geradeaus über die Felder und orientieren uns dabei weiter an der Rosenblüte. Im nächsten Wald machen wir an einer **Wegspinne ⑤**, an der ein Rastplatz liegt, einen Abstecher zur Burg Stauf.

Wir gehen links auf dem historischen Verbindungsweg vom Kloster Rosenthalerhof und der Burg Stauf steil bergauf und orientieren uns an der Rosenblüte des Blattrandwegs 3. Am Weg steht das Keßlerkreuz. Hier sollen sich einst zwei Kesselschmiede gegenseitig erschlagen haben, weil sie uneins über die Verteilung der Einnahmen waren, die sie aus dem

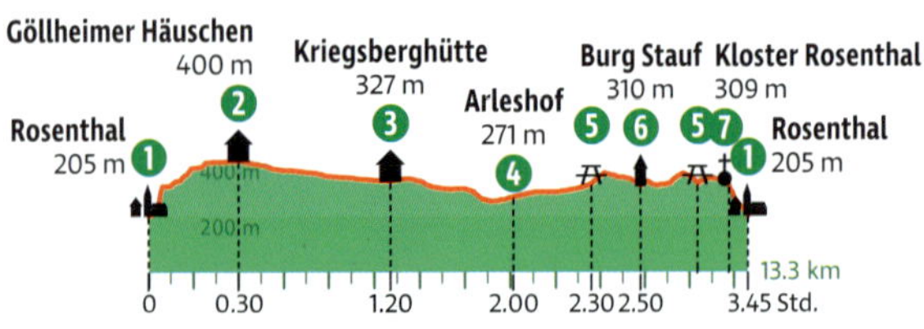

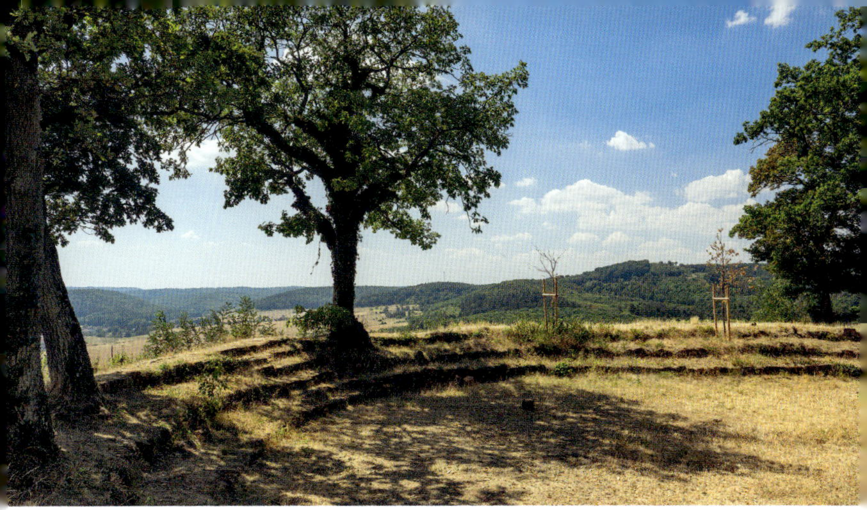

In der Ruine der Burg Stauf.

Verkauf ihrer Kochkessel erzielt hatten. Es könnte aber auch ein fahrender Zinngießer namens Keßler hier seines Geldes beraubt und erschlagen worden sein. Oberhalb von dem Wegkreuz führt der Weg über eine Hochfläche (auch blau-roter Balken) zu einem weiteren Rastplatz. Wir verlassen hier die Rosenblüte und gehen links davon auf dem Fußweg hinunter zur Hohen Straße in Stauf. An dieser aussichtsreichen Höhenstraße liegt ebenfalls ein Rastplatz. Am Ende der Straße erreichen wir den Dorfplatz und gehen geradeaus auf dem Burgweg zur **Burg Stauf ❻**. Um die Ruine verläuft ein kleiner Rundweg, an dessen höchster Stelle ein Rastplatz liegt, von dem wir einen traumhaften Blick über das Eistal haben. Auch können wir hier den Gleitschirmfliegern zusehen, deren Startplatz unterhalb der Burg liegt.

Nach einer kurzen Rast gehen wir zurück zur **Wegspinne ❺** und wandern auf der Rosenblüte des Blattrandwegs 3 am alten Rosenthaler Friedhof vorbei zum **Kloster Rosenthal ❼**. Das Langhaus, in dem eine 300-jährige Eibe wächst, ist eine Besichtigung wert.

Danach gelangen wir durch die Klostergasse wieder an den Anfang unserer Wanderung, wo wir rechts durch den Rosenthalerhof zurück zum **Parkplatz ❶** gehen.

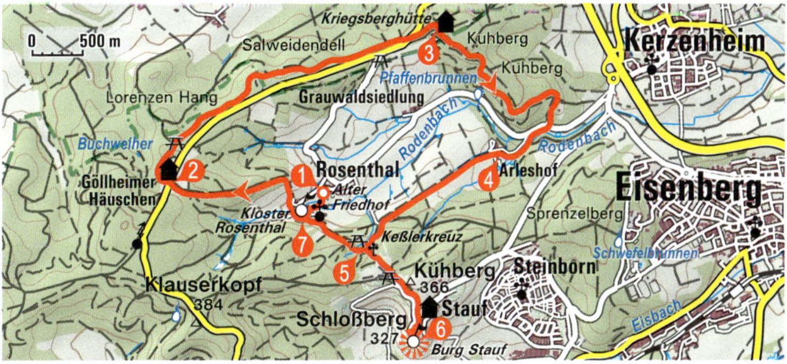

6 Von Hettenleidelheim auf den Grünstadter Berg

Der Leininger Panoramaweg

4.45 Std. | 18,6 km | ↗300 m | ↘300 m

Tongruben in der Erdekaut

Im Eisenberger Becken haben sich wertvolle Tone und Klebsande abgelagert, die von 1767 bis 1996 in mehr als 100 Tief- und Tagebaugruben abgebaut wurden. Heute werden diese noch im Tagebau gewonnen und im nahen Eisenberg Dachziegel und feuerfeste Ausmauerungen daraus hergestellt. Ein Teil des ehemaligen Grubengeländes, das Erdekaut heißt, ist zu einem Biotop mit kleinen Tümpeln, Angelweihern und Röhrichtzonen geworden. Hier können wir Libellen, Schmetterlinge, Amphibien und Vögel beobachten. 2008 wurde die Erdekaut zu einer Naherholungs- und Erlebnislandschaft umgestaltet und Wege, Spiel- und Rastplätze angelegt. In der ehemaligen Grube Riegelstein mit ihrem Förderturm gibt es ein Informationszentrum.

Ausgangspunkt: Hettenleidelheim, Marktplatz (Hauptstraße).
Markierung: Blaues Sonnen-Logo.
Anforderungen: Anstrengende und lange Wanderung. Bei Nässe wasserdichte Wanderschuhe mit Profilsohle, da grasbewachsene Feldwege.
Einkehr: In Hettenleidelheim: Griechisches Restaurant Minoas, Hauptstraße 26, geöffnet Mo, Mi.–Sa. ab 17.30 Uhr, So. 11.30–14.30 Uhr und ab 17 Uhr; Gaststätte Zur Knolle, Tiefenthaler Straße 6, geöffnet Mi.–So. ab 17 Uhr; Ristorante d'Antonio, Gaswerkstraße 13 (beim Sportplatz/Erdekaut), geöffnet Di.–Fr. ab 17 Uhr, Mi. auch 12–14 Uhr, Sa. ab 16 Uhr, So. ab 12 Uhr.
Museum: Heimatmuseum Archiv Karl Blum e. V. in Hettenleidelheim, Hauptstraße 42, Öffnungszeiten siehe www.museumsportal-rlp.de. Informationen über die Lokalgeschichte und den einst blühenden Tonbergbau der Region.
ÖPNV: Bus Linie 454 (Leininger Ring) oder 457 (Enkenbach) vom Bahnhof Grünstadt nach Hettenleidelheim, Brunnenwiesenstraße.
Karte: Pfälzerwald 4 von NaturNavi.

Landschaft mit blühendem Rapsfeld auf dem Grünstadter Berg, rechts liegt Hettenleidelheim.

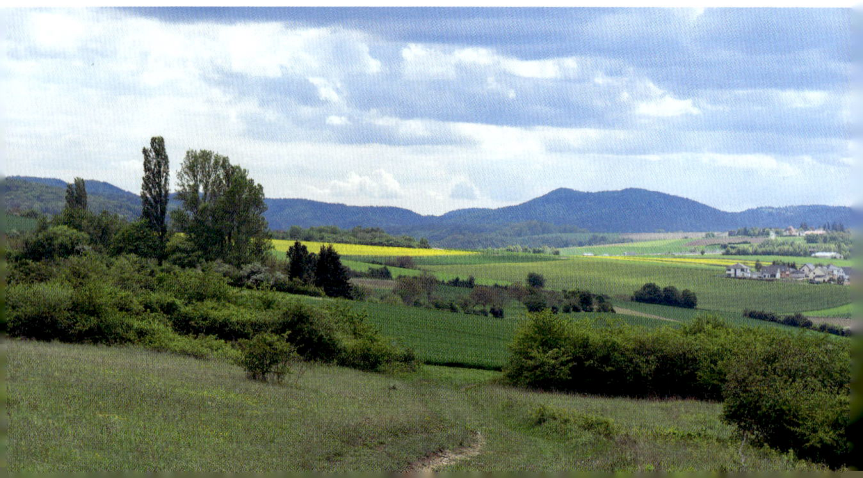

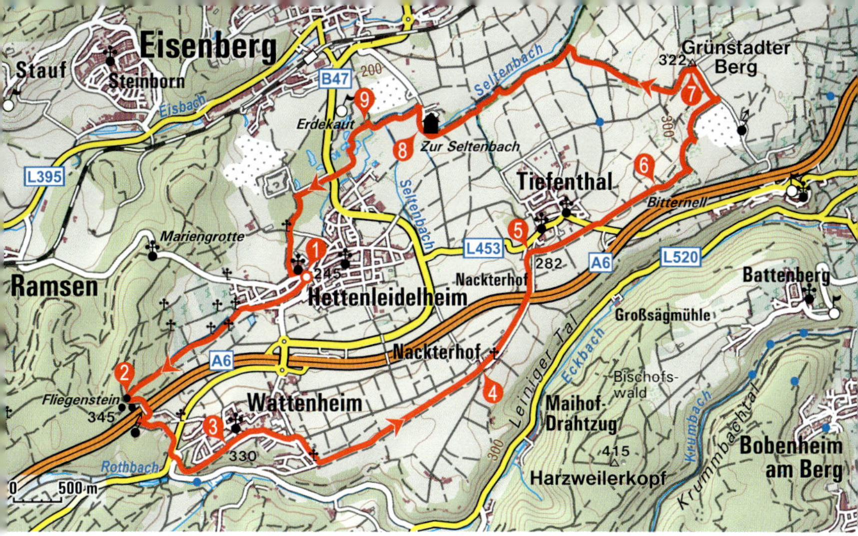

Der Leininger Panoramaweg beginnt am Marktplatz von **Hettenleidelheim ❶**. Sein Sonnen-Logo führt uns zunächst entlang der Peter-Schwalb-Straße zum Schwimmbad. Danach wandern wir geradeaus über die Felder zum **Fliegenstein ❷**. Dieser steht auf einem 2,5 m hohen keltischen Hügelgrab aus der Eisenzeit (800–400 v. Chr.), das einen Durchmesser von 22 m hat. Im Mittelalter markierte der Stein die Grenze zwischen den Herrschaftsgebieten Nassau-Weilburg, Leiningen-Westerburg und dem Bistum Worms. Man nimmt an, dass sich sein Name von einem »Fliehenstein« ableitet, der dorthin Fliehenden Schutz vor Verfolgung gewährte.

Nachdem wir die Autobahn A 6 überquert haben und an der Landstraße L 520 durch die kleine Unterführung gegangen sind, kommen wir zum Sportplatz in **Wattenheim ❸**. Auf der Hochgerichtsstraße, der Speyerer Straße, der Nackter Straße und der Leininger Straße gehen wir durch den Ort, um danach auf einem Wirtschaftsweg nach **Nackterhof ❹** zu wandern. Wir gehen geradeaus durch den kleinen Weiler und überqueren erneut die Autobahn A 6. Danach erreichen wir **Tiefenthal ❺**. Am Ortsanfang folgen wir dem Nackter Weg nach rechts und dem sich anschließenden Wirtschaftsweg geradeaus zur Landstraße L 453. Diese überqueren wir uns rechts haltend und wandern auf Höhe des Windrads rechts um die **Bitternell ❻**, ein geschützter Landschaftsbestandteil aus Hecken und Wiesen, die Vögeln und Blumen einen Lebensraum bieten. Danach haben wir beim Kalksteinbruch einen weiten Blick über Eisenberg und das Eistal zum Don-

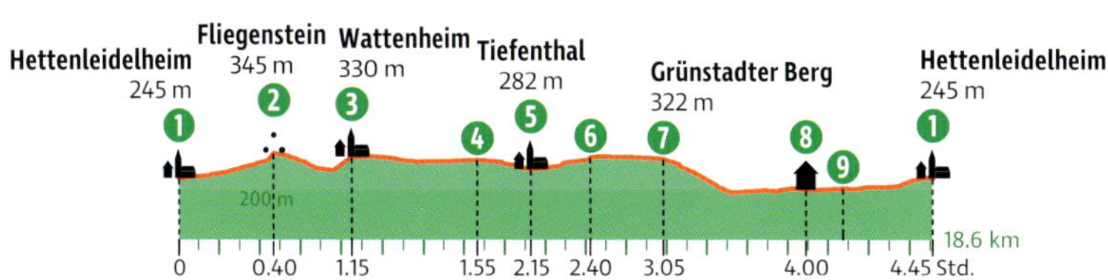

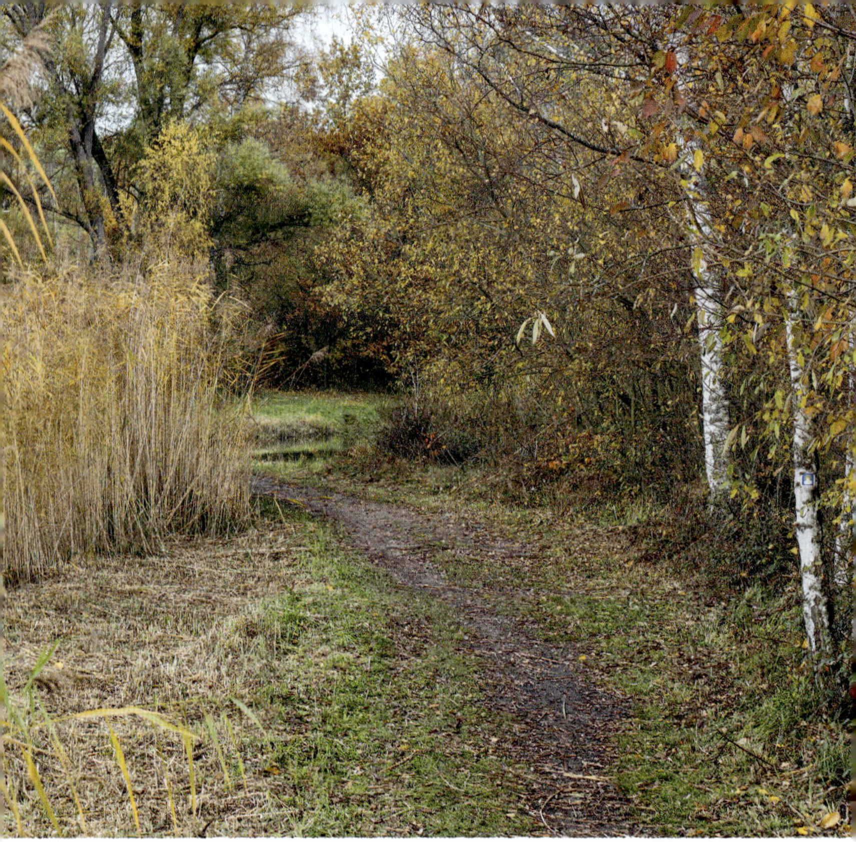

Durch die Erdekaut bei Eisenberg verläuft der Panoramawanderweg.

nersberg. Am Ende des Steinbruchs gehen wir links auf dem asphaltierten Sträßchen bis zur scharfen Rechtskurve auf dem **Grünstadter Berg ❼**. Dort wandern wir links auf dem grasbewachsenen Weg an einem geschützten Halbtrockenrasen entlang, in dem im Frühjahr viele Küchenschellen und im Frühsommer Orchideen und die seltene Purpurschwarzwurzel blühen. Danach folgen wir dem Sonnen-Logo quer über das hügelige Ackerland hinunter ins Seltenbachtal.

Dort überqueren wir die Trasse der ehemaligen Eisenbahnlinie Hettenleidelheim–Ebertsheim, deren Gleise 1990 entfernt wurden. Nun wandern wir zwischen der Seltenbach (die Pfälzer sagen die Seltenbach!) und dem Bahndamm zum Landgasthof **Zur Seltenbach ❽**. Dort können wir einkehren und in einem schattigen Biergarten draußen sitzen.

Wir gehen ein kurzes Stück auf der Zufahrtsstraße weiter und wandern dann links entlang des Seltenbachs in die **Erdekaut ❾**. In dem ehemaligen Tongrubengebiet führt unser Weg an den Weihern und Tümpeln vorbei zur Bundesstraße B 47, die wir überqueren. Wir folgen geradeaus ein Stück der Zufahrtsstraße zur Mülldeponie, kommen an weiteren Weihern vorbei und gelangen dann links durch den Wald wieder zurück zum Ausgangspunkt nach **Hettenleidelheim ❶**.

Von Neuleiningen nach Altleiningen

Der Leininger Burgenweg

6.30 Std. | 23,4 km | ↗ 550 m | ↘ 550 m

Drei Burgen im Land der Leininger Grafen

Im Leiningerland regierten einst die Leininger Grafen, ein mächtiges Adelsgeschlecht. In Altleiningen erbauten Graf Emich I. und sein Sohn Emich II. um 1100 ihre Stammburg. Mitte des 13. Jahrhunderts ließ Friedrich III. von Leiningen die Burg Neuleiningen errichten, und etwas später auf der gegenüberliegenden Seite des Eckbachtals die Burg Battenberg.

Ausgangspunkt: Neuleiningen, Parkplatz Berghohl oberhalb der Tiefenthaler Straße.

Markierung: Logo stilisierte Neuleininger Burg auf gelbem Grund.

Anforderungen: Anstrengende, lange Wanderung. Bei Nässe wasserdichte Wanderschuhe mit Profilsohle, da stellenweise matschige Feldwege.

Einkehr: In Neuleiningen: Landgasthaus zum Engel, Kirchengasse 10, geöffnet Do.–So. ab 11.30 Uhr; Restaurant Burgschänke (gehobene Gastronomie) mit dem Burgtreff auf der Burgterrasse, täglich ab 17.30 Uhr geöffnet, Do, Fr., So. auch 12–14 Uhr; Zum Burggraf, Mittelgasse 11, geöffnet Fr.–Di. ab 17 Uhr; Zum Gäsbock, Mittelgasse 31, geöffnet Do.–Mo. ab 18 Uhr, So., Mo. auch 12–14 Uhr. Gutschenke Burg Battenberg, geöffnet Mi.–Fr. ab 16 Uhr, Sa., So. ab 12 Uhr. Bistro in der Burg-Jugendherberge Altleiningen, täglich ab 10 Uhr geöffnet; Café Altleiningen, Bahnhofstraße 6, geöffnet Mi.–So. 9–18 Uhr.

Museum: In Neuleiningen dokumentieren die beiden zusammengehörenden Leiningerland Museen die Geschichte der Leininger Grafen und des Orts. Das Museum an der Münze (Kirchengasse 6, jeden 1. und 3. So. im Monat geöffnet) thematisiert die Lebensverhältnisse der Bewohner und beschreibt die Geologie der Region, zeigt Werke des Neuleininger Malers Simon Conradi und eine Sammlung der ehemaligen Steingutfabrik Jakobi, Adler & Co. Das Museum im Burgturm (jeden 2. und 4. So. im Monat geöffnet) hat die Geschichte der Burg und des Orts vom Mittelalter bis zur frühen Neuzeit als Thema.

ÖPNV: Bus Linie 456/457 vom Bahnhof Grünstadt nach Neuleiningen, Haltestelle Am Kreuz unterhalb vom Parkplatz.

Karte: Pfälzerwald 4 von NaturNavi oder Bad Dürkheim von Pietruska.

Burg Neuleiningen.

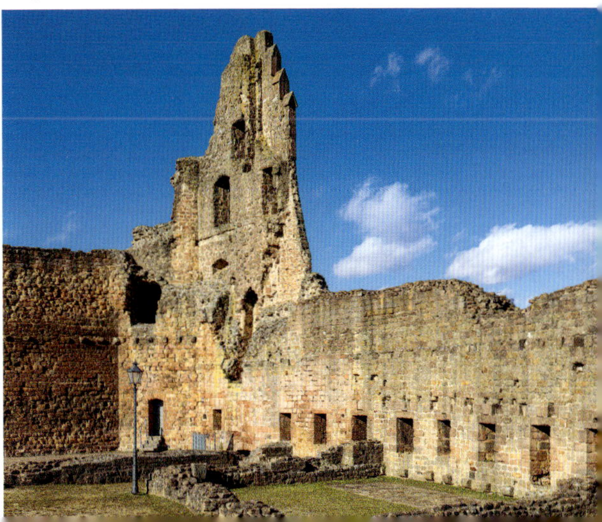

Unsere Tour auf dem Leininger Burgenweg, einem Premiumwanderweg mit Audio- und Videostationen, beginnen wir in **Neuleiningen ❶** am Parkplatz Berghohl. Unterhalb davon gehen wir entlang der Tiefenthaler Straße in Richtung Ort, biegen vor dem Weingut Nippgen nach rechts in die Mittelgasse ab und wandern kurz darauf rechts auf der Friedrich-Ebert-Straße und der Dr.-Konrad-Adenauer-Straße aus dem Burgdorf. Auf dem weiteren Weg leitet uns jetzt das gelbe Logo des Leininger Burgenwegs. Die nächsten 5 km bis zum Süßenhof bieten nach meinem Empfinden außer schönen Aussichten keine besonders attraktive Wegführung. Bedingt durch die Topografie und Landschaft gibt es für diese Strecke wohl auch keine Alternative. Also marschieren wir weiter und lassen uns den Wandertag auch nicht vom Verkehrslärm der nahegelegenen Autobahn vermiesen. Hoch über dem Eckbachtal führt unser Weg zunächst durch den Wald, dann am Feldrand weiter zu einer Audio- und Videostation, an der wir erfahren, dass der Eckbach bei Hertlingshausen entspringt und nach 39 km bei Worms in den Rhein mündet. Danach leitet uns ein schmaler Waldpfad zu einer weiteren Audio- und Videostation, an der man die lange Wanderung auf etwa ein Drittel der Strecke abkürzen könnte, indem man hier in das Eckbachtal absteigt und auf der anderen Talseite wieder hinauf zum Leininger Burgenweg vor Battenberg gelangt. Wir kürzen nicht ab, sondern wandern am Feldrand an dem kleinen Weiler Nackterhof vorbei zum **Süßenhof ❷**, der etwas oberhalb unseres Wegs liegt. Wir kommen an Felsformationen vorbei, queren auf einem Steg eine kleine Schlucht und können zwischen den Bäumen alte Sandsteinmauern entdecken. Am Tränkwoog erreichen wir das vom Rothbach durchflossene Amseltal, in dem auch die Straße K 32 verläuft, und steigen auf der anderen Talseite hinauf zur **Burg Altleiningen ❸**.

Nach der Burgbesichtigung wandern

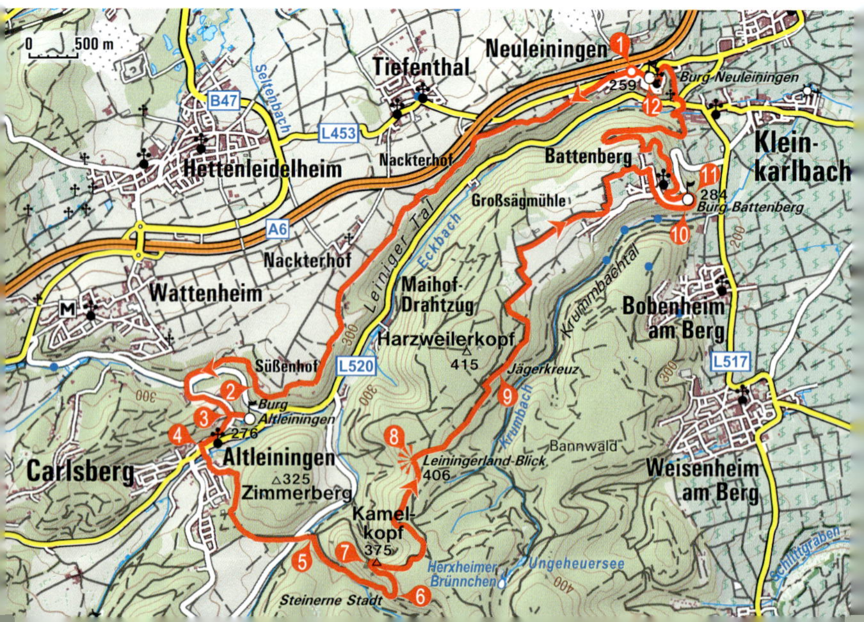

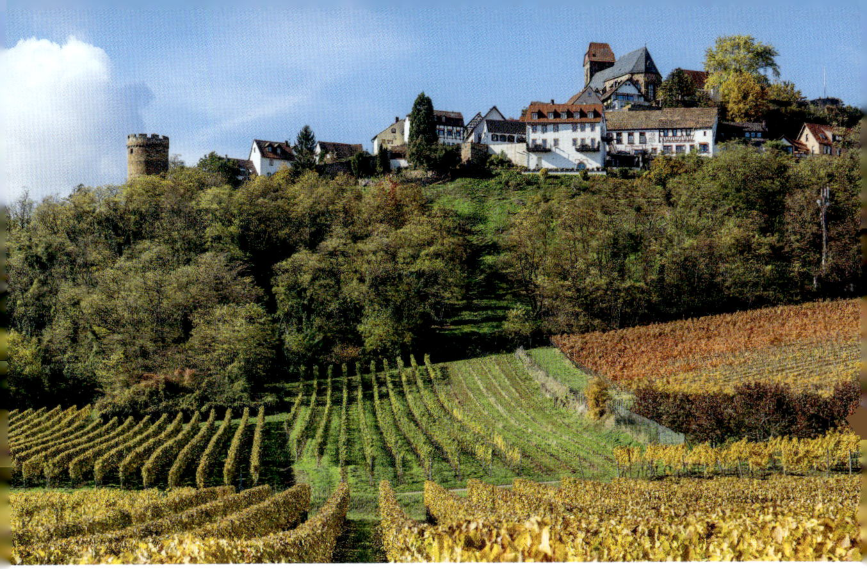

Über den herbstlich verfärbten Weinbergen erhebt sich das Burgdorf Neuleiningen.

wir hinunter nach **Altleiningen ④**. Dort ist der Zwanzigröhrenbrunnen sehenswert, aus dem das Wasser der stärksten Spaltenquelle der Pfalz sprudelt. Sie wurde um 1600 gefasst, die gemauerte Brunnenkammer stammt aus dem Jahr 1855. Im netten Café Altleiningen lohnt es sich, eine Pause zu machen. Gestärkt nehmen wir den Anstieg um den Zimmerberg in Angriff und erfahren am Wanderparkplatz Langental bei einem Ritterstein, dass hier einmal das Dorf **Zwingweiler ⑤** lag. Es gehörte einst den Leininger Grafen und gelangte nach 1480 in den Besitz des Klosters Höningen. Weil einige DorfbewohnerInnen ein lasterhaftes Leben geführt haben sollen, untersagte das Kloster den Bau neuer Häuser und verhinderte, dass sich neue Bewohner hier ansiedelten. So verschwand das Dorf mit der Zeit. Es wird berichtet, dass sich reiche Bürger, die nicht in Höningen wohnten, nach einer großzügigen Spende an das Kloster auf dessen Friedhof bestatten lassen konnten. Die Geistlichen begleiteten dann den Trauerzug von Zwingweiler auf dem Totenweg nach Höningen. Während sie auf die Trauernden warteten, sollen sie sich mit den jungen hübschen Frauen aus dem Dorf vergnügt haben.

Wir gehen ein Stück in das Langental hinein und steigen dann links hinauf zur **Steinernen Stadt ⑥**, wie ich diese Stelle gerne nenne. Hier haben Wanderer auf einer Felsplatte zahlreiche Steinmännchen aufgestellt, die von der Seite betrachtet aussehen wie eine mittelalterliche

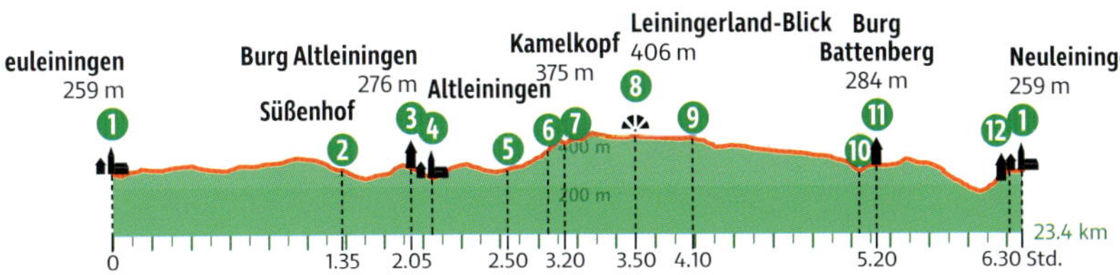

Stadt. Danach wandern wir an einem Aussichtspunkt vorbei zum **Kamelkopf ⑦**, einem 6 m hohen Sandsteinfelsen. An den Felsen auf dem Kupferberg kann man schön die Kieselsteine sehen, Sedimente urzeitlicher Flüsse. Der Weg führt danach kurz talwärts, steigt dann wieder an und leitet uns auf eine bewaldete Hochebene. Dort gehen wir an der Wegkreuzung links zum **Leiningerland-Blick ⑧**. Hier können wir rasten und die Aussicht auf die Burg Altleiningen, den Zimmerberg, das Höninger Tal und Höningen genießen. Der Leininger Burgenweg verläuft jetzt bis zur Abzweigung vor dem **Jägerkreuz ⑨** wie der Pfälzer Weinsteig (rot-weiße Welle). Das kleine Steinkreuz erinnert an den tragischen Tod des Battenberger Jägers Adolf Fenolet, der hier 1702 erschossen wurde, weil er mit einem Wildschwein verwechselt wurde.

Wir verlassen danach den Wald und gelangen über die Felder nach Battenberg. Wir gehen auf der Straße Am Hipperling durch das Wohngebiet und auf dem schmalen Kneipp-Pfad zur Hauptstraße. Dort verlassen wir den Leininger Burgenweg und machen geradeaus einen Abstecher zu den **Blitzröhren ⑩**. Sie liegen in der Straßenkurve am Südhang unterhalb der Burg. Die Natur hat hier auf rund 25 m Länge und 5 m Höhe durch Versinterung intensiv ockerfarbene, röhrenförmige Gebilde geschaffen, die einmalig in Deutschland sind. Dazu gehen wir auf der Hauptstraße 350 m geradeaus bis zur Straßenkurve unterhalb der Burg und auf gleichem Weg wieder zurück, wo wir bei den Häusern rechts durch den Weinberg zur nahe gelegenen **Burg Battenberg ⑪** gelangen. Von der Burg mit ihrem mediterran anmutenden Burghof haben wir eine tolle Aussicht in die Rheinebene. Danach folgen wir im Weinberg hinter dem kleinen Parkplatz dem Fußweg, der nach rechts abzweigt und am Tennisplatz vorbei zum Friedhof führt. Dort treffen wir wieder auf das Logo des Leininger Burgenwegs. Am Ortsende steigen wir durch die Weinberge und den Wald hinunter nach Neuleiningen-Tal. Im zeitigen Frühjahr blühen am Weg blaue Leberblümchen und Weiße Busch-

Die Battenberger Blitzröhren entstanden durch Versinterung des Buntsandsteins.

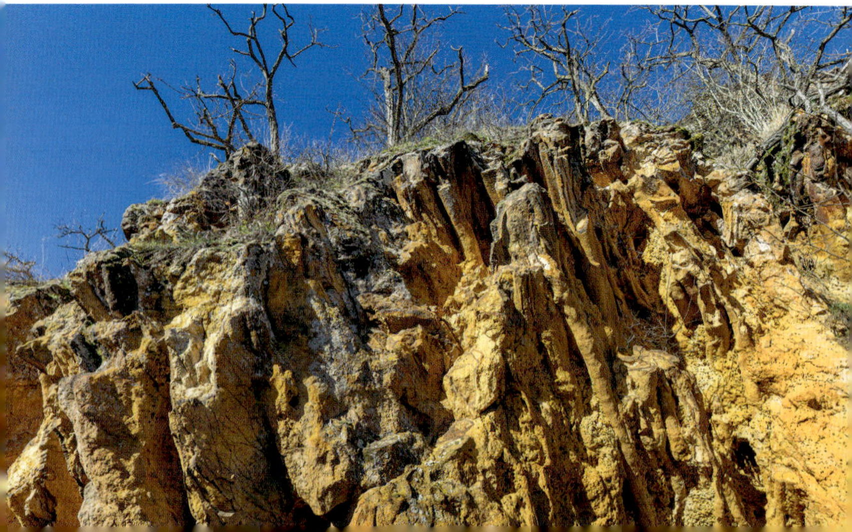

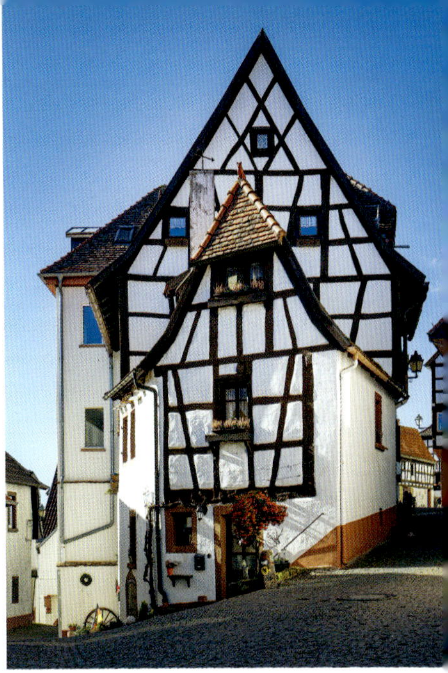

Das schönste Fachwerkhaus von Neuleiningen steht an der Abzweigung der Obergasse von der Mittelgasse.

windröschen. Vor dem Firmengelände des Chemiewerks GECHEM gehen wir links unter der Brücke der stillgelegten Eisenbahnlinie hindurch und wandern auf der anderen Seite des Eckbachtals an den Weinbergen entlang hinauf nach Neuleiningen. Von dem aussichtsreichen Weg blicken wir nicht nur über Kleinkarlbach und Sausenheim in die Rheinebene, sondern sehen auch, dass die alte Bahntrasse zu einem üppig mit Sträuchern zugewucherten Biotop wurde. Bei der Friedhofskapelle führt uns ein Sträßchen scharf links zur Mittelgasse. Auf dieser gehen wir links in das pittoreske Burgdorf, wo wir am schönsten Fachwerkhaus des Orts vorbeikommen und danach rechts die Treppe zur Kirchengasse hinaufsteigen. Wir gehen um die katholische St.-Nikolaus-Kirche zur **Burg Neuleiningen ⓬**. Vom Burgturm haben wir einen schönen Blick über die Rheinebene bis zum Odenwald. Auf der Kirchengasse verlassen wir anschließend das Dorf durch das Obertor und kehren links entlang der Tiefenthaler Straße zurück zum **Parkplatz ❶**. Es empfiehlt sich aber, zuvor einen Rundgang durch das mittelalterliche Burgdorf zu machen und dabei auch auf dem schmalen Fußweg an der Stadtmauer entlangzugehen. Dieser Stadtmauerweg verläuft von der Mittelgasse zur Friedrich-Ebert-Straße.

***i* Warum gab es in der Pfalz im Pfälzischen Erbfolgekrieg so viele Verwüstungen?**

Der Pfälzische Erbfolgekrieg (1688–1697) war der vierte und letzte Reunionskrieg, den der französische »Sonnenkönig« Ludwig XIV. führte. Prinzessin Elisabeth Charlotte von der Pfalz (1652–1722), genannt Liselotte von der Pfalz, war eine Enkelin von Kurfürst Friedrich V. 1671 heiratete sie Philippe I. von Orléans, den einzigen Bruder von Ludwig XIV. Durch diese Heirat wurde die pfälzische Prinzessin Herzogin von Orléans und eine Schwägerin des Sonnenkönigs. Nach dem Tod von Kurfürst Karl II. meldete Ludwig XIV. 1688 im Namen der Herzogin Erbansprüche auf die Kurpfalz an, weil er diese mit Frankreich wiedervereinen wollte. Als er damit keinen Erfolg hatte, zettelte er einen Krieg an und ließ die Kurpfalz, zu der auch das Gebiet der heutigen Pfalz gehörte, von seinen Truppen plündern und verwüsten. Diese standen unter dem Kommando des Comte de Mélac, ein Maréchal de camp (Feldmarschall), der mit barbarischer Brutalität vorging und alles zerstörte, um der Bevölkerung die Lebensgrundlage zu entziehen. Heute würde man dies eine »Politik der verbrannten Erde« nennen.

8 Von Hertlingshausen nach Höningen

Der Leininger Klosterweg

4.15 Std. | 15,2 km | ↗ 400 m | ↘ 400 m

Kulturelles Zentrum der Leininger Grafen und der Schlüsselstein

Ein weiterer Premiumweg im Leiningerland mit Audio- und Videostationen. Der Leininger Klosterweg verbindet die beiden ehemaligen Klosterdörfer Hertlingshausen und Höningen. Höningen war das kulturelle Zentrum der Leininger Grafen, die hier 1120 und danach in Hertlingshausen ein Kloster gründeten. 1209 bewegte Graf Friedrich I. von Leiningen die Ganerben, dem Kloster Höningen Wald zu schenken, der in der Umgebung des Klosters lag. Anfang des 15. Jahrhunderts wurde dieser mit Markierungssteinen zum Ganerbenwald abgegrenzt. In diese war auf der Seite der Kirche der Schlüssel des Petrus eingemeißelt. Der Schlüsselstein ist eine solche alte Grenzmarkierung.

Die St. Jakobskirche in Höningen ist etwas älter als das Kloster und eines der ältesten romanischen Bauwerke in der Pfalz. Im 17. Jahrhundert wurde eine herrschaftliche Balustrade aus Holz eingebaut, die um 1720 mit dem Wappen von Graf Georg II. bemalt wurde. Im 19. Jahrhundert erhielt die Kirche ihren heutigen Glockenturm. Besonders sehenswert sind die mittelalterlichen Fresken im Altarraum aus der Zeit um 1320 und im Kirchenschiff aus dem 15. Jahrhundert sowie die Predella des Altars, die im Ikonenstil mit den Bildnissen Christi und der zwölf Apostel bemalt ist. Die Kirche kann nach Voranmeldung beim protestantischen Pfarramt Carlsberg-Hertlingshausen besichtigt werden (Tel. 06356 201).

Die St. Jakobskirche in Altleiningen-Höningen, eines der ältesten romanischen Bauwerke der Pfalz. Im HIntergrund der Giebel des ehemaligen Klosters.

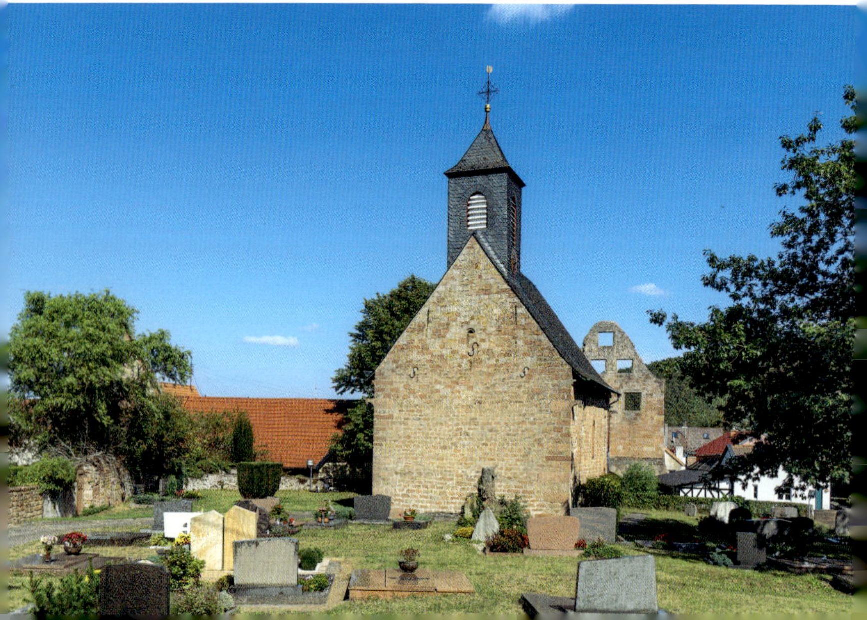

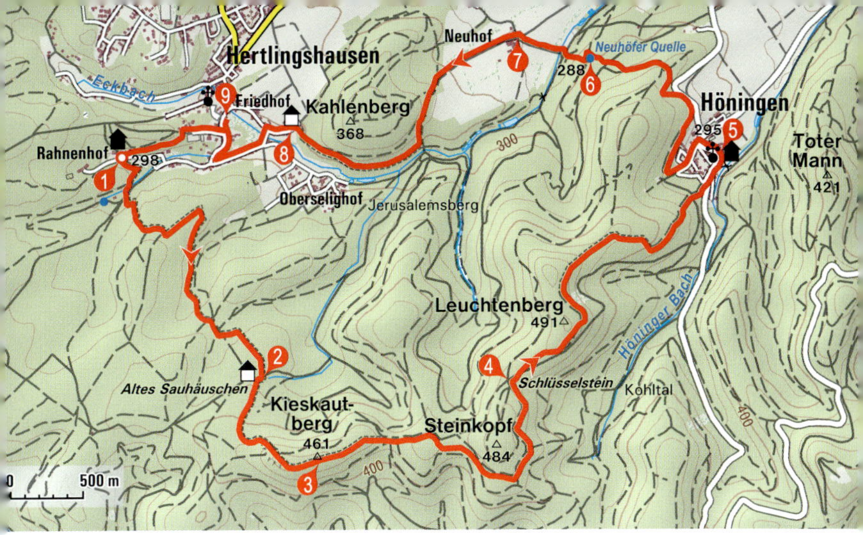

Ausgangspunkt: Naturfreundehaus Rahnenhof in Carlsberg-Hertlingshausen, Hintergasse 13.
Markierung: Logo mit Torbogen des Höninger Klosters auf gelbem Grund.
Anforderungen: Wanderschuhe mit Profilsohle. Bei Nässe aufgeweichte Waldwege.
Einkehr: Naturfreundehaus Rahnenhof (täglich durchgehend geöffnet); in der Hauptstraße in Höningen Klosterschänke (Mo., Do. Ruhetag, geöffnet, Di., Mi., Fr. 11.30–14.30 Uhr und ab 17 Uhr, Sa., So. ab 11.30 Uhr) und Gasthaus Zum Jagdschloss (Di. Ruhetag, sonst ab 11 Uhr geöffnet).
Tipp: In Hertlingshausen lebten die Bewohner früher hauptsächlich vom Wald und verdienten ihren Unterhalt als Holzfäller und Heidelbeerpflücker. Zur Mittagszeit brachten die Frauen ihren Männern das Essen im Henkelmann in den Wald, wo sie es in der heißen Asche eines Holzfeuers aufwärmten. Daran erinnert heute das »Eingeschärrte«, ein beliebtes Waldfest, das jedes Jahr Mitte März beim Neuen Sauhäuschen stattfindet. Die Festbesucher bringen dazu Würste, Fleischstücke, Fisch, Kartoffeln, Gemüse und anderes mit, das sie, dick in Zeitungspapier oder Alu-Folie eingepackt und an einem langen Draht befestigt, in der heißen Asche garen.
ÖPNV: Bus Linie 454 vom Bahnhof Grünstadt nach Hertlingshausen oder Höningen, dort Einstieg in die Tour.
Karte: Pfälzerwald 4 von NaturNavi.

Ausgangspunkt unserer Wanderung ist das **Naturfreundehaus Rahnenhof ❶** in Hertlingshausen. Das Logo des Leininger Klosterwegs leitet uns zunächst über einen bewaldeten Bergrücken ins Frauenthal, dann auf einsamen Waldwegen zum **Alten Sauhäuschen ❷**, einer kleinen Waldarbeiter- und Schutzhütte. Über dem Eingang ist die verblasste Jahreszahl 1860 zu erkennen. Unterhalb der Hütte liegt eine kleine Quelle. Danach wandern wir durch einen schönen Mischwald über den 461 m

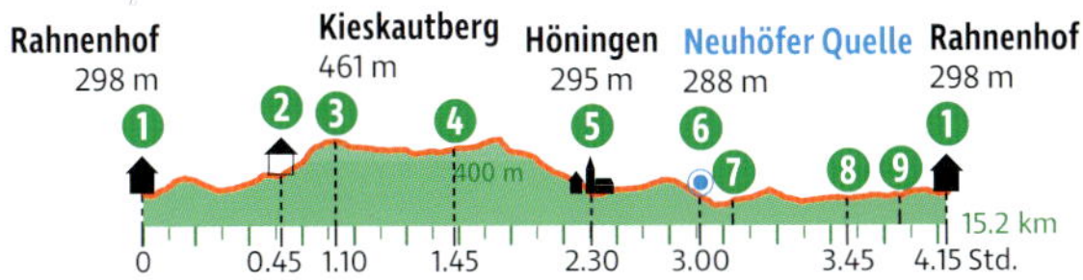

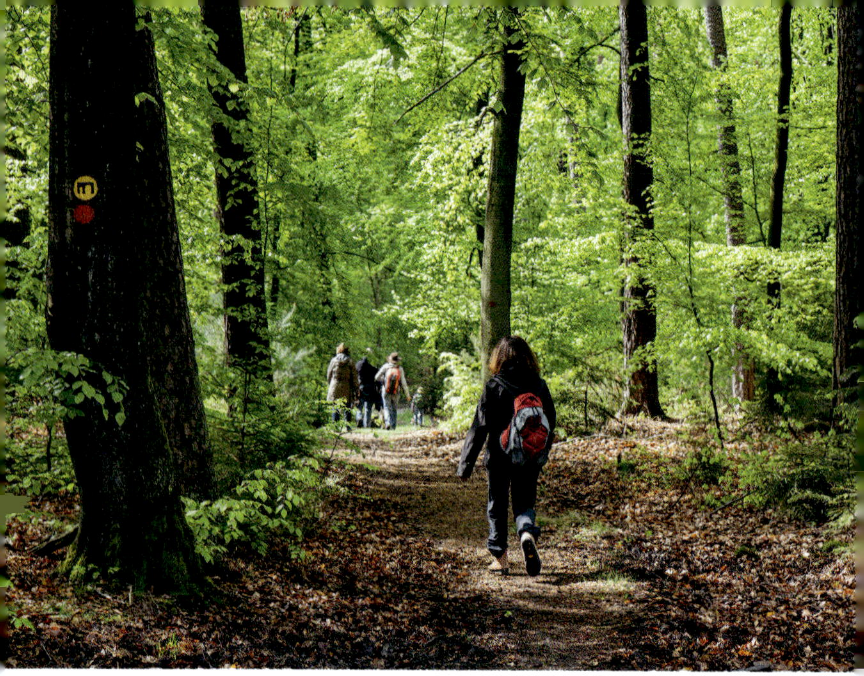

Wanderer auf dem Leininger Klosterweg.

hohen **Kieskautberg ❸**, den höchsten Punkt unserer Wanderung, und umrunden den 484 m hohen Steinkopf. Von dem Höhenweg haben wir in Richtung Osten einen weiten Blick über den nördlichen Pfälzerwald mit der Mönchskappe (450 m), dem Ameisenkopf (459 m) und dem 502 m hohen Rahnfels. Am Ende des aussichtsreichen Wegs können wir am **Schlüsselstein ❹**, der historischen Grenzmarkierung zwischen den Besitzungen der Ganerben und des Höninger Klosters, rasten. Wer möchte, kann von dort einen Abstecher auf den 500 m entfernten, südlich gelegenen Gipfel des Steinkopf mit seinen Sandsteinfelsen machen. Wir wandern um den 491 m hohen Leuchtenberg weiter nach **Höningen ❺**. In dem zu Altleiningen gehörenden Dorf erinnern heute nur noch eine spitzwinklige Giebelwand und ein zweibogiger Torbogen an das ehemalige Kloster. Es lohnt sich auch, sich das wunderschöne Innere der kleinen St. Jakobskirche anzusehen (offen nach Voranmeldung). Wir gehen durch den Torbogen und verlassen das einstige kulturelle Zentrum der Leininger Grafen links auf der Schindthalstraße. Über den nördlichen Ausläufer des Leuchtenberghangs wandern wir jetzt an der **Neuhöfer Quelle ❻** vorbei ins Eckbachtal und auf der anderen Talseite hinauf zum **Neuhof ❼**, einem

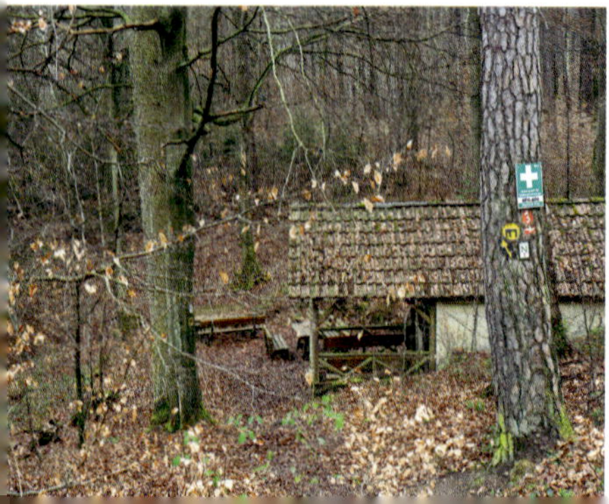

Altes Sauhäuschen.

ehemaligen Klostergut. Diesen historischen Hof, der in den Besitz des Klosters gelangte, gab es bereits, als das Höninger Kloster gegründet wurde. Heute befindet sich darin ein landwirtschaftlicher Demeter-Biohof mit Hofladen (geöffnet Di. 16–18.30 Uhr, Fr. 14–18.30 Uhr, Sa. 9–11.30 Uhr). Der Leininger Klosterweg führt uns danach über die Felder zum 368 m hohen Kahlenberg, den wir an seiner Südseite oberhalb des Eckbachtals umwandern. Danach erreichen wir in der Nähe des **Neuen Sauhäuschens 8** wieder Hertlingshausen. Die Hintergasse führt uns von dort zur Klosterhofstraße, auf der wir rechts bis zum **Friedhof 9** gehen, wo einst das Kloster Hertlingshausen stand. Danach gehen wir ein kurzes Stück auf der Straße zurück und gelangen rechts am Sportplatz vorbei zurück zum **Naturfreundehaus Rahnenhof 1**.

***i* Was versteht man unter Ganerben?**

»Gan« bedeutet »gemeinsam«. Nach mittelalterlichem Erbrecht konnte ein Familienbesitz wie eine Burg (Ganerbenburg) oder ein Wald (Ganerbenwald) als Ganerbschaft vererbt werden, der dadurch als Ganzes erhalten blieb und nicht unter mehreren Erben aufgeteilt wurde. Der Nachlass gehörte dann den Ganerben, einer Erbengemeinschaft von mehreren Personen, gemeinsam. Diese verwalteten ihr Erbe wie bei einer heutigen Genossenschaft gemeinsam. Um Streitigkeiten unter den Ganerben zu vermeiden, wurden deren Pflichten und Rechte in einer Art Burgfriedensvertrag umfassend vertraglich geregelt und niedergeschrieben. Dies sicherte die friedliche Koexistenz der Ganerben und führte oft auch dazu, dass diese einen gemeinsamen Namen und ein gemeinsames Wappen annahmen.

Aussicht vom Leuchtenberg, über den der Leininger Klosterweg führt.

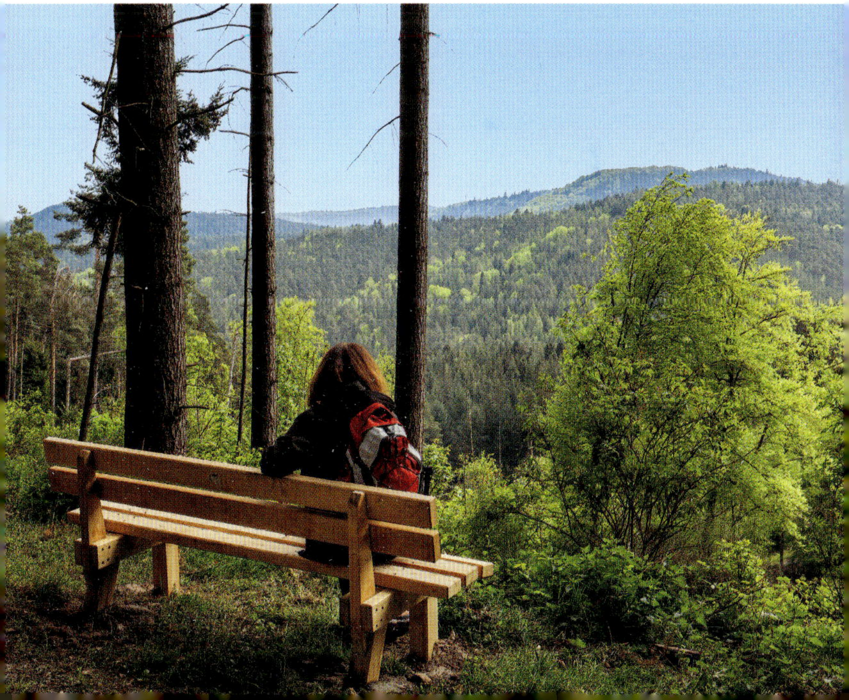

9 Von Kallstadt durch die Weinberge

Der Rieslingweg bei Kallstadt

2.00 Std. | 7,5 km | ↗ 140 m | ↘ 140 m

Ein römisches Landgut und eine Weinlage namens Saumagen

Der Rieslingweg führt in den Weinbergen westlich von Kallstadt durch die Weinlage »Saumagen«. Dabei machen wir einen Abstecher zum römischen Landgut »Villa rustica« auf dem Weilberg. Zum Ursprung des Namens »Saumagen« für die Kallstadter Weinlage gibt es mehrere Theorien. Er könnte von der Form der Parzelle herrühren, die einem Saumagen ähnelt. Möglich ist aber auch, dass er nach der Kopfbedeckung der Pfälzer Winzerinnen benannt wurde, die im 19. Jahrhundert Saumagen genannt wurde. Belegt ist, dass der Name zwischen 1810 und 1836 erstmals auftauchte. Der Saumagen gehört bekanntlich zu den Lieblingsspeisen der Pfälzer. Ob er ursprünglich ein Arme-Leute-Essen war, in dem die Reste von der Schweineschlachtung verwertet wurden, oder der kulinarische Höhepunkt eines Schlachtfestes, bei dem nur das Beste auf den Tisch kam, ist strittig.

Ausgangspunkt: Kallstadt, i-Punkt der Tourist-Information am Platz der 100 Weine in der Weinstraße 111.

Markierung: Logo des Rieslingwegs, gelber Weinkelch auf blauem Grund.

Anforderungen: Gute Weinberg- und Wirtschaftswege.

Einkehr: Gaststätten und Weingüter in Kallstadt. Hotel Annaberg (täglich ab 17 Uhr geöffnet) mit Weinausschank (Fr.–So. ab 12 Uhr geöffnet).

Tipp: Die Bad Dürkheimer Weinbergnacht ist eine ganz besondere Open-Air-Weinprobe, bei der jedes Jahr an einem Wochenende im März in den Weinbergen zwischen Bad Dürkheim und dem römischen Landgut eine spektakuläre Licht- und Lasershow geboten wird.

ÖPNV: Bus Linie 453 von Grünstadt oder Bad Dürkheim nach Kallstadt/Kirche.

Karte: Pfälzerwald 4 von NaturNavi oder Bad Dürkheim von Pietruska.

Bad Dürkheimer Weinbergnacht.

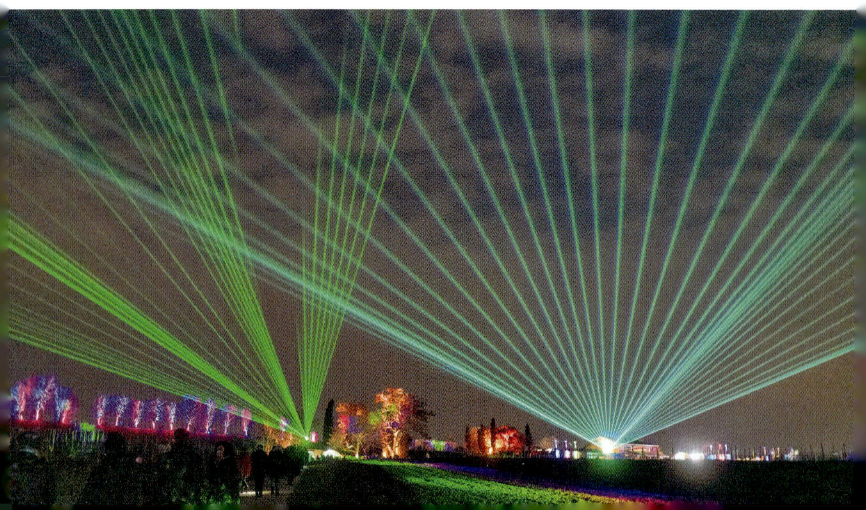

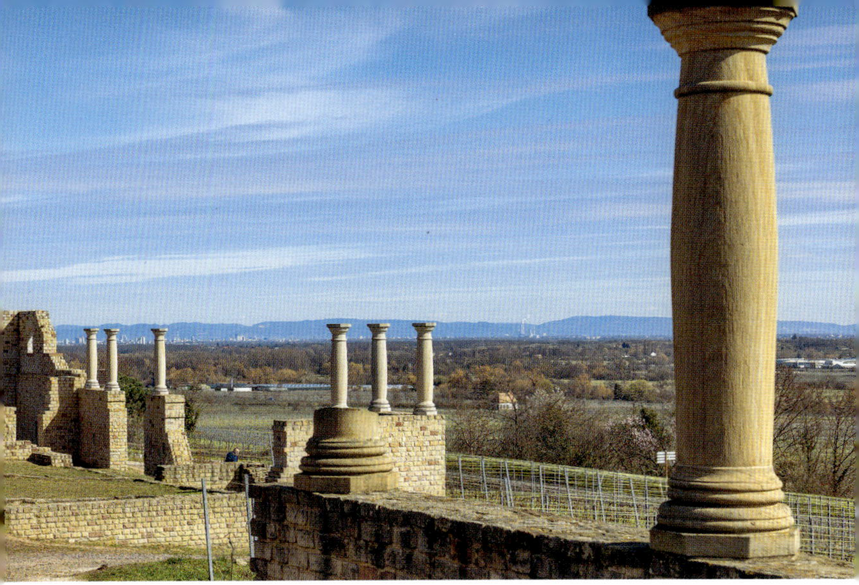

Römische Villa auf dem Weilberg bei Ungstein an der Deutschen Weinstraße.

In **Kallstadt ①** gehen wir am Platz der 100 Weine oberhalb vom Bacchus-Brunnen über den Parkplatz und rechts an der Turnhalle vorbei in die Weinberge. Das Weinkelch-Logo des Rieslingwegs leitet uns. Am Anfang folgt unsere Wanderung auch dem Logo des Saumagenwegs, schließlich wandern wir hier durch die Weinlage Saumagen. Nach etwa einem Kilometer haben wir an einem **Aussichtspunkt ②**, an dem eine Rastbank steht, einen schönen Blick in die Rheinebene und ins Berntal, ein Naturschutzgebiet (siehe Tour 10). Der Rieslingweg wendet sich nun nach links, wo wir an kleinen, geschützten Arealen mit Kalksteinfelsen vorbeikommen. Hier blühen im Frühjahr Küchenschellen. Von dem aussichtsreichen Höhenweg haben wir am **Kallstadtblick ③** eine besonders gute Aussicht über die Weinberge auf Kallstadt und in die Rheinebene. Am Ende des langen Höhenwegs gehen wir vor der Straße rechts auf dem Grasweg nach Leistadt, wo wir kurz vor dem Ende des Weinbergs links zum Kreisverkehr gelangen. Diesen umgehen wir rechts und folgen 100 m der Straße L 518 bergauf in Richtung Lindemannsruhe. Dann wandern wir auf dem asphaltierten Wirtschaftsweg links bergab. Dieser verläuft oberhalb der Straße L 517, die von Leistadt nach Bad Dürkheim führt. An dem aussichtsreichen Weg stehen Mandelbäume.

An einer Weggabelung, an der eine Rastbank steht, biegen wir nach rechts ab. Nach 250 m wendet sich unser Weg unterhalb der Kalkfelsen in den **Almen ④** nach links. Rechts davon liegt ein Naturschutzgebiet mit Kalk-Trockenrasen. Nach dem Hotel Annaberg erreichen wir die Straße L 517. Wir überqueren diese und verlassen auf der anderen Straßenseite den Rieslingweg, um uns die Römerkelter

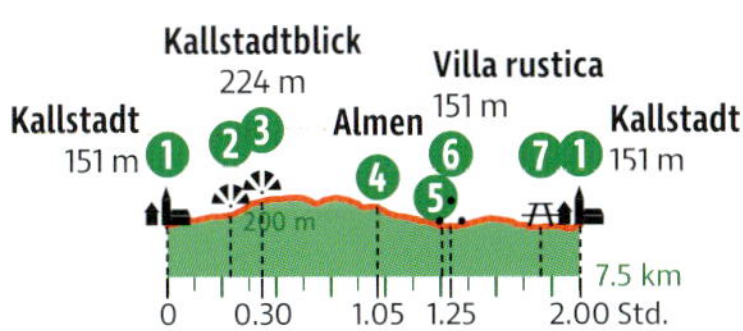

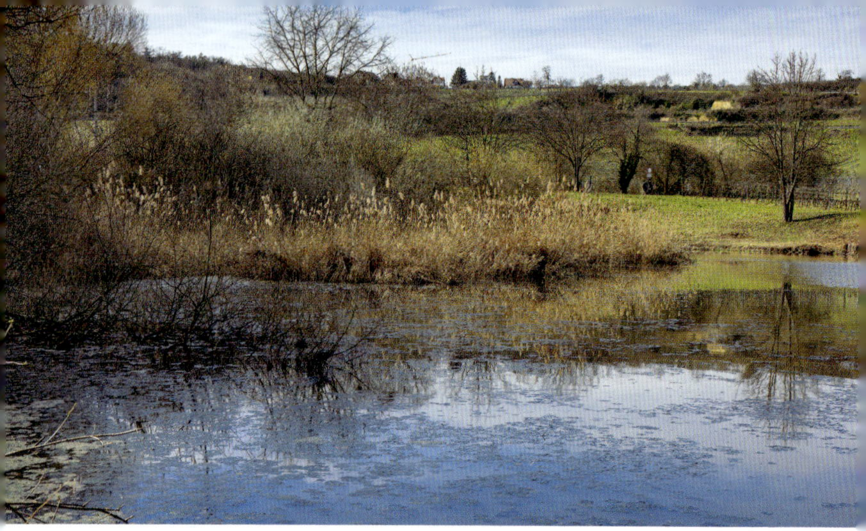

Der St.-Gerhard-See bei Kallstadt.

und das römische Landgut auf dem Weilberg anzusehen.

Dazu gehen wir rechts am Parkplatz vorbei und wandern nach 100 m links auf dem Weinbergweg geradeaus zur **Römerkelter ❺**. Hinter dieser führt uns links ein schmaler Weg durch den Weinberg, an dem alte Rebsorten und Kuriositäten wie der Petersiliengutedel angepflanzt und mit kleinen Infotafeln versehen sind. Oberhalb davon gelangen wir rechts zum römischen Landgut, der **»Villa rustica« ❻**.

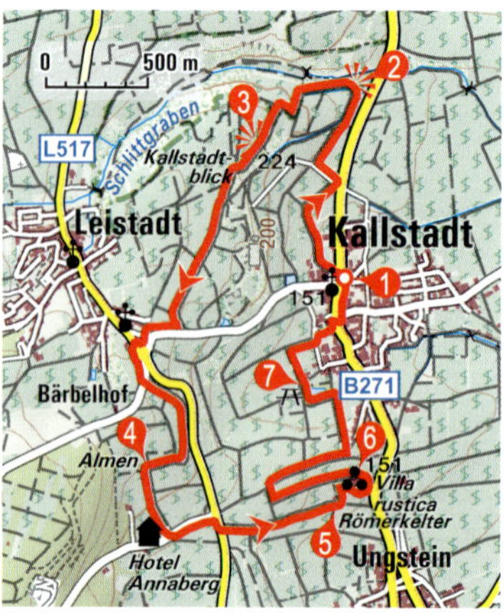

Nach der Besichtigung der großen Anlage, in der auch alte Steinsarkophage aufgestellt sind, die man hier bei Ausgrabungen fand, wandern wir oberhalb des Landguts links auf dem Weinbergweg in Richtung Leistadt. Nach der Hochspannungsleitung halten wir uns rechts und treffen kurz darauf an der nächsten Abzweigung wieder auf die Logos des Rieslingwegs und des Saumagenwegs. Jetzt lassen wir uns wieder vom Rieslingweg leiten und gehen rechts weiter. Auch der Pfälzer Mandelpfad verläuft hier.

Am Ortsrand von Kallstadt führt unsere Wanderung um den kleinen St.-Gerhard-See, der als Wasserrückhaltebecken dient, zu einem **Rastplatz ❼**. Von dort folgen wir dem Rieslingweg wieder geradeaus in die Weinberge. An der nächsten Abzweigung biegen wir nach rechts ab, halten uns am Ende der Weinberge kurz links und gehen vor der Grundschule in **Kallstadt** rechts auf dem Fußweg in den Ort. Dort gelangen wir links entlang der Weinstraße zurück zu unserem Ausgangspunkt, dem Platz der 100 Weine ❶.

Rund um Leistadt

Der Rundwanderweg Berntal

10

2.30 Std. | 8,9 km | ↗ 200 m | ↘ 200 m

Kalkfelsen und alte Weinbergterrassen

Das Naturschutzgebiet Felsenberg-Berntal ist einer von fünf rheinland-pfälzischen Biodiversitäts-Hotspots, eine Schatzkammer der Natur. Hier pflegt die Pollichia, eine Naturschutzorganisation, alte Weinbergterrassen und Halbtrockenrasen in einer Landschaft, die in der Urzeit der Erdgeschichte von einem tropischen Meer mit Korallenbänken bedeckt war. Daraus entstand das Kalksteinkliff, das heute die Nordseite des Berntals überragt. In seinen Höhlen hausten früher Bären, von denen sich der Name des Tals ableitet. Neben einem Biotop für Vögel, Moose und Insekten möchte die Pollichia auch die alte Kulturlandschaft aus der Römerzeit bewahren. Aus den alten Weinbergterrassen wurden Streuobstwiesen, auf denen 150 alte Apfelbaum- und andere Obst- und Mandelbaumsorten angepflanzt wurden. 250 verschiedene Pflanzenarten, 100 Arten von Moosen und 40 Brutvogelarten wurden hier gezählt. Besonders reich ist das Gebiet auch an Insekten, von denen vor allem viele Arten von Schmetterlingen und Heuschrecken vorkommen. Wir wandern durch dieses abwechslungsreiche Naturschutzgebiet mit seinen Trockenmauern, auf denen sich Mauereidechsen sonnen. Dies ist auch eine schöne Wanderung für Kinder, denn diese können unterwegs viel entdecken und erleben. Auf halber Strecke kann man die Wanderung südlich von Leistadt abkürzen und durch den Ort zurück zum Ausgangspunkt gehen.

Ausgangspunkt: Parkplatz Felsenberg-Berntal nördlich von Leistadt an der Straße L 517.
Markierung: Logoschild mit Aufschrift »Felsen, Früchte und Fossilien: Rundwanderweg Berntal«.
Anforderungen: Wanderschuhe mit Profilsohle, stellenweise unbefestigte Weinberg- und Waldwege.
Einkehr: In Leistadt Bistro und Backstube Joujou, Hauptstraße 34, geöffnet Mo., Fr., Sa. ab 17 Uhr, So. ab 12 Uhr und LILO's Weinstube, Hauptstraße 39–41, geöffnet Mo., Sa. ab 17 Uhr, So. ab 12 Uhr.
ÖPNV: Bus Linie 453 von Grünstadt oder Bad Dürkheim nach Leistadt, Gemeindehaus.
Karte: Pfälzerwald 4 von NaturNavi oder Bad Dürkheim von Pietruska.

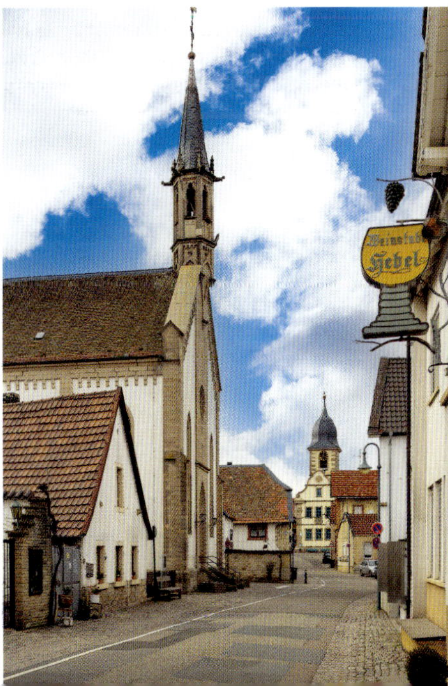

Hauptstraße in Leistadt mit katholischer St.-Michael-Kirche (links) und protestantischer Leodegarkirche.

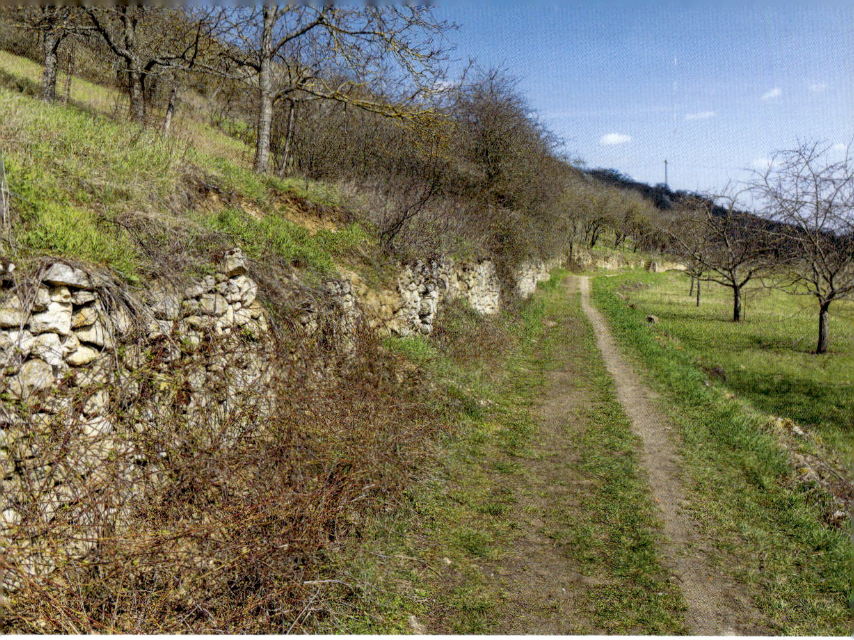

Das Berntal bei Leistadt ist ein Naturschutzgebiet mit Trockenmauern und ehemaligen Weinbergterrassen, auf denen alte Obstsorten angepflanzt wurden.

Diese naturkundliche Wanderung führt uns durch das Naturschutzgebiet Felsenberg-Berntal in den Pfälzerwald bei der Rothsteige. Ausgangspunkt ist der Parkplatz **Felsenberg-Berntal ❶** nördlich von Leistadt. Von dort lassen wir uns vom Logoschild des Rundwanderwegs leiten. Nachdem wir den kleinen Schlittgraben überquert haben, wandern wir links durch das Berntal und an einer der längsten Trockenmauern der Pfalz entlang. Vor uns sehen wir das ehemalige Kalksteinkliff des heutigen Felsenbergs liegen, und blicken wir zurück, erkennen wir über dem Pfälzerwald den Bismarckturm bei der Lindemannsruhe. Wir kommen an Streuobstwiesen und ehemaligen Weinbergterrassen vorbei, auf denen alte Obstbaumsorten wachsen. Unterhalb vom Felsenberg

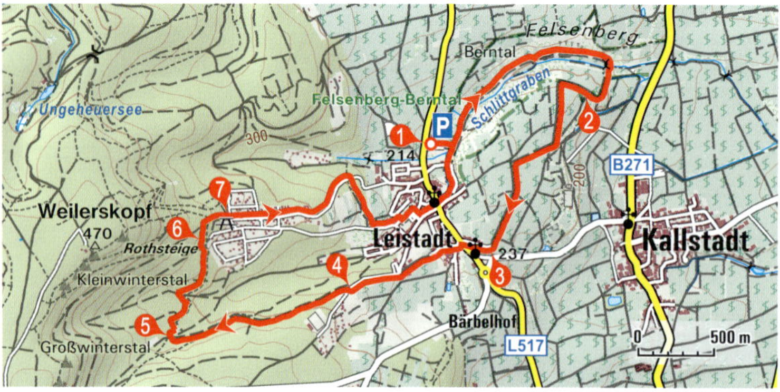

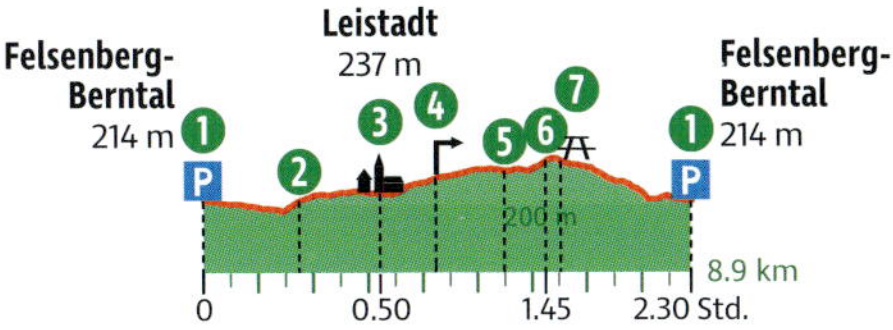

sind Ziegen als Landschaftspfleger im Einsatz, die die alten Weinbergterrassen von Sträuchern freihalten. Am Ende des Tals überqueren wir den Schliffgraben auf einem Steg und steigen auf der anderen Talseite die Treppe bei den alten Weinbergterrassen hinauf. Oben angekommen wandern wir rechts auf dem asphaltierten Weinbergweg weiter. Dieser ist auch mit dem Logo des Rieslingwegs markiert (siehe Tour 9). Wir haben hier eine schöne Fernsicht über die Rheinebene mit den Städten Ludwigshafen und Mannheim bis zum Odenwald. An der **Gabelung 2**, an der eine Rastbank steht, verlassen wir den Rieslingweg auch schon wieder und folgen dem Rundwanderweg Berntal geradeaus durch die Weinberge. Wir kommen an kleinen Parzellen aus Halbtrockenrasen mit Kalkgestein vorbei, in denen im Frühjahr Küchenschellen blühen. Nach rechts haben wir eine besonders gute Sicht auf das lang gezogene Kliff des Felsenbergs. Danach wandern wir links auf einem aussichtsreichen Weinbergweg bis an den südlichen Ortsrand von **Leistadt 3**. Hier gehen wir rechts durch das Wohngebiet »Am Hügel« zur Hauptstraße. Wem der gesamte Rundwanderweg zu lang ist, kann ihn hier abkürzen und rechts durch den Ort direkt zum Ausgangspunkt zurückwandern.

Wir überqueren die Hauptstraße und folgen 30 m geradeaus der Straße In den Weiden, dann rechts der Straße In der Nonnenhecke aus dem Ort. An der Kreuzung Am Woogberg gehen wir geradeaus an den Weinbergen entlang bis zu deren Ende, wo wir an der **Abzweigung 4** rechts in den Wald gelangen. Nun folgt ein län-

Der Felsenberg im Berntal bei Leistadt, eine alte Kalkklippe.

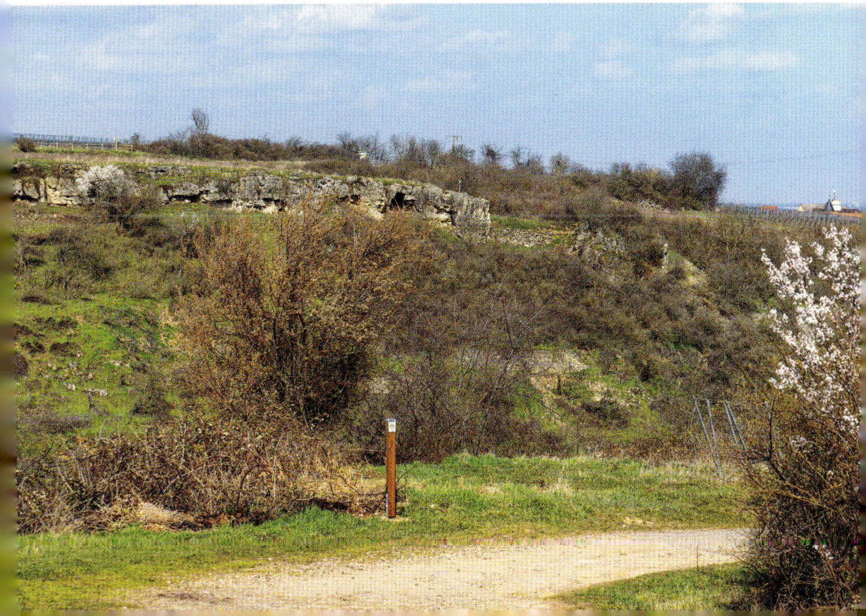

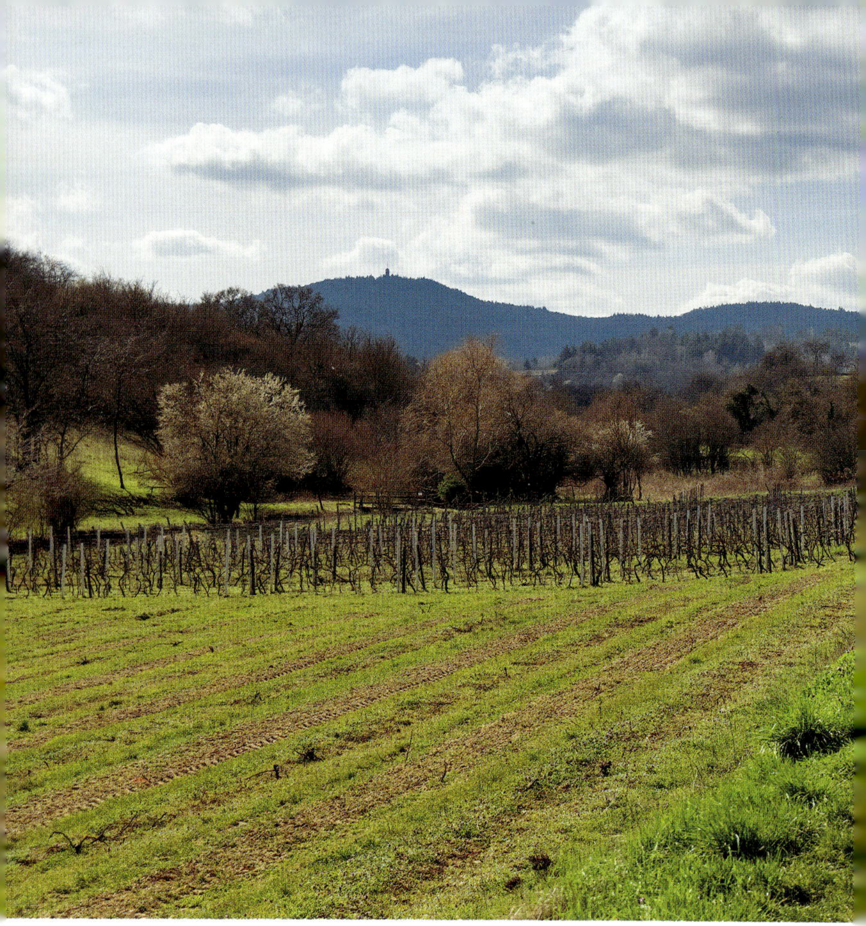

Blick vom Berntal bei Leistadt zum Bismarckturm und dem Sendeturm auf dem Weilerskopf.

gerer, ebener **Waldweg**, an dessen **Ende 5** wir rechts (auch weiß-roter Balken) und nach 50 m links auf schmalem Pfad weiterwandern. Nach einem kurzen Anstieg halten wir uns an der Rastbank rechts, kreuzen im nächsten Tal eine Forststraße und erreichen danach vor dem Wochenendgebiet **Rothsteige 6** eine Forsthütte. Dort gehen wir rechts weiter, verlassen den weiß-roten Balken und folgen an der nächsten Abzweigung der Forststraße nach rechts zu einem **Rastplatz 7**. Ab hier können wir uns auch am Logoschild der »Sieben Waldwunder« orientieren. Der Pochelweg führt uns jetzt geradeaus durch das weitläufige Wochenendgebiet.

In den 1960er-Jahren war die am Waldrand gelegene Gemarkung Rothsteige, die damals fast nur aus alten Weinbergen und Wiesen bestand, ein Geheimtipp für Städter, die dort ein Wochenendhaus bauen wollten. Für 2 DM pro Quadratmeter konnte man von der Gemeinde per Handschlag ein Grundstück erwerben, und die Baugenehmigung gab es gleich noch dazu. Doch der

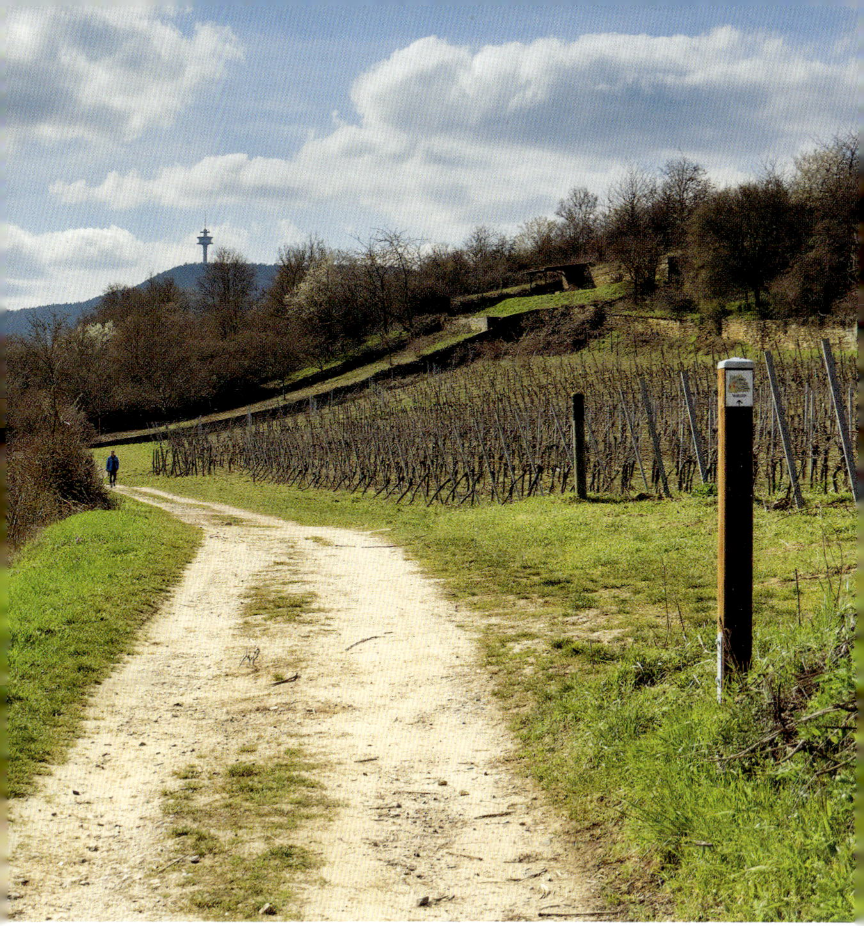

anfängliche Geheimtipp entwickelte sich zu einem Wildwuchs, in dem mehr Bauten geduldet als genehmigt waren. Dieser wurde abrupt beendet, als Leistadt 1969 von Bad Dürkheim eingemeindet wurde und einen Bebauungsplan aufstellte. Ärger stand ins Haus, denn bestehende Bauten wurden legalisiert, aber nicht jeder, der hier ein Grundstück besaß, durfte darauf ein neues Haus errichten.

Hinter dem Wochenendgebiet biegen wir in dem Hohlweg nach rechts ab. Von dem Höhenweg haben wir einen schönen Blick über Leistadt in die Rheinebene. Danach führt uns der mit Kopfsteinen gepflasterte Rotsteigerweg links in den Ort, wo wir uns Am Woogbach kurz links halten und dann rechts an der Kindertagesstätte vorbei zum Dorfplatz gelangen. Dort gehen wir rechts um den Parkplatz, an dem eine Telefonzelle als öffentlicher Bücherschrank steht, überqueren den Schlittgraben und folgen am Ende der Straße Im Stephansstück links der Waldstraße zur Hauptstraße. Diese überqueren wir und gehen auf der Freinsheimer Straße geradeaus, bis wir links auf der Straße Berntal und dem sich anschließenden Wirtschaftsweg zurück zum Parkplatz **Felsenberg-Berntal 1** gelangen.

11 Von Leistadt zur Teufelsmauer

Sieben Waldwunder bei Leistadt

3.00 Std. | 10,2 km | ↗ 330 m | ↘ 330 m

Ein Briefkasten im Wald und ein Portemonnaie aus Stein

Neuerdings gesellen sich zum ursprünglichen historischen Rundwanderweg Leistadt sieben Waldwunder. Der mystisch klingende Name und die abwechslungsreiche Wegführung locken dadurch viel mehr Wanderer in den geheimnisvollen Pfälzerwald am Rand der Haardt mit seinen ausgedehnten Kastanien- und Kiefernwäldern. Je nachdem wie man die Waldwunder zählt, kommt man auf mehr oder weniger als sieben geologische und geschichtliche Sehenswürdigkeiten. Die Zahl ist aber nicht entscheidend, denn der Themenweg »Sieben Waldwunder Historischer Rundwanderweg Leistadt« bietet mit seinen verschlungenen Wegen mehr als genug Abwechslung und viele interessante Geschichten für Groß und Klein.

Ausgangspunkt: Parkplatz Felsenberg-Berntal nördlich von Leistadt an der Straße L 517.

Markierung: Logo mit stilisiertem Portemonnaie-Felsen und Aufschrift »Sieben Waldwunder Historischer Rundwanderweg Leistadt«.

Anforderungen: Wanderschuhe mit Profilsohle, unbefestigte Waldwege.

Einkehr: In Leistadt Bistro und Backstube Joujou, Hauptstraße 34, geöffnet Mo., Fr., Sa. ab 17 Uhr, So. ab 12 Uhr und LILO's Weinstube, Hauptstraße 39–41, geöffnet Mo., Sa. ab 17 Uhr, So. ab 12 Uhr.

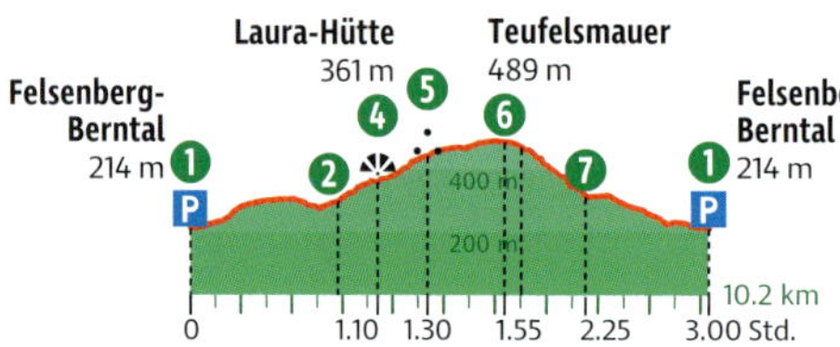

ÖPNV: Bus Linie 453 von Grünstadt oder Bad Dürkheim nach Leistadt, Gemeindehaus.

Karte: Pfälzerwald 4 von NaturNavi oder Bad Dürkheim von Pietruska.

Leistadt und das Berntal mit dem Felsenberg.

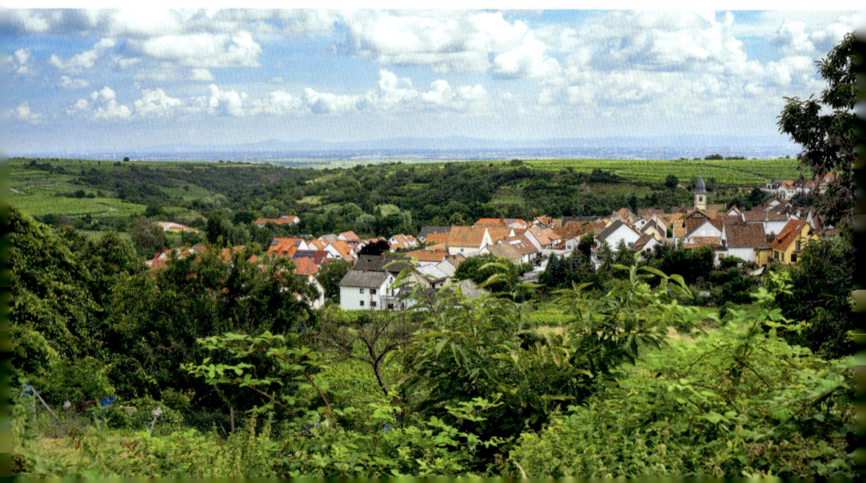

Die Laura-Hütte.

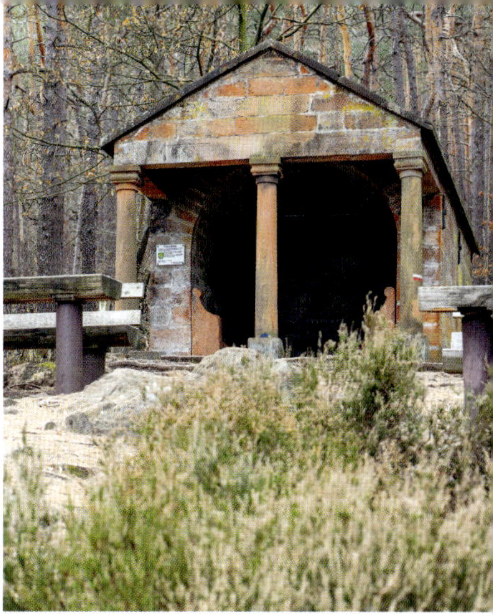

Vor dem Parkplatz **Felsenberg-Berntal** ❶ nördlich von Leistadt überqueren wir die Straße L 517 und gehen geradeaus am Umspannungshäuschen vorbei in die Weinberge. Das Logoschild des Themenwegs »Sieben Waldwunder« leitet uns, wobei ich den Verlauf der Tour bis zur Rothsteige genauer beschreibe, da die Beschilderung anfangs noch nicht vollständig war, als ich dort unterwegs war. Am Friedhof halten wir uns beim Parkplatz links und wandern auf dem asphaltierten Weg durch die Weinberge. An deren Ende gehen wir in der Rechtskurve des asphaltierten Wegs geradeaus auf dem Grasweg weiter. Danach führt ein ebener Sandweg durch den Kiefern-Esskastanien-Wald. Am Ende dieses Wegs gehen wir an der Kreuzung kurz links und halten uns kurz darauf an der nächsten Wegkreuzung, an der ein Wanderwegweiser steht, ebenfalls links. 500 m weiter gelangen wir dann an der nächsten Wegkreuzung auf dem zweiten Weg von links bergauf zum Wochenendgebiet **Rothsteige** ❷. Dort führt uns der Sauweideweg daran vorbei in den Kiefernwald. Dort steht der erste **Leininger Grenzstein** ❸ neben dem schmalen Wanderpfad. Er trägt die drei Adler mit dem darüberliegenden Turnierkragen des Wappens der Grafen zu Leiningen-Hardenburg. An der nächsten Abzweigung halten wir uns rechts und erreichen danach an einem Aussichtspunkt die **Laura-Hütte** ❹. Dies war ursprünglich eine Jagdhütte, die der Freinsheimer Bezirksrichter Wilhelm Retzer 1845 erbauen ließ und nach seiner Frau benannte. Am Hang unterhalb der Hütte steht die »Liebesbank«, so genannt, weil man ein Paar, das vor dem behauenen Felsen sitzt, von der Hütte aus nicht sehen kann.

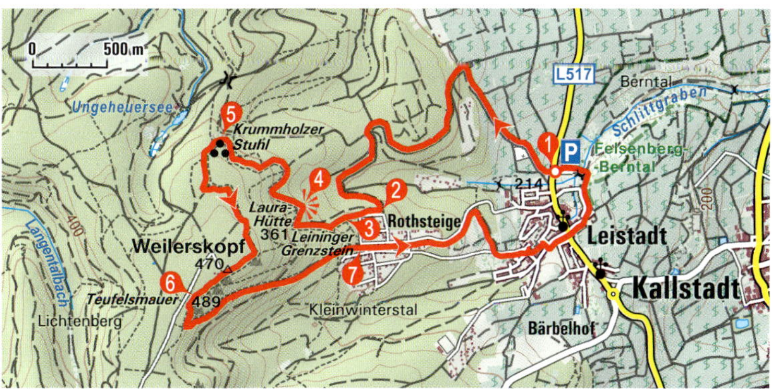

Wir wandern weiter durch den Kiefernwald und gelangen durch einen engen Hohlweg, an dem Steinmännchen stehen, hinauf zum **Krummholzer Stuhl ❺**, einem römischen Steinbruch, aus dem im 2.–3. Jahrhundert Steine für Sarkophage und die Stadtmauer von Worms gehauen wurden. Zeichen in dem Felsen belegen, dass er den Ganerben auch als Grenzmarke diente. Hier treffen wir auf die Markierung des Ganerbenwegs. Mit den »Sieben Waldwundern« leitet uns diese jetzt zur Suppenschüssel. Der Stein mit seiner rechteckigen Vertiefung und den eingemeißelten Zeichen ist ein mittelalterliches Grenz- und Rechtsdenkmal, an dem vom 12.–18. Jahrhundert die Abschlussbesprechungen der Grenzbegehungen stattfanden. Da es dabei auch immer etwas zu essen und zu trinken gab, nimmt man an, dass die Vertiefung dazu gedient haben könnte, einen Topf auf dem brusthohen Stein sicher abzustellen. Wir folgen weiter den beiden Markierungen durch den Wald zum zweiten Leininger Grenzstein. Mit seinem heute blau-rot angemalten Leininger Wappen sieht dieser interessanter aus als der erste. Ihn setzten die Grafen zu Leiningen-Hardenburg im Jahr 1595, um damit die Grenze ihres Besitzes zu markieren. Die Initialen WR stammen von Wilhelm Retzer. Als nächstes Waldwunder liegt das Kanapee 50 m links vom Weg. Die mit einer Treppe und einer Bank behauenen Felsen sind die Überreste einer Einsiedelei aus dem 14. und 15. Jahrhundert. Die Bank deutet aber darauf hin, dass auch hier die Römer Steine abgebaut haben. Wilhelm Retzer erwarb 1820 dieses Waldstück und meißelte den Namen Wilhelmshöh in sein Kanapee. Wieder zurück auf dem Wanderweg, führen uns die beiden Markierungen jetzt zu zwei Waldwundern, die teuflische Namen tragen. Die Teufelsbank ist heute eine lange Sitzbank, die in einen Felsen gehauen wurde. Ihrer Form nach dürfte sie ebenfalls aus der Zeit stammen, als die Römer hier Steine abbauten. In der Nähe ist ein Maskengesicht in einen Felsen gemeißelt, das den germanischen Gott Wotan darstellen soll. Danach liegen mächtige Sandsteinfelsen neben un-

Römische Wagenspuren.

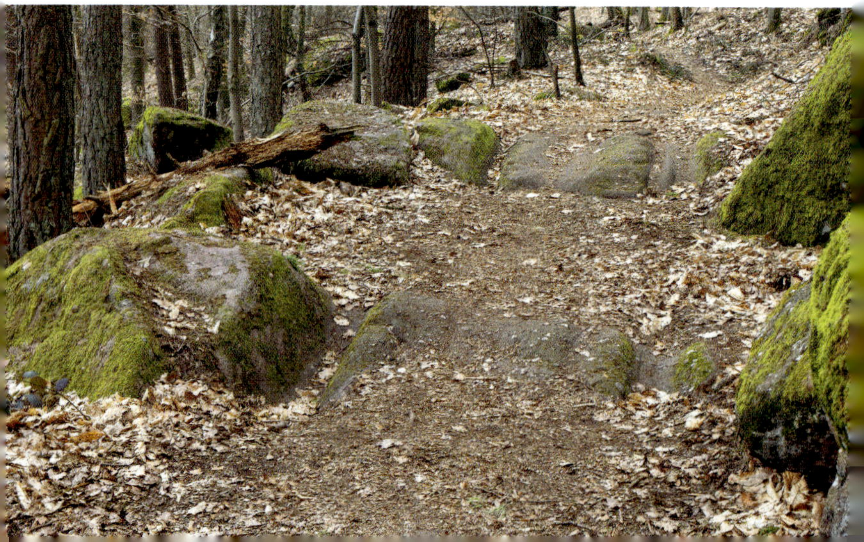

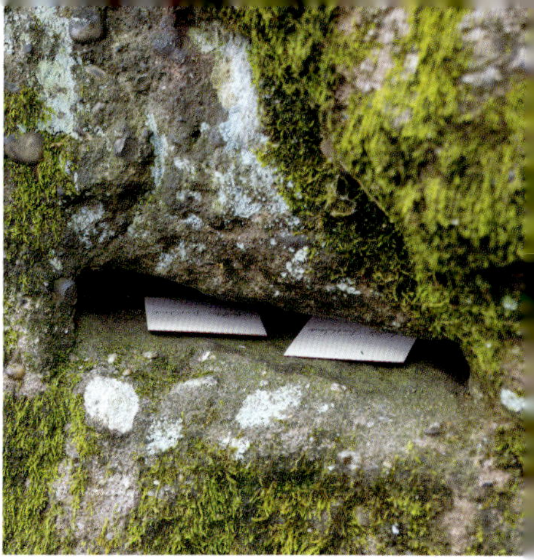

Der »Briefkasten«.

serem Weg, die mit grünem Moos bewachsen sind. Dies ist die **Teufelsmauer 6**, wie wir auf einem Schild lesen können. Nach Ansicht von Geologen vollbrachte dieses Wunder aber nicht der Teufel, sondern die lang gezogene Felsformation ist ein viele Millionen Jahre altes Felsenriff aus dem Oberen Buntsandstein. Kurz danach markiert ein Schild an einem felsigen Wegstück die Stelle, an der römische Wagenspuren zu sehen sind. Die rillenförmigen Vertiefungen sind auf dem laubbedeckten Boden aber kaum zu entdecken. Danach trennt sich der Ganerbenweg wieder von den »Sieben Waldwundern«. Wir orientieren uns ab hier nur noch am Logo der Waldwunder und gehen links bergab. Kurz darauf sehen wir tatsächlich römische Wagenspuren. Die mit einem Eisenring beschlagenen Holzräder der römischen Pferde- und Ochsenkarren, auf denen vor 1800 Jahren die schweren Steinblöcke vom Krummholzer Stuhl transportiert wurden, haben hier tiefe und breite Rillen in den Sandstein gefräst.

Ein wenig weiter können wir links am Weg in einem moosbewachsenen Sandsteinblock einen rechteckigen Schlitz entdecken, den Briefkasten. Nach einer Legende sollen vereinsamte Frauen, die hier ein Laubblatt einwerfen, einen Mann finden. Heute werden eher kleine Zettel und Briefe in den Schlitz gesteckt mit der Hoffnung, dass sich der Wunsch nach einem Partner erfüllt. Der Stein wurde so zu einem »Liebesbriefkasten«. Gehen wir den holprigen Weg noch ein Stück bergab, kommen wir zum Portemonnaie. Hier ist ein klaffender Spalt zwischen zwei Sandsteinblöcken mit kleinen Steinen gefüllt. Wer einen Stein hinzufügt, soll reich werden. Das Portemonnaie dient dem Themenweg der »Sieben Waldwunder« als Logo.

Am Ende des Waldwegs kommen wir wieder zum Wochenendgebiet **Rothsteige 7**. Wie bei der Tour 10 führt uns jetzt der Pochelweg geradeaus durch das weitläufige Wohngebiet. Danach biegen wir rechts in den kurz bergauf führenden Hohlweg ab. Oben angekommen haben wir von dem Höhenweg einen schönen Blick über Leistadt in die Rheinebene. Auf dem mit Kopfsteinen gepflasterten Rotsteigerweg gelangen wir dann links in den Ort, wo wir uns Am Woogbach kurz links halten und dann rechts an der Kindertagesstätte vorbei zum Dorfplatz kommen. Dort gehen wir rechts um den Parkplatz, an dem eine Telefonzelle als öffentlicher Bücherschrank steht, überqueren den Schlittgraben und folgen am Ende der Straße Im Stephansstück links der Waldstraße zur Hauptstraße. Diese überqueren wir und gehen auf der Freinsheimer Straße geradeaus, bis wir links auf der Straße Berntal und dem sich anschließenden Wirtschaftsweg zurück zum Parkplatz **Felsenberg-Berntal 1** gelangen.

12 Von der Lindemannsruhe in den Ganerbenwald

Der Ganerbenweg

TOP | 3.00 Std. | 10,6 km | ↗ 260 m | ↘ 260 m

Das Hochmoor am Ungeheuersee

Der Ganerbenweg ist ein Premiumwanderweg mit Audio- und Videostationen, der uns nicht nur zu einigen der »Sieben Waldwunder« der vorherigen Tour führt, sondern auch zum Ungeheuersee, zum Heidenfelsen und auf den Bismarckturm. Namensgeber des Wanderwegs ist das Forstrevier Ganerben, in dem der Waldbesitz der Gemeinden Freinsheim, Bad Dürkheim und der Leininger Schulwaldstiftung in Grünstadt zusammengefasst ist.

Der Name Ungeheuersee leitet sich von den mittelalterlichen Bezeichnungen »Unger« (Waldweide) und »Heyer« (Gehege) ab. Der heute 140 m lange und 40 m breite Waldsee ist bis zu 1,8 m tief. Er war früher eine Viehtränke. Gespeist wird er vom Krumbach, der an seinem Südende im einzigen Hochmoor des nördlichen Pfälzerwalds entspringt. Der Wasserspiegel des Sees schwankt stark, in manchen Jahren trocknet er im Sommer sogar fast vollständig aus. Auf den kleinen, schwimmenden Inseln wächst der Rundblättrige Sonnentau und unter Wasser der Wasserschlauch, der an der Oberfläche dottergelb blüht. Beides sind fleischfressende Pflanzen. Da in dem See keine Fische vorkommen, können sich Molche und Frösche gut entwickeln. Sie begrüßen während der Partnersuche im Frühjahr die Wanderer mit einem lauten Froschkonzert.

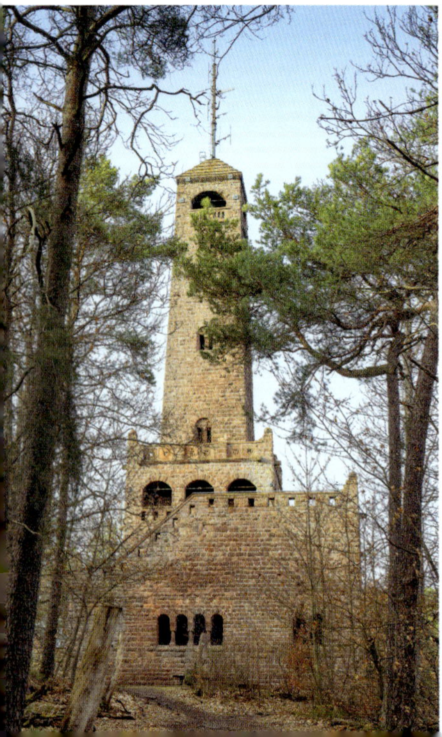

Ausgangspunkt: Wanderparkplatz Lindemannsruhe bei Bad Dürkheim.
Markierung: Logo schwarze Axt auf gelbem Grund.
Anforderungen: Wanderschuhe mit Profilsohle, unbefestigte Waldwege.
Einkehr: Forsthaus Lindemannsruhe, geöffnet Mo., Mi.–Sa. 11–17 Uhr, So. 11–18 Uhr. Weisenheimer PWV-Hütte am Ungeheuersee, von Mitte März bis Ende Oktober mittwochs und sonntags bewirtschaftet. Ausschank am Bismarckturm, Öffnungszeiten Mai–Oktober Mi., Sa., So. 10–18 Uhr, November–April 10–16 Uhr.
ÖPNV: Von April bis Oktober fährt an den Wochenenden und Feiertagen ein Bus der Linie 489 im Zweistundentakt vom Bahnhof Bad Dürkheim zur Lindemannsruhe.
Karte: Pfälzerwald 4 von NaturNavi oder Bad Dürkheim von Pietruska.

Der 36 m hohe Bismarckturm auf dem Peterskopf.

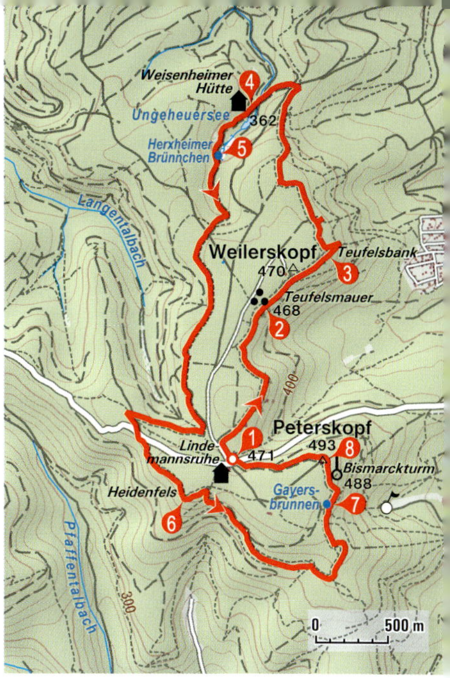

Der Ganerbenweg beginnt an der **Lindemannsruhe ❶**. Am nördlichen Ende des Wanderparkplatzes ist auf einer Holztafel das »Pfälzer Gebet« des Heimatdichters Otto Wilms (1915–1992) zu lesen. Hier folgen wir rechts auf der Forststraße dem Logo des Ganerbenwegs durch den Wald zur **Teufelsmauer ❷**. Dieses Naturdenkmal besteht aus einer lang gezogenen Felsformation, die mit grünem Moos bewachsen ist. Es ist ein viele Millionen Jahre altes Felsenriff aus dem Oberen Buntsandstein. Der Ganerbenweg verläuft hier streckengleich mit den »Sieben Waldwundern« des historischen Rundwegs Leistadt. Nachdem wir den Fernmeldeturm passiert haben, kommen wir zur **Teufelsbank ❸**. Sie ist ebenfalls kein Werk des Teufels, sondern stammt aus der Zeit, als die Römer hier Steine abbauten. In der Nähe ist ein Maskengesicht in einen Felsen gemeißelt, das den germanischen Gott Wotan darstellen soll. Vor allem bei trübem, nebligem Novemberwetter wirkt diese Gegend unheimlich. Dann kann man sich gut vorstellen, warum im Wald so vieles einen teuflischen Namen trägt. Früher war der Teufel das Sinnbild für alles Unheimliche, Dunkle und Gefährliche. Solche Orte und große, bizarre Felsformationen waren den Menschen des Mittelalters nicht geheuer und wurden von ihnen mit einem Teufelsnamen belegt.

Nicht allzu weit entfernt liegt das Kanapee 50 m rechts vom Weg. Die mit Treppenstufen und einer Bank behauenen Felsen sind die Überreste einer Einsiedelei aus dem 14. und 15. Jahrhundert. Die Form der Bank deutet darauf hin, dass auch hier die Römer Steine abbauten. Der Freinsheimer Bezirksrichter Wilhelm Retzer erwarb 1820 dieses Waldstück und meißelte den Namen Wilhelmshöh in sein Kanapee. Den Leininger Grenzstein setzten die Grafen zu Leiningen-Hardenburg im Jahr 1595, um damit die Grenze ihres Besitzes zu markieren. Er trägt das Wappen der Grafen, drei silberne Adler mit einem darüberliegenden Turnierkragen. Die Initialen WR stammen von Wilhelm Retzer. Der Ganerbenweg führt uns nun zur Suppenschüssel. Der Stein mit seiner rechteckigen Vertiefung

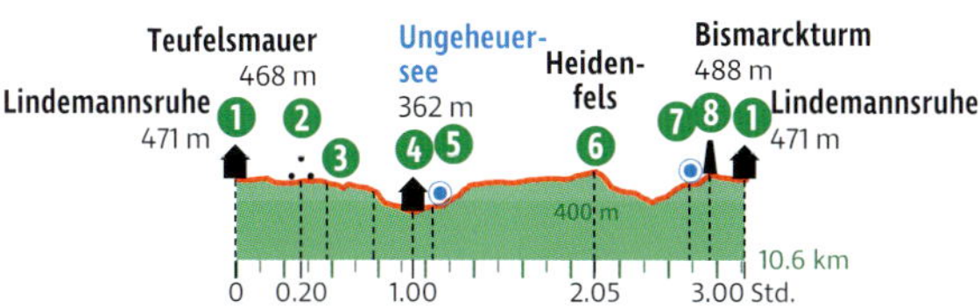

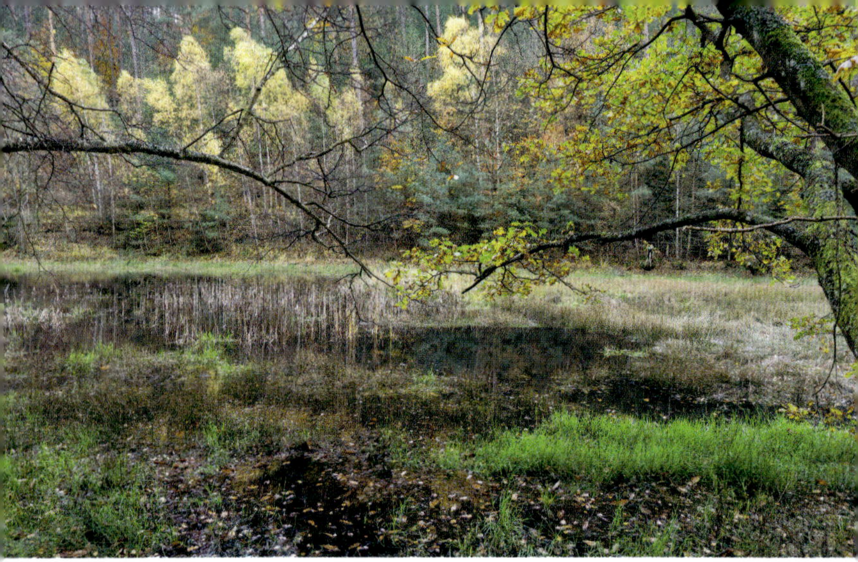

Herbst am Ungeheuersee.

und den eingemeißelten Zeichen ist ein mittelalterliches Grenz- und Rechtsdenkmal. Hier fanden vom 12. bis 18. Jahrhundert die Abschlussbesprechungen der Grenzbegehungen statt. Da es dabei auch immer etwas zu essen und trinken gab, nimmt man an, dass die Vertiefung dazu gedient haben könnte, einen Topf auf dem brusthohen Stein sicher abzustellen.

Nicht weit entfernt davon liegt der Krumholzer Stuhl. Er diente den Römern vor mehr als 1800 Jahren als Steinbruch und den Ganerben als Grenzmarke. Hier trennen sich die »Sieben Waldwunder« vom Ganerbenweg, der um den mächtigen Felsen herumführt. Danach erreichen wir den **Ungeheuersee** ❹, an dem die bewirtschaftete Weisenheimer Hütte steht. Um den geschützten See verläuft ein Naturlehrpfad.

Der Ganerbenweg führt an dem Naturschutzgebiet und dem sich anschließenden Hochmoor entlang zum **Herxheimer Brünnchen** ❺, aus dem nur selten Wasser sprudelt. Danach queren wir auf einem Holzbohlenweg das Tal, und der Ganerbenweg steigt an. Am Ende des Anstiegs trifft er auf den Pfälzer Weinsteig (rot-weiße Welle). Die beiden Wege verlaufen bis kurz vor dem Parkplatz an der Lindemannsruhe auf gleicher Strecke und trennen sich dort. Wir bleiben auf dem Ganerbenweg, halten uns rechts und überqueren westlich vom Parkplatz die Straße L 518. Unser nächstes Ziel ist der **Heidenfels** ❻. Dieses Gebiet war bereits 500 v. Chr. von Kelten besiedelt. Daher stammt wohl der Name der mächtigen Felsformation mit ihren Kammern und in den Stein gehauenen Treppen. Ein schmaler Pfad führt auf der rechten und linken Seite des Felsens hinunter zu einem überhängenden Felsdach, unter dem man an einem runden Steintisch, der die Jahreszahl 1874 trägt, rasten kann. Wieder zurück auf dem Ganerbenweg, wandern wir weiter durch den Wald. Der Weg schlängelt sich ein kurzes Stück in Serpentinen den steilen Waldhang hinunter und führt dann ohne allzugroße Steigungen durch den Mischwald zum

Gayersbrunnen ❼. Dieser wurde nach Johann Christian Karl Gayer (1822–1907) benannt. Er leitete von 1851–1855 das hiesige Forstrevier und wurde später an der Universität München Professor für Forstwirtschaft. In dieser Funktion schrieb er Fachbücher über Forstnutzung und Waldbau und erarbeitete die Grundsätze für eine ökologisch orientierte Forstwirtschaft, die heute noch Anwendung finden.

Ganz in der Nähe liegt rechts vom Weg die Schillerruh. Am Fuß des Buntsandsteinfelsens, der anlässlich des 100. Geburtstags von Friedrich Schiller (1759–1805) nach dem Dichter benannt wurde, ist eine Sitzbank in den Fels gehauen, und in einen runden Steintisch ist die Jahreszahl 1860 eingemeißelt. Höhepunkt unserer Wanderung ist der 1902 im neoromanischen Burgenstil erbaute **Bismarckturm ❽**. 158 Stufen führen hinauf zur Aussichtsterrasse in 36 m Höhe, von der wir eine großartige Rundsicht über den Pfälzerwald und die Rheinebene mit den Städten Ludwigshafen und Mannheim haben. Links am Turm vorbei gelangen wir auf dem Ganerbenweg und der rot-weißen Welle des Pfälzer Weinsteigs zurück zur **Lindemannsruhe ❶**.

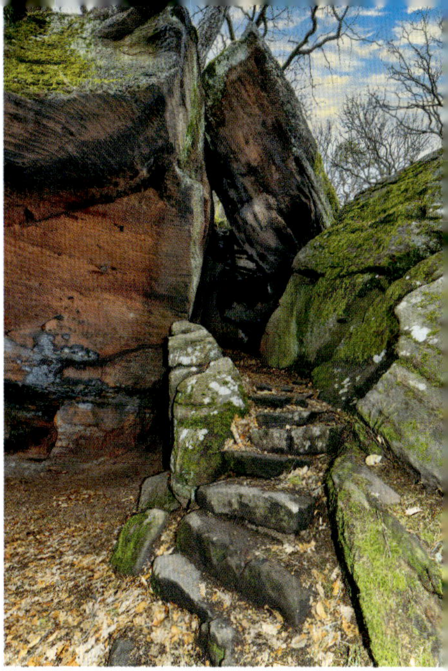

Eine Treppe führt in eine Höhle im Heidenfels.

Ganerbenweg und Pfälzer Weinsteig.

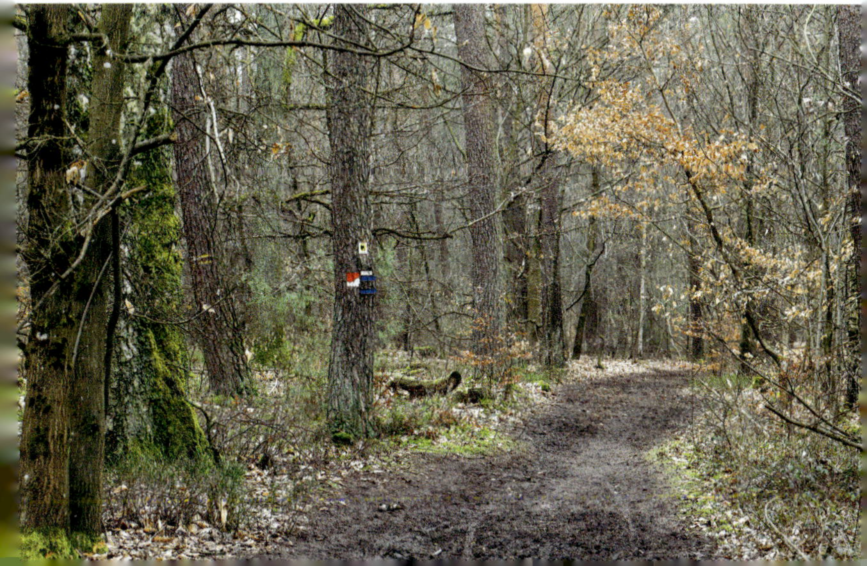

13 Von Lambrecht auf den Wildsaukopf

Aussichten der Tuchmacher

3.30 Std. | 11,4 km | ↗400 m | ↘400 m

Lambrechter Friedensweg und Napoleons Kaisergarten

Lambrecht kann auf eine 400 Jahre alte Geschichte des Tuchmacher-Handwerks zurückblicken und war einmal eine bedeutende Pfälzer Tuchmacherstadt. Tuchmacher (Wollweber) verarbeiteten Garne aus Schafwolle zu Loden, aus dem Kleidung und Decken hergestellt wurden. Anders als die meisten heutigen Textilien war die Wollkleidung früher kostbar, dauerhaft, diente als Mitgift und wurde sogar vererbt.

Mitte des 16. Jahrhunderts lebten calvinistische Wallonen in einer Region des heutigen Belgiens, die bekannt für ihr gutes Tuchmacher-Handwerk war und von einem spanischen Herrscher regiert wurde. Dieser setzte seine katholische Konfession mit Gewalt durch und unterdrückte die andersgläubigen Wallonen. Viele flohen daraufhin in ein Land, in dem sie wegen ihres Glaubens keine Nachteile hatten. 1568 erreichte eine Gruppe von wallonischen Tuchmachern die Pfalz, wo ihnen Kurfürst Friedrich III. – selbst Calvinist – erlaubte, sich im Wohntrakt des 1553 aufgelösten Klosters Sankt Lambrecht niederzulassen. Dort etablierten sie ihr Handwerk, lernten pfälzische Tuchmacher an und organisierten sich in Zünften. Nach nur wenigen Jahren verdienten bereits viele Menschen ihren Unterhalt mit der Tuchverarbeitung. Die Tuche wurden damals nicht in großen Fabriken hergestellt, sondern in den Häusern, in denen die Tuchmacher auch wohnten. Wohl auch deshalb, weil der Kurfürst den Tuchmachern Handels-, Zoll- und Steuerfreiheit gewährte, wurden viele wohlhabend. Auch fanden ihre Loden (fertig verarbeitete Wollstoffbahnen) einen guten Absatz, denn nicht nur Soldaten wurden damit eingekleidet, sondern auch wer es sich in der Bevölkerung leisten konnte, trug lieber die neue, wärmende Kleidung aus Wolle und nicht mehr wie früher Leinen.

Wegen der vielen Kriege, denen die Pfalz ausgesetzt war, verzeichnete die Tuchproduktion in den darauffolgenden Jahrhunderten ein ständiges Auf und Ab. Obwohl die Pfälzer Tuchmacher immer mehr Konkurrenz bekamen – im 19. Jahrhundert gewannen Stoffe aus Baumwolle an Bedeutung und im 20. Jahrhundert Stoffe aus synthetischen Fasern –, hatte das Tuchmacher-Handwerk 400 Jahre lang Bestand. Erst 1966 wurde in Lambrecht die letzte Tuchfabrik geschlossen.

Ausgangspunkt: Bahnhof in Lambrecht.

Markierung: Logo Tuchmacherschere mit Loden. Damit wurden früher überstehende Webfäden von den fertigen Wollstoffbahnen (Loden) abgeschnitten.

Anforderungen: Wanderschuhe mit Profilsohle, stellenweise schmale, bei Nässe rutschige Naturwege.

Einkehr: Bürgerstube Lambrecht, Blainviller Straße 1 (beim Sportplatz), geöffnet Mi.–Sa. ab 16.30 Uhr, So. 11–14 Uhr und ab 16.30 Uhr. Unterwegs keine Einkehrmöglichkeit.

ÖPNV: Zugverbindung mit Neustadt, Mannheim und Kaiserslautern. Bus Linie 517 von Neustadt.

Karte: Pfälzerwald 6 von NaturNavi oder Lambrecht und Neustadt von Pietruska.

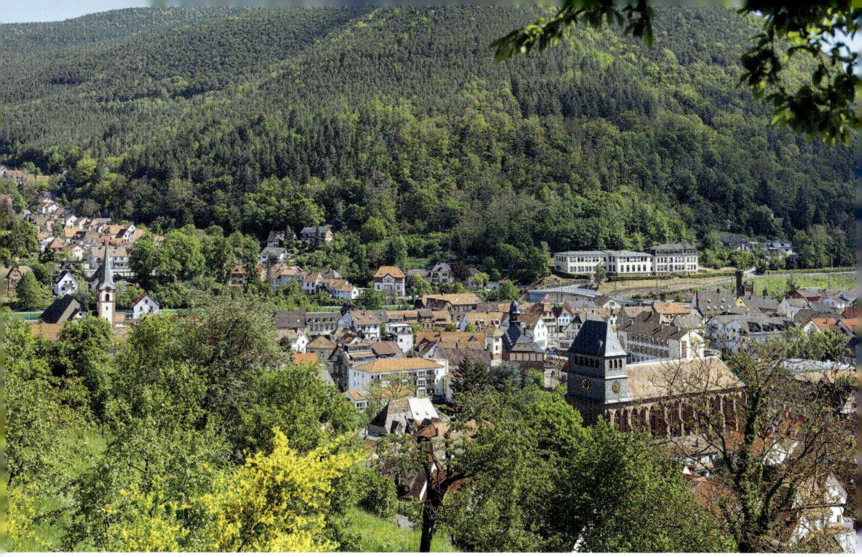

Aussicht vom Friedensplatz auf Lambrecht.

Das Logo des Themenwegs Aussichten der Tuchmacher, eine Tuchschere mit Loden, leitet uns auf dieser Wanderung. Vom **Bahnhof** in **Lambrecht ①** gehen wir auf der Bahnhofstraße in den Ort zur Hauptstraße und auf dieser rechts zum Herzog-Otto-Platz. Dort steht der Geisbrunnen. Dieser erinnert daran, dass die Lambrechter historische Weiderechte auf Deidesheimer Gebiet auch heute noch jedes Jahr mit einem gut gehörnten und gut gebeutelten Ziegenbock abgelten. Dieser wird dann am Dienstag nach Pfingsten in Form eines Historienspiels bei der Deidesheimer Geisbockversteigerung für wohltätige Zwecke versteigert. Die Schulstraße führt uns weiter zum Friedrich-Ebert-Platz, hinter dem wir den Speyerbach überqueren und geradeaus auf der Marktstraße zur protestantischen Klosterkirche St. Lambrecht gelangen. Das Langhaus blieb als einziges Gebäude des Lambrechter Klosters (977–1553) erhalten. Es wurde nach der Aufhebung des Klosters von 60 m auf 45 m verkürzt, und 1922 wurde der Turm aufgesetzt. Im Innern sind mittelalterliche Malereien zu sehen. Vor der Kirche steht der Klosterbrunnen, den wir rechts auf der Grabenstraße passieren. Am Brunnen treffen wir auf den Lambrechter Friedensweg, der streckengleich mit den Aussichten der Tuchmacher verläuft. 10 m nach der Abzweigung der Straße Am Beutelstein steigen wir links die Treppe hinauf und folgen dem grasbewachsenen Pfad bergauf. Oberhalb eines Wiesenstreifens biegen wir vor der Gartenlaube nach rechts ab und folgen oberhalb der Laube dem Pfad zum **Friedensplatz ②**. Dort können wir rasten und die Aussicht auf das im Speyerbachtal gelegene Lambrecht genießen. Oberhalb der Streuobstwiese führt der Pfad jetzt an einer Trockenmauer entlang, an der bunte Schmetterlinge angebracht sind. Am Ende des Pfads verlassen wir oberhalb des Friedhofs den Friedensweg und folgen den Aussichten der Tuchmacher durch den Wald zum 1964 gefassten **Hermann-Schneider-Brunnen ③**, benannt nach dem ehemaligen Bürgermeister Lambrechts.

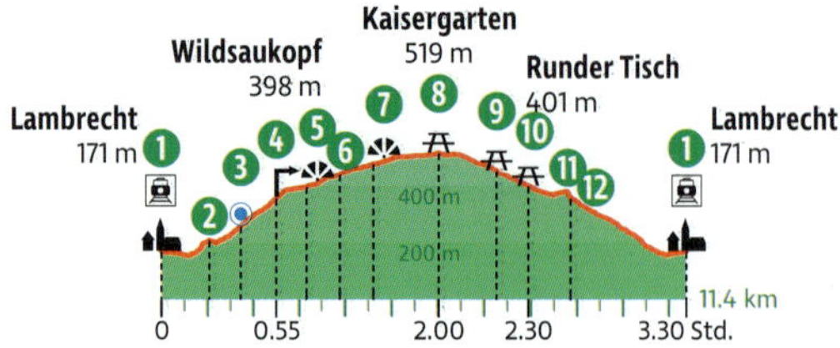

Danach machen uns am Tugendpfad Holztafeln darauf aufmerksam, dass Gerechtigkeit, Demut, Geduld, Bescheidenheit, Pflichterfüllung und Barmherzigkeit die Leitmotive eines Menschen sein sollten. An einer **Abzweigung** 4 halten wir uns dann scharf rechts und stehen kurz darauf vor dem Stein des Gleichgewichts. Dieser und weitere symbolhafte Steine wurden von Lambrechter Schülern im Rahmen einer Projektarbeit geschaffen. Ab dem Stein wandern wir auf einer Forststraße zum Aussichtspunkt **Wildsaukopf** 5. Hier haben wir einen schönen Blick auf Lambrecht und können auf einer Liegebank entspannen. Weiter auf der Forststraße biegen wir an der nächsten Abzweigung nach links ab. Wir kommen an einem **historischen Grenzstein** 6 und weiteren Felsplatten mit den Markierungszeichen der Gemeinden Lambrecht, Deidesheim und Neustadt-Haardt vorbei. Danach haben wir auf dem **Schauerberg** 7 beim Aussichtspunkt Umsetzer (Trafohäuschen) einen herrlichen Blick ins bewaldete Speyerbachtal.

An der nächsten Abzweigung halten wir uns links und wandern weiter zum **Kaisergarten** 8. Dort gibt es einen Rastplatz mit Schutzhütte. 100 m hinter dieser liegt die Alte Unger in einer zugewucherten Waldlichtung. Die Reste der ehemals ummauerten Viehweide sind kaum noch sichtbar, und der Weg dorthin ist nicht einfach zu finden. Am besten geht man auf der Forststraße links an der Hütte vorbei und gleich danach an der nächsten Abzweigung auf dem zugewucherten Waldweg rechts. Auf Höhe eines Jäger-Hochsitzes gehen wir dann rechts auf die Lichtung, wo wir in einigen Metern Entfernung an einem Baum das Schild Unger entdecken können. Die rechteckig ummauerte Viehweide war einmal recht groß und hatte auch einen Unterstand für das Vieh. Als Napoleon am 15. August 1804 zum Kaiser ernannt wurde, diente die Hochfläche bei der Unger als Festplatz, an dem dieses historische Ereignis auf Anordnung der Obrigkeit gebührend gefeiert wurde. Seitdem heißt dieser Ort Kaisergarten.

Vor der Hütte wandern wir rechts auf dem Waldpfad weiter. Die Wanderung führt nun am Nordhang des Schauerbergs entlang, eine wunderschöne Strecke mit herrlichen Aussichten, die vielleicht auch die Tuchmacher genossen haben. Wir

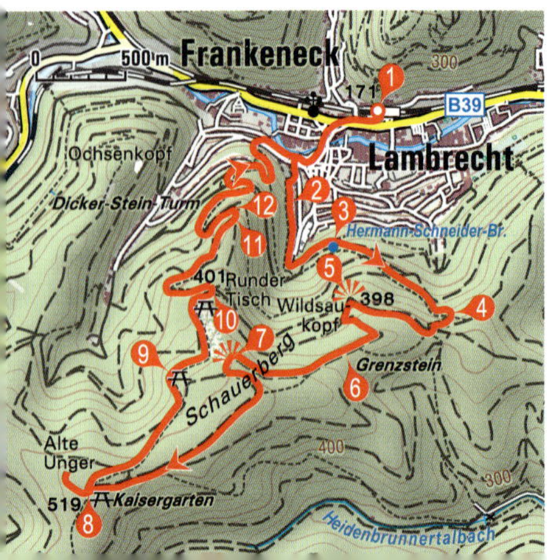

Der Postturm beim Bahnhof in Lambrecht.

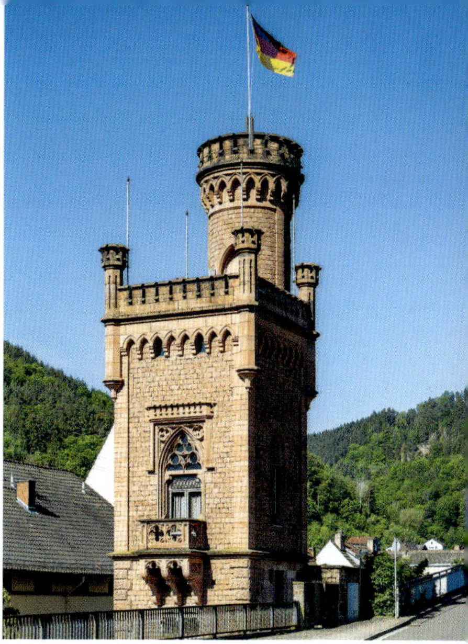

kommen an einem **Rastplatz ❾** vorbei und sehen gelegentlich, wie Mauereidechsen über den Sandstein huschen. Wo der Wanderweg eine scharfe Linkskurve macht, steht rechts etwas unterhalb davon der **Runde Tisch ❿**. An dieser runden Steinplatte kann man rasten. Der Weg führt nun immer leicht bergab zum **Stein der Bewegung ⓫**, der auf seiner rechten Seite mit einem runden Ornament verziert ist. Wir steigen rechts vom Stein die Treppe hinunter, an deren Ende der **Dicke-Stein-Turm ⓬** steht. Von seiner Aussichtsterrasse haben wir den schönsten Blick auf Lambrecht im Speyerbachtal. Die Aussichten der Tuchmacher führen danach im Zickzack den Waldhang hinunter zur Grabenstraße in Lambrecht. Auf dieser gelangen wir rechts in den Ort und auf demselben Weg wie am Anfang unserer Wanderung zurück zum **Bahnhof ❶**. Dort steht der spätklassizistische Postturm aus rotem Sandstein mit seinen Erkertürmchen und Zinnen. Er wurde 1885 für den Tuchfabrikanten Carl Marx erbaut, nachdem dieser einen solch märchenhaften Turm auf einer Reise nach Italien gesehen hatte. 1928 wurde der Turm an die Post verkauft, die ihn bis 1960 nutzte. Heute befindet sich der Turm in Privatbesitz.

***i* Die Reformation als treibende Kraft des Tuchmacher-Handwerks**

Vor der Reformation regierten die Landesherren des Heiligen Römischen Reiches Deutscher Nation »durch Gottes Gnaden«, und Politik und römisch-katholische Religion gehörten untrennbar zusammen. Sie bestimmten deren Entscheidungen und das Leben der Bevölkerung. In der Reformation, die Anfang des 16. Jahrhunderts von Wittenberg (Luthers 95 Thesen 1517), der Schweiz (Zwingli (1519) und Calvin (1536–1538)) ausging, wurde diese religiöse Legitimation der Regierenden und die Allmacht der römisch-katholischen Kirche angezweifelt, was zur Aufspaltung in eine katholische Konfession und protestantische Konfessionen (Luther, Zwingli, Calvin und andere) führte. Während die Regierenden ihre Konfession frei wählen konnten, war dies für die Mehrheit der Bevölkerung schwierig, und Andersgläubige wurden oft unterdrückt und vertrieben. Politisch waren Katholiken und Lutheraner im damaligen Deutschland nicht gleichgestellt. Dies führte dazu, dass viele Menschen ihr Heimatland verließen und bei einem Landesherrn Zuflucht suchten, der denselben Glauben hatte. 1555 wurde mit dem Augsburger Religionsfrieden ein Reichsgesetz erlassen, das Katholiken und Lutheranern Religionsfreiheit und politische Gleichstellung zusicherte. Für andere Protestanten wie Calvinisten galt dieses Gesetz jedoch nicht.

14 Von Esthal zum Straufelsbrunnen

Der Brunnenweg Esthal, östliche Runde

2.00 Std. | 6,7 km | ↗200 m | ↘200 m

Viehtränken, Waschbrunnen und eine Rosenkranzkönigin

Bis etwa 1900 holten die Bewohner von Esthal ihr Trinkwasser mit handbetriebenen Schwengelpumpen aus vier Tiefbrunnen im Dorf und transportierten es in Eimern, Kannen und Fässern nach Hause. Doch viele Brunnen lagen weit weg vom Dorf in den Tälern. Diese Talbrunnen wurden gefasst und dienten als Viehtränke und Waschbrunnen. Ihr Wasser wurde in langen, steinernen Trögen aufgefangen. Rinnen verbanden diese miteinander. So entstanden große Brunnenanlagen, die ein verzweigtes Wassernetz mit Verteilersteinen und regelbaren Zu- und Abläufen hatten. Neben den Brunnentrögen waren quaderförmige Steinblöcke (Klopfsteine) in den Boden eingelassen, auf denen die Wäscherinnen ihre eingeseifte, tropfnasse Wäsche mit Holzbrettern sauber klopften. Danach wurde die Wäsche gespült und ausgewrungen. Das Wäschewaschen im kalten Brunnenwasser war früher eine anstrengende und mühsame Arbeit.

Die historischen Tränk- und Waschbrunnen der Gemeinde Esthal wurden als Kulturdenkmäler erhalten und restauriert. Auch neue Brunnen sind dazugekommen. Die Brunnen verbindet ein 15 km langer Brunnenwanderweg, der sich in eine etwa gleich lange östliche und westliche Runde aufteilen lässt.

Jeder Brunnen hat seine eigene Geschichte, die wir auf dieser und der nächsten Brunnen-Wanderung kennenlernen.

Beginnen wir mit der östlichen Runde. Der Straufelsbrunnen ist ein großer Waschbrunnen mit 5 Trögen und 4 Klopfsteinen. Das Wasser fließt in Sandsteinrinnen zu einem Verteilerstein, wo es den Sandsteintrögen zugeleitet wird. Vermutlich ist der Brunnen über 250 Jahre alt. 1930 wurde er in seiner heutigen Form neu gebaut. Er diente als Viehtränke und zur Bewässerung der

Der Straufelsbrunnen.

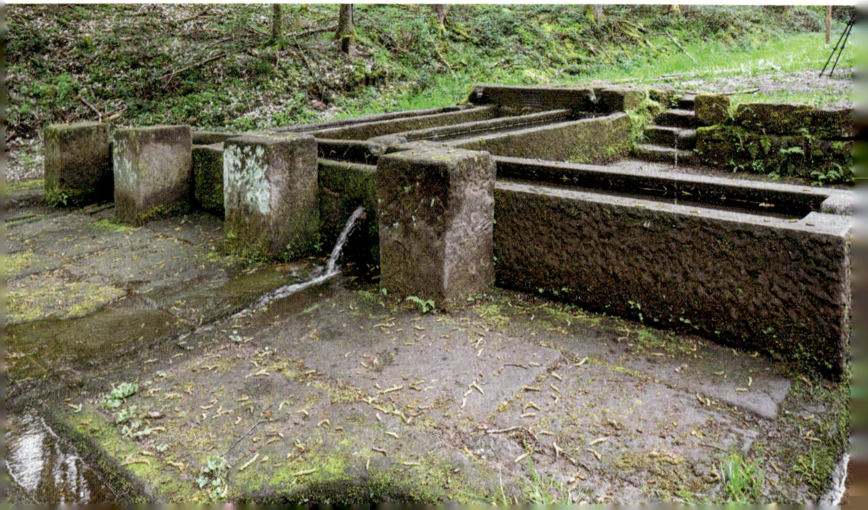

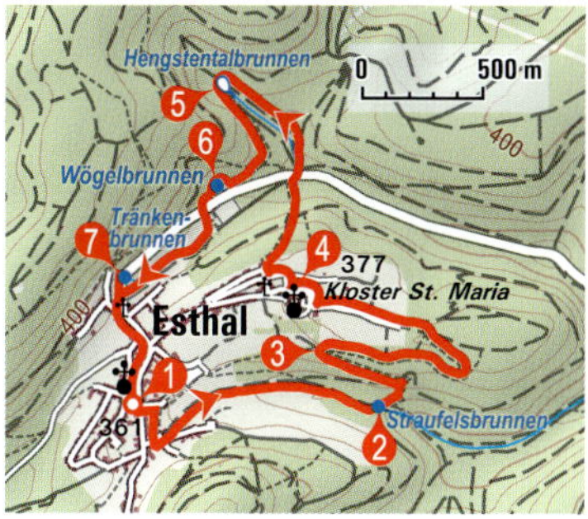

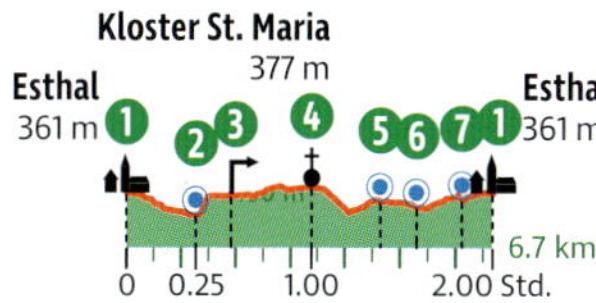

im Straufelstal liegenden Felder und Wiesen und bis 1950 auch als Waschbrunnen. Der Hengstentalbrunnen wurde 2020 neu angelegt. Er speist ein kleines Feuchtbiotop. Der Wögelbrunnen hat nur 2 Tröge und 2 Klopfsteine. Sein Name leitet sich von einem Woog (kleiner See) ab, den es heute nicht mehr gibt. Am nördlichen Ortsrand von Esthal liegt unterhalb der Straße der Tränkenbrunnen. Von Weitem sticht zuerst die große Steinmauer ins Auge, dann erkennen wir beim Näherkommen das eigentliche Ausmaß des für die Bewohner des Orts einst wichtigen Wasch- und Tränkbrunnens. Seine große, gewölbeförmige Brunnenkammer, in der sich das Wasser sammelt, wurde 1984 bei der Sanierung der Straße neu ausgemauert. Das Wasser fließt dann in einen Verteilerstein, der es in zwei nebeneinanderliegende Tröge leitet. An deren Ende ergießt es sich in einen Quertrog und aus diesem in einen weiteren Trog, der seitlich davon angebracht ist. Neben den Trögen stehen 4 Klopfsteine. Bis in die 1960er-Jahre wurde an diesem Brunnen Wäsche gewaschen.

Ausgangspunkt: Esthal, Dorfplatz.
Markierung: Logo Hand am Brunnen.
Anforderungen: Wanderschuhe mit Profilsohle, bei Nässe stellenweise rutschige Pfade.
Einkehr: Sportheim des ASV Esthal, Hauptstraße 1, geöffnet Mo., Do., Fr., Sa. ab 17 Uhr, Mi. ab 14 Uhr, So. ab 12 Uhr.
ÖPNV: Bus Linie 517 vom Bahnhof Lambrecht.
Karte: Pfälzerwald 4 von NaturNavi oder Lambrecht und Neustadt von Pietruska.

Unsere Brunnenwanderung beginnt am **Dorfplatz** in **Esthal ❶**. Von dort lassen wir uns vom Logoschild erst auf der Hauptstraße 50 m rechts, dann links an der Grundschule vorbei zu einem kleinen Höhenweg leiten, von dem wir einen schönen Blick ins Straufelstal haben.

An der Einmündung dieses Wegs in die Entengasse steht ein sehenswertes altes Fachwerkhaus. In seinem ländlichen Garten ist allerlei Krimskrams zu entdecken, der uns hier kurz verweilen lässt: Ein alter Wanderstiefel dient als Blumentopf, an einem Ast baumelt ein silberner Kochkessel, und dahinter steht ein altes Fahrrad mit einem Blumenanhänger im Garten. Hinter dem Haus wandern wir scharf links auf dem Wiesenweg hinunter zum **Straufelsbrunnen ❷**.

Oberhalb vom Brunnen führt uns danach ein schmaler Pfad den steilen Waldhang hinauf. Nach dem Anstieg queren wir links haltend eine Forststraße und folgen rechts weiter dem Waldpfad bis zur **Abzweigung südlich vom Kloster St. Maria ❸**. Hier gehen wir rechts weiter. Der Waldwichtelpfad, ein Erlebnisweg für Kinder, verläuft hier ein Stück

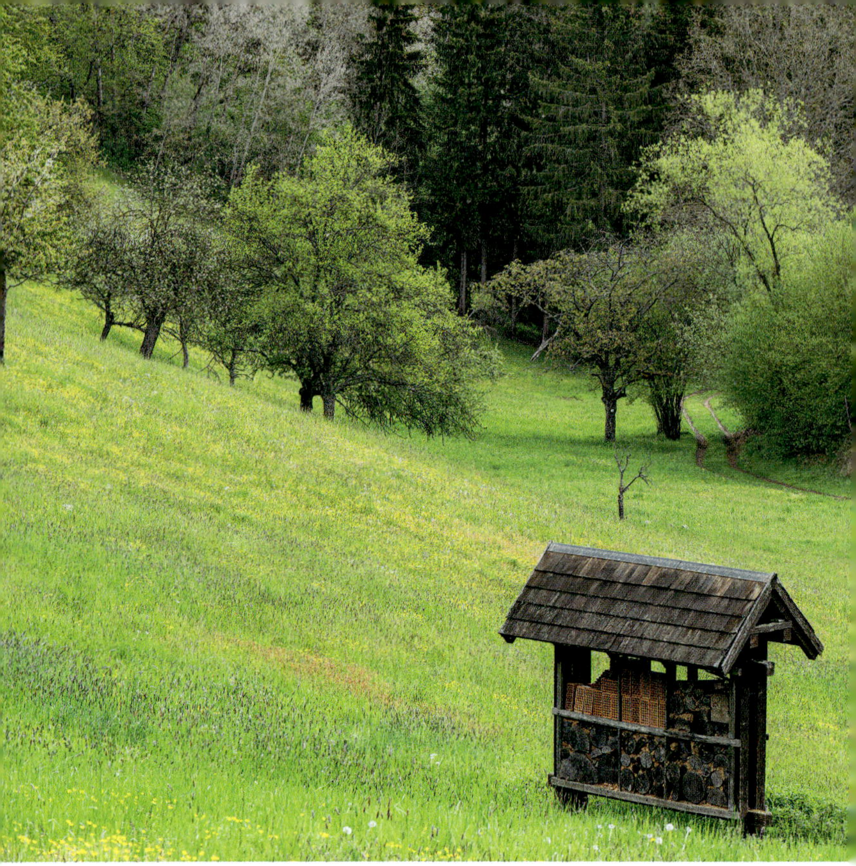

Im Straufelstal.

weit auf dem Brunnenweg. Wo der Wald dichter wird, wird unser Wanderweg schmäler und Rosenkranzpfad genannt. Bei der Rosenkranzkönigin, einem kleinen Bildstock, können wir rasten. Der Weg, an dem kleine Steinmännchen stehen, macht danach einen scharfen Linksbogen und mündet etwas weiter in eine Forststraße. Auf dieser gehen wir links an der Esthaler Waldfesthalle vorbei und auf der sich anschließenden Klosterstraße zum ehemaligen **Kloster St. Maria** ❹.

1849 gründete Elisabeth Eppinger in Bad Niederbronn im Elsass die Ordensgemeinschaft der »Schwestern vom Göttlichen Erlöser«, die auch als »Niederbronner Schwestern« bezeichnet wird. Sie kümmert sich um Menschen, die am Rand unserer Gesellschaft leben, weil sie mittellos, krank oder anderweitig benachteiligt sind. 1951 ließen die »Niederbronner Schwestern« das Kloster St. Maria in Esthal als Mutterhaus ihrer »Provinz Pfalz« erbauen. Als die vier deutschen klösterlichen Provinzen 2005 zusammengelegt wurden und ihren gemeinsamen Sitz nach Nürnberg verlegten, verlor das Kloster St. Maria in Esthal an Bedeutung. Aus dem ehemaligen Mutterhaus der »Niederbronner Schwestern« wurde die Europäisches Haus Esthal GmbH, ein Hotel für Tagungsgäste, Pilger

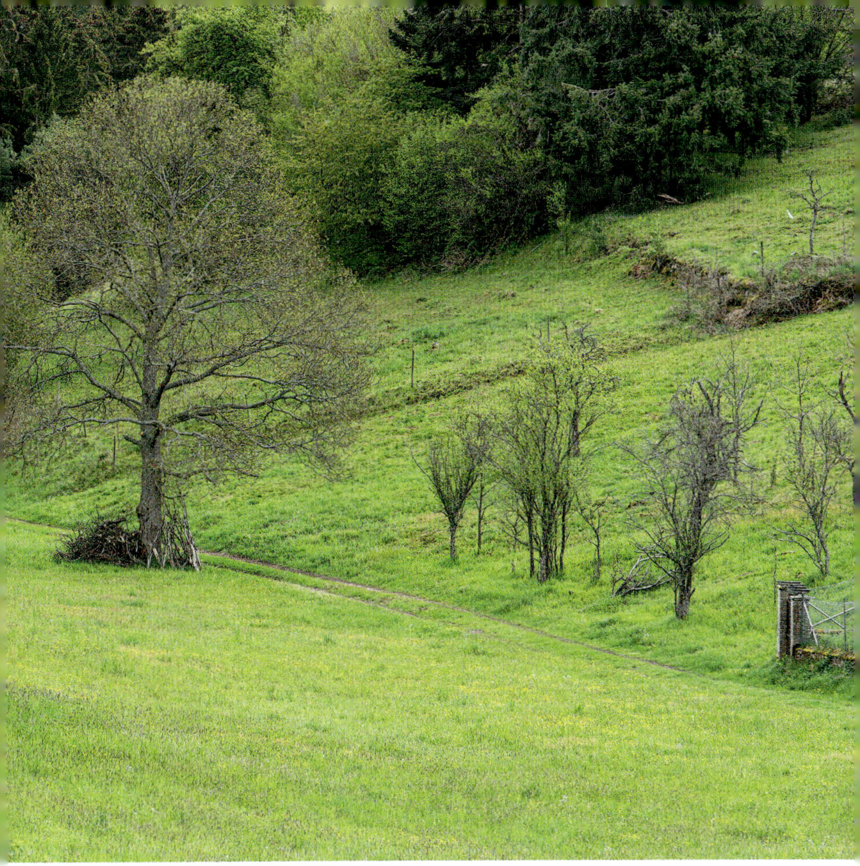

und Menschen, die Körper, Geist und Seele in Einklang bringen wollen. Die verbliebenen Schwestern lassen ihre Gäste dabei auch an ihrem spirituellen Leben teilhaben (www.kloster-esthal.de).

Wir wandern um das ehemalige Kloster, biegen danach rechts in die Tannenstraße ab und gelangen nach 100 m im Linksbogen der Straße geradeaus auf dem Waldpfad hinunter zur Straße K 23. Diese überqueren wir, halten uns danach leicht rechts und folgen dann dem Brunnenweg links durch das Hengstental. Dort gab es früher eine Pferdewechselstation, von der sich der Name ableitet. Im Talschluss liegt der **Hengstentalbrunnen ❺**. Daran vorbei wandern wir auf der anderen Seite des Tals zurück und überqueren links auf einem Pfad den bewaldeten Bergrücken. Oberhalb der Straße liegt der **Wögelbrunnen ❻**. Dort gehen wir links weiter und überqueren beim Sportheim die Straße K 23. Vor diesem steigen wir auf der Treppe hinunter zum Sportplatz und gehen hinter diesem am Waldrand rechts. Kurz vor Esthal sehen wir rechts unterhalb vom Weg den **Tränkenbrunnen ❼**. Diesen schauen wir uns an und machen einen kurzen Abstecher dorthin. Danach gelangen wir auf der Hauptstraße zurück zum **Dorfplatz ❶**.

15 Von Esthal zum Goldbrunnen

Der Brunnenweg Esthal, westliche Runde

3.00 Std. | 8,8 km | ↗300 m | ↘300 m

Goldener Sand und die Wolfsschluchthütte

Unsere zweite Brunnen-Wanderung führt zu den historischen Brunnen im Westen von Esthal. Der Nebelsbrunnen hat 2021 einen neuen Brunnenstein bekommen. Der kleine Waschbrunnen mit seinem langen Trog und einem Klopfstein liegt im Nebelstal. Auch der Brunnenstein des kleinen Römerbrunnens wurde erst 2015 erneuert. Dieser Brunnen liegt oberhalb von Esthal im Dreibrunnental am Ende eines kleinen, bewaldeten Seitentals. Er diente als Viehtränke und sollte wegen des natürlichen Gefälles das Dorf mit Trinkwasser versorgen. Da die Wasserschüttung des Brunnens zu gering war, wurde dieses Vorhaben nicht realisiert. Ohne Trog und Klopfstein ist er der ursprünglichste Brunnen am Brunnenweg. Am Goldbrunnen im Breitenbachtal liegt ein schöner Rastplatz. Die wasserreiche Quelle versorgte Esthal mit Trinkwasser. Das Wasser wird durch den feinen Sand gefiltert, und vor dem Brunnenstein kann man im klaren Wasser gut erkennen, wie es aus dem sandigen Boden quillt und diesen bei entsprechendem Lichteinfall goldfarben aufwirbelt. Der Erntsiegelbrunnen liegt zwischen zwei Rastbänken. Sein Wasser fließt aus dem 2015 erneuerten Brunnenstein und versickert nach wenigen Metern im Waldboden. Der Brunnen wurde nach dem Erntsiegeler Hang benannt, der Waldabteilung, in der der Brunnen liegt. Die Bedeutung des ungewöhnlichen Namens ist nicht bekannt. Der Schelmenteichbrunnen ist eine große, terrassenförmige Brunnenanlage. Der ehemalige Wasch- und Tränkbrunnen besteht aus fünf Sandsteintrögen und drei Klopfsteinen. Daneben befindet sich ein Rastplatz. Die Stelle, an der dieser Brunnen heute liegt, war früher der Schindanger des Orts. Hier wurde tot aufgefundenes Vieh gehäutet und die Kadaver vergraben oder Aasfressern überlassen. Das mittelhochdeutsche Wort »Schelm« bedeutet »Aas«, und auch der Abdecker wurde so genannt. Beim Schindanger lag ein kleiner Teich, der Schelmenteich hieß. Diesen Namen bekam auch der Brunnen. Ursprünglich lag dieser auf der anderen Talseite oberhalb seines heutigen Platzes. Mitte des 19. Jahrhunderts wurde er bei einem verheerenden Unwetter weggerissen und die Steintröge ins Tal gespült. Der Brunnen wurde danach an seiner heutigen Stelle neu gebaut, wobei ihm das Quellwasser über eine Rohrleitung zugeleitet wird.

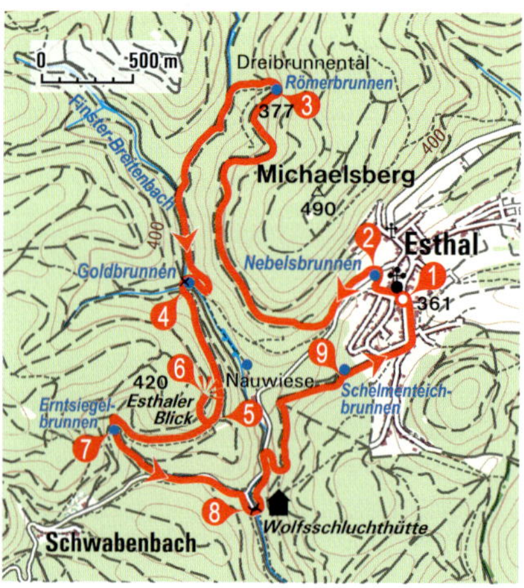

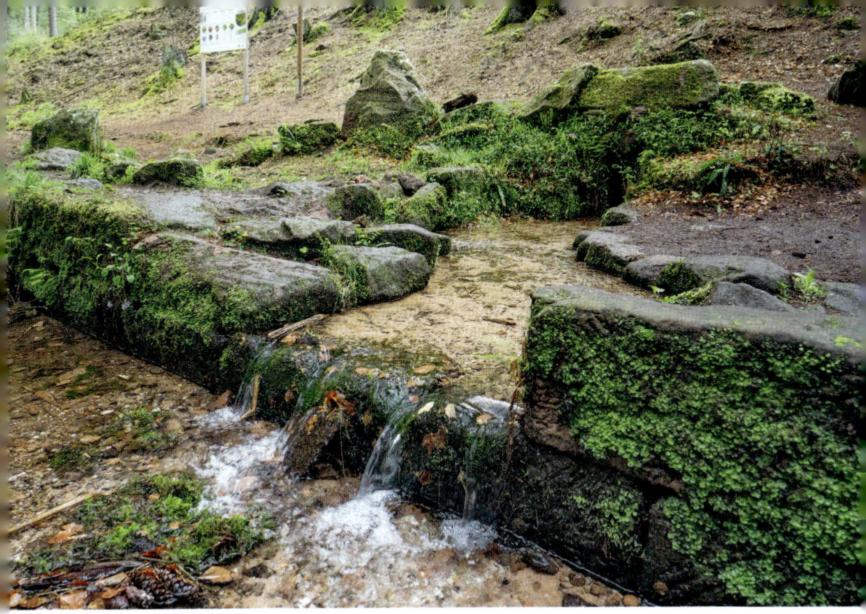

Der Goldbrunnen.

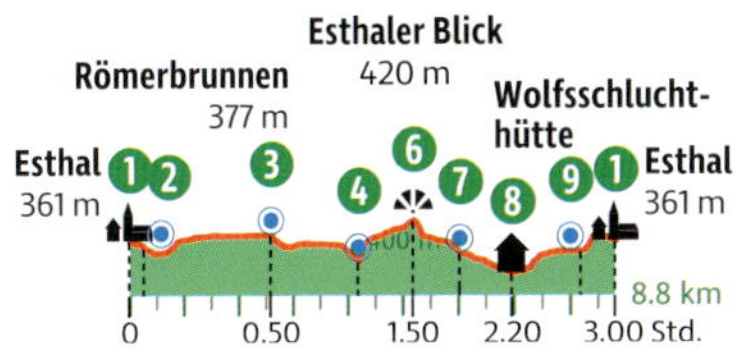

Ausgangspunkt: Esthal, Dorfplatz.
Markierung: Logo Hand am Brunnen.
Anforderungen: Wanderschuhe mit Profilsohle, bei Nässe stellenweise rutschige Pfade.
Einkehr: Sportheim des ASV Esthal, Hauptstraße 1, geöffnet Mo., Do., Fr., Sa. ab 17 Uhr, Mi. ab 14 Uhr, So. ab 12 Uhr. Wolfsschluchthütte, geöffnet Mi., Sa. ab 11 Uhr, So. ab 10 Uhr.
ÖPNV: Bus Linie 517 vom Bahnhof Lambrecht.
Karte: Pfälzerwald 4 von NaturNavi oder Lambrecht und Neustadt von Pietruska.

Auch auf der westlichen Route des Brunnenwegs orientieren wir uns an dessen Logoschild. Die Bergstraße führt vom Dorfplatz in **Esthal ❶** an der katholischen Kirche vorbei aus dem Dorf.

Am Ende der Häuser biegen wir rechts auf den Wiesenweg ab, an dessen Ende der **Nebelsbrunnen ❷** liegt. Dort wandern wir links auf der Breitenbachstraße durch das Nebelstal. Wo die Straße in den Wald führt, biegen wir nach rechts ab. Eine ebene, lang gezogene Forststraße führt nun oberhalb des Breitenbach- und Dreibrunnentals in einem großen Bogen zum **Römerbrunnen ❸**. Von dort gelangen wir links auf einem schmalen Waldpfad hinunter ins Dreibrunnental. Dort gehen wir dann auf der Forststraße links durch das Tal des Dreibrunnenbachs. Dieser Bach und auch andere Bäche in diesem Teil des Pfälzerwalds dienten früher zur Holztrift, wie wir an dem gemauerten Kanal gut erkennen können. Der Dreibrunnenbach mündet etwas weiter in den Breitenbach. Wo die beiden Täler zusammentreffen, erblicken wir unterhalb unseres Wanderwegs eine Schutzhütte.

Wir wandern jetzt durch das Brei-

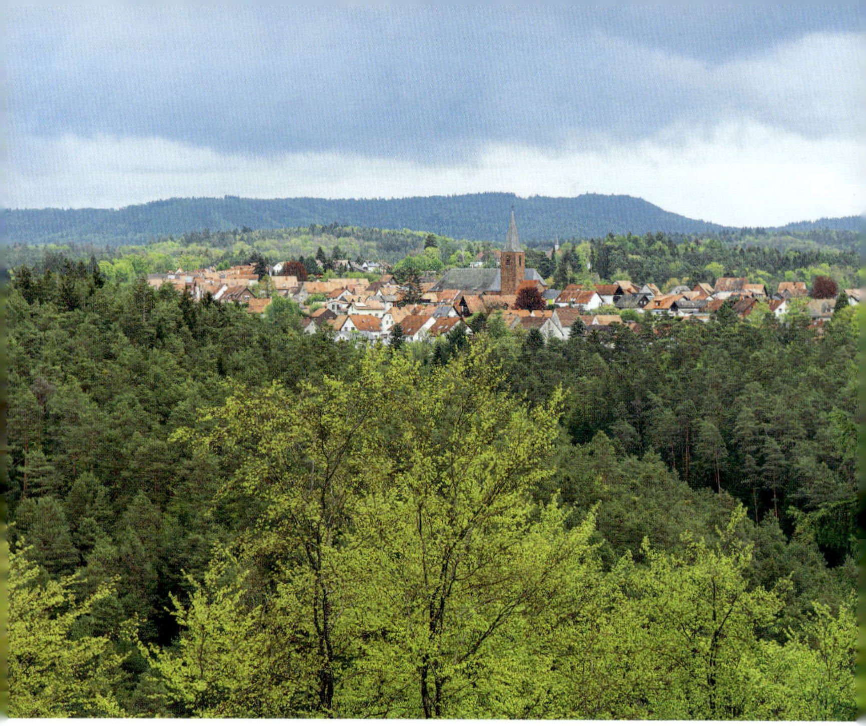

Blick auf Esthal.

tenbachtal zum **Goldbrunnen ❹**. Hier können wir rasten. Hinter dem Brunnen überqueren wir die Forststraße und folgen links dem Pfad, der am Waldrand entlangführt, aus dem Tal. An einer **Abzweigung ❺** verlassen wir kurz den Brunnenweg und machen rechts einen Abstecher zum **Esthaler Blick ❻**, einem Aussichtspunkt und Rastplatz. Dazu gehen wir nach dem Anstieg auf der Forststraße links. Wieder zurück an der **Abzweigung ❺**, wandern wir rechts auf dem Brunnenweg zum **Erntsiegelbrunnen ❼**. Dieser liegt etwa 100 m links neben dem Wanderweg. Nach dem kurzen Abstecher gehen wir zurück auf den Brunnenweg und lassen uns von diesem durch das kleine Seitental zur **Wolfsschluchthütte ❽** im Breitenbachtal leiten. Diese ist mittwochs und am Wochenende bewirtschaftet. Am Eingang zur Hütte gehen wir links auf der Forststraße am Spielplatz vorbei und wandern ein Stück talaufwärts. Nach etwa 200 m sehen wir im Bachkanal eine gemauerte schiefe Ebene. Mit diesem Rumpel wurde früher bei der Holztrift die Fließgeschwindigkeit des Wassers verringert, sodass es überall im Kanal gleich schnell floss.

Danach führt uns an der Straßenbrücke rechts ein Pfad den Waldhang hinauf. Nach dem Anstieg gelangen wir links auf der Forststraße zum **Schelmenteichbrunnen ❾**. Dies ist der letzte Brunnen und Rastplatz auf unserer Brunnen-Wanderung. Wir gehen auf dem ansteigenden Wirtschaftsweg an der Brunnenanlage vorbei und an dessen Ende geradeaus auf der Brunnenstraße und links auf der Hauptstraße zurück zum **Dorfplatz ❶**.

Vom Forsthaus Heldenstein zu den Vier Buchen

Der Quellenwanderweg St. Martin

2.30 Std. | 8,5 km | ↗ 250 m | ↘ 250 m

Grünes Tal, Eulen-Wegweiser und eine urige Hütte

Einige Kilometer westlich von St. Martin liegen versteckt in den Tälern des Pfälzerwalds mehrere Quellen, die früher nicht wie in Esthal als Waschbrunnen oder Viehtränke genutzt werden konnten, da sie viel zu weit entfernt von den Dörfern waren. Der Weg dorthin wäre auch äußerst beschwerlich gewesen. Heute sind diese Quellen, an denen sich meistens auch ein Rastplatz befindet, für Wanderer leicht erreichbar und durch einen gut beschilderten Quellenwanderweg miteinander verbunden.

Ausgangspunkt: Wanderparkplatz an der Straße K 6 beim Forsthaus Heldenstein (100 m östlich vom Forsthaus Heldenstein).
Markierung: Blaues Q (Quellenwanderweg St. Martin).
Anforderungen: Wanderschuhe mit Profilsohle, bei Nässe rutschig.
Einkehr: Keine, Rucksackverpflegung. Das ehemals bewirtschaftete Forsthaus Heldenstein ist geschlossen, bis ein neuer Pächter gefunden ist.
ÖPNV: Der Palatina Bus Linie 506 fährt Mai–Oktober ab dem Bahnhof Edenkoben zum Forsthaus Heldenstein.
Karte: Pfälzerwald 6 von NaturNavi oder Edenkoben, Landau und Neustadt von Pietruska.

Lichtdurchfluteter Wald auf dem St. Martiner Quellenwanderweg.

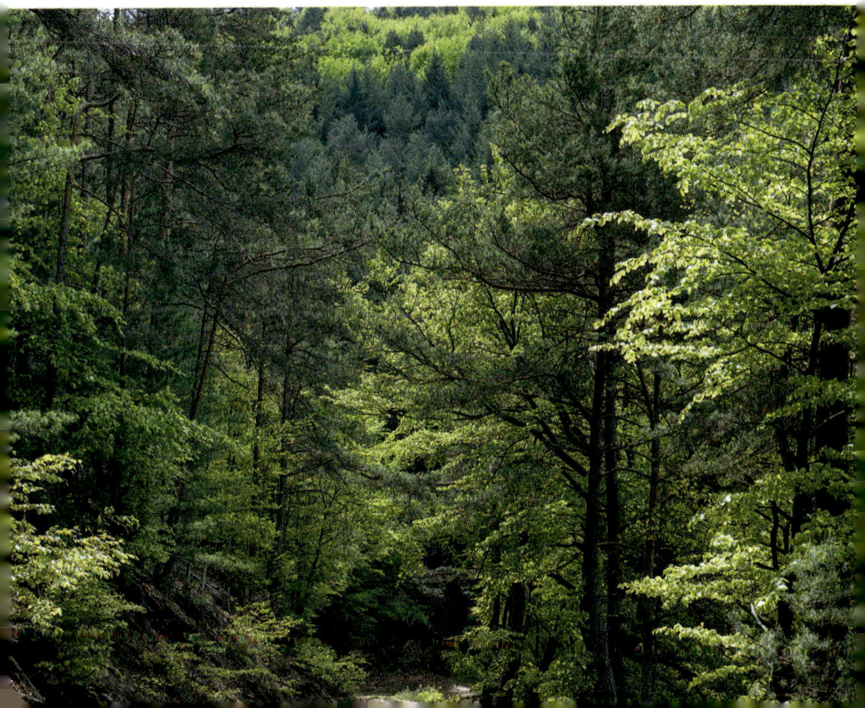

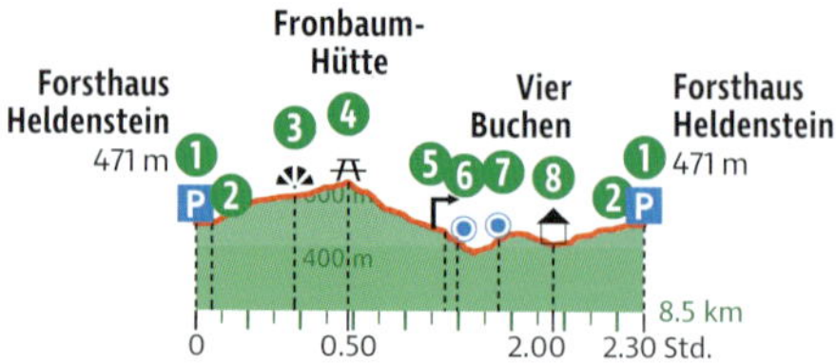

Gegenüber dem **Forsthaus Heldenstein ❶** folgen wir dem ausgeschilderten Zuweg zum Quellenwanderweg durch den Wald. Nach 300 m stoßen wir an der **Wegspinne Kleyenbaum ❷** auf das Q des Quellenwanderwegs und gehen auf diesem rechts auf der ansteigenden Forststraße weiter. Nach 1,7 km kommen wir an einem **Aussichtspunkt ❸** vorbei, an dem ein alter Grenzstein aus dem Jahr 1822 steht. Danach liegt der Herrgottsbrunnen am Waldhang. Bei der **Fronbaum-Hütte ❹** gibt es einen großen Rastplatz. 50 m vor der Hütte führt der Quellenwanderweg bergab. Nach einer lang gezogenen S-Kurve des Wegs weisen uns holzgeschnitzte Eulen-Wegweiser den weiteren Weg. Den ersten entdecken wir an einer **Abzweigung ❺**, an der uns eine Eule den weiteren Weg zu den Vier Buchen anzeigt. Wir gehen hier rechts auf einem schmalen Pfad zur **Langenkopfquelle ❻**. Das Wasser fließt wie ein kleiner Wasserfall zwischen moosbewachsenen Felsen hindurch. Daneben führt eine lange Treppe hinunter ins Argenbachtal. Dort wandern wir zunächst geradeaus und beim nächsten Eulen-Wegweiser links durch das Tal, bis wir an einem Seitental zu einem kleinen Weiher kommen. Hier gehen wir auf dem Pfad rechts am Weiher vorbei und das enge Seitental aufwärts. Kurz vor dem Talende überqueren

Das Kathrinebrünnel.

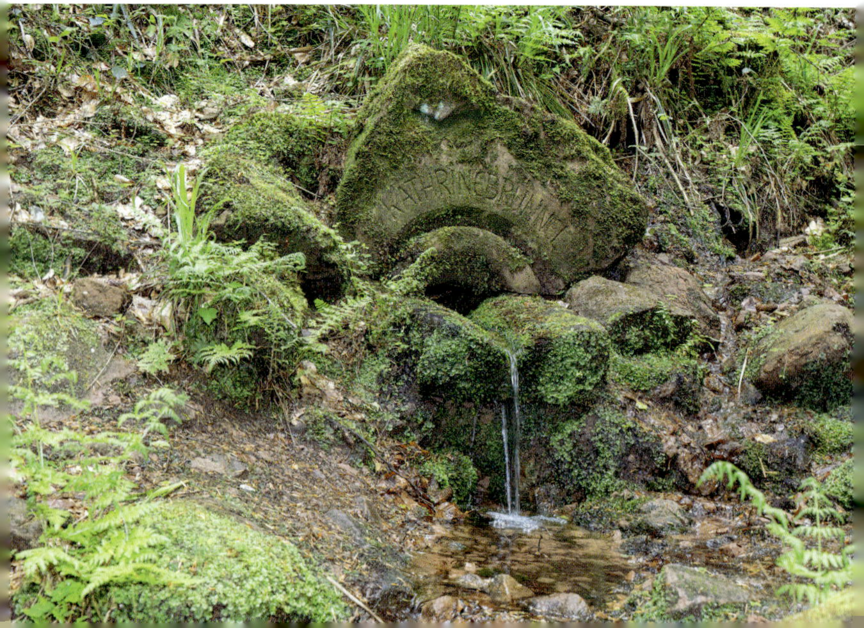

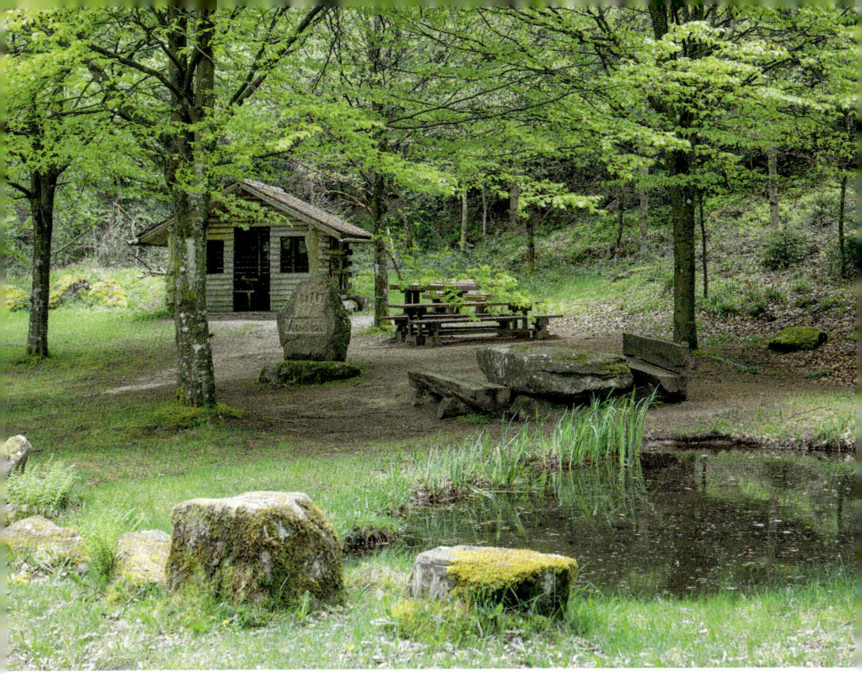

Die Schutzhütte Vier Buchen.

wir das Rinnsal auf einem Holzsteg und kommen danach zum moosbewachsenen **Kathrinebrünnel ❼**. Oberhalb davon gehen wir auf der Forststraße weiter und halten uns kurz darauf in der Haarnadelkurve scharf links. Jetzt wandern wir durch das Kleyental, das durch seine vielen Buchen vor allem nach dem Blattaustrieb im Mai in einem frischen Grün leuchtet.

Wieder weist uns dort eine Eule den weiteren Weg, wo dieser links abzweigt und als schmaler Pfad erst bergab, dann eben am Waldhang entlang zur **Schutzhütte Vier Buchen ❽** führt. Die urige Hütte und der schöne Rastplatz im Kleyental werden von einem Drachen bewacht, der aus einem Baumstamm geschnitzt wurde. In der Nähe speist die Quelle des Argenbachs einen kleinen Teich. Schauen Sie sich auch im Innern der kleinen Hütte um, die von den »Kleyentalern«, einer Gruppe von Rentnern, liebevoll gepflegt wird.

Wir gehen links an der Hütte vorbei und wandern auf der Forststraße durch das Kerwetälchen, ein kleines Seitental. Im Talschluss macht der Weg eine Spitzkehre und führt uns wieder zur **Wegspinne am Kleyenbaum ❷**. Dort verlassen wir den Quellenwanderweg und gelangen wie am Anfang unserer Wanderung auf dem Zuweg zu unserem **Ausgangspunkt ❶**.

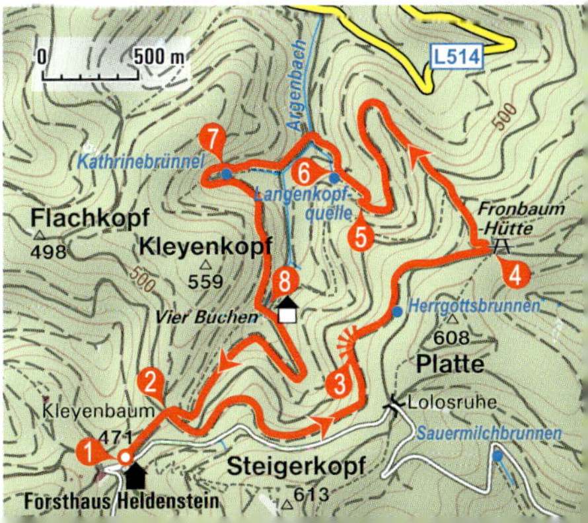

17 Von St. Martin auf den Hochberg

Der Hochberg-Rundweg bei St. Martin

3.30 Std. | 10,7 km | ↗450 m | ↘450 m

Kropsburg, Dichterhain und das Steinerne Köppl

Der Hochberg westlich von St. Martin ist mit einer Höhe von 635 m einer der 17 Pfälzer Berge, die über 600 m hoch sind. Sein Gipfel, auf dem eine Pyramide aus aufgeschichteten Steinen steht, wird »Steinernes Köppl« genannt.

Auf einem östlichen Sporn des Hochbergs steht die Kropsburg. Wer ihr Erbauer war und in welchem Jahr sie erbaut wurde, ist nicht bekannt. Man nimmt an, dass sie vor 1200 entstand, da 1197 erstmals ein Adelsgeschlecht namens Chrophesberg als Besitzer genannt wird. 1441 erwarben die Freiherren von Dalberg die Burg. Den Dreißigjährigen Krieg überstand die Burg nahezu unbeschädigt, wurde aber 1689 im Pfälzischen Erbfolgekrieg zerstört. Danach wurde die Burg wiederaufgebaut und Anfang des 19. Jahrhunderts von den Herren von Dalberg verkauft. Heute befindet sich die Burg in Privatbesitz und kann nicht besichtigt werden; nur das Areal vor der Burg mit der bewirtschafteten Burgschänke und dem Wohnturm ist zugänglich.

An der Forststraße oberhalb vom Frauenbrunnen wurden 1929 die Köpfe von drei pfälzischen Mundartdichtern in den Sandstein gemeißelt, die sich um St. Martin verdient gemacht hatten. Dargestellt sind von links nach rechts August Heinrich (1881-1965), Fritz Claus (1853–1923) und Lina Sommer (1862–1932). Dieser »Dichterhain« ist ein schöner Rastplatz.

Die Kropsburg oberhalb von St. Martin.

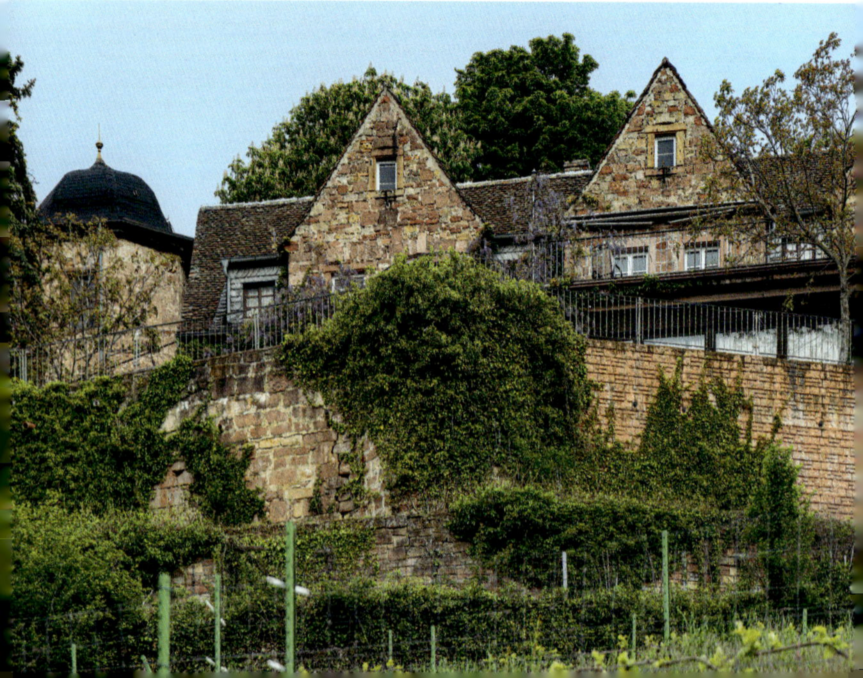

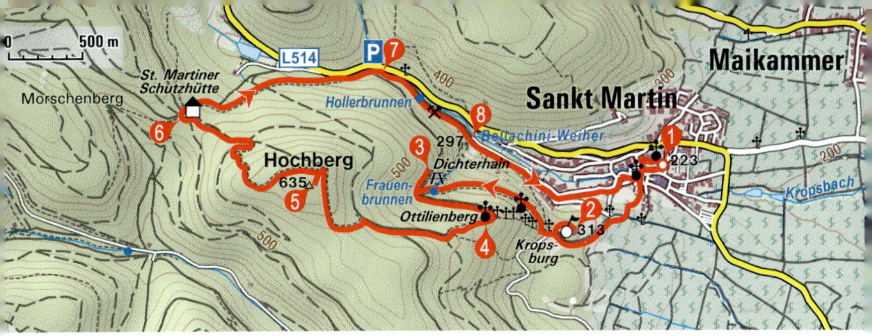

Ausgangspunkt: St. Martin, Parkplatz am Pfarrgarten (gebührenpflichtig).
Markierung: Logo Hochberg-Rundweg mit Steinernem Köppl.
Anforderungen: Wanderschuhe mit Profilsohle, bei Nässe rutschig.
Einkehr: Gaststätten und Weinstuben in St. Martin. Burgschänke Kropsburg, geöffnet Mi.–Mo. ab 11 Uhr. Wappenschmiede am Campingplatz, geöffnet Fr. ab 17 Uhr, Sa. ab 14 Uhr.
ÖPNV: Bus Linie 500 oder 501 von Landau.
Karte: Pfälzerwald 6 von NaturNavi oder Edenkoben, Landau und Neustadt von Pietruska.

In **St. Martin** ❶ gehen wir vom Parkplatz am Pfarrgarten durch den Bibelgarten um die katholische St.-Martin-Kirche. Dahinter führt uns die Kirchgasse links über den kleinen Kropsbach zur Tanzstraße, auf der wir kurz rechts und dann auf der Kellereistraße links zur Tourist-Info in der alten Dalberg'schen Kellerei gehen. Daneben liegt ein Barockgarten, in dem alte Grenzsteine, Rastbänke und die Dalberg'sche Madonna von 1716 aufgestellt sind. An der Tourist-Info beginnt der Hochberg-Rundweg, dessen Logo uns auf der Kellereistraße aus dem Dorf leitet. Vor dem ersten Weinberg biegen wir nach rechts ab und wandern durch die Weinberge hinauf zur Kropsburg. Unterwegs kommen wir an einer alten Weinpresse vorbei und treffen nach einem längeren Anstieg beim 1862 erbauten König-Ludwigs-Brunnen auf die Zufahrtsstraße zur **Kropsburg** ❷. Wir gehen auf der Straße rechts und schauen uns die Anlage der Burg kurz an – und wer möchte, kann in der Burgschänke einkehren.

Danach gehen wir auf der Straße zurück und beim Ehrenmal, das an die im Krieg gefallenen Mitglieder des Pfälzerwaldvereins und den St. Martiner Maler Richard Platz erinnert, rechts auf dem Hochberg-Rundweg und dem hier streckengleich verlaufenden Martinusweg an den Kreuzwegstationen vorbei zur Mariengrotte. Sie wurde 1912 nach dem Vorbild der weltbekannten Lourdes-Grotte in den Pyrenäen gestaltet und gilt als schönste Lourdes-Grotte Deutschlands.
Ein ebener Waldweg führt uns danach zum Frauenbrunnen, der die Wasserfontäne im Bellachini-Weiher speist. Hier trennen sich die beiden Wanderwege. Wir orientieren uns nur noch am Logo des Hochberg-Rundwegs und gehen auf dem

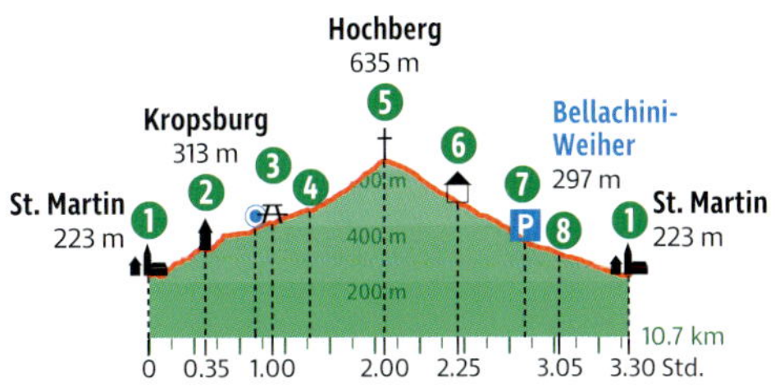

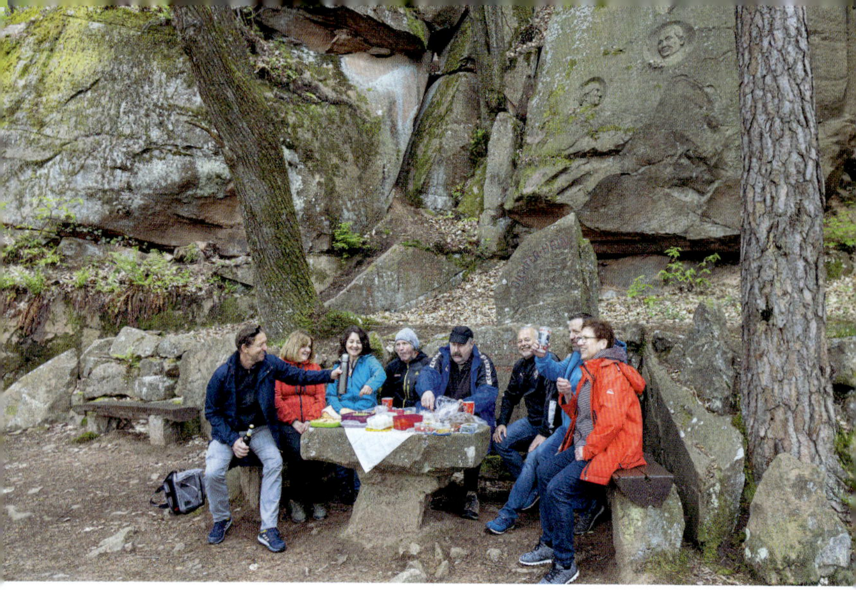

Schöner Rastplatz am Dichterhain.

Forstweg bergauf, der oberhalb des Brunnens verläuft. Nach dem kurzen Anstieg verlassen wir in der Haarnadelkurve den Hochberg-Rundweg und gehen der rot-weißen Welle des Pfälzer Weinsteigs folgend auf der Forststraße rechts zum nahe gelegenen **Dichterhain ❸**, an dem ein schöner Rastplatz liegt.

Danach gehen wir auf der Forststraße zurück und lassen uns vom Hochberg-Rundweg und dem Pfälzer Weinsteig geradeaus durch den Wald zu einem Aussichtspunkt leiten, der in einer Wegkurve liegt. Hier haben wir einen guten Blick auf St. Martin und die Rheinebene. Wir verlassen hier den Pfälzer Weinsteig und steigen rechts die Treppe hinauf zum Wetterkreuz auf dem **Ottilienberg ❹**. Obwohl hier keine Kapelle steht, sondern nur eine Kreuzigungsgruppe aus dem 18. Jahrhundert und daneben die Statue der heiligen Ottilia, wird diese Stelle St. Ottilia-Kapelle genannt. Hier endet der steil von St. Martin heraufführende Kreuzweg. Wir wandern hinter dem Kreuz auf dem Hochberg-Rundweg weiter durch den Kiefernwald. Der Weg führt am »Schorle-Stumbe« vorbei. In den Vertiefungen dieses Sandsteins sollen die Mitglieder der Blaskapelle St. Martin bei Arbeitseinsätzen im Wald ihre Schorlegläser abgestellt haben. Vor dem Hochberg liegt rechts am steilen Waldhang der Schornsteinfelsen. Da uns hier die Bäume die Aussicht versperren, gehen wir oberhalb vom Felsen weiter zu einer Abzweigung, an der wir links zum »Steinernen Köppl«, dem Gipfel des **Hochbergs ❺**, gelangen. Außer der Steinpyramide ist dort nur der Wald zu sehen, ohne Aussicht und ohne Rastplatz.

Wir gehen wieder zurück zur Abzweigung und folgen links weiter dem Hochberg-Rundweg bergab. Von dem schmalen Pfad haben wir mehrmals einen schönen Waldblick. Am Ende des Pfads führt uns eine Forststraße links zur **St. Martiner Schutzhütte ❻**, die auch Hesselbachhütte genannt wird. In der kleinen sechseckigen Hütte mit ihrem spitzwinkligen Vorbau kann man gut rasten. Sie wurde 1904 aus Holzbalken errichtet. An der Hütte gehen wir rechts auf dem Fußweg weiter, der oberhalb der Forststraße verläuft. Der Weg führt nun hinunter ins St. Martiner Tal zu einem **Parkplatz an der Totenkopfstraße 7**. Wir gehen über den Parkplatz und rechts oberhalb der Straße zum **Bellachini-Weiher 8** mit seiner Wasserfontäne. Sein Name erinnert an den Zirkus-Magier Franz Schneider, der 1886 in St. Martin geboren wurde. Dieser nahm den Künstlernamen des berühmtesten Zauberkünstlers des 19. Jahrhunderts, Samuel Bellachini (1827–1885), an.

Der Hochberg-Rundweg führt uns jetzt streckengleich mit dem Martinusweg (Tour 18) rechts durch das Tal des Kropsbachs am Campingplatz Wappenschmiede vorbei zurück nach St. Martin. Dort folgen wir der Einlaubstraße in den Ort und verlassen an der Einmündung der Mühlstraße die Wanderwegmarkierungen, um uns das pittoreske Weindorf mit seinen blumengeschmückten Winzerhäusern anzusehen. Das Briefmarkeneck in der Mühlstraße 27 ist ein Winzerhaus aus dem Spätbarock, das mit einem Erker verziert ist. Dieser ist auf einer 20-Pfennig-Briefmarke aus dem Jahr 1948 abgebildet. Daneben stellt ein Fassadenbild von Richard Platz das Abendmahl dar. Am Ende der Mühlstraße treffen wir unterhalb der Tourist-Info wieder auf die Tanzstraße. Wir gehen auf dieser kurz links, dann rechts durch die Maikammerer Straße. Hier stehen die prachtvollsten Herren- und Winzerhäuser wie der Hundt von Saulheimsche Herrenhof aus dem Jahr 1587. Dahinter gelangen wir links auf dem Fußweg zurück zum **Parkplatz am Pfarrgarten 1**.

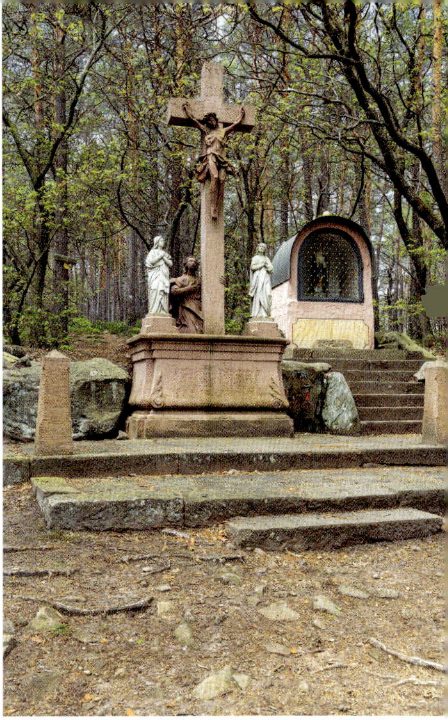

Oben: Ottilienberg mit Wetterkreuz.
Unten: Schornsteinfelsen.

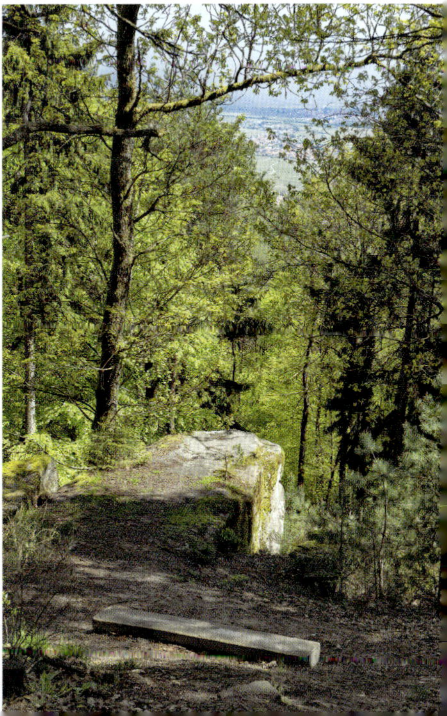

18 Von St. Martin zum Bellachini-Weiher

Der Martinusweg

2.00 Std. | 6,2 km | ↗230 m | ↘230 m

St. Martin, eine prachtvolle Mariengrotte und die Haardtmadonna

Der Heilige St. Martin ist nicht nur der Schutzpatron Frankreichs, der Reisenden, der Reiter und der Armen, sondern auch viele Orte wurden nach ihm benannt. Am Martinstag, dem 11. November, wird in St. Martin eine Statue des Heiligen in einer feierlichen Prozession durch das Dorf getragen.
Wo sich einst zwei Römerstraßen trafen, wurde um das Jahr 700 eine kleine Wallfahrtskirche aus Holz errichtet, die dem Heiligen Martinus geweiht wurde. Um sie entwickelte sich das heutige Dorf St. Martin. Um das Jahr 1200 ließ ein unbekannter, reicher Grundherr an ihrer Stelle eine Kirche aus Stein bauen. 1488 wurde ein Turm und 1492 ein Chor angebaut. 1774 wurde die Kirche umgestaltet und ein Saalbau errichtet, in den der Kirchturm mit einbezogen wurde. In den Jahren danach folgten weitere Umbauten und Erweiterungen. Die heutige St.-Martin-Kirche ist 41 m lang und 17,5 m breit. Vor der Kirche legte der Winzer und Botaniker Peter Straub 1999 einen Bibelgarten an, in dem Gewächse wie Granatapfel, Ölbaum, Johannisbrotbaum oder Mariendistel wachsen, die in der Bibel erwähnt werden, als Wildpflanzen im Heiligen Land gedeihen oder eine christliche Symbolik haben.

Ausgangspunkt: St. Martin, Parkplatz am Pfarrgarten (gebührenpflichtig).
Markierung: Logo Martinusweg mit St. Martin.
Anforderungen: Wanderschuhe mit Profilsohle, bei Nässe rutschig.
Einkehr: Gaststätten und Weinstuben in St. Martin. Burgschänke Kropsburg, geöffnet Mi.–Mo. ab 11 Uhr. Wappenschmiede am Campingplatz, geöffnet Fr. ab 17 Uhr, Sa. ab 14 Uhr.
ÖPNV: Bus Linie 500 oder 501 von Landau.
Karte: Pfälzerwald 6 von NaturNavi oder Edenkoben, Landau und Neustadt von Pietruska.

Die katholische Pfarrkirche in St. Martin.

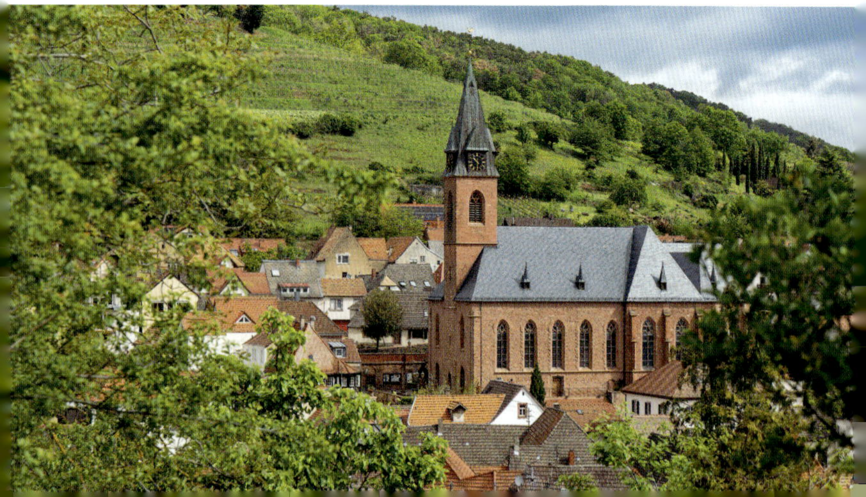

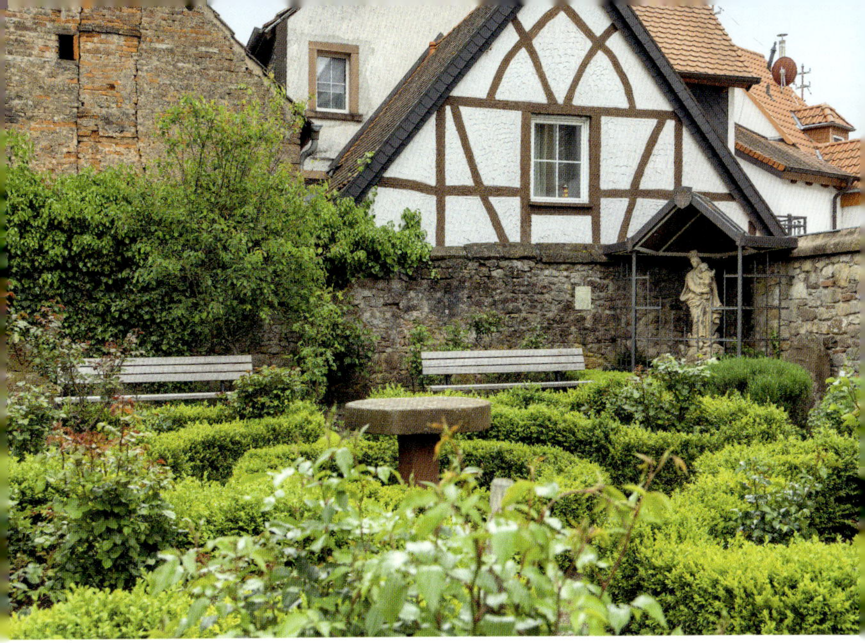

Die Dalberg'sche Madonna im Barockgarten der ehemaligen Dalberg'schen Kellerei, in der sich heute die Tourist-Info befindet.

Wie bei der vorherigen Wanderung gehen wir in **St. Martin ①** vom Parkplatz am Pfarrgarten durch den Bibelgarten um die katholische St.-Martin-Kirche. Dahinter führt uns die Kirchgasse links über den kleinen Kropsbach zur Tanzstraße, auf der wir kurz rechts und dann auf der Kellereistraße links zur **Tourist-Info ②** in der alten Dalberg'schen Kellerei gehen. Daneben steht im Barockgarten die Dalberg'sche Madonna von 1716. An der Tourist-Info beginnt der Martinusweg. Wir lassen uns von seinem Logo auf der Kellereistraße aus dem Dorf in die Weinberge leiten. Dort steht an einer Wegkreuzung die **Haardtmadonna ③**. Sie wurde im 18. Jahrhundert von dem St. Martiner Steinmetz Wendelin Fischer geschaffen. Die Madonna steht auf der Weltkugel, die von der Schlange im Paradiesgarten umschlungen wird. Im Hintergrund sehen wir die Kropsburg.

Wir wandern weiter durch die Weinberge am Rand der Haardt ins Schraußenthal. Dort kommen wir an einem alten Steinbruch vorbei. Durch einen Kastanienwald gelangen wir danach rechts auf den 338 m hohen Heidelberg, wo wir uns links halten und dem Martinusweg hin-

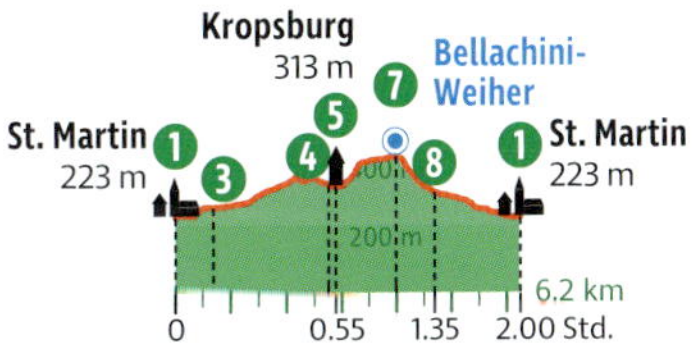

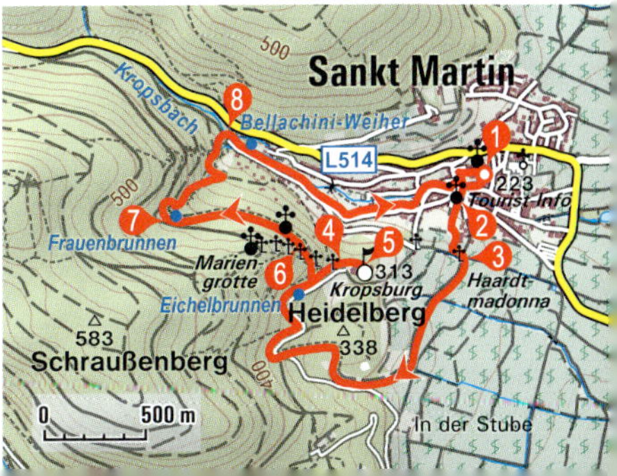

unter zur Straße K 30 folgen. Diese führt uns rechts am Eichelbrunnen vorbei zum **Ehrenmal 4**, das an die im Krieg gefallenen Mitglieder des Pfälzerwaldvereins und den St. Martiner Maler Richard Platz erinnert. Wir verlassen hier kurz den Martinusweg und gehen geradeaus am 1862 erbauten König-Ludwigs-Brunnen vorbei zur **Kropsburg 5**. Die Burg befindet sich in Privatbesitz und kann nicht besichtigt werden. In der Burgschänke können wir aber einkehren.

Wir gehen zurück zum **Ehrenmal 4** und wandern rechts auf dem Martinusweg an Kreuzwegstationen vorbei zur prachtvollen **Mariengrotte 6**. Sie wurde 1912 nach dem Vorbild der weltbekannten Lourdes-Grotte in den Pyrenäen gestaltet und gilt als schönste Lourdes-Grotte Deutschlands. Ein ebener Waldweg führt uns danach zum **Frauenbrunnen 7**, der die Wasserfontäne im Bellachini-Weiher speist. Dort gehen wir unterhalb vom Brunnen weiter und biegen kurz darauf scharf rechts ab. Der Weg führt uns jetzt hinunter zum **Bellachini-Weiher 8** mit seiner Wasserfontäne. Sein Name erinnert an Franz Schneider, der 1886 in St. Martin geboren wurde und als Zirkusmagier große Erfolge feierte. Er nahm den Künstlernamen des berühmtesten Zauberkünstlers des 19. Jahrhunderts, Samuel Bellachini (1827–1885), an. Der Martinusweg führt uns jetzt streckengleich mit dem Hochberg-Rundweg (Tour 17) rechts durch das Tal des Kropsbachs am Campingplatz Wappenschmiede vorbei nach St. Martin zurück. Dort folgen wir der Einlaubstraße in den Ort und verlassen an der Einmündung der Mühlstraße die Wanderwegmarkierungen, um uns das pittoreske Weindorf mit seinen blumengeschmückten Winzerhäusern anzusehen.

Bellachini-Weiher.

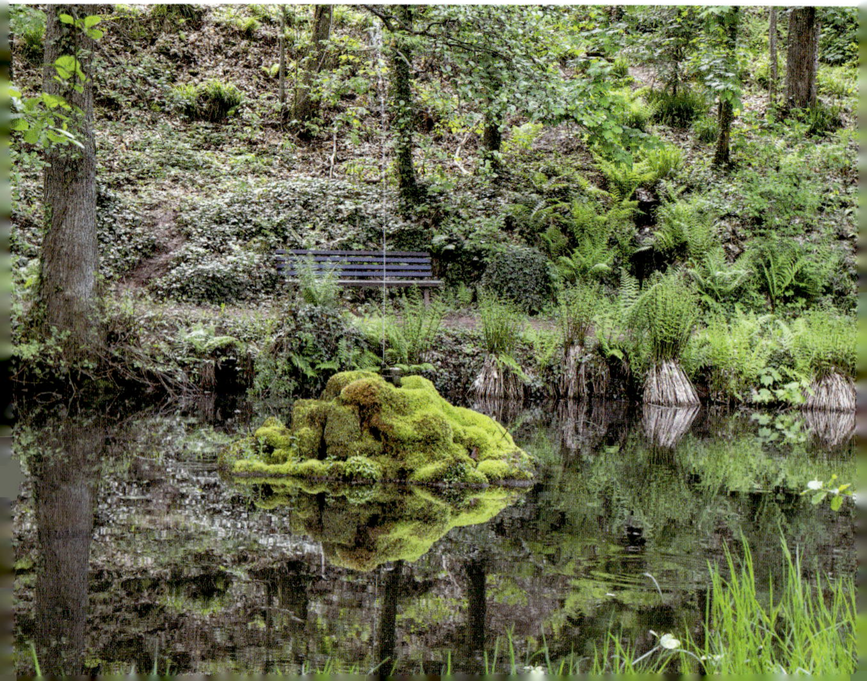

Das Briefmarkeneck.

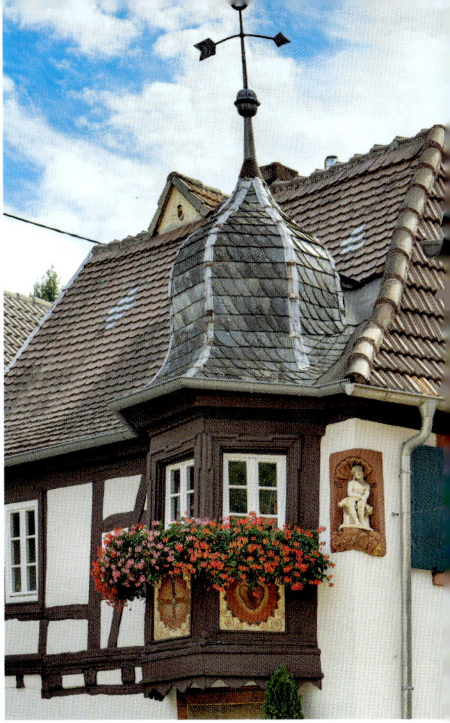

Das Briefmarkeneck in der Mühlstraße 27 ist ein Winzerhaus aus dem Spätbarock, das mit einem Erker verziert ist. Dieser ist auf einer 20-Pfennig-Briefmarke aus dem Jahr 1948 abgebildet. Daneben stellt ein Fassadenbild von Richard Platz das Abendmahl dar.

Am Ende der Mühlstraße treffen wir unterhalb der Tourist-Info wieder auf die Tanzstraße. Wir gehen auf dieser kurz links, dann rechts durch die Maikammerer Straße. Hier stehen die prachtvollsten Herren- und Winzerhäuser wie der Hundt von Saulheimsche Herrenhof aus dem Jahr 1587. Dieser wird auch Altes Schlösschen genannt.

Dahinter gelangen wir links auf dem Fußweg zurück zum **Parkplatz am Pfarrgarten ❶**.

i ***Die Geschichte des Heiligen Martinus, Bischof von Tours***

Martinus wurde um 316 als Sohn eines römischen Offiziers in Savaria geboren, einer römischen Stadt, die bei der heutigen Stadt Szombathely in Westungarn lag. Seine Jugend verbrachte er in Oberitalien. Auch Martinus wurde ein römischer Soldat. 334 war er als Reitersoldat in Amiens in Nordfrankreich stationiert. Die römischen Soldaten trugen damals im Winter einen weißen, zweiteiligen Überwurf über ihrer Rüstung, der an den Schultern mit einem wärmenden Schaffell gefüttert war. An einem kalten Wintertag soll Martinus am Stadttor von Amiens einem frierenden Bettler begegnet sein. Mit seinem Schwert teilte er seinen Überhang und gab eine Hälfte dem Frierenden. In der Nacht erschien ihm Christus im Traum, der mit dem halben Mantel bekleidet war, den er zuvor dem Frierenden gegeben hatte. Dieser Traum veränderte Martinus' Leben, er wurde gläubig und ließ sich im Jahr 351 taufen. Als er fünf Jahre später gegen die Alemannen kämpfen sollte, verweigerte er den Dienst mit den Worten, er sei nicht mehr ein »miles Caesaris«, ein »Soldat des römischen Kaisers«, sondern ein »miles Christi«, ein »Soldat Christi«. Martinus lebte danach als barmherziger Mönch und gründete 361 in Ligugé das erste Kloster des Abendlandes. Um 370/371 wurde er Bischof von Tours und wohnte asketisch in einer Holzhütte vor dem Stadttor. Als Bischof trug er maßgeblich zur Christianisierung der armen Landbevölkerung bei, ließ heidnische Kultstätten zerstören und an deren Stelle Kirchen und Klöster errichten. Martinus starb am 8. November 397 im Alter von 81 Jahren in Candes bei Tours und wurde am 11. November in Tours beigesetzt. Im Jahr 480 bestimmte Perpetuus, der dritte Nachfolger von Martinus als Bischof von Tours, den Tag der Beisetzung zum Gedenktag des Heiligen Martinus.

20 Von Wollmesheim zum Fürstengrab

Der Kelterweg Wollmesheim

1.00 Std. | 4,1 km | ↗75 m | ↘75 m

Das Mütterle und die älteste Steinkirche der Pfalz

Beim Wollmesheimer Mütterle liegt nicht nur ein schöner Picknickplatz, sondern es ist auch der Name der Weinlage rund um das Winzerdorf Wollmesheim. Er leitet sich von einem mittelalterlichen Wiegmeister ab, dem Mutterer, der sein Maß mit der Mütte nahm. Vermutlich stammt dieses noch aus der Zeit der Römer, deren Volumenmaß »modius« 8,75 Liter Inhalt hatte. In dieser sonnenverwöhnten Weinlage ist eine historische Spindelpresse, die auch Spindelkelter genannt wird, aus dem Jahr 1764 aufgestellt. Sie ist 3,9 m hoch, 2,5 m breit und wiegt 1,5 Tonnen. Das Wort keltern leitet sich von dem lateinischen calcare ab und heißt übersetzt »auf etwas treten«. Früher wurden die Weintrauben ausgepresst, indem man sie mit den nackten Füßen zerstampfte. Die Römer brachten auch die großen Hebelpressen aus Baumstämmen in die Pfalz (Baumkeltern). Wegen ihrer Größe standen diese meist im Freien und mussten von mehreren Kelterknechten bedient werden. Später wurden diese durch die schlankeren Spindelpressen ersetzt, die sich weniger aufwendig bedienen ließen. Solche Pressen wurden in der Pfalz noch bis in die 1960er-Jahre benutzt.

Die protestantische Kirche von Wollmesheim wurde zwischen 1025 und 1030 auf den Resten einer älteren Holzkirche erbaut und 1040 geweiht. Sie ist die älteste Steinkirche der Pfalz. Ihr romanischer Wehrturm wurde zwischen 1095 und 1105 an das Langhaus angebaut. 1743/44 wurde die damals baufällige Kirche im barocken Stil umgebaut und vergrößert.

Ausgangspunkt: Wollmesheim, Dorfplatz in der Hauptstraße 13.
Markierung: Schild Kelterweg mit Weinblatt.

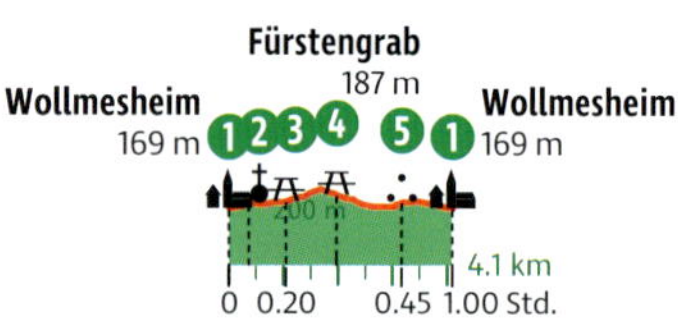

Anforderungen: Überwiegend Weinbergwege.
Einkehr: Pizzeria Toscana am Dorfplatz, geöffnet Di.–So. 11.30–14 Uhr und ab 17 Uhr.
ÖPNV: Bus Linie 530 oder 540 vom Bahnhof Landau.
Karte: Bad Bergzaberner Land von Pietruska.

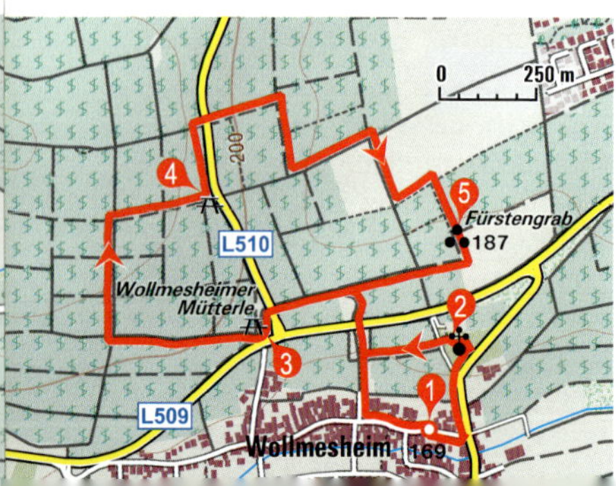

Auch diese Wanderung auf dem Wollmesheimer Kelterweg verläuft überwiegend auf sonnigen, aussichtsreichen Weinbergwegen. Da der Weg in den Weinbergen nicht an jeder Abzweigung markiert ist, be-

Die protestantische Kirche von Wollmesheim ist die älteste Steinkirche der Pfalz.

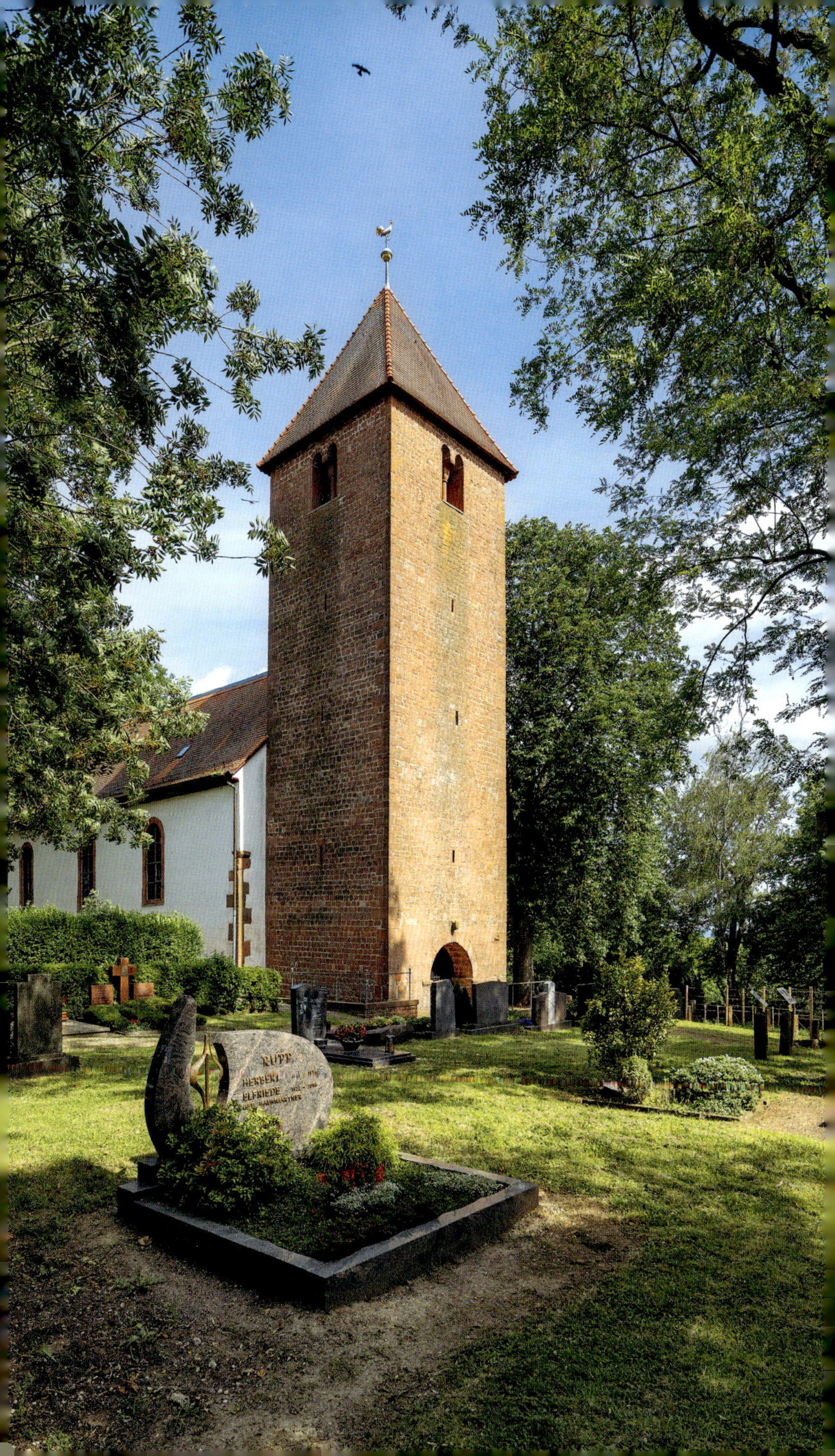
RUPP
HERBERT
ELFRIEDE

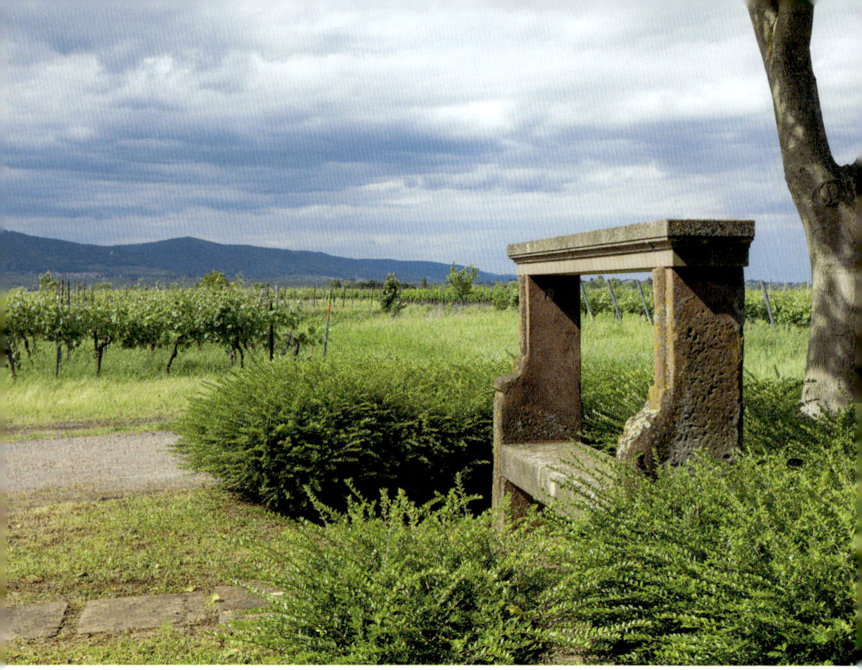

Napoleonsbank.

schreibe ich ihn genauer. Wir starten unsere Tour in **Wollmesheim ❶** am Dorfplatz. Normalerweise führt der Kelterweg von dort auf der anderen Seite der Hauptstraße geradeaus aus dem Dorf und auf dem Schmauspfad rechts zur Landauer Straße. Wegen längerer Bauarbeiten könnte dieser Weg immer noch gesperrt sein, sodass wir auf der Hauptstraße rechts zur Landauer Straße gehen und auf dieser links zur **protestantischen Kirche ❷** gelangen, der ältesten Steinkirche der Pfalz. Sie steht oberhalb vom Ort im Friedhof. Dort wurde vor der Kirche ein kleiner Fried-Weinberg angelegt, in dem die verstorbenen Winzer des Orts beigesetzt werden können. Auf dem Parkplatz oberhalb der Kirche steht eine Napoleonsbank aus dem Jahr 1811. Anlässlich der Geburt des Thronfolgers Napoleons III. wurden in der Südpfalz, die damals zum französischen Département Niederrhein gehörte, im Abstand von jeweils einer halben Wegstunde Ruhebänke angelegt. Auf diesen konnten die Frauen ihre schweren Lasten, die sie auf dem Kopf trugen, ohne fremde Hilfe abstellen und wieder aufnehmen.

Wir verlassen auf Höhe des Kirchturms den Friedhof und überqueren davor auf einem Steg die tief eingeschnittene Kleine Kirchhohl. Danach wandern wir 250 m geradeaus durch den Weinberg und gehen rechts auf dem asphaltierten Wirtschaftsweg durch die Unterführung der L 509.

Dahinter biegen wir an der Abzweigung links ab und erreichen nach Überquerung der Straße L 510 den Picknickplatz **Wollmesheimer Mütterle ❸**. Dort ist auf einem farbig bemalten Skulpturenschild eine Mutter dargestellt, die ihre zwei Kinder an den Händen hält. Daneben steht eine historische Spindelkelter aus dem Jahr 1764. Wir halten uns hinter dem Picknickplatz rechts und wandern auf dem hier ebenfalls ausgeschilderten Rebsortenweg 450 m geradeaus durch die Weinberge. Danach gehen wir an einer Abzweigung rechts und nach 250 m auf dem Oberen Kalmitweg noch einmal rechts. Nach 300 m steht kurz vor der Straße L 510 die **Lange Bank ❹**. An diesem Rastplatz gehen wir links auf dem Weinbergweg weiter und überqueren nach 180 m rechts die L 510. Danach gehen wir geradeaus durch die Weinberge, biegen nach 200 m rechts und nach 170 m links ab. Gut 250 m weiter halten wir uns am Ende der Weinberge vor dem Acker rechts, gehen an der nächsten Abzweigung links am Rand des Ackers entlang und nach 130 m an der Abzweigung, an der ein einzelner Baum steht, rechts hinauf zum **Fürstengrab ❺**. 1909 fand man hier in den Weinbergen das Doppelgrab eines Mannes und einer Frau aus der Mitte des 12. Jahrhunderts. Die Grabbeigaben belegen, dass die Bestatteten dem Schwertträgeradel angehörten und somit aus der Oberschicht der damaligen bronzezeitlichen Gesellschaft stammten.

Beim Fürstengrab haben wir einen weiten Blick über die Landschaft der Haardt. Umgeben von Weinbergen sehen wir die Dörfer Frankweiler und Gleisweiler und können am Rand des Pfälzerwalds die Sankt-Anna-Kapelle entdecken.

Vorbei am Fürstengrab halten wir uns nach 50 m rechts und folgen dem Weinbergweg zur bereits vom Hinweg bekannten Abzweigung. Dort gehen wir links wieder durch die Unterführung der Straße L 509 und geradeaus in das Dorf zur Hauptstraße. Diese führt uns rechts zurück zum **Dorfplatz ❶**.

Haardtblick vom Fürstengrab.

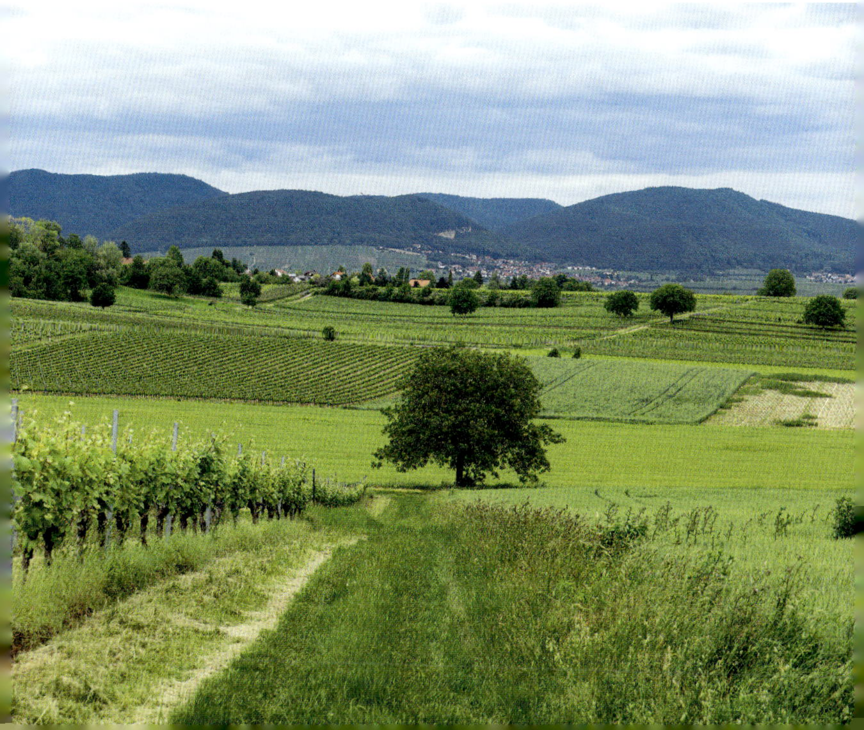

21 Von Klingenmünster zur Burg Landeck

Der Panoramaweg Klingenmünster

2.30 Std. | 8,0 km | ↗ 240 m | ↘ 240 m

Die Nikolauskapelle und der Nikolauskult in der Pfalz

Die spätromanische Nikolauskapelle bei Klingenmünster ist abgesehen von der barocken Haube auf ihrem viereckigen Turm im Originalzustand erhalten. Wer die Kapelle wann erbauen ließ, kann nur geschätzt werden. Sie wurde erstmals 1313 urkundlich erwähnt, ist aber viel älter und dürfte um das Jahr 1190 entstanden sein. Damit könnten die Grafen von Saarbrücken, Erbauer der Burg Landeck, die Nikolauskapelle als Burgkapelle errichtet haben, da es auf ihrer Burg keinen Platz für eine Kapelle gab. Innen wurde sie später ausgebaut, vermutlich erst im zweiten Viertel des 13. Jahrhunderts. Dies passt zum Jahr 1237, in dem bei der Leininger Erbteilung die Güter zwischen den Grafen Friedrich III. und Emich IV. von Leiningen aufgeteilt wurden und Emich IV. die Burg Landeck mitsamt der Nikolauskapelle erhielt. Graf Emich IV. könnte somit den Ausbau der Nikolauskapelle beauftragt haben. Die Leininger Grafen brachten den Nikolauskult in die Pfalz und ließen in vielen ihrer Besitzungen Kapellen zu Ehren des heiligen Nikolaus errichten.

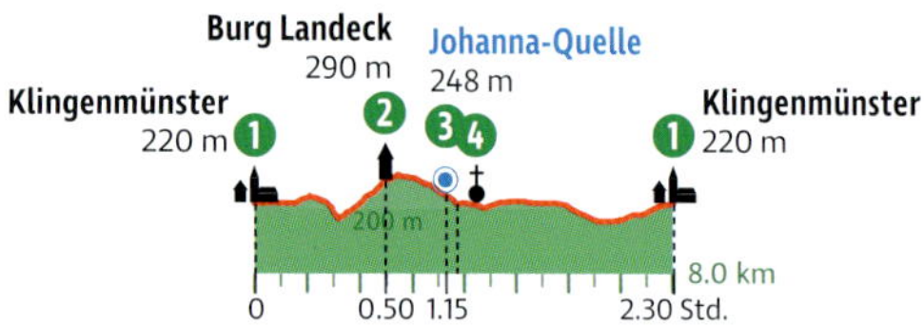

Ausgangspunkt: Friedhof von Klingenmünster am Ende der Friedhofstraße südlich oberhalb des Orts.
Markierung: Logo des Panoramawegs Klingenmünster mit Aussichtsfächer und Silhouette des Orts.
Anforderungen: Weinberg- und Waldwege. Bei Nässe wasserdichte Wanderschuhe.

Einkehr: Burgschänke Landeck, geöffnet Di., Mi., Fr.–So. 11.30–17 Uhr. Weinstuben und Gaststätten in Klingenmünster.
ÖPNV: Bus Linie 540 von Landau bzw. Bad Bergzabern nach Klingenmünster.
Karte: Pfälzerwald 8 von NaturNavi oder Bad Bergzaberner Land von Pietruska.

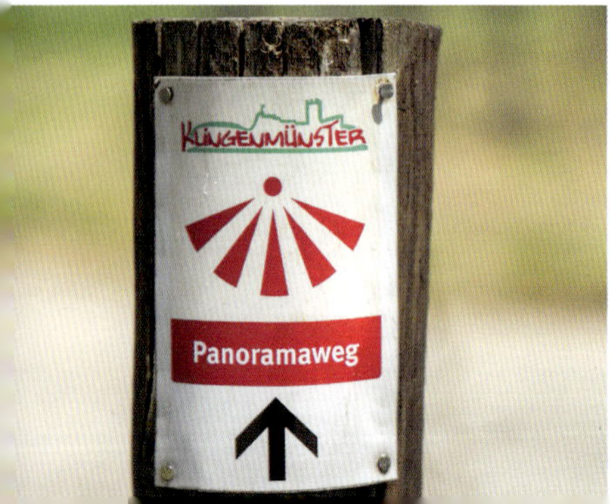

Der Panoramaweg Klingenmünster führt rund um den Ort, sodass man von dort aus an beliebigen Stellen in die Wanderung einsteigen kann. Das Logoschild des Panoramawegs leitet uns auf der gesamten Strecke. Wir beginnen unsere Wande-

Markierung des Panoramawegs Klingenmünster.

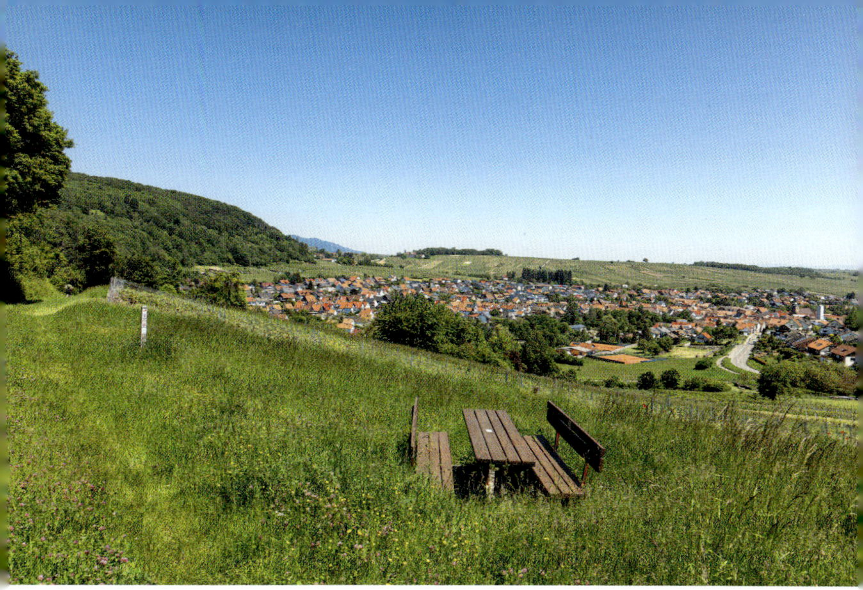

Auf dem aussichtsreichen Panoramaweg Klingenmünster.

rung am **Friedhof 1** südlich oberhalb des Orts. Wir gehen auf dem Wirtschaftsweg am Friedhof vorbei zur Straße B 48, die wir überqueren und 200 m geradeaus durch die Weinberge wandern. Dann zweigt der Panoramaweg leicht rechts von dem asphaltierten Wirtschaftsweg ab. Der Weinbergweg macht nach 250 m einen Rechtsbogen, an dem wir links auf das Dorf Gleiszellen blicken. Danach haben wir an einem Rastplatz einen schönen Blick über die Weinberge auf Klingenmünster und die Burg Landeck. Wir wandern weiter in den Wald, wo Ende Mai Maiglöckchen und Teufelskrallen blühen. Auf einem schmalen Pfad und einer Treppe gelangen wir hinunter ins Klingbachtal zum Klingbachhof mit seinem kleinen Park. In dem ehemaligen Gutshof, der heute dem Pumpen- und Armaturenhersteller KSB gehört, können dessen Werksangehörige, die ein rundes Betriebsjubiläum feiern, einen Gratisurlaub verbringen. Dahinter überqueren wir den Klingbach und gehen auf der Straße kurz links. Beim Wasserhäuschen überqueren wir diese dann und lassen uns vom Panoramaweg auf einem Waldpfad hinauf zur **Burg Landeck 2** leiten. Vor der Burg kommen wir an einem alten Brunnen vorbei, der diese mit Trinkwasser versorgte. Auf der Burg können wir in der Burgschänke einkehren und die schöne Aussicht auf Klingenmünster und in die Rheinebene genießen.

Klingenmünster hat eines der ältesten Klöster Deutschlands. Das Benediktinerkloster »Clinga monasterium« war einmal die Keimzelle und der Namensgeber des Orts. Es soll im

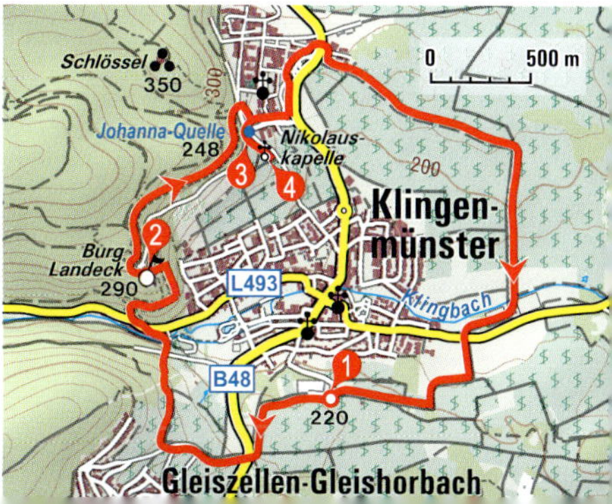

Jahr 626 auf Veranlassung des Merowingerkönigs Dagobert I. von irisch-schottischen Mönchen gegründet worden sein. 1565 wurde das Kloster aufgelöst. Teile des Klosters wie die ehemalige Klosterkirche, die um 1100 erbaut wurde, sind erhalten.

Nach der Burgbesichtigung gehen wir am Parkplatz rechts auf dem Waldweg weiter (auch rot-weiße Welle des Pfälzer Weinsteigs), an dem 2010 ein Eibenhain angelegt wurde. Unterwegs haben wir durch eine Lücke zwischen den Bäumen noch einmal einen schönen Blick auf Klingenmünster. Der Waldweg endet vor dem Pfalzklinikum für Psychiatrie und Neurologie. Wir gehen hier rechts zur **Johanna-Quelle ❸**, die eine traurige Geschichte hat. Der königliche Direktor der ehemaligen Kreis-Irrenanstalt Klingenmünster und seine Frau ließen sie zum Gedenken an ihre Tochter fassen, die in jungen Jahren verstarb (siehe Tour 22).

Von der Johanna-Quelle machen wir einen kurzen Abstecher zur **Nikolauskapelle ❹** und verlassen dazu den Panoramaweg. Die Kapelle liegt inmitten eines Parks, in dem Rastbänke stehen. Ihr Inneres ist schlicht. Wir umrunden die Kapelle und gehen zurück zur Johanna-Quelle. Dort folgen wir dann rechts wieder dem Panoramaweg und gehen um das Klinikgelände. Oberhalb davon überqueren wir die B 48 auf der Fußgängerbrücke, halten uns danach kurz rechts und wandern nach 70 m links durch die Weinberge. Die nächsten 1,3 km folgen wir dem grasbewachsenen Weinbergweg immer geradeaus und biegen dann in Sichtweite einer kleinen Gehölzinsel nach rechts ab. Auf dem betonierten Weinbergweg gelangen wir nun geradeaus ins Tal, wo wir vor dem Sportplatz den Klingbach überqueren und danach auf dem Fußweg rechts am Sportplatz vorbeiwandern. Dahinter gehen wir bei der Stromleitung links zur Straße L 493 und überqueren diese. Wir folgen dem Wirtschaftsweg bergauf, biegen an der ersten Abzweigung nach rechts ab und erreichen danach auf dem Panoramaweg wieder den **Friedhof ❶**.

Die Johanna-Quelle.

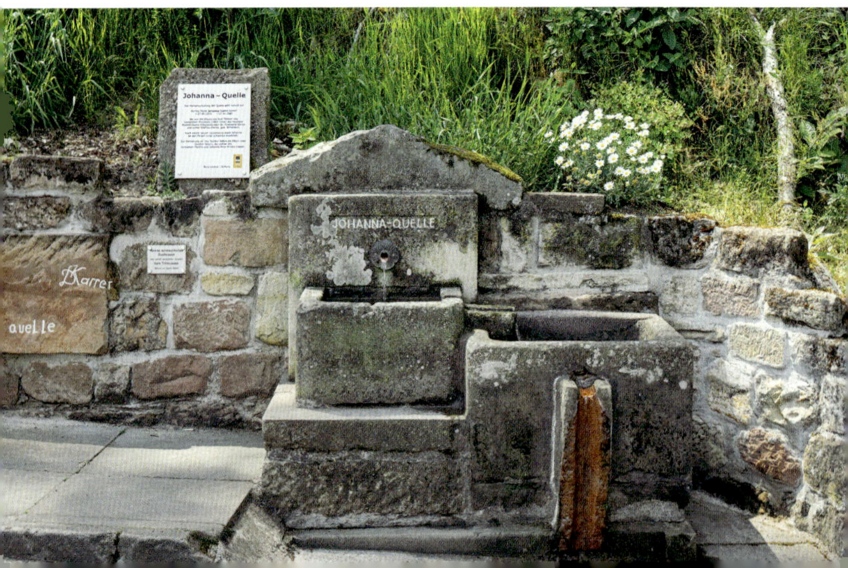

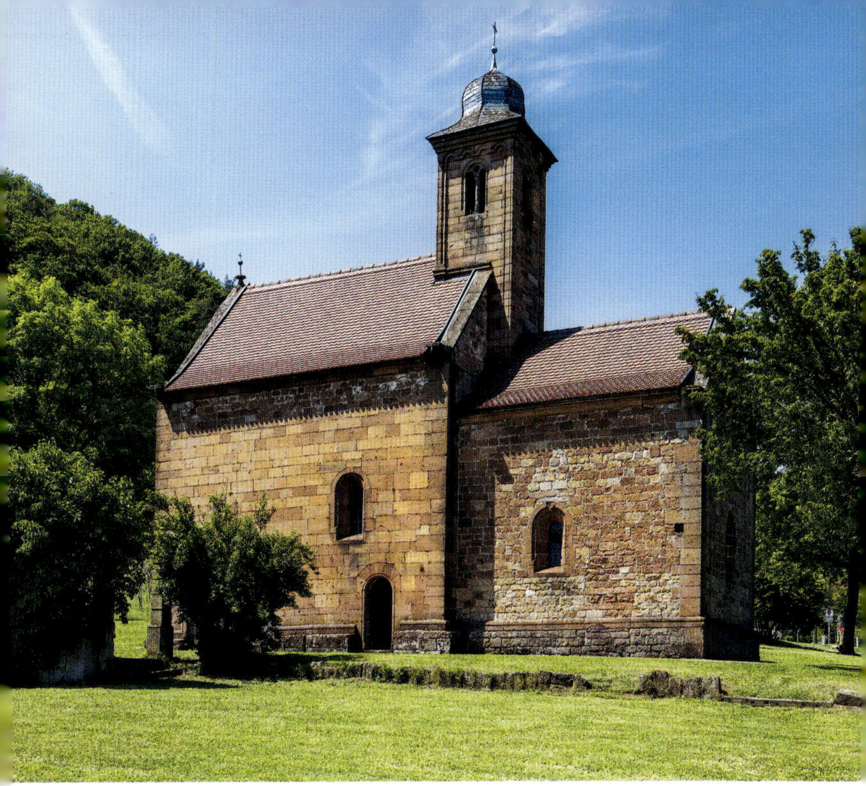

Die Nikolauskapelle bei Klingenmünster.

Nikolaus von Myra

Nikolaus gehört zu den bekanntesten Heiligen des Christentums. Über sein Leben ist aber nur wenig bekannt. In der ersten Hälfte des 4. Jahrhunderts wurde er Bischof von Myra. Der Ort gehörte damals zum römischen und später byzantinischen Reich und lag in der Provinz Lykien in der heutigen Westtürkei. Nikolaus wurde zwischen 270 und 286 geboren. Er starb am 6. Dezember 343. Sein Todestag wird heute als Nikolaustag gefeiert.

Um Nikolaus ranken sich viele Legenden. Er war reich und verteilte Geschenke an Bedürftige. So soll er drei junge Frauen vor der Zwangsprostitution bewahrt haben, indem er heimlich goldene Kugeln durch das Zimmerfenster ihres Vaters warf, damit dieser seine Schulden begleichen konnte, ohne seine Töchter hergeben zu müssen. Nikolaus wird deshalb oft mit drei goldenen Kugeln in der Hand dargestellt. Er rettete die Stadt Myra vor der Hungersnot, vollbrachte Wunder, und er soll sogar Tote wieder zum Leben erweckt haben. Schon früh verehrten deshalb orthodoxe Christen den heiligen Nikolaus. 1087 raubten süditalienische Kaufleute die Gebeine aus seiner Grabstätte in der St.-Nikolaus-Kirche in Demre (Westtürkei) und brachten sie nach Bari. Damit verbreitete sich die Nikolaus-Verehrung auch im Abendland, und an vielen Orten entstanden Kirchen und Kapellen, die ihm geweiht wurden. Als Schutzpatron der Kinder, Reisenden und Seeleute zählt der heilige Nikolaus heute zu den 14 Nothelfern und gilt in der Volksfrömmigkeit als Helfer in fast allen Nöten.

22 Von der Burg Landeck zur Martha-Quelle

Der Quellenweg um die Burg Landeck

1.45 Std. | 5,7 km | ↗200 m | ↘200 m

Quellen zur Erinnerung und ein Waldgeist, der Ohrfeigen verteilt

An der Zufahrtsstraße vom Pfalzklinikum zur Burg Landeck erinnert die Johanna-Quelle (siehe Tour 21) und auf dieser Wanderung die Martha-Quelle an Martha Maria Johanna Sophie Karrer (1874–1887), die älteste von fünf Töchtern des königlichen Direktors der ehemaligen Kreis-Irrenanstalt Klingenmünster, Dr. Ferdinand Karrer und dessen Ehefrau. Das Mädchen starb nach einem langen Leidensweg in jungen Jahren. Zur Erinnerung an ihre Tochter ließen die Eltern zwei Quellen fassen und benannten sie nach ihr.

Ausgangspunkt: Burg Landeck bei Klingenmünster.
Markierung: Logo Q des Quellenwegs.
Anforderungen: Streckenweise schmale Waldpfade. Bei Nässe wasserdichte Wanderschuhe.
Einkehr: Burgschänke Landeck, geöffnet Di., Mi., Fr.–So. 11.30–17 Uhr.
ÖPNV: Bus Linie 540 von Landau bzw. Bad Bergzabern nach Klingenmünster, Pfalzklinikum. Von dort zu Fuß zur Burg Landeck (1,5 km).
Karte: Pfälzerwald 8 von NaturNavi oder Bad Bergzaberner Land von Pietruska.

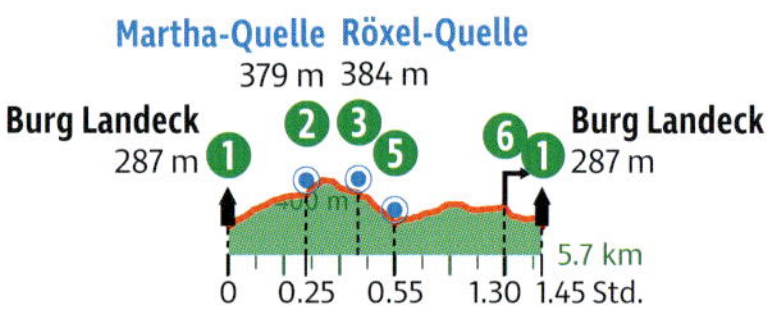

Auf dieser schattigen Waldwanderung orientieren wir uns am Logo Q des Quellenwegs Klingenmünster. Am Parkplatz vor der **Burg Landeck** ❶ führt uns dieses rechts auf dem Waldweg, an dem 2010 ein Eibenhain angelegt wurde, in den Wald. Nach 200 m biegen wir links auf den schmalen Pfad ab, der am Waldrand entlangführt. An der nächsten Abzweigung gehen wir rechts und nach 50 m links weiter. Danach ist der Weg zur gefassten **Martha-Quelle** ❷ gut beschildert. Hier gibt es einen großen Rastplatz. Der Quellenweg führt uns weiter durch den Wald zu einer Abzweigung südöstlich vom 504 m hohen Hauptgipfel des Treutelsbergs.

Nun wandern wir links weiter zur **Röxel-Quelle** ❸. Wie auf einer Gussplatte zu lesen ist, wurde sie 1886 zu Ehren des Verwaltungsleiters der Kreis-Irrenanstalt gefasst. An dieser gemauerten Quelle sammelt sich

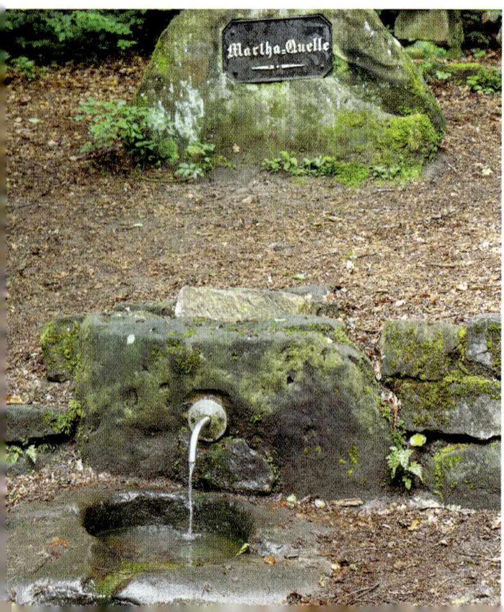

Die Martha-Quelle.

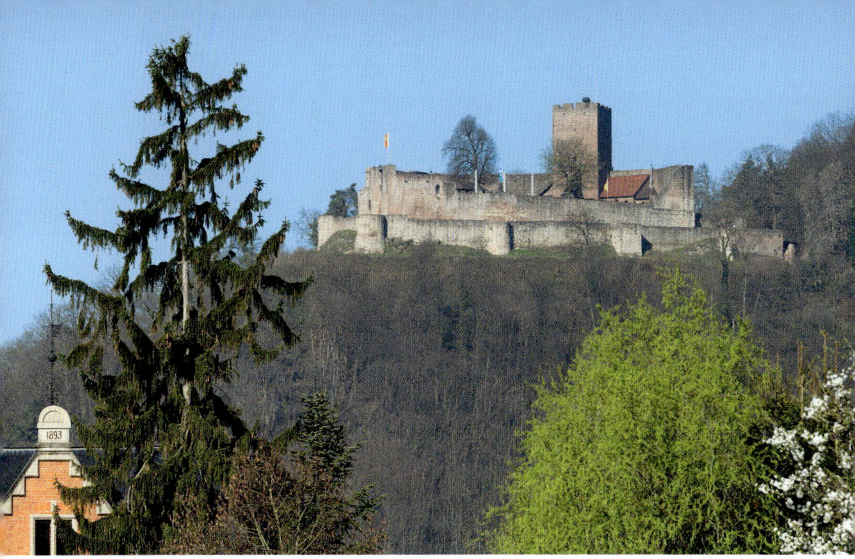

Burg Landeck.

das Wasser in einem kleinen Becken, neben dem eine Rastbank und ein Tisch stehen. Doch Vorsicht! Wer hier rastet, könnte von einer unsichtbaren Hand eine Ohrfeige bekommen. Nach einer Sage lebt der Waldgeist Maulus in den dunklen Wäldern am Röxel und treibt mit den Menschen Schabernack. Wir gehen von der Quelle leicht links auf dem bergab verlaufenden Pfad weiter und gelangen geradeaus zu einer **Wegspinne ❹** am Röxelgrund, an der wir links abbiegen und weiter bergab gehen. An der nächsten Abzweigung gelangen wir dann geradeaus nach 150 m zur **Otto-Erb-Quelle ❺**. An der Quelle mit ihrem langen Becken nagt der Zahn der Zeit, und Farne überwuchern den lauschigen Platz.

Von der Quelle gehen wir etwa 70 m zurück und wandern rechts auf dem Quellenweg die nächsten gut 2 km durch den Wald zu einer **Abzweigung ❻**. Dort verlassen wir die Forststraße und folgen rechts dem Waldpfad zurück zur **Burg Landeck ❶**.

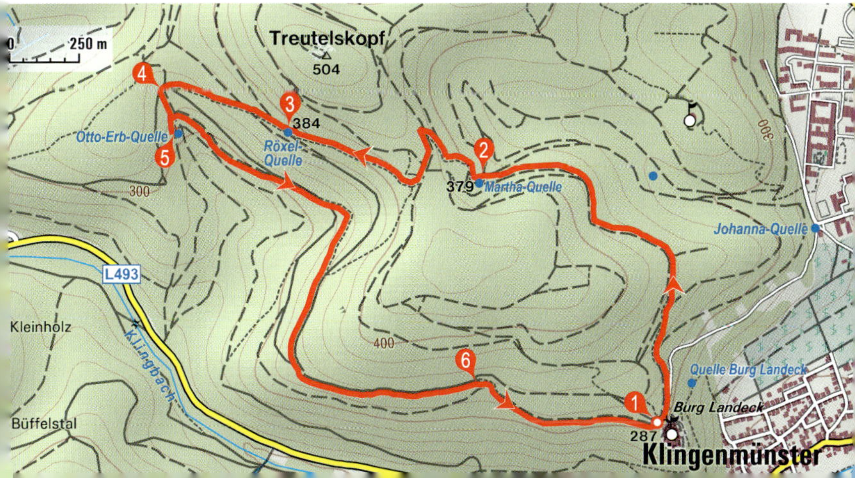

23

Von der Burg Landeck auf den Treutelsberg

Der Burgenweg bei Klingenmünster

2.30 Std. | 7,2 km | ↗ 280 m | ↘ 280 m

Burg Landeck und der schönste Aussichtsturm der Pfalz

Die Burg Landeck wurde vermutlich um 1178 von den Grafen von Saarbrücken erbaut. 1416 wurde um die Kernburg die äußere Ringmauer mit ihren fünf Türmen errichtet. Auf dem bewaldeten Treutelsberg nördlich von der Burg Landau liegt die Ruine Schlössel innerhalb einer älteren Ringwallanlage. Die salische Turmhügelburg (Motte) wurde hier um das Jahr 1030 auf einem aufgeschütteten Hügel errichtet und zählt damit zu den ältesten Burgen der Pfalz. Der 11 m hohe Martinsturm wurde 1886 auf Betreiben von Dr. Ferdinand Karrer, dem königlichen Direktor der ehemaligen Kreis-Irrenanstalt Klingenmünster, auf dem 504 m hohen Hauptgipfel des Treutelsbergs erbaut. Die Finanzierung des Turms, welcher der schönste Aussichtsturm der Pfalz werden sollte, übernahm der Gutsbesitzer Martin Walthausen (1839–1897) aus Klingenmünster. Nach ihm wurde der Turm benannt.

Ausgangspunkt: Burg Landeck bei Klingenmünster.
Markierung: Logo des Burgenwegs mit stilisiertem Burgturm.
Anforderungen: Wanderschuhe mit Profilsohle. Bei Nässe rutschige Waldwege.
Einkehr: Burgschänke Landeck, geöffnet Di., Mi., Fr.–So. 11.30–17 Uhr.
Tipp: Das Buch »Die Pfalz und die Pfälzer« des in Klingenmünster geborenen Pfälzer Heimatdichters August Becker (1828–1891) bietet heute noch ein kurzweiliges Lesevergnügen für alle, die mehr über die schöne Pfalz und ihre Bewohner erfahren möchten. Mich fasziniert an dem 1857 erschienenen Buch immer wieder aufs Neue, wie viel von dem, was August Becker beschreibt, heute noch so wie früher ist. In seinem Geburtshaus in der Steinstraße 2 hat die Gemeinde ein August-Becker-Museum eingerichtet.
ÖPNV: Bus Linie 540 von Landau bzw. Bad Bergzabern nach Klingenmünster, Pfalzklinikum. Dort Einstieg in die Wanderung.
Karte: Pfälzerwald 8 von NaturNavi oder Bad Bergzaberner Land von Pietruska.

Der Heidenschuh, eine Befestigungsanlage aus dem 9./10. Jahrhundert.

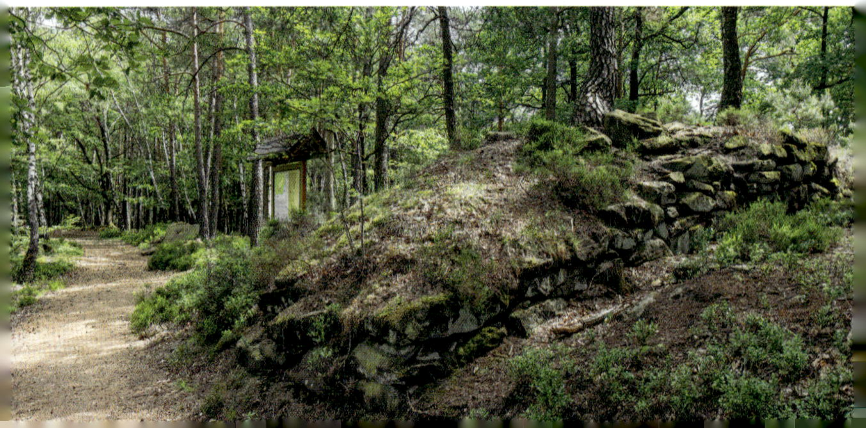

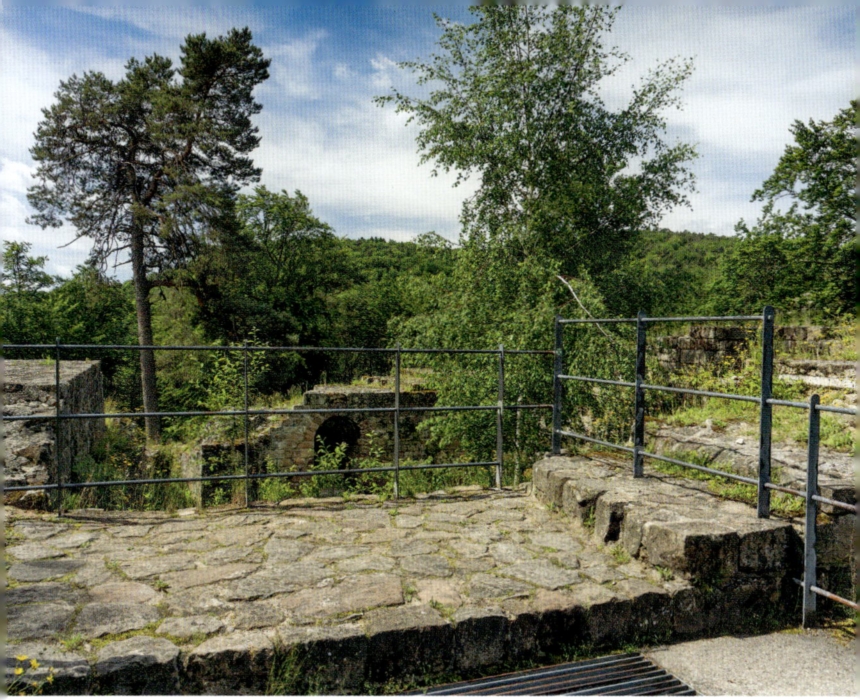

Ruine Schlössel.

Das Logo des Burgenwegs mit dem stilisierten Burgturm leitet uns auf dieser Wanderung. Auch sie beginnt an der **Burg Landeck ❶**. Wie bei der Tour 21 gehen wir am Parkplatz rechts auf dem aussichtsreichen Waldweg, der auch mit der rot-weißen Welle des Pfälzer Weinsteigs markiert ist, hinunter zum Pfalzklinikum. Wer möchte, kann dort einen Abstecher zur 300 m entfernten Nikolauskapelle machen. Wir halten uns am Pfalzklinikum links und biegen nach 100 m erneut nach links ab. Ein Pfad führt uns im schattigen Wald hinauf zum **Ringwall ❷** auf dem Treutelsberg. Der breite, bis zu 1,5 m hohe Wall, unter dem sich eine Steinmauer verbirgt, ist inzwischen vom Wald überwachsen, aber noch gut zu erkennen. 100 m weiter liegt links vom Weg die **Ruine Schlössel ❸**. Diese schauen wir uns an. Stahltreppen erleichtern uns den Aufstieg auf das alte Gemäuer. In der Ruine kann man gut rasten und dabei die Mauereidechsen beobachten. Danach gehen wir zurück und links auf dem Burgenweg weiter. Der Weg führt erst etwas bergab und steigt dann wieder an. Unterwegs kommen wir an kleinen Steinpyramiden vorbei, hinter denen wir uns rechts halten. Ein steiniger Wurzelweg führt uns dann hinauf zu einer **Felskanzel ❹**, von der wir einen guten Blick auf die Madenburg haben. Kurz darauf haben wir von einer Felsplatte eine weitere schöne Aussicht über den Pfälzerwald. Auf einem ebenen Weg kommen wir als nächstes zum Heidenschuh. Hier wurden Teile der alten Steinmauer freigelegt, und auf einer Infotafel können wir dazu mehr erfahren. Wir gehen auf dem ebenen Höhenweg weiter zum Aussichtspunkt Trifels-Blick. Hier steht eine Schutzhütte. Der Burgenweg führt

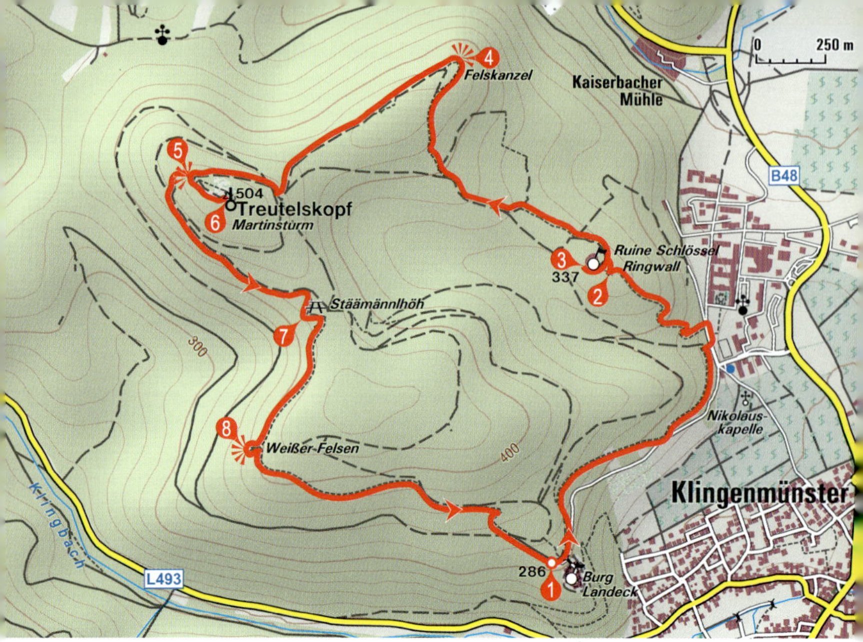

weitere 500 m geradeaus zu einer Wegkreuzung, an der wir rechts zum Aussichtspunkt **Wasgaublick 5** gehen. Die Aussicht über die bewaldeten Berge des Wasgaus, die wir hier haben, lässt sich noch steigern. Dazu folgen wir links dem Weg hinauf auf den 504 m hohen Treutelsberg zum **Martinsturm 6**, der als schönster Aussichtsturm der Pfalz gilt. Zu seiner Aussichtsplattform führt eine enge Wendeltreppe mit 33 Stufen. Von dort haben wir einen großartigen Rundblick: Wir sehen in Rich-

Wasgaublick vom Martinsturm.

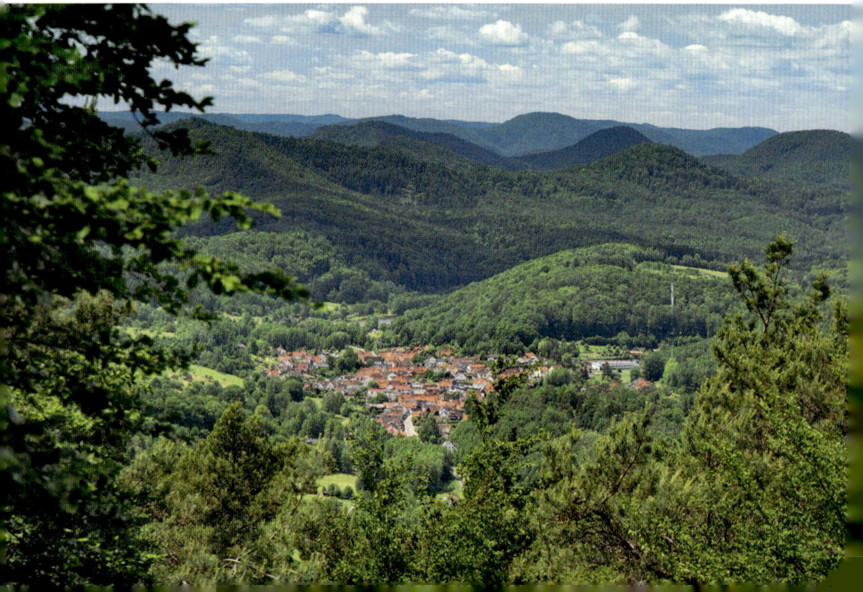

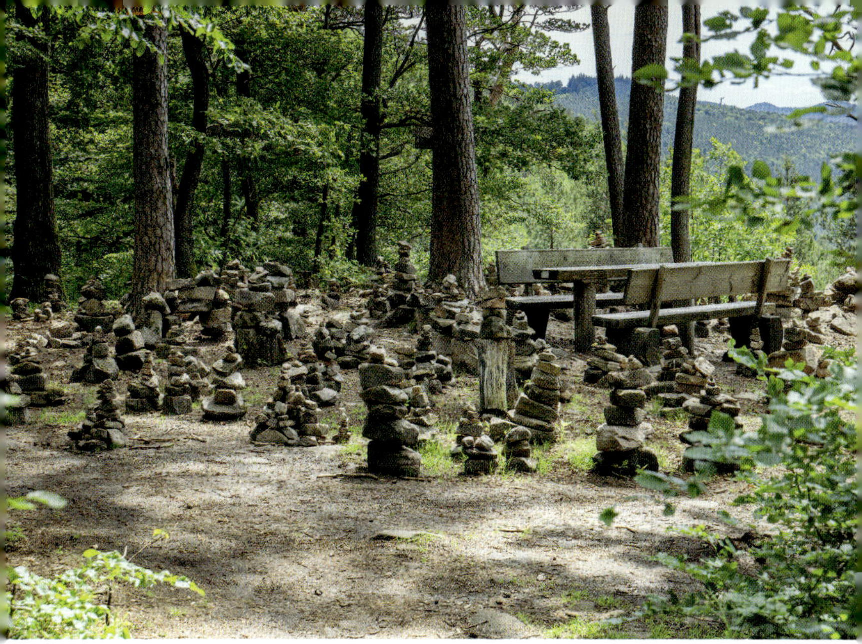

Rastplatz Stäämännlhöh.

tung Osten über die lange Madenburg in die Rheinebene, im Süden auf die bewaldeten Berge des Wasgaus, im Westen auf die Gemeinde Silz mit dem Silzer See und im Norden das Pfälzer Burgendreigestirn Trifels, Anebos und Münz und den Rehberg mit seinem Aussichtsturm. Gegenüber vom Turmeingang können wir in 23 m Entfernung einen sog. Niveaustein mit einem Vermessungspunkt erkennen. Mit diesem und weiteren wurde Mitte des 19. Jahrhunderts von der bayerischen Landesvermessung die Höhe der Pfälzer Berge bestimmt. Wir gehen zurück zum **Wasgaublick 5** und dort links auf den Serpentinen bergab zu einer Forststraße. Auf dieser wandern wir links und die nächsten 800 m geradeaus. Dann biegen wir scharf rechts ab und kommen kurz darauf auf der **Stäämännlhöh 7** gewaltig ins Staunen. Nicht, weil dies ein weiterer Aussichtspunkt und ein schöner Rastplatz ist, sondern weil hier überall wunderschöne Steinmännchen aufgestellt sind. Hinter dem Rastplatz folgen wir der Forststraße rechts zum **Weißen Felsen 8**, dem nächsten Aussichtspunkt. Dieser liegt etwa 70 m rechts vom Weg. Der Burgenweg führt uns danach wieder zurück zur **Burg Landeck 1**.

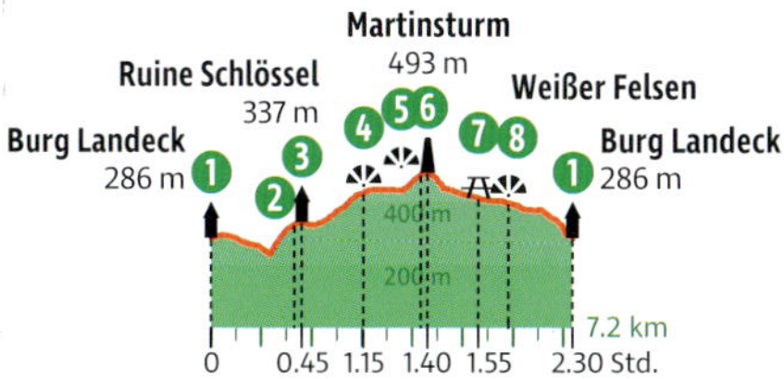

24 Von Klingenmünster zum Abtskopf

Der Karlsplatz-Weg bei Klingenmünster

3.45 Std. | 11,6 km | ↗400 m | ↘400 m

Ein Rritterstein mit Bischofsstab und viele Aussichtspunkte

Am Karlsplatz treffen sich nicht nur acht Wege, sondern hier wird auch zweimal im Jahr ordentlich gefeiert: am 1. Mai und im Herbst beim Federweißenfest. Auf dem 487 m hohen Abtskopf markiert ein alter Grenzstein (Abtsstein), auf dessen Nordostseite ein Bischofsstab eingraviert ist, die Grenze des einstigen Waldbesitzes des Klosters Klingenmünster. Wo KW eingemeißelt ist, verlief die Grenze des Königswalds, als die Pfalz zu Bayern gehörte.

Ausgangspunkt: Klingenmünster, Parkplatz Klingbachhalle am Ende der Mühlgasse.
Markierung: Logo des Karlsplatzwegs mit stilisierter Hütte und Baum.
Anforderungen: Wanderschuhe mit Profilsohle, überwiegend Waldwege.
Einkehr: Schützenhaus Ristorante Il Parco, Hilsengasse 16, geöffnet Di.–So. ab 17 Uhr, und andere Weinstuben und Gaststätten in Klingenmünster.
ÖPNV: Bus Linie 540 von Landau bzw. Bad Bergzabern nach Klingenmünster.
Karte: Pfälzerwald 8 von NaturNavi oder Bad Bergzaberner Land von Pietruska.

Unsere Wanderung auf dem Karlsplatz-Weg bei Klingenmünster hat die Form einer in die Länge gezogenen, liegenden Acht. Wir gehen vom **Parkplatz Klingbachhalle ❶** dem Logo des Karlsplatz-Wegs folgend zwischen dem kleinen Weiher und dem Schützenhaus am Mühlbach entlang zum **Klingbachhof ❷**. Der ehemalige Gutshof gehört heute dem Pumpen- und Armaturenhersteller KSB. Werksangehörige, die ein rundes Betriebsjubiläum feiern, dürfen hier einen Gratisurlaub verbringen. Vor dem Hof steigen wir links die Treppe hinauf, und an einer Rastbank, an der wir einen guten Blick auf Klingenmünster und die Nikolauskapelle haben, gehen wir rechts weiter. Am Ende des Treppenaufstiegs halten wir uns rechts und wandern auf einer langgezogenen, ebenen Forststraße um den 395 m hohen Hatzelberg zum **Karlsplatz ❸**. Dort stehen eine Schutzhütte, Rastbänke mit Tischen und etwas unterhalb die große, unbewirtschaftete PWV-Hütte, an der die beliebten Karlsplatzfeste des Pfälzerwaldvereins stattfinden.
Der Karlsplatz-Weg führt uns jetzt auf dem Holderbildweg, an dem Tollkirschen mit ihren kirschartigen, schwarzen Früchten wachsen (giftig!), geradeaus zum **Ritterstein Holderbild ❹**. An dieser Wegkreuzung wuchs einmal ein Holunderstrauch neben einem Bildstock. Daher kommt der Name Holderbild. Wir

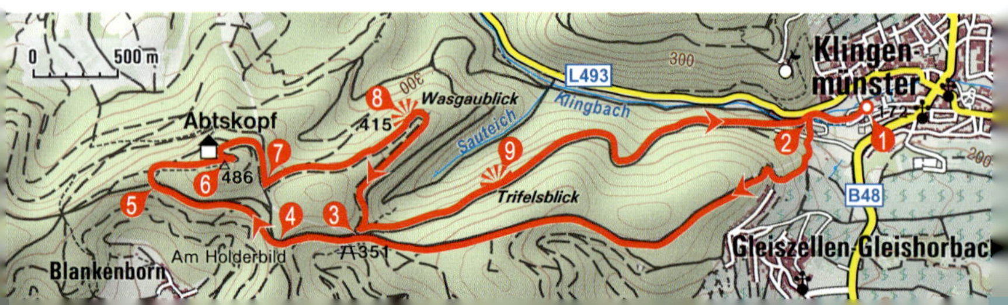

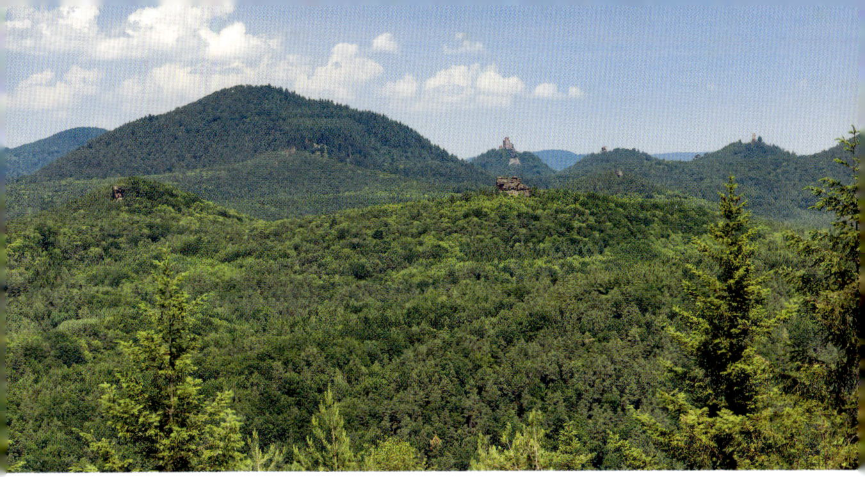

Wasgaublick mit den Burgen Trifels, Anebos und Scharfenberg.

gehen hier rechts und an der Rastbank links weiter. Dann folgen wir der Forststraße bis zu einer **Abzweigung 5**, an der wir rechts auf einem Waldpfad zum 487 m hohen **Abtskopf 6** wandern. Hier steht eine Schutzhütte, die Aussicht wird aber von den hohen Bäumen versperrt. Dafür können wir am Abtsstein, in den ein Bischofsstab eingraviert ist, erkennen, wo früher die Grenze des Abtswalds verlief. Wir gehen an der Hütte vorbei und wandern durch den einstigen Waldbesitz des Klosters Klingenmünster bergab. In dem schattigen, feuchten Mischwald wachsen viele Moose.

Der Abstieg endet an einer breiten Forststraße, an der eine Ferngasleitung verläuft. Hier gehen wir 50 m rechts und biegen an einer **Abzweigung 7** nach links ab. Der Waldweg führt uns nun zum Aussichtspunkt **Wasgaublick 8**. Dort haben wir einen guten Blick auf die Burgen Trifels, Anebos und Scharfenberg (Münz) und sehen auch die vom Wald umschlossenen Dörfer Silz und Gossersweiler-Stein. Nur etwa 50 m weiter liegt schon der nächste Aussichtspunkt Hohe Tanne. Hier haben wir zwar keinen großartigen Panoramablick, aber eine gute Sicht auf die Burg Landeck und in die Rheinebene. Rechts haltend führt uns der Karlsplatz-Weg danach wieder zum Karlsplatz. Wir gehen links auf der Forststraße hinunter zur großen PWV-Hütte und dort auf der leicht ansteigenden Forststraße geradeaus zum Aussichtspunkt **Trifelsblick 9**. Danach wandern wir nördlich um den Hatzelberg und hinunter ins Klingbachtal, wo wir rechts wieder zum **Klingbachhof 2** kommen. Durch den kleinen Park gelangen wir am Mühlbach entlang zurück zur **Klingbachhalle 1**.

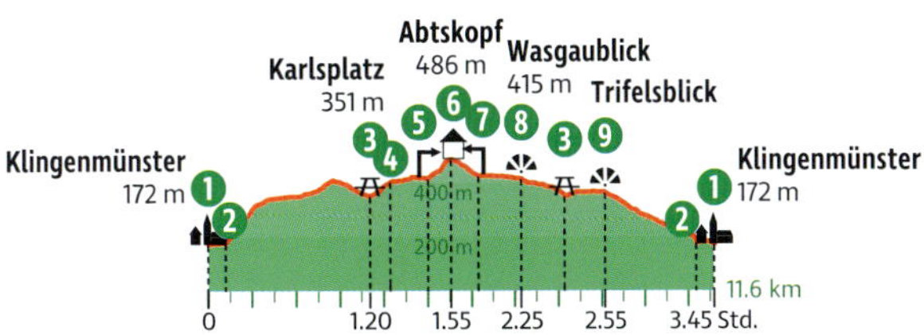

25 Von Pleisweiler-Oberhofen zur Marienlinde

Der Große Nonnensuselweg

3.00 Std. | 10,4 km | ↗270 m | ↘270 m

Die bewegte Geschichte einer wohltätigen Frau

Die »Nonnensusel« gilt als schönster Bauernroman des beliebten Pfälzer Schriftstellers August Becker. In Oberhofen, heute ein Ortsteil von Pleisweiler, wohnte einst die Familie Groß mit ihrer wohlerzogenen Tochter Susanne, die »Susel« gerufen wurde. Nachdem Susel den Kronenwirt Konrad Kurz geheiratet hatte, der eigene Kinder mit in die Ehe brachte, bereute sie noch in der Hochzeitsnacht ihre Heirat und schlich sich davon. Doch einige Tage später kehrte sie zurück und bürgte sogar für die Schulden ihres Mannes. Die Leute im Ort konnten dies nicht verstehen und wunderten sich. Sie wussten nicht, dass ihr Mann sehr krank war. Er verstarb nicht allzu lange nach der Hochzeit. Um die Schulden zu begleichen, verkaufte Susel die Wirtschaft Zur Krone mit Gewinn und kümmerte sich fürsorglich um die Kinder. Auch das Erbe ihrer reichen Mutter verteidigte sie erfolgreich gegen die unberechtigten Ansprüche ihrer Verwandten. Als wohlhabende Frau lebte Susel fortan zurückgezogen in ihrem großen Elternhaus in Oberhofen, das sie ordentlich in Schuss hielt. Sie sorgte für eine gute Ausbildung der Kinder und war Notleidenden gegenüber wohltätig. Im Dorf war sie angesehen, blieb den Leuten gegenüber aber auf Distanz. »Die Nonnensusel ist was Besseres«, hörte man die Dorfbewohner munkeln. Früher bezeichnete man Frauen, die ledig blieben, als Nonnen.

Ausgangspunkt: Parkplatz an der Nonnensuselhalle am nördlichen Ortsanfang von Pleisweiler-Oberhofen.
Markierung: Logo Großer Nonnensuselweg.

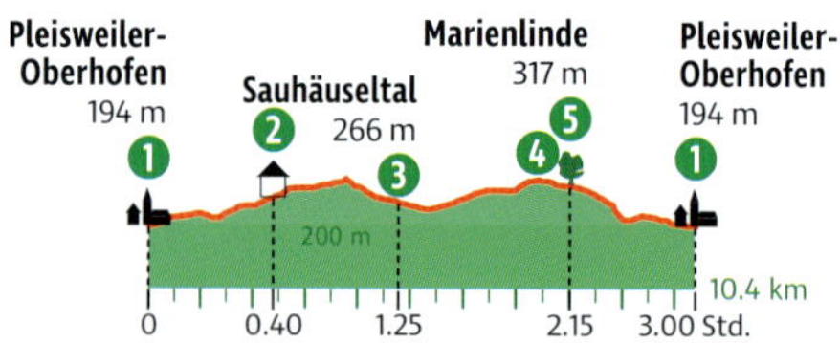

Anforderungen: Wanderschuhe mit Profilsohle.
Einkehr: Restaurant Schoggelgaul, Schäfergasse 1, geöffnet Mi.–So. ab 17 Uhr, So. auch 12–13.30 Uhr.
ÖPNV: Bus Linie 540 von Bad Bergzabern oder Landau nach Pleisweiler-Oberhofen, Haltestelle Kommunikationsplatz.
Karte: Pfälzerwald 8 von NaturNavi oder Bad Bergzaberner Land von Pietruska.

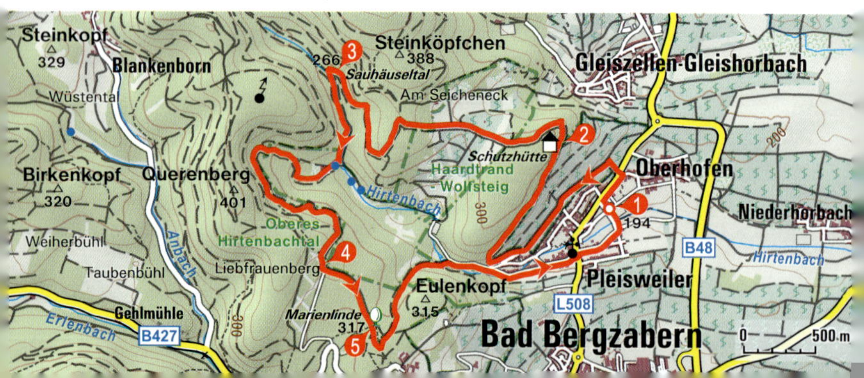

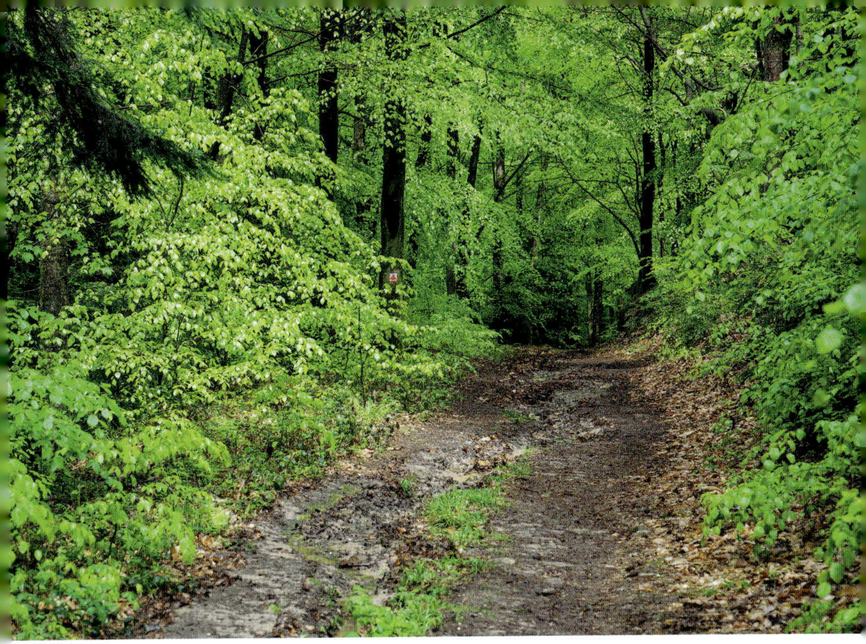

Maigrün im Buchenforst auf dem Großen Nonnensuselweg.

Das Logo des Großen Nonnensuselwegs leitet uns auf dieser Wanderung. Vom Parkplatz an der Nonnensuselhalle am nördlichen Ortsanfang von **Pleisweiler-Oberhofen ❶** gehen wir in den Ort zur Weinstraße und entlang dieser rechts an der 1749 erbauten protestantischen Kirche vorbei bis zum Kommunikationsplatz (Bushaltestelle). Dort überqueren wir die Weinstraße und wandern oberhalb vom Dorf auf aussichtsreichen, sonnigen Wegen durch die Weinberge. An deren Ende führt der Nonnensuselweg streckengleich mit dem Wanderweg Deutsche Weinstraße (Weintraube) rechts am Waldrand unterhalb des Zimmerbergs zu einer **Schutzhütte ❷**. Eine Infotafel erklärt uns dort die geologische Entstehung des Oberrheingrabens. Wir genießen die schöne Aussicht, wandern noch kurz durch die Weinberge und folgen dann links dem Nonnensuselweg auf der Forststraße (Muldweg) durch den Kastanienwald nördlich des Zimmerbergs. Danach wandern wir geradeaus durch die Weinberge am Wolfsteig (Naturschutzgebiet) in den nächsten Wald. Am Seicheneck halten wir uns links und treffen hier auch auf den Pfälzer Weinsteig (rot-weiße Welle). Beide Markierungen leiten uns nun in einem Bogen durch den Wald in das **Sauhäuseltal ❸**, in dem wir in der Spitzkehre des Wegs links talwärts wandern.

Am Ende des Talwegs verlassen wir im Hirtenbachtal den Pfälzer Weinsteig und wandern rechts auf dem betonierten Nonnensuselweg an der Satellitenbodenstation vorbei zur ehemaligen Schießanlage **Liebfrauenberg ❹** der Bundeswehr. Vor dem eingezäunten Gelände halten wir uns links und gelangen durch den Wald zur **Marienlinde ❺**, einem Rastplatz, an dem im Jahr 2000 eine Linde gepflanzt wurde. Wir gehen danach noch 100 m geradeaus und biegen dann scharf links ab.

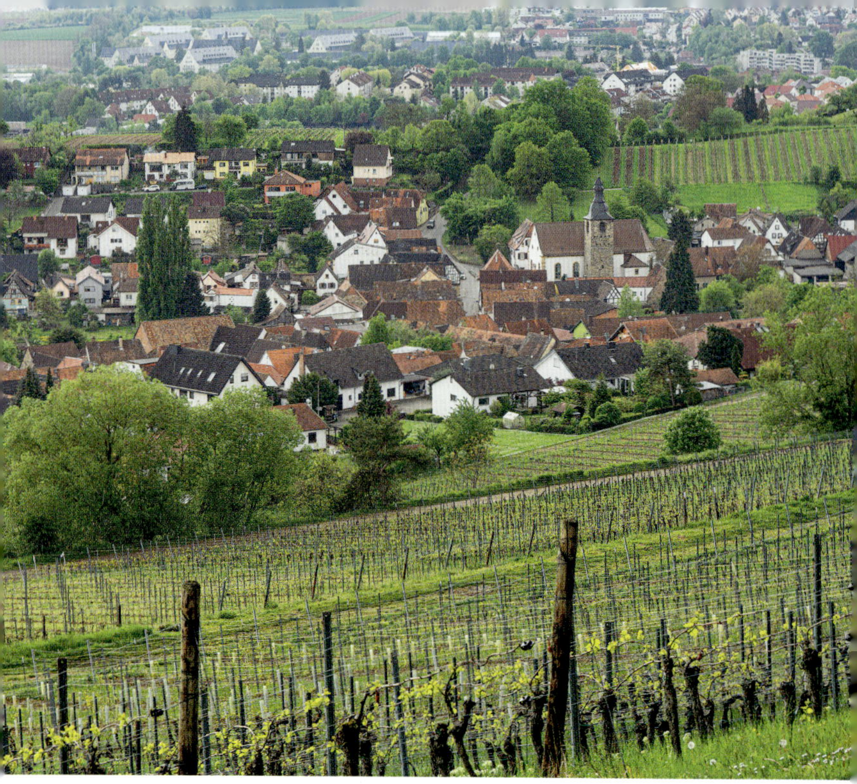

Pleisweiler mit der katholischen Kirche St. Simon und Judas.

Etwa 300 m südöstlich von unserem Wanderweg liegt das ehemalige Kloster Liebfrauenberg. 1899 wurde der historische Frauenbergerhof in ein Kloster umgewandelt und in Liebfrauenberg umbenannt. Das Kloster kümmerte sich um Geisteskranke und alte, hilfsbedürftige Menschen. In den 2000er-Jahren wurde es aufgelöst und die Gebäude verkauft.

Wir wandern in einem nördlichen Bogen um den 315 m hohen Eulenkopf und durch das Hirtenbachtal zurück nach **Pleisweiler**. Dort kommen wir am Ortsanfang an der historischen Wappenschmiede aus dem 16. Jahrhundert vorbei, einem ehemaligen Gasthaus. Wir folgen der Wappenschmiedstraße geradeaus durch das Wohngebiet. Am Ende der Straße gehen wir geradeaus auf der Schlossstraße weiter. Links davon steht das alte Ochsensteiner Schloss, eine ehemalige Wasserburg aus dem 15. Jahrhundert mit einem Eckturm aus dem Jahr 1605. Das Schloss wurde 1525 im Bauernkrieg zerstört und danach wiederaufgebaut. Es befindet sich heute in Privatbesitz. Von außen kann man gut erkennen, wie der Zahn der Zeit an dem Gemäuer nagt. Am Ende der Schlossstraße gehen wir auf der Weinstraße links an der katholischen Kirche St. Simon und Judas (12./13. Jahrhundert., schöne Sonnenuhr) vorbei und gleich darauf beim Restaurant Schoggelgaul rechts durch die Schäfergasse. Am Ende des Wohngebiets Am Geisberg gelangen wir links zurück zum **Parkplatz ❶**.

Von Oberotterbach auf den Schlossberg

Der Weg der Geschichte in Oberotterbach

26

3.45 Std. | 12,4 km | ↗ 400 m | ↘ 400 m

Ein Mahnmal für den Frieden, Ruine Guttenberg und die Waldgeister im Otterbachtal

Burg Guttenberg wurde vermutlich Ende des 12. Jahrhunderts erbaut, von wem ist nicht bekannt. Ihre erste urkundliche Erwähnung stammt aus dem Jahr 1246. Sie hatte viele Besitzer, darunter 1250 die Herren von Fleckenstein, 1283 König Rudolph von Habsburg, und 1292 wurde sie ein Lehen der Leininger Grafen. 1525 wurde die Burg im Bauernkrieg zerstört und verfiel danach. Von der Oberburg sind Teile des Bergfrieds erhalten und in der Unterburg die 7 m hohe Ringmauer und eines von ursprünglich drei Toren. Die Burg liegt im fast 7 km² großen Mundatwald, der 1949 von Frankreich annektiert wurde. Seit 1986 ist der Wald wieder deutsches Hoheitsgebiet, die forstwirtschaftliche Nutzung erfolgt aber weiterhin durch Frankreich.

Die Waldgeister im Otterbachtal sind vor allem bei Familien mit Kindern beliebt. Der Holzschnitzer Volker Dahl aus Oberotterbach hat hier grimmige und lustige Gesichter und Tiere in Baumstümpfe, Wurzeln und Stämme geschnitzt und farbig angemalt.

Ausgangspunkt: Oberotterbach, Ortsmitte, Parkplatz an der Weinstraße.
Markierung: Logo des Wegs der Geschichte mit aufgeschlagenem Buch.
Anforderungen: Wanderschuhe mit Profilsohle.
Einkehr: Mehrere Gaststätten in Oberotterbach. Waldgaststätte im Schützenhaus, geöffnet Mi.–So. ab 11 Uhr.
ÖPNV: Bus Linie 543 vom Bahnhof Bad Bergzabern oder Wissembourg nach Oberotterbach.
Karte: Pfälzerwald 8 von NaturNavi oder Bad Bergzaberner Land von Pietruska.

Waldgeisterweg Oberotterbach.

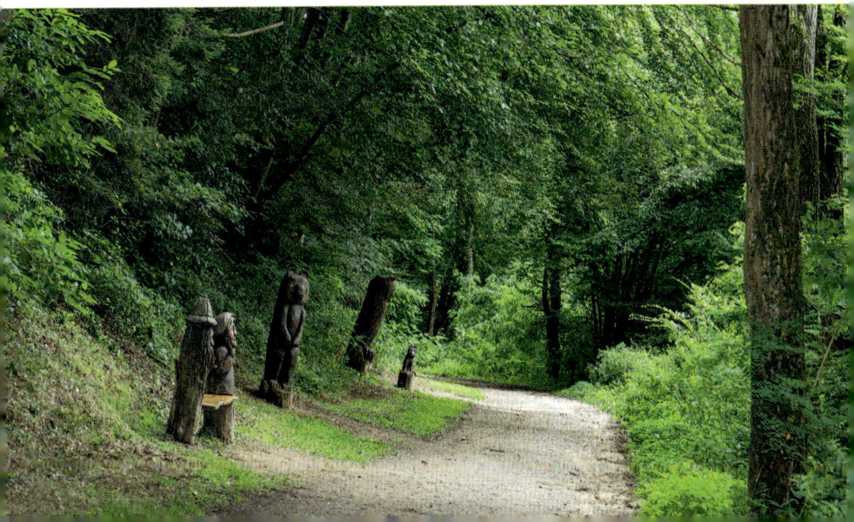

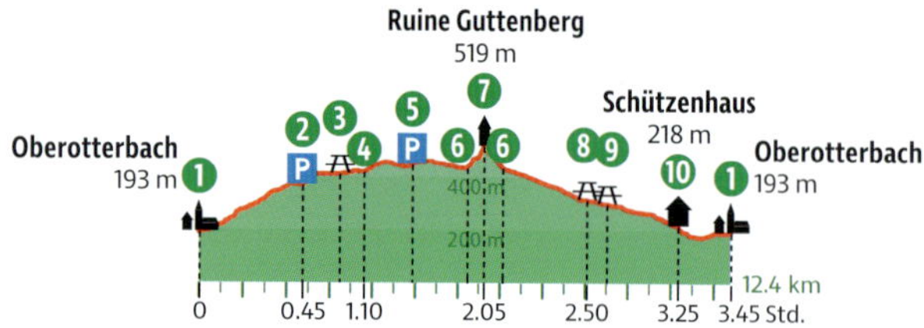

In **Oberotterbach ❶** gehen wir vom Parkplatz an der Weinstraße an dem kleinen Park vorbei, in dem Infotafeln zur Geschichte des Orts im Zweiten Weltkrieg aufgestellt sind. Das Logo des Wegs der Geschichte leitet uns noch 100 m an der Weinstraße entlang, dann links auf der Guttenbergstraße und kurz darauf rechts auf dem Lenkerweg aus dem Ort in die Weinberge. Dort biegen wir nach links ab und halten uns vor dem Wald rechts. Hier treffen wir auch auf das Logo des Westwallwegs, der hier streckengleich verläuft. Neben dem Weg liegen die Reste gesprengter Bunker, die von der Natur zurückerobert wurden. Am Parkplatz Tannenteichel gehen wir geradeaus auf der Pionier-Straße um den 421 m hohen Hohenberg. Auch hier kommen wir an gesprengten Bunkern vorbei, an denen Erklärungstafeln stehen. Am **Waldparkplatz Hohenberg ❷** verlassen wir die Straße und folgen der Forststraße geradeaus um den 446 m hohen Großberg. Die Bunkerreste und Tafeln am Weg rufen in Anbetracht des Ukraine-Kriegs Bedrücken und Furcht hervor, denn auch an diesem Berg verloren viele ihr Leben. Nördlich des Bergs liegt bei den **Vorderen Drei Eichen ❸** ein Rastplatz mit Schutzhütte. Hier gehen wir links und sehen am Weg die Reste alter Schützengräben. Unterhalb vom 490 m hohen **Farrenberg ❹** folgen wir an der Abzweigung links der Forststraße um den Berg. Dabei verzichten wir unterwegs auf den steilen Aufstieg zum Gipfel des Bergs, auf dem vier Bunker liegen. Schließlich erreichen wir den **Waldparkplatz Drei Eichen ❺**, an dem eine Schutzhütte steht.

Jetzt hellt sich unsere bedrückte Stimmung wieder auf, denn der Westwall liegt hinter uns. Wir gehen links in einem großen Bogen um das Otterbachtal und kommen danach an eine **Wegspinne ❻**. Hier verlassen wir den Weg der Geschichte und machen der rot-weißen Welle des Pfälzer Weinsteigs folgend links ei-

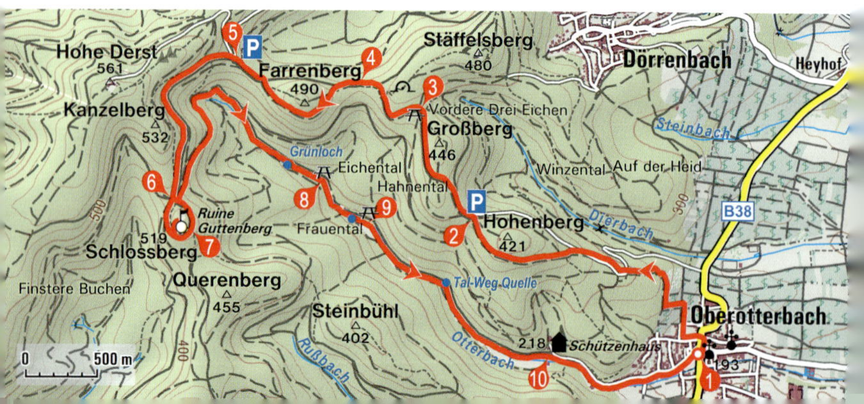

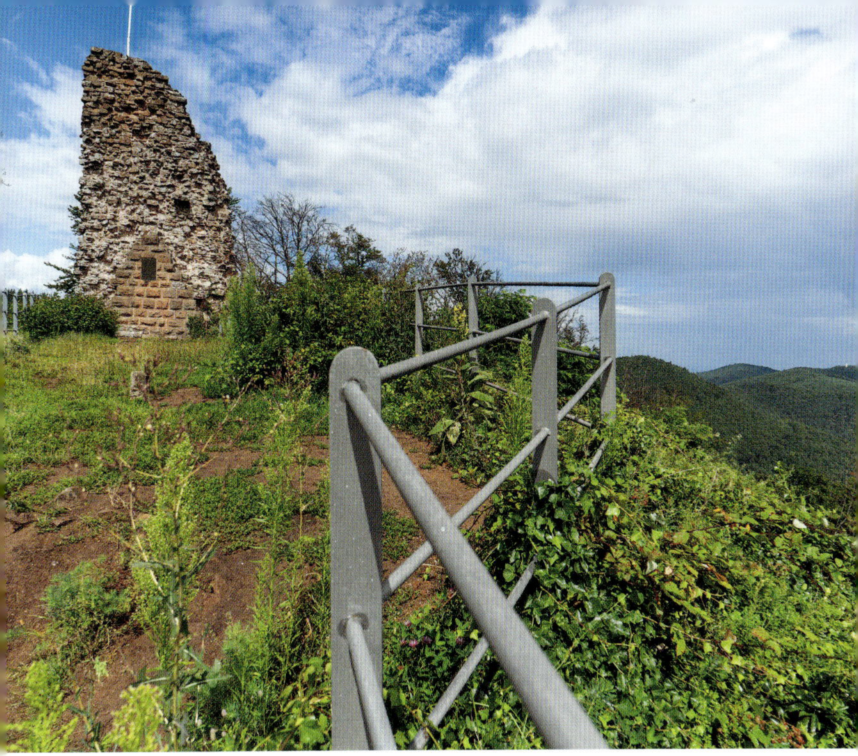

Ruine Guttenberg.

Ein Mahnmal für den Frieden

1938 veranlasste Hitler den beschleunigten Ausbau des Westwalls als Verteidigungsfront. Das 630 km lange Bollwerk sollte die Westgrenze des Deutschen Reichs abschotten, um bei den Eroberungsfeldzügen im Osten einem Zweifrontenkrieg besser standhalten zu können. Das gigantische Bauwerk soll 3,5 Milliarden Reichsmark verschlungen haben und mit 21.000 Bunkern aus Beton, Panzersperren und einem 30 m breiten Graben bestückt gewesen sein. Nach dem Waffenstillstand mit Frankreich im Jahr 1940 wurden die Geschütze am Westwall demontiert, weil sie anderswo dringender gebraucht wurden. Nach der Landung der Alliierten in der Normandie 1944 und deren schnellem Vorstoß zum Rhein musste der Westwall schnellstens reaktiviert werden. In der Südpfalz galt die Weißenburger Senke zwischen Oberotterbach und dem Bienwald als Schwachstelle, die vorrangig verschlossen werden musste. Sowohl die Ausstattung mit Geschützen als auch mit Soldaten blieb jedoch unzureichend, sodass der Westwall seine Verteidigungsfunktion nicht lange aufrechterhalten konnte. Im Januar 1945 durchbrachen ihn die Alliierten, wobei der Abschnitt am Großberg und Farrenberg besonders hart umkämpft war. Am 20. März brachen die Amerikaner auch hier durch. Der grausame Krieg ist vorbei, doch die Erinnerungen daran sind geblieben. So ist der Weg der Geschichte heute vor allem auch ein Mahnmal für den Frieden, das nach dem Einmarsch russischer Truppen in die Ukraine am 24. Februar 2022 wichtiger denn je ist.

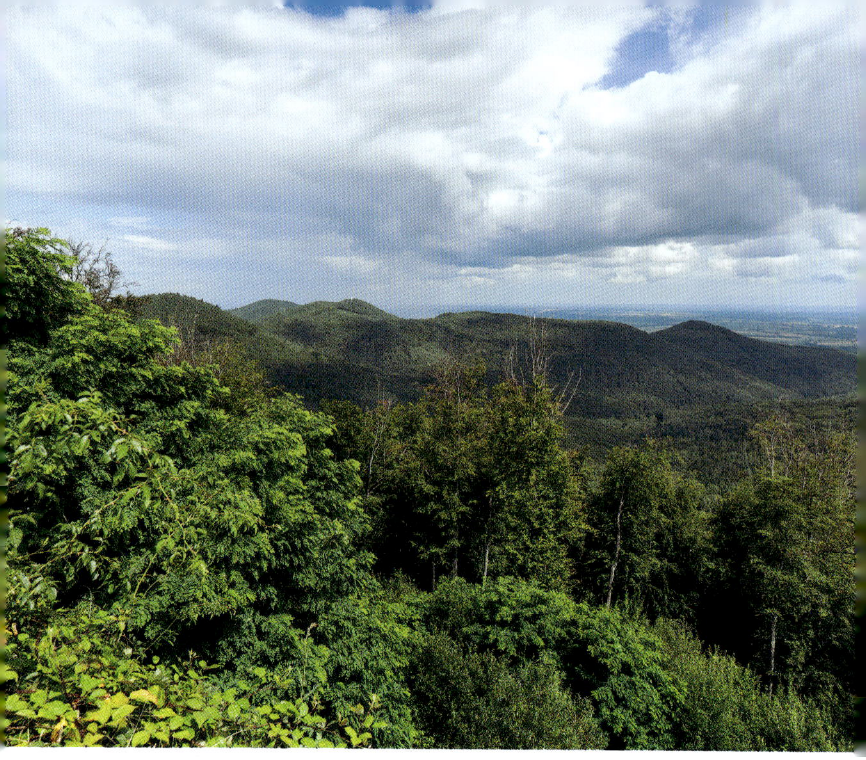

Aussicht von der Ruine Guttenberg auf dem Schlossberg im Pfälzerwald zum Stäffelsbergturm und in die Rheinebene.

nen Abstecher auf den Schlossberg zur **Ruine Guttenberg ❼**. Durch ein Tor gelangen wir in die Unterburg, wo wir auf einer schmalen Steintreppe zur Oberburg hinaufsteigen. Dort blicken wir in Richtung Süden über den Mundatwald und sehen auf dem Höhenrücken im Osten den weißen Stäffelsbergturm im Licht der Sonne leuchten.

Danach verlassen wir die Ruine wieder durch das Tor und gelangen danach links auf dem felsigen und sandigen Pfad geradeaus hinunter zur **Wegspinne ❻**. Dort lassen wir uns wieder vom Weg der Geschichte leiten und folgen diesem nach rechts. In einem Wegbogen, an dem es links zu den Drei Eichen geht, liegt eine kleine Quelle. Wir gehen hier weiter geradeaus ins Otterbachtal. Dort beginnt an einem Rastplatz beim »Hannes und der Katche« der **Waldgeisterweg ❽**. Ab hier begleiten uns auf unserer Wanderung zahlreiche, aus Holz geschnitzte Gnome, Wichtel und Tiere, die wir vor allem links vom Weg entdecken können. Im **Hahnental ❾** liegt ein weiterer schöner Rastplatz. Hier lehnt sich ein Waldwichtel mit Napoleonshut an einen Baum und schaut den Leuten beim Vespern zu. Der Waldgeisterweg endet an der Abzweigung zum **Schützenhaus ❿**. Wer möchte, kann dort einkehren (schöner Biergarten). Wir gehen noch ein kleines Stück durchs Otterbachtal und gelangen dann geradeaus auf der Oberdorfstraße wieder zurück zu unserem Ausgangspunkt in der Ortsmitte von **Oberotterbach ❶**.

Von Dörrenbach auf den Stäffelsberg

Gebrüder Grimm Märchenweg in Dörrenbach

1.45 Std. | 5,6 km | ↗ 220 m | ↘ 220 m

Eine mittelalterliche Wehrkirche und Rosenblüten am Stäffelsbergturm

Der Gebrüder Grimm Märchenweg in Dörrenbach zählt zu den beliebtesten Wanderwegen der Pfalz für Familien mit Kindern. Unterwegs kann man ein Preisrätsel lösen, und manchmal hilft den Kindern dabei eine gute Fee. Unter allen Einsendern des richtigen Lösungsworts werden auf dem Dornröschen-Weihnachtsmarkt Preise verlost. Die Rätselkarten und weitere Infos dazu gibt's im Internet unter www.doerrenbach.de. Der Märchenweg hat sieben Stationen, die von fünf Künstlerinnen und einem Künstler aus der Region gestaltet wurden.

Ausgangspunkt: Dörrenbach, Parkplatz in der Hauptstraße am östlichen Ortsanfang.
Markierung: Logo des Gebrüder Grimm Märchenwegs mit stilisierter Krone und rot-weiße Welle des Pfälzer Weinsteigs.
Anforderungen: Überwiegend Waldwege.
Einkehr: Weinstube Unter der Linde, Hauptstraße 8, geöffnet März-Oktober Mi.–So. 12–14 Uhr und ab 17 Uhr, Nov.–Feb. Do.–So. 12–14 Uhr und ab 17 Uhr.
Tipp: Alle zwei Jahre verwandelt sich an einem Wochenende Mitte Juni Dörrenbach beim Dornröschenfest in eine mittelalterliche Festmeile. Höhepunkt ist der Samstagnachmittag um 16 Uhr, wenn das Dörrenbacher Straßentheater und die sieben Zwerge vor der historischen Wehrkirche das Dornröschen wach küssen. Das nächste Fest findet 2023 statt (www.doerrenbach.de).
ÖPNV: Bus Linie 543 vom Bahnhof Bad Bergzabern bzw. Wissembourg nach Dörrenbach.

Das Fachwerkrathaus von Dörrenbach.

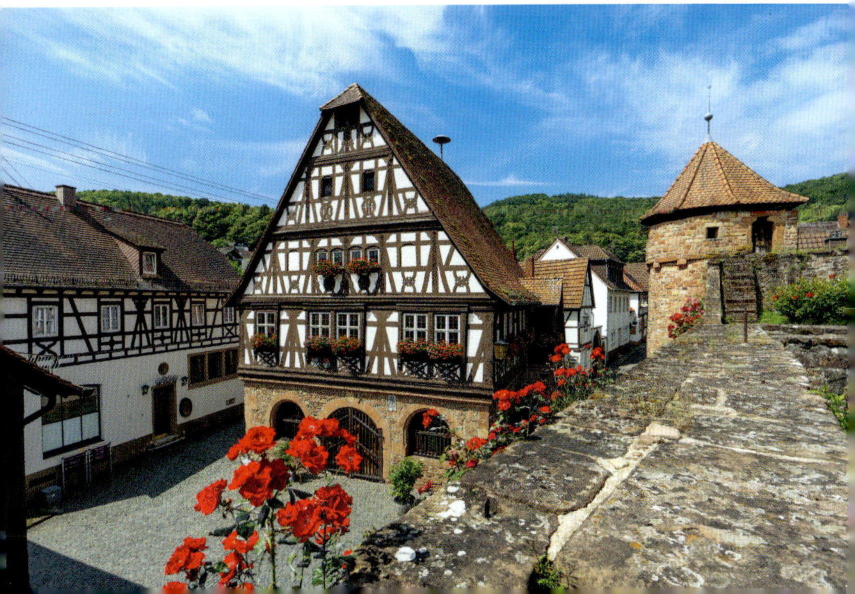

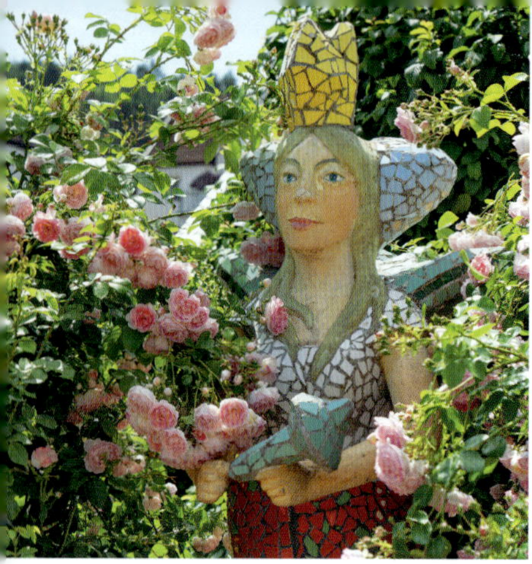

Dornröschen zwischen blühenden Rosen.

»Dornröschen der Pfalz« nennt sich das idyllische Dorf, in dem alle zwei Jahre eine junge Frau zum Dornröschen gekrönt wird. Wir beginnen unsere Wanderung am östlichen Ortsrand von **Dörrenbach ❶** beim Parkplatz in der Hauptstraße. Von dort führt uns die Hauptstraße zum Buswendeplatz, wo der Froschkönig am Napoleonsbrunnen sitzt. Hier beginnt der Gebrüder Grimm Märchenweg. Wir lassen uns jetzt von seinem Logo durch das märchenhafte Dorf leiten. Gegenüber dem Fachwerkrathaus, einem prächtigen Renaissancebau von 1590, liegt der einzige Wehrfriedhof der Pfalz. Die Wehrkirche Sankt Martin und der Friedhof sind von einer hohen Ringmauer mit Rundtürmen umschlossen. Der älteste Teil der heutigen Simultankirche stammt aus dem 13. Jahrhundert. Eine ihrer fünf Glocken, die 1330 gegossen wurde, zählt zu den ältesten der Pfalz. In dem kleinen Eckturm der Wehrmauer können wir sehen, wie eine Eiserne Jungfrau, ein mittelalterliches Folterinstrument, von innen aussieht. Wir gehen weiter geradeaus durch das Dorf, kommen am Dornröschenbrunnen vorbei, und biegen danach am Dornröschengarten nach links in die Brunnenstraße ab. An dem Spiel- und Picknickplatz steht das Dornröschen inmitten rosarot blühender Rosen. In der Straßenkurve führt uns ein Fußweg zum Heideweg, auf dem wir zum Waldrand gelangen. Dort wandern wir rechts auf der Zufahrtsstraße zum **Waldparkplatz Am Alten Bild ❷**. Hier wartet vor der Haustür das Schneewittchen auf die Wanderer. Der Gebrüder Grimm Märchenweg führt uns auf dem mit einer Schranke versperrten Waldweg geradeaus zu einer Abzweigung südwestlich vom Stäffelsberg. Hier treffen wir auf die rot-weiße Welle des Pfälzer Weinsteigs und gehen rechts zu Rapunzel, die an einem Holzturm ihren langen Haarzopf herablässt.

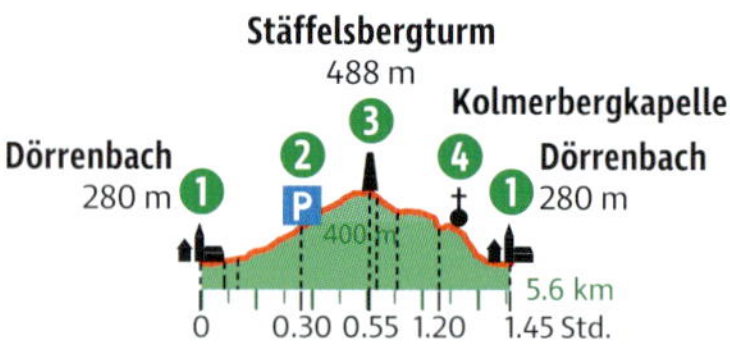

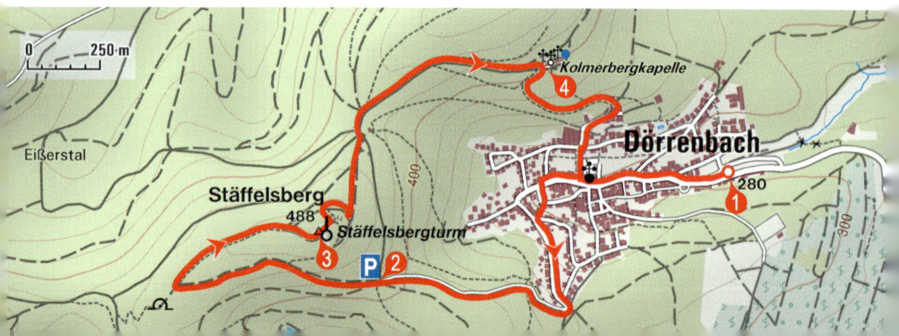

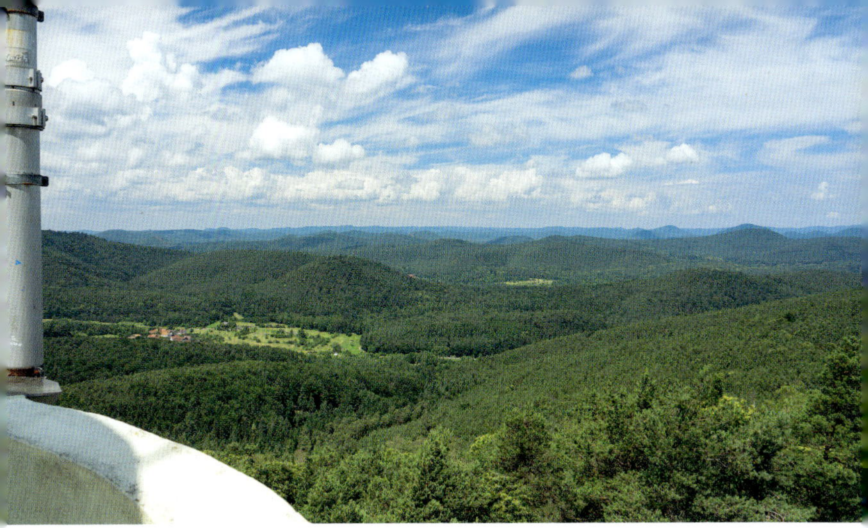

Pfälzerwaldblick vom Stäffelsbergturm.

Danach führen uns die Markierungen hinauf zum **Stäffelsbergturm ❸**. Dieser ist mit Rosenblüten verziert – ob darin Dornröschen wohnte? Wir steigen auf den 1964 erbauten, 24 m hohen Aussichtsturm und genießen den Blick über den Pfälzerwald.

Danach wandern wir auf dem Gebrüder Grimm Märchenweg und dem streckengleich verlaufenden Pfälzer Weinsteig an der Schutzhütte und einer Sandsteinwand vorbei hinunter zum Tischleindeckdich mit dem Goldesel. Hier stehen Steinmännchen, und die Bäume haben Ohren – doch aufgepasst, an einem Baum lauert auch der Knüppel aus dem Sack. Ganz in der Nähe sind Hänsel und Gretel in einem Käfig eingesperrt, den eine alte Hexe vom Fenster der danebenstehenden Hütte aus bewacht. Letzte Station am Weg sind die Sterntaler. Hier verlassen wir den Gebrüder Grimm Märchenweg und wandern auf dem Pfälzer Weinsteig weiter durch den Wald zur **Kolmerbergkapelle ❹**. Bis 1531 gab es hier ein Kloster, und bis heute ist die Kapelle das Ziel von Wallfahrten. Dahinter ist eine Ölbergszene mit lebensgroßen Figuren dargestellt.

Vor der Kapelle gehen wir auf dem Waldpfad bergab und gelangen am Ende des Walds rechts auf dem Geisbornweg wieder nach Dörrenbach. Dort gehen wir auf der Schulstraße rechts, kommen vor der Grundschule am Johannes-Brunnen vorbei und halten uns an der Straße Am Kolmerberg kurz rechts. Auf der anderen Seite führt uns dann ein grasbewachsener, schmaler Weg zum Friedhof, hinter dem wir wieder auf die Hauptstraße treffen. Diese führt uns links durch das Dornröschendorf zurück zu unserem **Ausgangspunkt ❶**.

Die Sterntaler-Station.

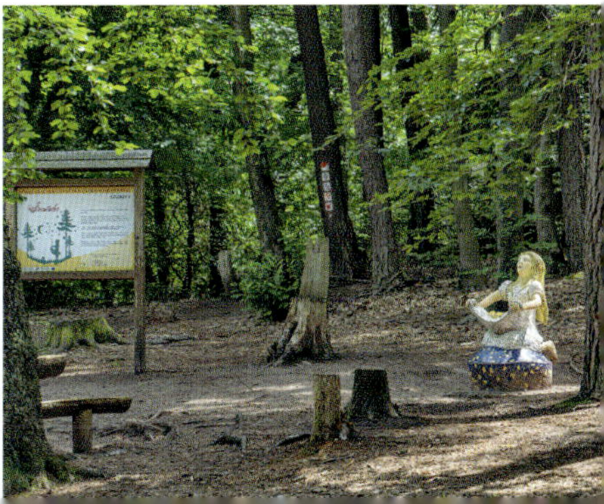

28 Von Annweiler zur Burg Trifels

Der Annweilerer Burgenweg

TOP | 2.45 Std. | 7,6 km | ↗390 m | ↘390 m

Die drei Burgen Trifels, Anebos und Scharfenberg

Im 11. Jahrhundert wurde südlich von Annweiler auf dem Felsplateau des 494 m hohen Sonnenbergs die Burg Trifels errichtet, die 1081 als Besitz eines Diemarus de Triveils erstmals urkundlich erwähnt ist. Der Name Triveils oder Trifels (»Dreifels«) könnte sich von drei hier hintereinander liegenden Felsgipfeln ableiten. Im darauffolgenden Jahrhundert wurde die Felsenburg in der Zeit der Staufer zu einer repräsentativen Reichsburg umgebaut und erweitert. Kurz vor seinem Tod übergab Kaiser Heinrich V. die Reichskrone und die anderen Insignien kaiserlicher Macht – Reichsapfel, Zepter und Schwert – dem Staufer Herzog Friedrich von Schwaben zur Aufbewahrung auf der Burg Trifels. Sie war ein Eckpfeiler kaiserlicher Macht und galt durch ihre Mächtigkeit und exponierte Lage als uneinnehmbar. Im 17. Jahrhundert verfiel die Burg. Von 1938 bis 1945 wurde sie nach Plänen von Rudolf Esterer im Stil monumentaler süditalienischer Stauferkastelle neu gebaut. 1966 erhöhte man den Hauptturm mit dem Bau eines neuen Obergeschosses auf 32 m und machte ihn zu einem Aussichtsturm.

Dem Trifels vorgelagert sind zwei Felsgipfel, auf denen die Burgen Anebos und Scharfenberg stehen. Da auch sie als Gipfelburgen errichtet wurden, nennt man die drei Burgen auch das »Burgendreigestirn«. Burg Scharfenberg wurde Mitte des 12. Jahrhunderts unter dem Stauferkönig Konrad II. erbaut. Als Schutzburg der Burg Trifels diente sie zunächst als Staatsgefängnis und wurde Anfang des 13. Jahrhunderts Stammsitz des Speyerer Bischofs und Reichskanzlers Konrad III. von Scharfenberg. Die Burg wurde 1525 im Bauernkrieg zerstört. Erhalten geblieben sind der 20 m hohe Bergfried aus Sandstein-Buckelquadern, Reste der Ringmauer und des Brunnenturms. Im Volksmund wird die Burg auch »Münz« genannt. Mit den Stadtrechten erhielt Annweiler 1219 auch das Münzrecht, weshalb sich der volkstümliche Name der Burg darauf beziehen könnte. Wahrscheinlicher ist aber, dass sich der Name vom lateinischen Wort »munitio« (»Befestigung«) ableitet. Von der einst 60 m langen und 25 m breiten Felsenburg Anebos, die im 12. Jahrhundert als Sitz der Ritter von Anebos erbaut wurde, ist nur noch der hohe Buntsandsteinfelsen mit den Aushöhlungen für die Boden- und Deckenbalken übrig geblieben. Die Burg wurde bereits 1264 aufgegeben und verfiel danach.

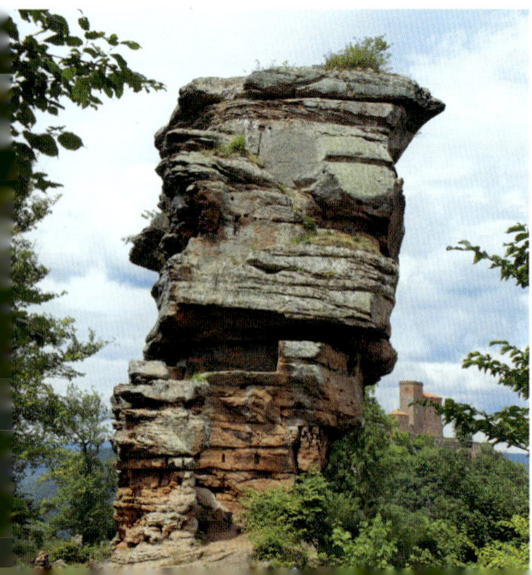

An die Burg Anebos erinnert nur noch ein Felsen aus Buntsandstein.

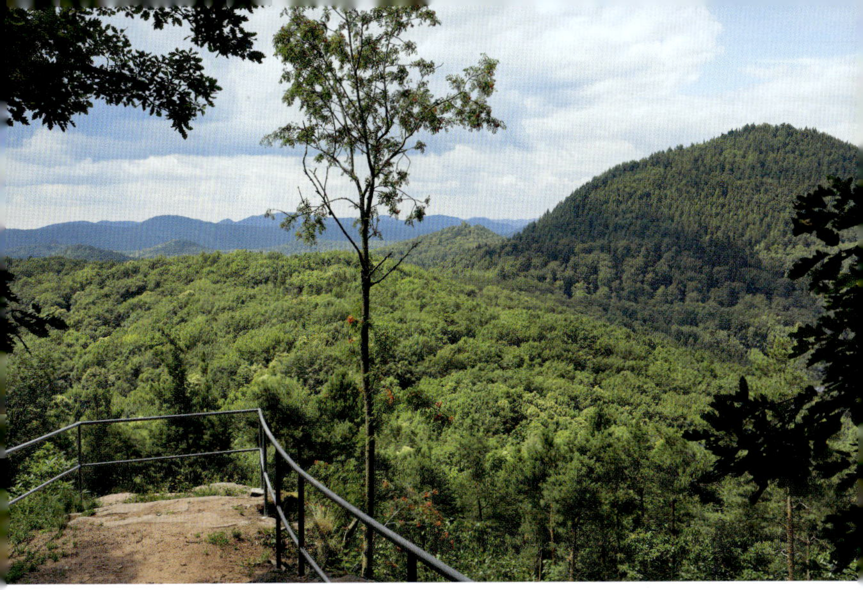

Pfälzerwaldblick von der Felskanzel.

Ausgangspunkt: Wanderparkplatz P1 an der Markwardanlage (Kurpark) in der Burgstraße.
Markierung: Grünes Logo des Annweilerer Burgenwegs mit Burg Trifels.
Anforderungen: Wanderschuhe mit Profilsohle, zwei längere Auf- und Abstiege, stellenweise schmale Wege.
Einkehr: Gaststätten in Annweiler. Naturfreundehaus Annweiler, Victor-von-Scheffel-Straße 18, geöffnet Di.–So. ab 11.30 Uhr. Barbarossa, Trifelsstraße 72 (Schlossäcker), geöffnet Fr. 11–15 Uhr, Sa., So. 11–17 Uhr.
Hinweis: Wegen Sanierungsarbeiten ist die Ruine Scharfenberg (Münz) bis voraussichtlich Frühjahr 2023 nicht zugänglich.
Tipp: Burg Trifels kann samstags und sonntags von 10–17 Uhr besichtigt werden. Dort sind Nachbildungen der Reichsinsignien ausgestellt (Originale in der Schatzkammer der Wiener Hofburg). In der Altstadt von Annweiler (Schipkapass 4) liegt an der Queich eine alte Wassermühle, neben der schöne Fachwerkhäuser stehen. Sie gehören zum Museum unterm Trifels. Im Winter So. 11–17 Uhr und ab April Mi.–Sa. 13–17 Uhr und So. 10–17 Uhr.
ÖPNV: Zugverbindung mit Landau und Pirmasens. Vom Bahnhof Annweiler zu Fuß zum Wanderparkplatz (ca. 1 km).
Karte: Pfälzerwald 6 von NaturNavi oder Hauenstein & Trifelsland von Pietruska.

Die Markwardanlage mit dem Schwanenweiher und den Spazierwegen ist der Kurpark von Annweiler. Ihr Name erinnert an Graf Markward von Annweiler (1140–1202), ein Erzieher des Stauferkaisers Friedrich II. Dort beginnt unsere Wanderung auf dem Annweilerer Burgenweg am **Wanderparkplatz P1 ❶**. Der Premiumweg führt uns von dort am Westhang des bewaldeten Sonnenbergs durch das Tal des Bindersbachs hinauf zum **Waldparkplatz Windhof ❷**. Dort leitet uns der Burgenweg links auf einem schmalen Pfad hinauf zu einer Abzweigung vor dem 34 m hohen Münzfels und dem dahinter liegenden 36 m hohen Jungturm. Hier gehen wir scharf rechts und können nach knapp 150 m von einer **Felskanzel ❸** die Aussicht nach Süden auf den Rehbergturm und die Berge

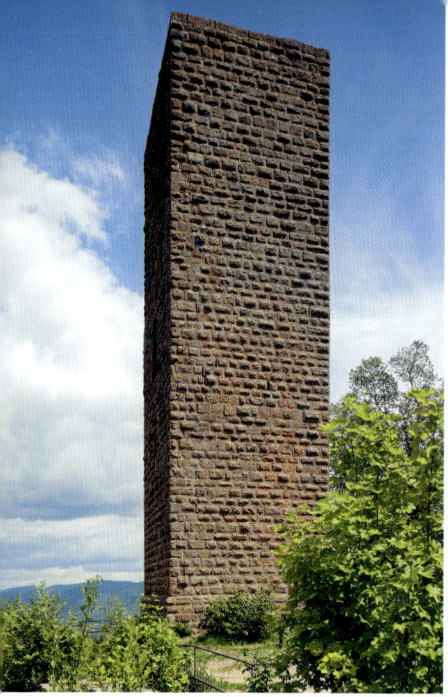

Der 20 m hohe Bergfried der Ruine Scharfenberg.

und Felsen des Wasgaus genießen. Hier verläuft auch der Buntsandsteinpfad, ein geologischer Wanderweg, an dem uns Infotafeln einen Einblick in die Erdgeschichte geben. Danach machen wir einen Abstecher zur **Burg Scharfenberg 4**, die auch Münz genannt wird. Nachdem wir die beeindruckende Ruine besichtigt haben, gehen wir ein Stück zurück und folgen dem Burgenweg, der östlich am Burgberg und am Münzfels und Jungturm vorbeiführt. Danach haben wir einen guten Blick zum Trifels mit dem **Bindersbacher Turm 5** im Vordergrund. Wir gehen an dem hohen Felsturm und dem dahinter liegenden Fensterfelsen vorbei zur **Burg Anebos 6**. Hinter der Ruine, von der außer dem Felsen nicht mehr allzu viel zu sehen ist, haben wir einen tollen Blick zur Burg Trifels. Danach steigen wir auf dem Burgenweg hinunter zum **Parkplatz Schlossäcker 7**. Hier hat Heinrich VI. einst sein Heer vor dem Normannenfeldzug versammelt, den er mit dem Lösegeld finanzierte, das er für die Freilassung des Königs Richard Löwenherz bekommen hatte. Ein Denkmal erinnert hier auch an die Wiedervereinigung Deutschlands und ein Gedenkstein an Gerhard Weber (1943–1997), Landrat und 1. Vorsitzender des Trifelsvereins. Wir überqueren den Parkplatz und folgen dem Burgenweg hinauf zur **Burg Trifels 8**. Die mächtige Burg betreten wir durch ein hohes Tor, schauen uns die etwas steril wirkenden hohen Räume an, in denen die Reichskleinodien ausgestellt sind, und genießen vor allem die Aussicht vom Burgfelsen und den 360°-Panoramablick vom Burgturm. Nach der Burgbesichtigung gehen wir auf dem Burgenweg zurück zum Parkplatz und wandern links in einem großen Bogen um den Sonnenberg zurück zum **Wanderparkplatz am Kurpark 1**.

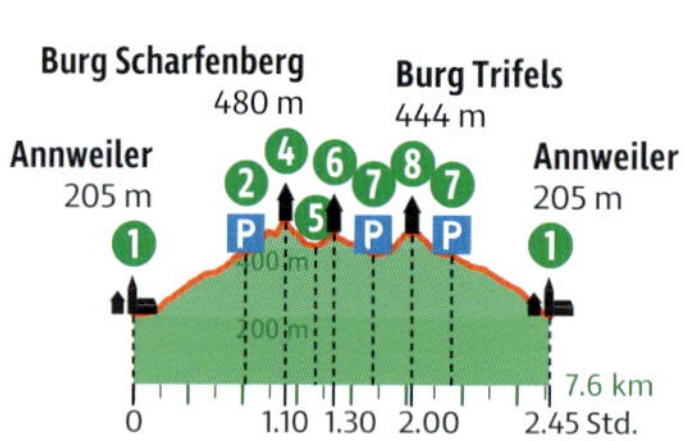

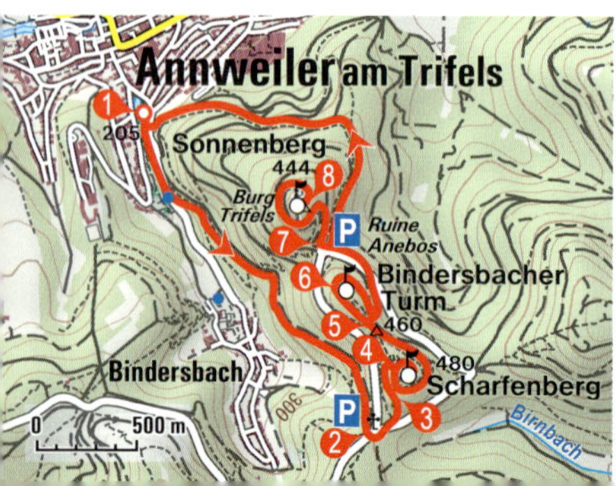

Richard Löwenherz als Gefangener auf dem Trifels

Mythenumrankt ist das Leben von Richard Löwenherz (1157–1199), der von 1189 bis zu seinem Tod als König Richard I. England regierte. Er wurde eine Zeit lang auf der Reichsburg Trifels gefangen gehalten. Wie kam es dazu?

Im Jahr 1187 eroberte der ägyptische Sultan Saladin Jerusalem und einen Teil des Heiligen Landes von den Christen zurück. Der französische Kreuzritter und König von Jerusalem, Guy de Lusignan, erlitt dabei eine bittere Niederlage. Noch im selben Jahr rief Papst Gregor VIII. zur Rückeroberung des Heiligen Landes auf. König Richard I. folgte dem Aufruf und nahm, wie auch Kaiser Friedrich I. Barbarossa und König Philipp II. von Frankreich, mit seinem Heer am Dritten Kreuzzug teil. Kaiser Barbarossa ertrank jedoch 1190 bei der Überquerung eines Flusses, worauf ein Großteil seines Heeres zurückkehrte. Den verbliebenen Teil führte Friedrich von Schwaben an, ein Sohn Barbarossas, der jedoch ebenfalls kurz darauf verstarb. Daraufhin übernahm als ranghöchster Kreuzritter der österreichische Herzog Leopold V. dessen Heer und belagerte die Stadt Akkon. Richard Löwenherz soll dort die Fahne Leopolds von einem eroberten Turm gerissen und durch seine eigene ersetzt haben. Schlimmer noch, er zog die österreichische Fahne durch den Schmutz. Leopold V. empfand dies als nicht mehr entschuldbare Beleidigung. Als Richard seinen nicht erfolgreichen Kreuzzug im Oktober 1192 beendete und sich als Pilger verkleidet auf den Heimweg machte, wurde er bei Wien enttarnt und von Leopold V. gefangen genommen. Dieser verkaufte seinen wertvollen Gefangenen 1193 an Kaiser Heinrich VI., der ihn auf die Reichsburg Trifels brachte. Erst als England eine für die damalige Zeit unvorstellbar hohe Lösegeldsumme von 23 Tonnen Silber gezahlt hatte und König Richard Heinrich VI. zum Lehnsherrn seines Landes machte, wurde er im Februar 1194 freigelassen. Von den rund eineinhalb Jahren Gefangenschaft dürfte Richard Löwenherz tatsächlich aber nur wenige Wochen auf dem Trifels verbracht haben.

Burg Trifels.

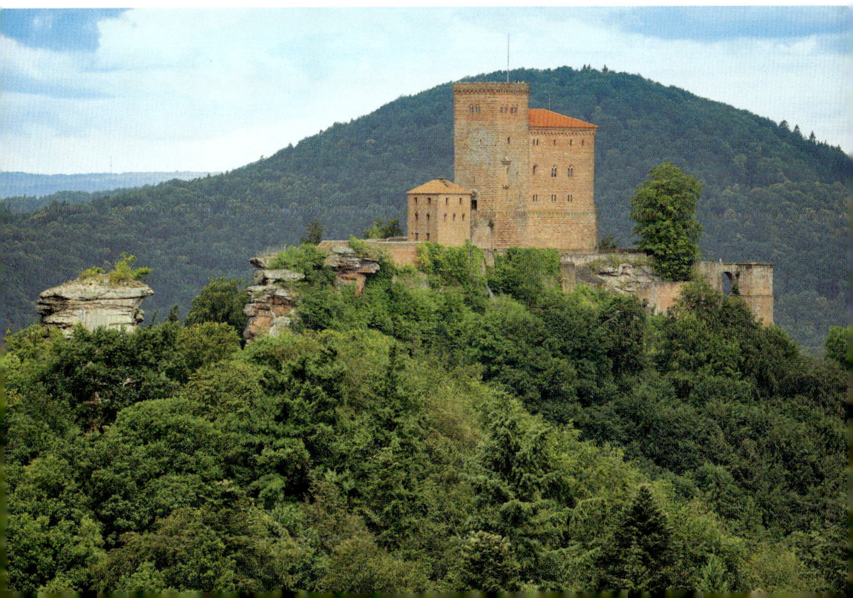

29 Von Wilgartswiesen zur Ruine Falkenburg

Der Wilgartswieser Biosphärenpfad

2.30 Std. | 8,5 km | ↗400 m | ↘400 m

Die Falkenburg, ein Wald voller Ameisen und die Deichenwand

Die Falkenburg wurde vermutlich im 11. Jahrhundert als Felsenburg auf dem 180 m langen, 20 m hohen und 12 m breiten Sandsteinplateau des 337 m hohen Schlossbergs erbaut. Sie wurde erstmals 1240 als Reichsfeste erwähnt und gehörte ab 1410 zum Besitz der Grafen von Leiningen und der Herzöge von Pfalz-Zweibrücken. 1689 wurde die Burg im Pfälzischen Erbfolgekrieg zerstört. Grundmauern von Wohngebäuden, eine Felsenpforte, der Bergfried und ein tiefer Brunnenschacht in der Oberburg sind erhalten geblieben. Unterhalb der Burg liegt das 36 ha große Naturschutzgebiet Falkenburg-Tiergarten. 1553 ließ Graf Hanns Heinrich von Leiningen hier einen Tiergarten für die Jagd anlegen, woher auch der Name des Schutzgebiets stammt. In diesem entspringt ein kleiner Bach, der einen Waldweiher speist, und ein artenreiches Feuchtbiotop ist. Dieses ist von einem ursprünglichen Wald mit alten Bäumen umgeben, in dem meterhohe Haufen der Roten Waldameise stehen.

Im Wald nordwestlich von Wilgartswiesen liegt der Schulwald, ein Lernort für ganzheitliche Natur- und Umwelterziehung. Dort gibt es ein Waldklassenzimmer und einen Waldlehrpfad mit naturkundlichen Infotafeln.

Ausgangspunkt: Wilgartswiesen, Parkplatz Falkenburghalle in der Tiergartenstraße.
Markierung: Logo des Wilgartswieser Biosphärenpfads mit grüner Spirale.
Anforderungen: Wanderschuhe mit Profilsohle, mehrere Auf- und Abstiege auf Waldpfaden.
Einkehr: Gaststätten in Wilgartswiesen.
ÖPNV: Zugverbindung mit Landau und Pirmasens. Busverbindung mit Dahn und Hauenstein.
Karte: Pfälzerwald 5 von NaturNavi oder Hauenstein & Trifelsland von Pietruska.

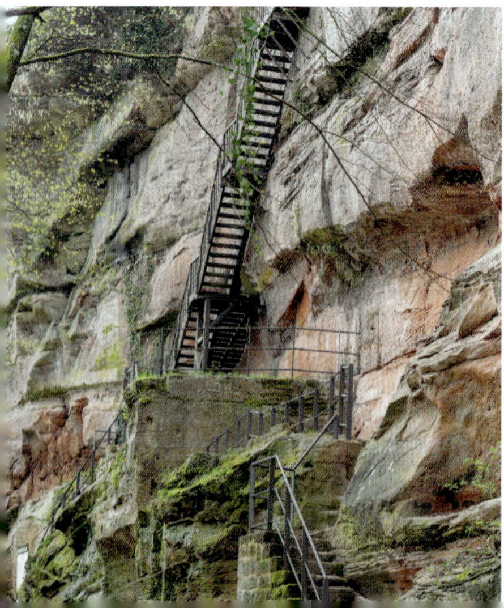

Die grüne Spirale des Premiumwegs Wilgartswieser Biosphärenpfad leitet uns auf dieser abwechslungsreichen Wanderung, die sich auch gut für Familien mit Kindern eignet, die gut zu Fuß sind und sich für die Natur interessieren. Vom Parkplatz an der Falkenburghalle in **Wilgartswiesen ❶** gehen wir auf der Tiergartenstraße in Richtung Ort. Nach dem Spielplatz führt unser Weg, von dem wir einen guten Blick übers Tal zur Deichenwand haben, rechts hinauf zu einer Abzweigung am Fuß

Treppe zur Ruine Falkenburg.

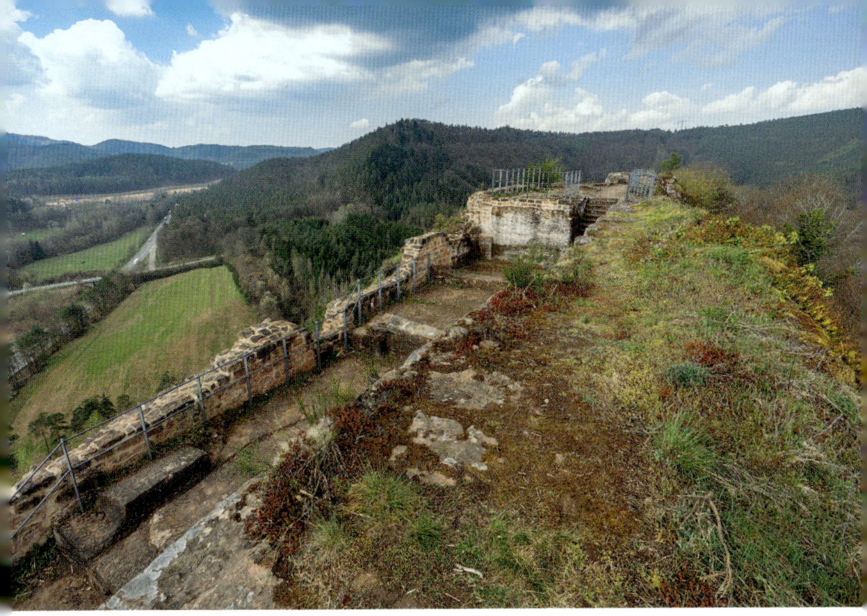

Ruine Falkenburg.

der mächtigen Buntsandsteinwand der Falkenburg. Hier gehen wir an der Wand entlang und steigen dann die lange Holztreppe hinauf zur Ruine der **Falkenburg ❷**. Von dieser haben wir einen guten Blick auf Wilgartswiesen und ins Queichtal. Nach der Burgbesichtigung gehen wir zurück zu der Abzweigung und folgen dem Biosphärenpfad bergab. Im Tal gehen wir auf der Forststraße rechts zum **Tiergarten ❸**. Hier wandern wir links auf der Forststraße durch das Naturschutzgebiet. Rechts vom Weg erstreckt sich ein Feuchtbiotop, in dem ein Waldweiher liegt. Wo der Weg hinter dem Weiher am Waldrand entlangführt, stehen große Haufen der Roten Waldameise. Im Frühjahr ist hier bei gutem Wetter ein leises Prasseln zu hören, das von den fleißigen Ameisen stammt. Am Ende des Waldrands folgen wir links dem Wurzelweg talaufwärts. Wir kommen an moosbewachsenen Felsblöcken aus Buntsandstein vorbei, queren bei der Hochspannungsleitung eine Forststraße und gehen geradeaus weiter bergauf. Blicken wir zurück, haben wir eine schöne Aussicht auf die bewaldeten Berge des Wasgaus. Am Ende des Aufstiegs gelangen wir kurz vor der Straße K 56 zu einem Aussichtspunkt, an dem eine Rastbank steht. Wegen der Stromleitung und des abgeholzten Waldhangs ist die Aussicht hier leider nicht so schön. Daher gehen wir weiter zum nahe gelegenen Wanderparkplatz an der Straße.

Hier machen wir einen Abstecher zum »Spurrillen-Damm« an der Falkenburger Steige. Dazu überqueren wir links haltend die Straße und folgen dem Wegweiser »Historische Geleise«. Wir passieren den Ritterstein der „Alten Straße" und gehen danach links auf dem nicht markierten Waldpfad, der oberhalb der Straße verläuft, weiter. Dieser führt uns auf einen kleinen **Aussichtsfelsen ❹**, auf dem eine Rastbank steht. Von dort erreichen wir nach einem kurzen Abstieg die Infotafel

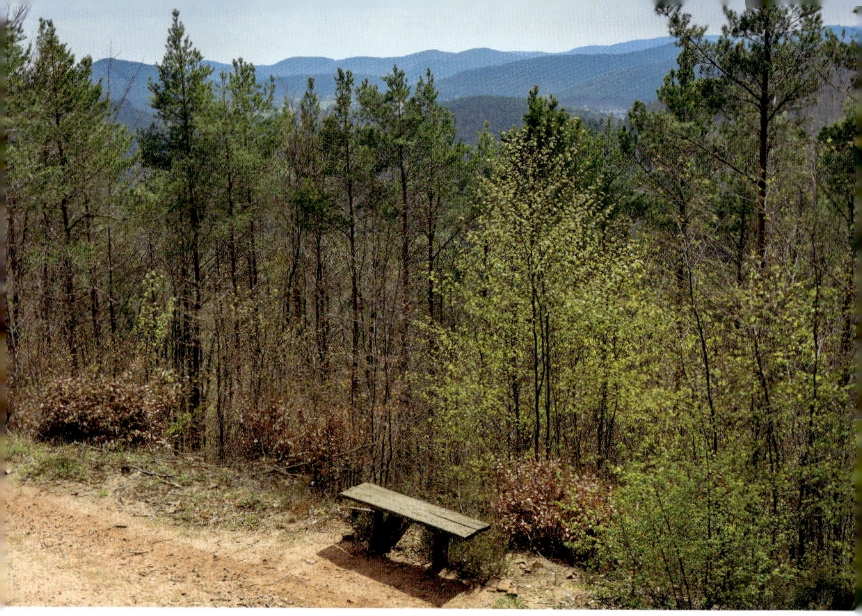

Wasgaublick.

oberhalb des »Spurrillen-Damms«. Hinter dieser liegt die Falkenburger Steige, ein steiler, felsiger Weg, der an einer senkrechten Sandsteinwand entlangführt. Hier verläuft die alte Straße vom Rhein nach Lothringen, die schon die Kelten und Römer mit ihren Wagen befuhren. Am »Spurrillen-Damm«, dem Felsdurchbruch oberhalb der Steige, frästen die eisenbeschlagenen, mittelalterlichen Wagenräder tiefe Spurrillen in den Buntsandstein.
Nachdem wir uns dieses interessante Wegstück angesehen haben, gehen wir zurück zum Wanderparkplatz. Wir nehmen aber nicht denselben Weg, sondern folgen an der Infotafel geradeaus der Forststraße. Vom Wanderparkplatz führt uns eine breite Forststraße zum nahe gelegenen Aussichtspunkt **Wasgaublick 5**. Dort liegt oberhalb vom Weg ein schöner Rastplatz.
Danach wandern wir geradeaus auf der aussichtsreichen Forststraße weiter. Auf den Sandsteinen am Weg huschen Mauereidechsen, und im Frühjahr blühen im Wald weiße Buschwindröschen und blaue Wald-Veilchen. Nach 1,6 km verlassen wir an einer **Schutzhütte 6** die Forststraße und folgen rechts dem Pfad, der nach dem Wilgartswieser Heimatforscher Kurt Reinhard (1927–1978) benannt ist, zur **Deichenwand 7**. Von ihrer Aussichtskanzel haben wir den besten Blick ins Queichtal. Wir

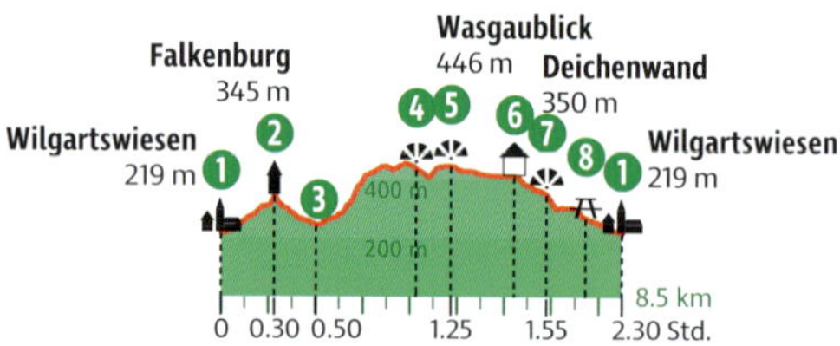

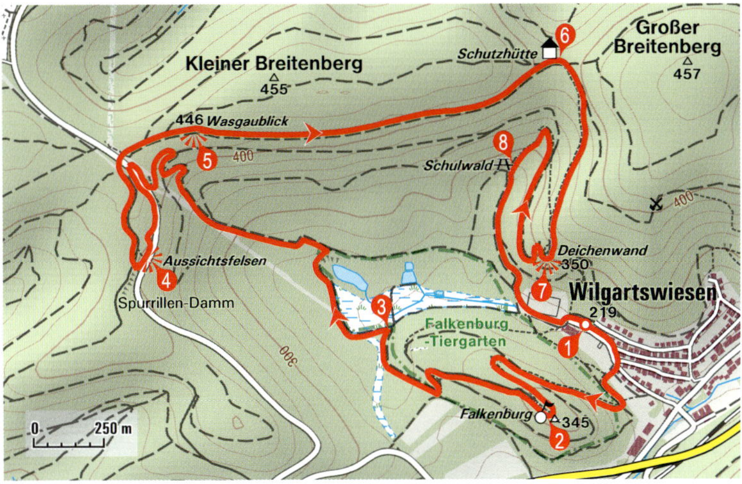

gehen danach rechts an der Kanzel vorbei und steigen auf dem kurzen, felsigen Pfad, der mit einem Stahlseil gesichert ist, entlang der Felswand hinunter zu einer Forststraße. Auf dieser gehen wir rechts und folgen vor dem Talschluss links dem ausgeschilderten Pfad bergab in den **Schulwald 8**. Auf dem Weg dorthin queren wir einen kleinen Quellbach. Das Waldklassenzimmer ist auch ein großer Rastplatz. Von dort folgen wir dem ausgeschilderten Waldlehrpfad durch den Schulwald und gelangen an dessen Ende links am Naturschutzgebiet Tiergarten und dem Sportplatz vorbei zurück zum Parkplatz an der **Falkenburghalle 1**.

Blick von der Felskanzel auf der Deichenwand.

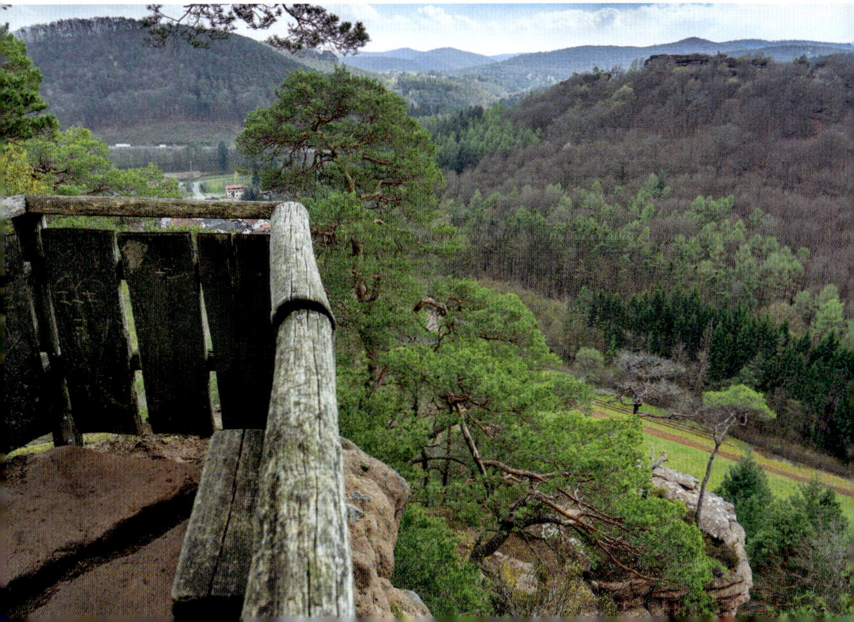

30 Von Hauenstein zum Winterkirchel

Der Hauensteiner Schusterpfad

5.00 Std. | 16,4 km | ↗ 530 m | ↘ 530 m

Die Felskanzel auf dem Hühnerstein und ein Tisch voller Steinmännchen

Der Hauensteiner Schusterpfad führt rund um Hauenstein, das Zentrum der pfälzischen Schuhindustrie, die ihre Blütezeit in den 1920er-Jahren und Mitte des 20. Jahrhunderts hatte. Er ruft die alte Tradition des Schuhmacherhandwerks im einst größten Schuhdorf Deutschlands in Erinnerung. Heutzutage leiden die Schuhfabriken jedoch schwer unter der ausländischen Konkurrenz, und nur wenige haben überlebt. Carl-August und Anton Seibel gründeten 1886 in Hauenstein eine Schuhfabrik. Obwohl auch Seibel-Schuhe längst nicht mehr in Hauenstein produziert werden, kann man in ihrem Erlebniszentrum Schuhfabrik dabei sein, wenn Schuhe hergestellt werden, und seinen eigenen Sneaker designen. Der Hauensteiner Schusterpfad ist ein Premiumweg, der zu bizarren Felsformationen und großartigen Aussichtsfelsen führt. Der Hühnerstein mit seinem langen Leiteraufstieg auf die Felskanzel und dem grandiosen Rundumblick ist eines der Highlights der Tour. Etwa nach der Hälfte des Wegs können wir im Wanderheim Dicke Eiche einkehren, und wer möchte, kann die Glocke des Winterkirchels läuten.

Ausgangspunkt: Bahnhof Hauenstein-Mitte.
Markierung: Gelbes Logo des Hauensteiner Schusterpfads mit Schuh.
Anforderungen: Wanderschuhe mit Profilsohle, lange Wanderung mit Auf- und Abstiegen.
Einkehr: Wanderheim Dicke Eiche, geöffnet Sa., So. 10–18 Uhr. Gaststätten in Hauenstein.
Tipp: Erlebniszentrum Schuhfabrik, Waldenburger Straße 1, geöffnet März-Oktober Mo.–Sa. 10–17 Uhr, So. 13–17 Uhr, verkürzte Öffnungszeiten von November–Februar. Deutsches Schuhmuseum, Turnstraße 5, aktuelle Öffnungszeiten unter www.museum-hauenstein.de. Hauensteiner Schuhmeile, größtes Factory Outlet Center Deutschlands für Schuhe und Sportbekleidung am Ortsanfang (Pirmasenser Straße), geöffnet Mo.–Sa. 10–18 Uhr, So. 13–18 Uhr.
ÖPNV: Bahnhof Hauenstein-Mitte, Bahnverbindung mit Karlsruhe, Landau und Pirmasens.
Karte: Pfälzerwald 8 von NaturNavi oder Bad Bergzaberner Land von Pietruska.

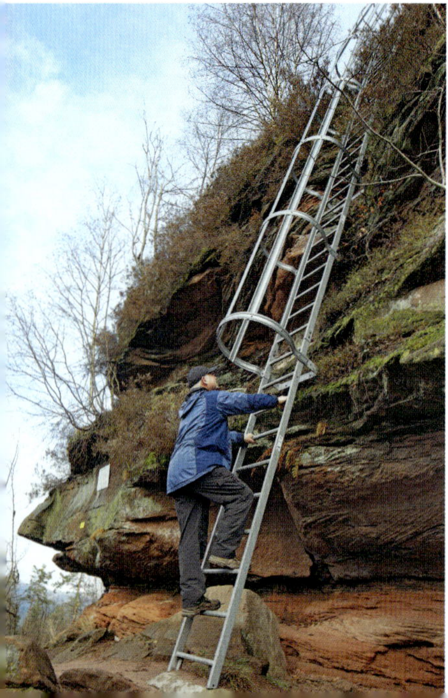

Leiteraufstieg auf den Hühnerstein.

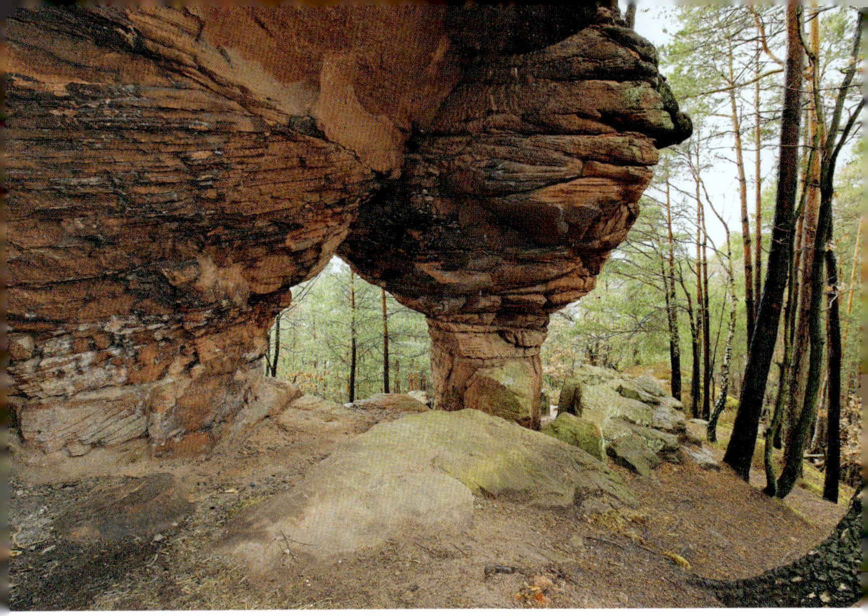

Das Felsentor am Neding.

Wir beginnen unsere Wanderung auf dem Hauensteiner Schusterpfad am **Bahnhof Hauenstein-Mitte ❶**. Von dort gehen wir auf der Falkenburgstraße in Richtung Ort, bis wir nach knapp 200 m auf das Logo des Schusterpfads treffen. Dieses leitet uns links entlang einer 500 m langen Felswand am großen Felsentor vorbei hinauf auf den schmalen Bergrücken des 336 m hohen Neding. Dort machen wir links einen kurzen Abstecher zur **Felskanzel des Neding ❷**, ein Aussichtspunkt und windiger Rastplatz. Wir wandern weiter über den Bergrücken. Dann führt der Holzschuhpfad an schroffen Buntsandsteinfelsen vorbei im Zickzack hinunter nach Hauenstein. Wir gehen dort auf der Speyerer Straße links, überqueren die Landauer Straße und die Queich und erreichen das Karmelitinnenkloster St. Joseph. In der Nähe steht die 1512 erbaute St.-Katharinen-Kapelle. Am Kloster halten wir uns links und wandern um den Ort zur Weißenburger Straße. Auf ihr gehen wir rechts bis zum Ankerskreuz, wo wir den Waldhang hinauf zum **Kreuzfelsen ❸** steigen. Hier haben wir den besten Blick auf Hauenstein. Der Schusterpfad führt anschließend an der Felswand entlang zum Cuno-Bild, einer verzierten Inschrift im Fels aus dem Jahr 1923, die an den deutschen Reichskanzler erinnert. Danach stehen auf einem **Felsentisch ❹** viele kleine Steinmännchen. Unterhalb davon steht eine Rastbank. Danach liegt der Kahle Felsen, ein überhängendes, zerklüftetes Felsdach rechts vom Weg. Von dort sehen wir hinüber auf den Burgfelsen. Wer mochte, kann einen Abstecher (150 m) zum ausgeschilderten Dörreinfelsen machen. Da dort Bäume die Aussicht versperren, wandern wir weiter zum nächsten Abstecher (250 m), der uns auf den **Backelstein ❺** führt. Vor dem Felsen folgen wir dazu dem schmalen, nicht markierten Weg bergab, bis wir auf einen Steg treffen, auf dem wir eine tiefe Felsspalte überqueren. Danach steigen wir die Treppenstufen hinauf zur Aussichtskanzel. Von der frühmittelalterlichen Holzburg sind nur noch eine Kammer und die Balkenlöcher im Fels zu sehen. Nach dem Abstecher führt uns der Schusterpfad an der Weimersborn-Schutzhütte vorbei zum **Hühnerstein (6)**, einem exponierten Aussichtsfelsen. Steigen wir die lange Stahlleiter hinauf zur Felskanzel, haben wir einen 360°-Rundblick über den Pfälzerwald zur Hohen Derst, zum Trifels und auf das Dorf Lug. Sein Name leitet sich vermutlich von »Hunnenstein« oder »Hünenstein« ab. Als Grenzfelsen markierte er früher die Grenze zwischen den Besitzungen der Kurpfalz und des Fürstbischofs von Speyer. Danach kommen wir zum Alten Looch, ein historisches Grenzzeichen, das wegen seiner muldenförmigen Vertiefung im Sandstein auch Hasenteller genannt wird.

Nachdem wir etwa die Hälfte unserer Wanderung geschafft haben, können wir im **Wanderheim Dicke Eiche (7)** einkehren. Davor erinnern der überdimensionale Holzschuh von Reinhold Müller aus Gräfenhausen an das alte Schuhmacherhandwerk und der aus Sandstein gemeißelte Wanderer mit Kind von Franz Seibel aus Hauenstein daran, dass Wanderer bei Sturm und schlechtem Wetter Schutz in der Hütte finden. Etwas weiter liegt der Torso einer 300-jährigen Eiche am Boden, die von Vandalen angesägt und 2011 gefällt werden musste. Zwar wurde dort an dem Rastplatz eine neue Eiche gepflanzt, es wird aber viele Jahre dauern, bis daraus ein dicker Baum wird. Jetzt leitet uns der Schusterpfad auf dem Hangweg, von dem wir einen guten Blick in das bewaldete Queichtal haben, zum **Winterkirchel Maria Himmelspforte (8)**. Im Dreißigjährigen Krieg bot der dichte Wald auf dem 447 m hohen Winterberg den Dahner Bürgern Schutz. Als Dank für ihre Rettung stifteten sie eine Kapelle, die 1789 zerstört wurde.

Wanderheim Dicke Eiche.

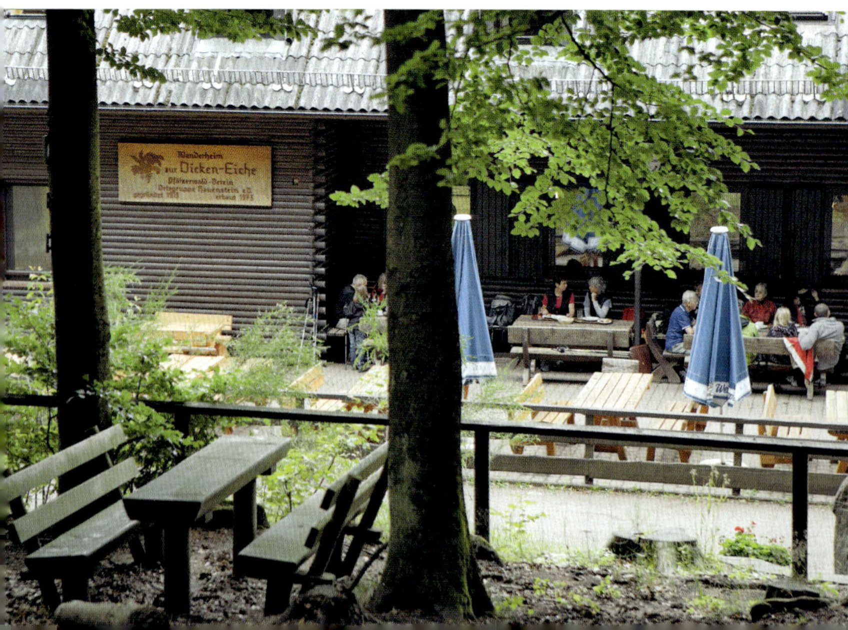

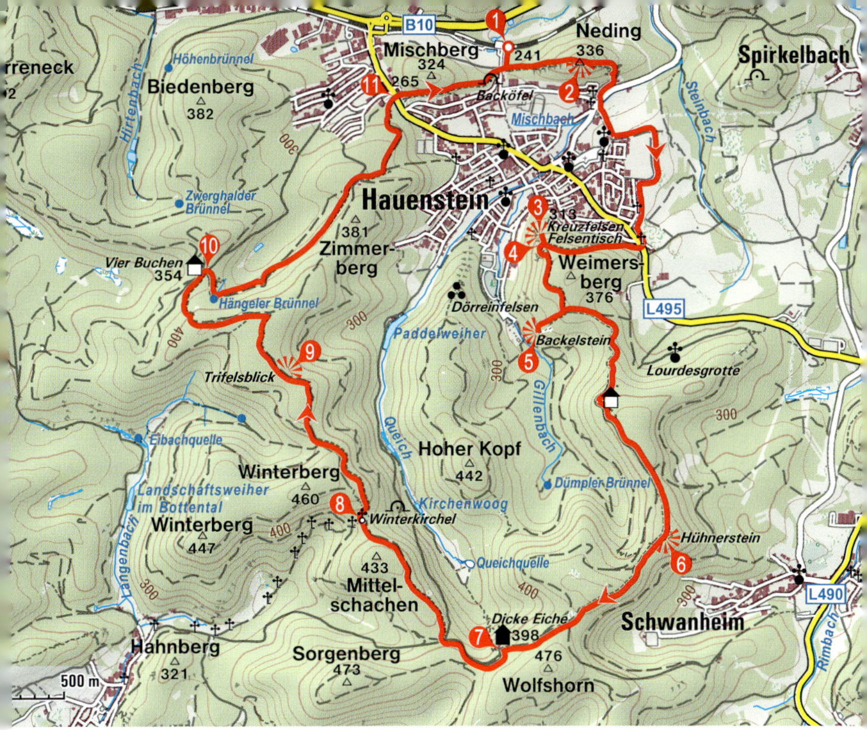

1948 wurde eine neue Kapelle errichtet, deren Dachreiter ein Posaune spielender Engel ziert. Das Winterkirchel steht an der höchsten Stelle des alten Schuhfabrik-Arbeiterwegs von Erfweiler nach Hauenstein. Wir wandern weiter durch den Wald zur Schutzhütte Am Jungwald mit dem **Trifelsblick ⑨** und dem Max-Meyer-Stein. An der Wegspinne bei den **Vier Buchen ⑩** (Schutzhütte) halten wir uns rechts und gelangen auf der Forststraße zum nahe gelegenen Hängeler Brünnel. 700 m weiter wandern wir dann auf dem ausgeschilderten Hängeler Pfad über den Zimmerberg nach **Hauenstein ⑪**. Dort überqueren wir die Bahnhofstraße und folgen dem Adolph-Kolping-Pfad in Serpentinen hinauf zu einem Felsdurchbruch. Auf einem bequemen Waldweg wandern wir danach an roten Buntsandsteinfelsen entlang. Im Backöfel, einer kleinen Felshöhle rechts am Weg, fanden die Hauensteiner im Zweiten Weltkrieg Schutz. Danach erreichen wir wieder die Falkenburgstraße, auf der wir links zum **Bahnhof-Mitte ①** gehen.

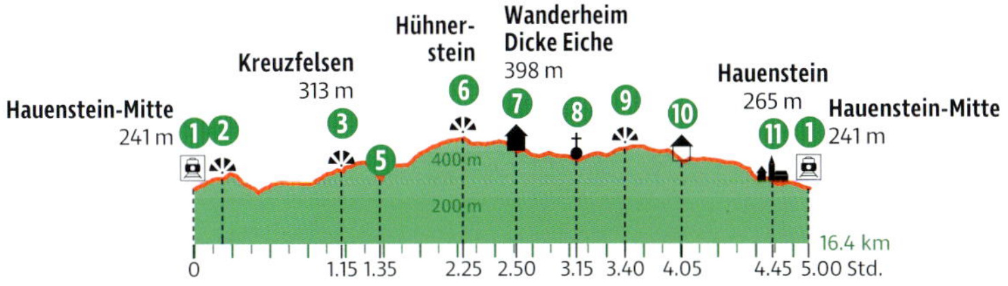

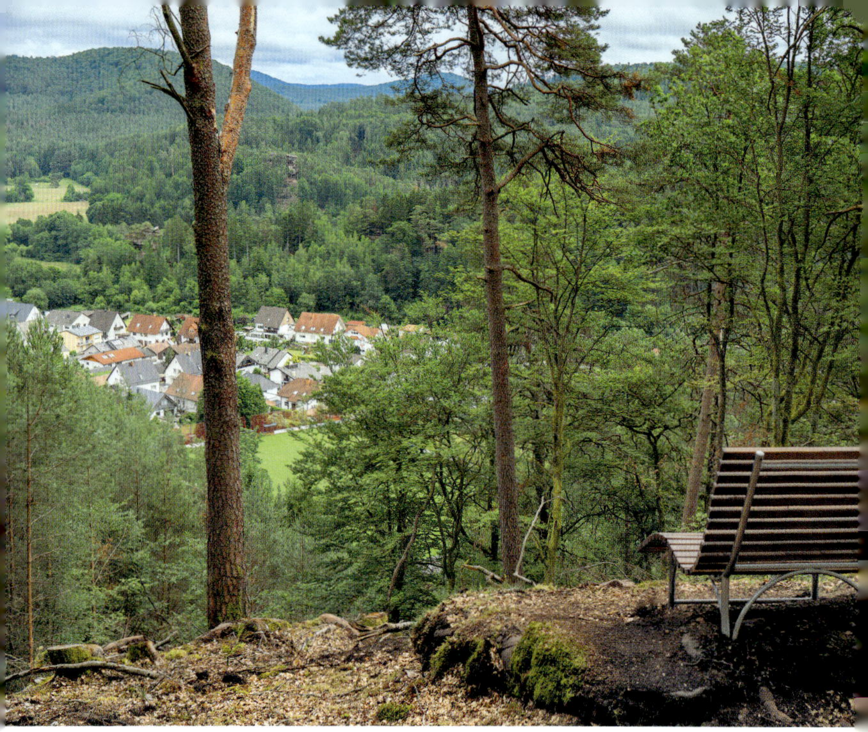

Die Schöne Aussicht.

auf dem Felsen steht. Die Bäume versperren hier aber die Aussicht auf Hinterweidenthal. Anschließend führt unsere Wanderung zu einem Rastplatz im **Windelstal 6**. Von dort führt der Weg wieder bergauf. Wir kommen an einem weiteren Aussichtspunkt auf Hinterweidenthal vorbei, an dem sich müde Wanderer auf zwei Liegebänken ausruhen können. Etwas weiter liegt rechts vom Weg die **Schöne Aussicht 7**; hier haben wir einen guten Blick auf den Ort. Danach macht der Wanderweg einen langen Bogen und führt zu einem neuen Aussichtspunkt, an dem Steinmännchen stehen.

Nun wird die Gegend teuflisch. Wir kommen an der Teufelsschmiede, einem durchbrochenen Buntsandsteinfelsen, und der Teufelsküche vorbei, einer mehrschichtigen Felsformation, die links neben dem Weg im Wald liegt.

Lange mussten wir auf das Highlight dieser Wanderung warten. Jetzt liegt es vor uns. Ein breiter, felsiger Sandsteinweg führt uns über den 284 m hohen Bergrücken zum **Teufelstisch 8**. Auf seiner waagrechten Felsplatte wächst eine dürre Kiefer. Am »Vespertisch des Teufels« können wir an einem der Sandsteinblöcke Platz nehmen und unsere Rucksackverpflegung auspacken. Gestärkt steigen wir dann hinter dem Felsen auf Treppenstufen hinunter zu der Rastbank mit den Riesenholzschuhen. Von dort gelangen wir rechts auf dem Waldweg zurück zum Parkplatz am Erlebnispark in **Hinterweidenthal 1**.

Der Teufelstisch, das Pfälzerwald-Wahrzeichen.

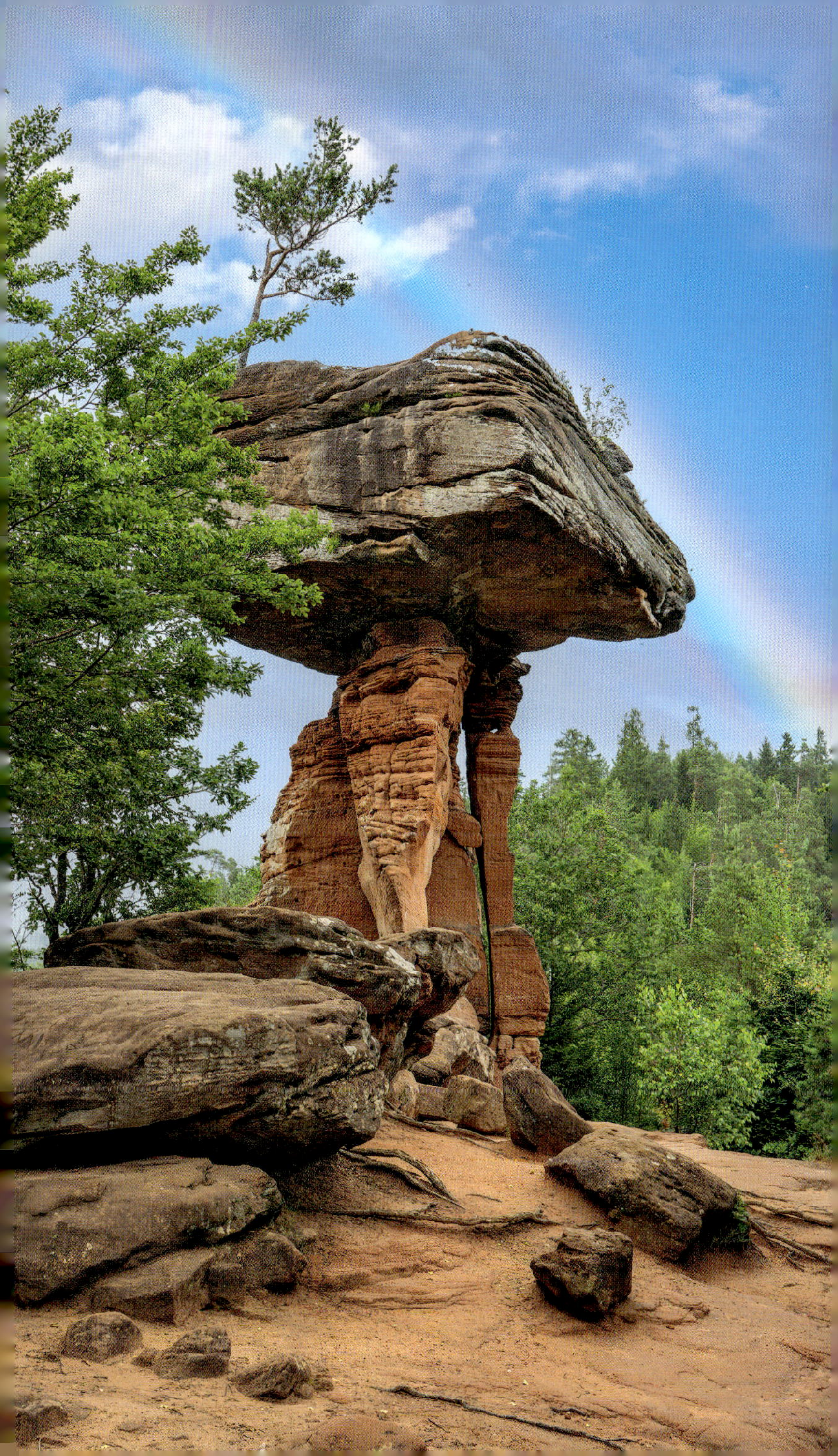

32 Von Dahn in die Felsenarena

Der Dahner Felsenpfad

TOP | 4.15 Std. | 13,0 km | ↗480 m | ↘480 m

Skurrile Felsen, Aussichtskanzeln und die Dahner Burgen

Der Dahner Felsenpfad ist einer der spektakulärsten Premiumwege der Pfalz. Der abwechslungsreiche Rundweg erfordert zwar Trittsicherheit und Kondition, dafür führt er uns zu den schönsten Aussichtsfelsen im Dahner Felsenland. Leider liegen die nicht minder spektakulären drei Dahner Burgen Altdahn, Grafendahn und Tanstein nicht auf dem Felsenpfad. Also machen wir einen separaten Abstecher dorthin. In Dahn führt vom Wanderparkplatz am Ende der Schlossstraße ein kurzer Fußweg hinauf zu ihnen.

Die drei Dahner Felsenburgen Altdahn, Grafendahn und Tanstein stammen aus der Zeit der Staufer. Zusammen bilden sie die größte pfälzische Burganlage. Mehrere Generationen Dahner Ritter erbauten diesen Burgenkomplex auf fünf nebeneinanderliegenden Buntsandsteinfelsen. Der felsige Untergrund diente als Fundament, die Erbauer nutzten die natürlichen Aushöhlungen und gruben Gänge, Kammern und Treppen in den Fels. Darüber wurde dann die Burg errichtet. Anfangs bestand diese aus Baumstämmen, später wurden die Wände aus Stein gemauert. Für die Böden zwischen den einzelnen Stockwerken verwendete man Holzbalken. Altdahn, die älteste Burg, wurde 1127 erstmals erwähnt. Markant sind ihr hoch emporragender Bergfried sowie Teile der Mauer, die teilweise restauriert wurden. Die Burg wurde 1689 im Pfälzischen Erbfolgekrieg zerstört. 1820 ereignete sich ein Felssturz, bei dem weitere Teile der Burg einstürzten. Grafendahn wurde 1287 errichtet und befand sich im 14. Jahrhundert im Besitz der Grafen von Sponheim, daher der Name. Kurfürst Friedrich I. von der Pfalz zerstörte sie im Jahr 1462. Tanstein wurde ebenfalls im 12. Jahrhundert erbaut, aber etwas später als Altdahn. Da ihr Besitzer ein Gefolgsmann von Franz von Sickingen war, wurde sie 1523 in seiner letzten Fehde ebenfalls zerstört. Den besten Blick auf die Dahner Burganlage hat man vom südlich gelegenen Haferfels aus. Der Pfad, der auf sein Felsplateau führt, hat allerdings eine kurze, abschüssige Kletterstelle.

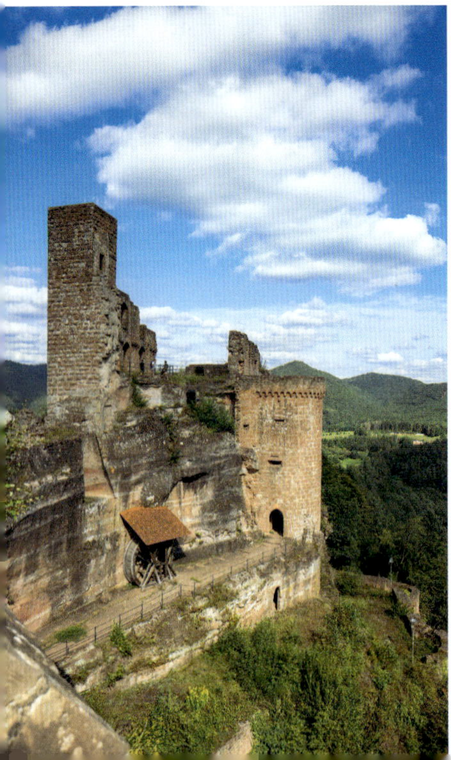

Die drei Dahner Felsenburgen.

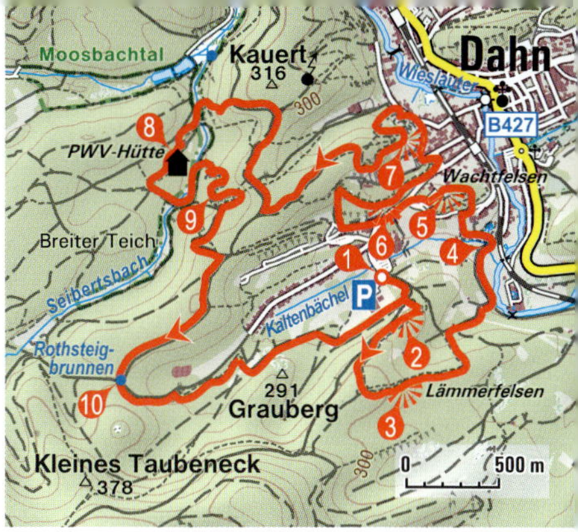

Ausgangspunkt: Dahn, Wanderparkplatz am Sportpark beim Felsland Badeparadies (Eybergstraße).
Markierung: Logo des Dahner Felsenpfads mit stilisiertem Steinmännchen.
Anforderungen: Anstrengend, steile felsige Wegstücke und mehrere Auf- und Abstiege.
Einkehr: Gaststätte Büttelwoog am Campingplatz, täglich ab 11.30 Uhr geöffnet; Felsengraf Steakhouse (Felsenland Resort), täglich ab 11 Uhr geöffnet; Gaststätte am Sportpark Dahn, Mo., Mi.–So. ab 17 Uhr geöffnet, So. auch 11.30–14 Uhr; PWV-Hütte Dahn im Schneiderfeld, geöffnet April–Oktober, Mi.–So. 10–18 Uhr.
ÖPNV: Von Mai bis Oktober verkehren Mi., Sa., So. Ausflugszüge von Mannheim und Karlsruhe nach Dahn. Bus Linie 250 von Pirmasens oder Linie 252 von Hauenstein und Wissembourg nach Dahn.
Karte: Dahner Felsenland von NaturNavi oder Dahner Felsenland bzw. Bad Bergzaberner Land von Pietruska.

Vom Wanderparkplatz am **Sportpark von Dahn ❶** gehen wir an der großen Wanderweg-Tafel auf dem Sträßchen 200 m rechts und treffen am Aufgang zum Büttelfels auf den Dahner Felsenpfad. Sein Logo leitet uns links auf einem schmalen Pfad den Hang hinauf zum Fuß des Sandsteinfelsens. Dort können wir auf einer Stahlleiter in die Durchblickkammer (Aussichtsplattform) des **Büttelfels ❷** steigen. Der Felsenpfad führt am Fuß der Leiter an der Felswand entlang zu einem Durchstieg. Hier gehen wir links durch den engen Felsspalt und haben danach vom **Lämmerfelsen ❸** einen weiteren schönen Blick auf Dahn. Danach wandern wir hinunter ins Tal der Wieslauter, wo wir unterhalb vom Hotel Pfalzblick am **Feuchtbiotop Kaltenbächel ❹** vorbeikommen. Wir gehen hier links um die eingezäunte Hotelanlage und steigen danach hinauf zum **Wachtfelsen ❺**. Auch hier führt eine Leiter auf eine Aussichtsplattform. Auf dem Felsenpfad überqueren wir dann den Parkplatz vor der Jugendherberge und kommen auf der Zufahrtsstraße an der markanten Felsgruppe Braut und Bräutigam vorbei. Entlang der Straße Im Büttelwoog erreichen wir das nahe gelegene Felsenland Resort, gehen rechts daran vorbei und vor dem Campingplatz Büttelwoog rechts hinauf zum **Pfaffenfelsen ❻**. Von seinem Aussichtsplateau haben wir einen guten Blick auf die Felsen Braut und Bräutigam, den Lämmerfels und den mächtigen Büttelfels. Danach führt der Felsenpfad zwei

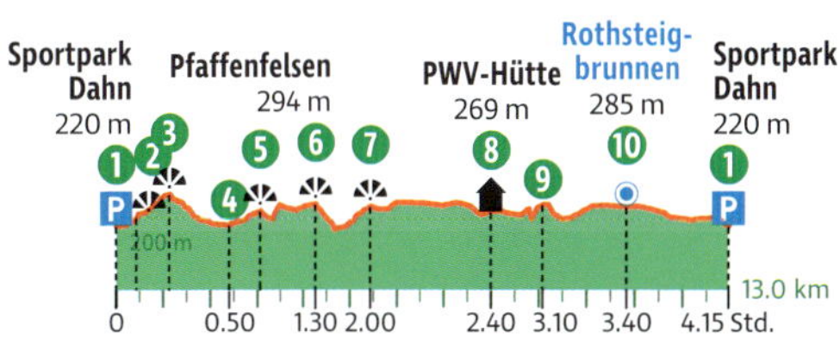

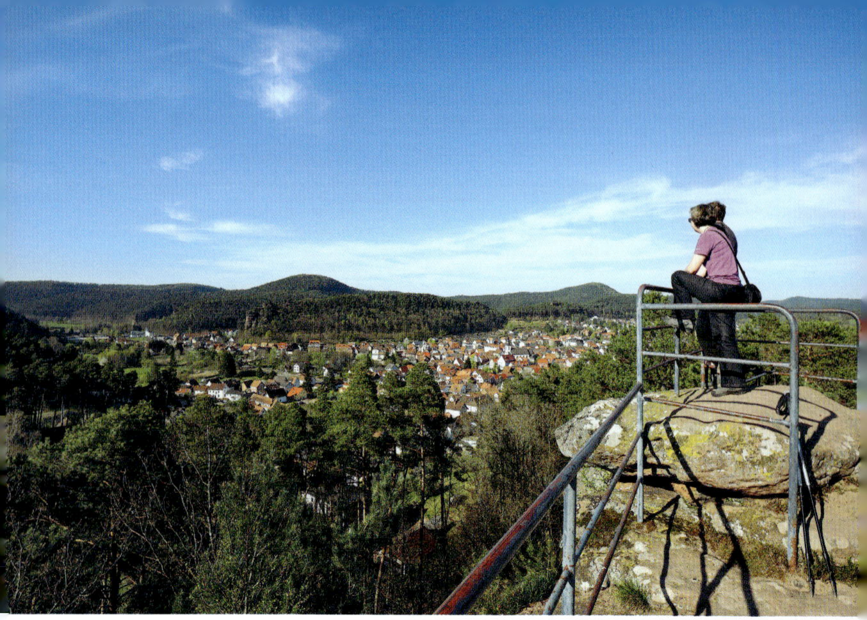

Blick von der Felskanzel auf dem Wachtfels auf Dahn.

steile Passagen hinunter, die mit Stahlseilen gesichert sind, und über eine sonnige, mit Heidekraut bewachsene Hochebene zum Sportplatz von Dahn. Davor halten wir uns rechts und steigen hinauf zum Schillerfels mit seinem Felsenfenster. Oberhalb davon können wir an einem Aussichtspunkt rasten, den Blick über Dahn zu den Dahner Burgen genießen und ein weiteres zu den hier schon so zahlreich stehenden Steinmännchen bauen.

Wieder müssen wir uns durch einen engen Felsspalt zwängen, um zum **Schwalbenfelsen 7** zu gelangen. Auf seine Aussichtskanzel führen in den Stein gehauene Treppenstufen. Ein grandioser Aussichtsfelsen! Wir blicken über Dahn zum Jungfernsprung-Felsen, zu den Dahner Burgen, zum Schiller-, Büttel- und Lämmerfelsen. Danach führt uns der Felsenpfad in die Felsenarena. Hier stehen mächtige Felstürme, die in einem Halbkreis angeordnet sind. Verwöhnt von den spektakulären Aussichten, die wir in der schattigen Felsenarena nicht haben, wandern wir weiter. Nach einem Rastplatz, an dem wir links gehen, führt der Felsenpfad etwa 900 m geradeaus durch den Wald und biegt danach rechts ab. Am Ritterstein Weihersebene folgen wir dem Felsenpfad auf dem Otto-Eisel-Pfad zum Elwetritschenfelsen, auf dessen Felsplateau eine Rastbank steht. Wir blicken von hier in das bewaldete Seibertsbachtal. In dieses Tal steigen wir nun hinunter und gehen im Tal rechts zur bewirtschafteten **PWV-Hütte 8** im Schneiderfeld. Hier können wir auf Erklärungstafeln Wissenswertes über das Naturschutzgebiet Moosbachtal erfahren. Wir lesen, dass es das bedeutendste in der Südwestpfalz ist, dass hier nährstoffarme Braunwasserteiche mit ihren Verlandungszonen, Quellen und Bruchwälder einen einzigartigen Lebensraum für Tiere wie den Feuersalamander und Pflanzen wie die Drachenwurz und Knabenkraut-Orchideen darstellen.

Wir gehen an der PWV-Hütte vorbei und queren links das Seibertsbachtal. Auf der anderen Seite des Tals steigen wir dann den Waldhang hinauf zum Hirschfelsen, Schlangenfelsen und Mooskopffelsen, an denen wir nacheinander vorbeikommen. Der Felsenpfad macht dann einen kleinen Rechtsbogen und führt uns zum **Roßkegelfelsen ⑨**. Vom Weg aus gesehen erscheint dieser zwar nicht allzu hoch, doch mit seinen Sandsteinsäulen, Kammern und Durchblicken ist er sehenswert. Wir gehen hier links durch einen Felsspalt und erreichen nach einem kurzen Anstieg auf dem bewaldeten Plateau einen Rastplatz, an dem Steinmännchen stehen. Hinter diesem wandern wir rechts den Waldhang hinunter und folgen links dem sandigen Forstweg, der leicht bergauf führt, zur »Versammlung der kleinen Waldwichtel«. An einer eher unscheinbaren Stelle in der Wegkurve stehen viele Steinmännchen.

Wir wandern weiter durch den Wald zum **Rothsteigbrunnen ⑩**. Sein eiskaltes Quellwasser schmeckt köstlich.

Der Felsenpfad verläuft jetzt oberhalb der Forststraße und bringt uns zum Ungeheuerfelsen. Noch einmal gehen wir durch einen engen Felsspalt und kommen danach an einem Felsen vorbei, der zwei »Fenster« hat. Am Ende des Waldwegs verlassen wir unterhalb vom Büttelfelsen den Felsenpfad und gehen links zurück zum **Parkplatz ①**.

Felsentor im Schillerfels.

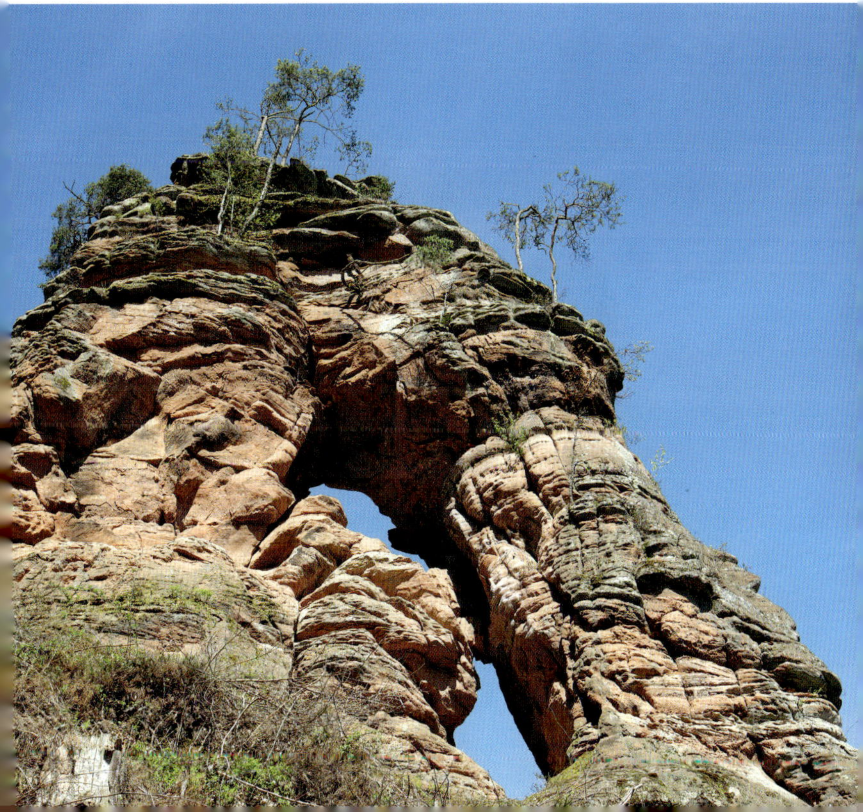

33 Von Busenberg auf den Löffelsberg

Puhlstein-Tour und Wasgaufelsenweg

2.30 Std. | 7,5 km | ↗ 330 m | ↘ 330 m

Aussichtsfelsen und Steinpyramiden auf dem Löffelsberg

Der südliche Puhlsteinpfeiler zählt zu den schönsten Aussichtsfelsen des Pfälzerwalds. Zwischen ihm und dem nördlichen Puhlsteinpfeiler, von dem die Aussicht weniger grandios ist, erstreckt sich eine 500 m lange Felsenkette aus Buntsandstein. Auf dem Grat des 445 m hohen Löffelsbergs stehen mannshohe Steinpyramiden, die Naturfreunde aufgeschichtet haben. Die Puhlstein-Tour verläuft am Anfang und am Ende streckengleich mit dem über 24 km langen Premiumweg Busenberger Holzschuhpfad. Der Mittelteil unserer Wanderung folgt dem Wasgaufelsenweg, und über den Löffelsberg führen uns der Bühlhofweg und der Rotsandsteinweg.

Ausgangspunkt: Busenberg, Parkplatz Hexenplätzel am Ende der Waldstraße.
Markierung: Blaues Logo der Puhlstein-Tour, Logo des Busenberger Holzschuhpfads und Logo des Wasgaufelsenwegs.

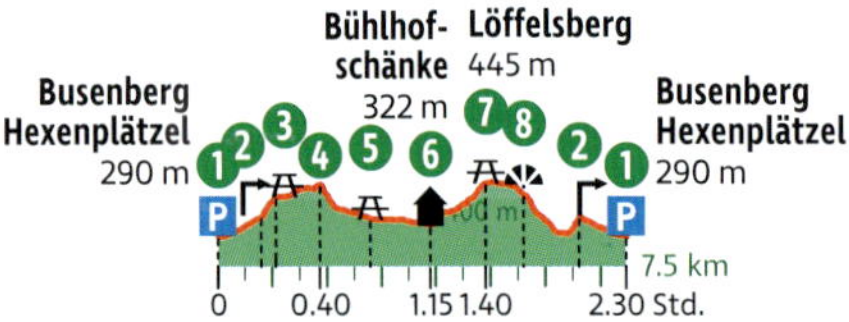

Anforderungen: Wanderschuhe mit Profilsohle, felsige Pfade.
Einkehr: Bühlhofschänke, aktuelle Öffnungszeiten unter www.buehlhof.de.
Tipp: Fernglas mitnehmen!
ÖPNV: Von Mai bis Oktober verkehren Mi., Sa., So. Ausflugszüge von Mannheim und Karlsruhe nach Schindhard/Busenberg. Von dort weiter mit dem Bus nach Busenberg.
Karte: Dahner Felsenland von NaturNavi oder Bad Bergzaberner Land von Pietruska.

Aussichtskanzel auf dem Löffelsberg.

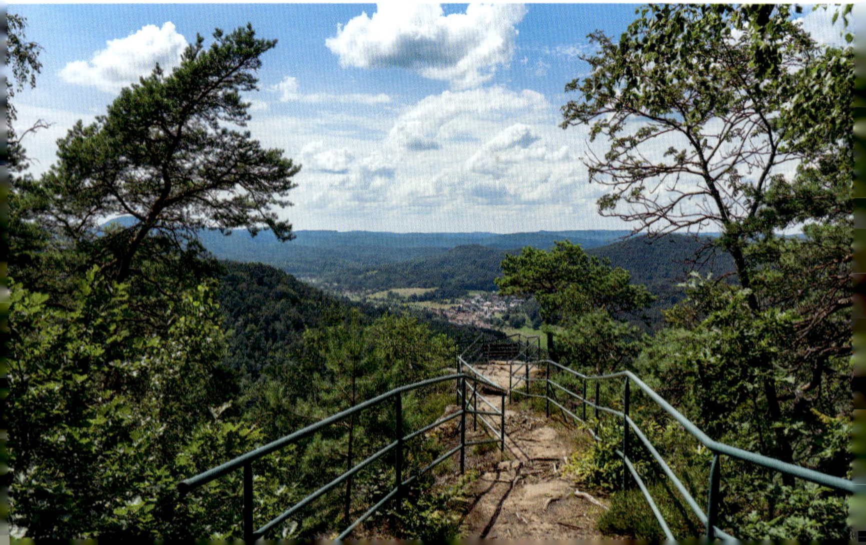

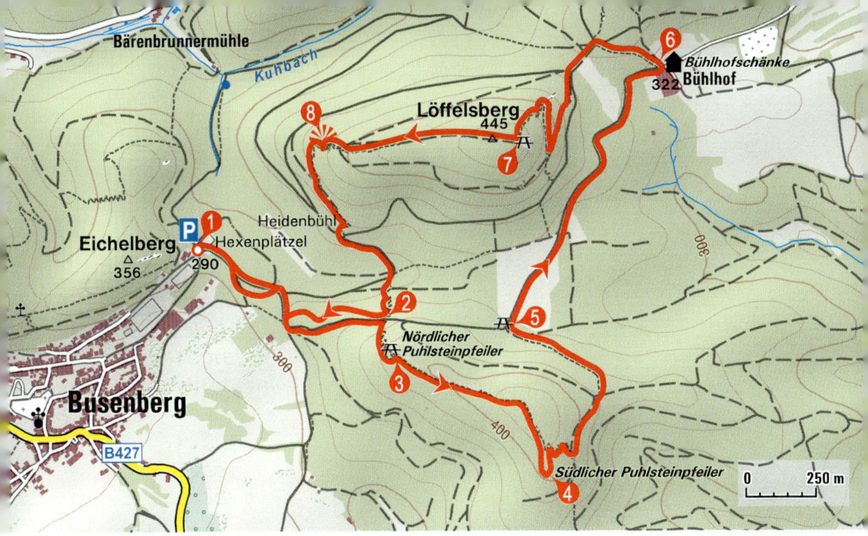

In **Busenberg** ❶ beginnt unsere Wanderung am Parkplatz Hexenplätzel. Der örtliche Obst- und Gartenbauverein betreibt hier im Herbst eine Apfelkelter. Wir gehen dem blauen Logo der Puhlstein-Tour und dem Logo des Busenberger Holzschuhpfads folgend auf dem betonierten Weg bergab bis zu einer Wegspinne, an der wir uns links halten. Nach 400 m führt uns an einer **Wegkreuzung** ❷ rechts ein Pfad hinauf zu einem Aussichtspunkt unterhalb des **Nördlichen Puhlsteinpfeilers** ❸. Hier steht eine Rastbank. Auf einem schmalen Felsenpfad wandern wir jetzt geradeaus an der langen Felsenkette entlang zum **Südlichen Puhlsteinpfeiler** ❹, einem der schönsten Aussichtsfelsen des Pfälzerwalds. Wir blicken über die bewaldeten Bergkuppen des südlichen Pfälzerwalds zur Ruine Drachenfels und können mit einem Fernglas noch weitere bizarre Felsen entdecken. Nachdem wir die großartige Aussicht genossen haben, gelangen wir am Fuß des Felsens auf einem Serpentinenpfad ins Tal. Dort verlassen wir die Puhlstein-Tour und den Busenberger Holzschuhpfad und folgen links auf der Forststraße dem Logo des Wasgaufelsenwegs zu einem **Rastplatz** ❺ am Waldrand. Hier gehen wir dann rechts über die große Wiese, auf der im Sommer Heide-Nelken, Berg-Sandglöckchen und die Zweiblättrige Waldhyazinthe, eine heimische Orchidee, blühen. Links vor uns erhebt sich der 445 m hohe Löffelsberg. Am Ende der Wiese verlassen wir den Wasgaufelsenweg und gehen rechts auf dem blau-gelben Balken und dem Oberschlettenbacher Höhenweg zur **Bühlhofschänke** ❻, in der es sich lohnt einzukehren.

Vor der Schänke wandern wir links auf dem Waldweg weiter, der mit einem gelb-roten Balken markiert ist. Nach 280 m treffen wir wieder auf das Logo des Wasgaufelsenwegs und des Busenberger Holzschuhpfads. Wir verlassen hier den gelb-roten Balken und folgen den beiden Logos nach links. Nach 450 m verlassen wir diese beiden Wanderwege wieder und folgen rechts dem Logo des Rotsandsteinwegs und des Bühlhofwegs auf den **Löffelsberg** ❼. Dort können wir uns an einem Rastplatz vom Aufstieg erholen, uns die mannshohen

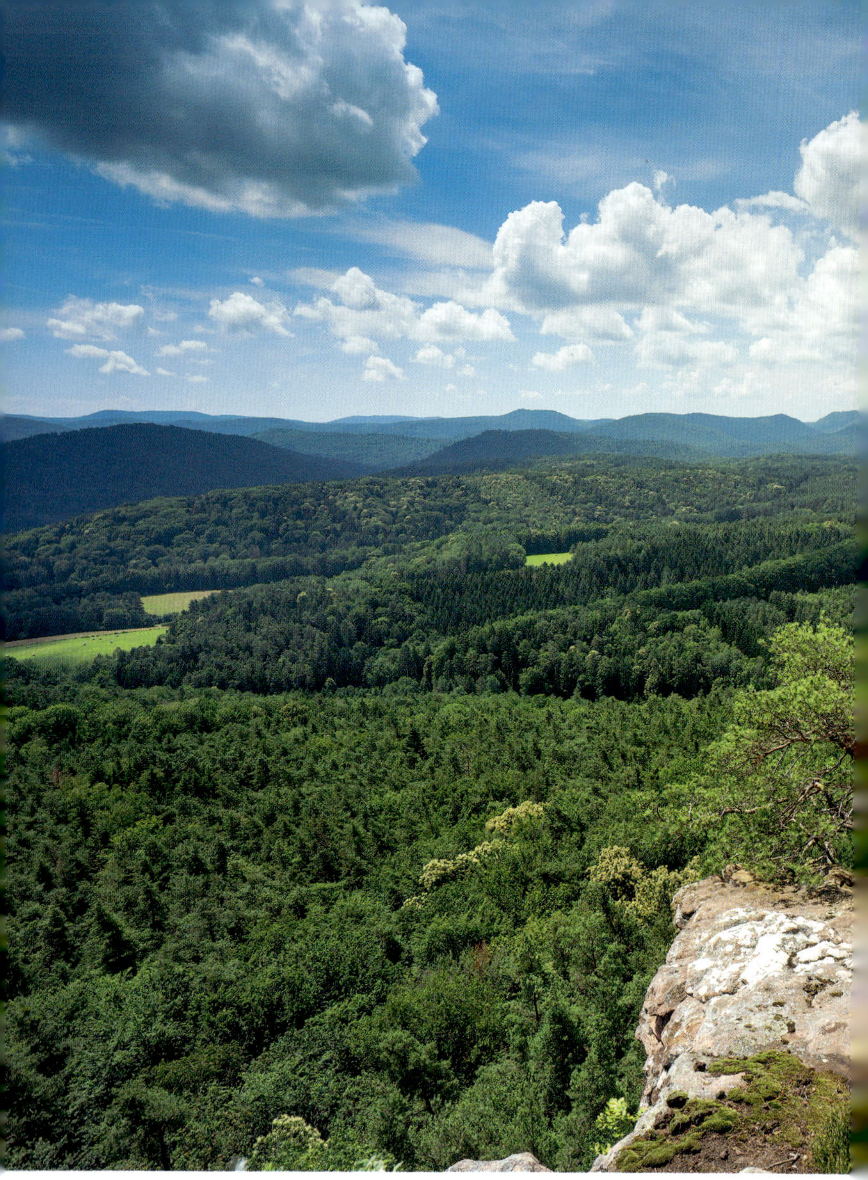

Blick vom Puhlstein auf die Ruine Drachenfels und den südlichen Pfälzerwald.

Steinpyramiden aus der Nähe ansehen und den Blick zur Ruine Lindelbrunn genießen. Danach wandern wir geradeaus über den bewaldeten Grat, auf dem weitere Steinpyramiden stehen, zur **Aussichtskanzel** **8** am Westrand des Löffelsbergs. Von dort blicken wir auf Schindhard und die Pferchfeldfelsen. Die beiden Logos leiten uns jetzt rechts am Fuß der Aussichtskanzel entlang bergab. Ein Geländer aus Stahlseilen sorgt dafür, dass hier niemand abstürzt. Wir gehen durch das Felsentor und

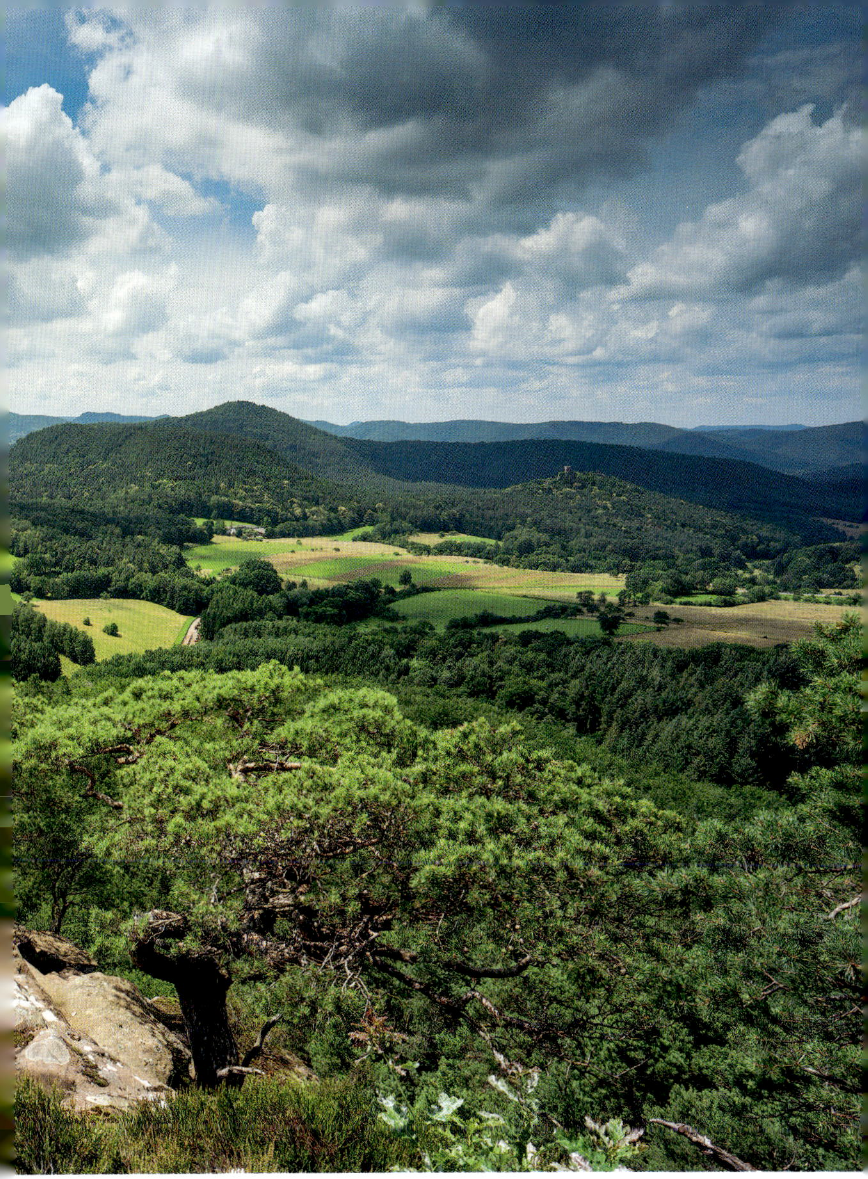

steigen danach auf Serpentinen den Waldhang hinunter.

Nach dem Abstieg führt uns eine Forststraße links bergab. In der nächsten Kurve verlassen wir diese und erklimmen links auf einem Pfad den Waldhang. Am Ende des steilen Anstiegs erreichen wir wieder die **Wegkreuzung ❷**, an der wir bereits auf dem Hinweg vorbeikamen. Von dort führen uns die Logos der Puhlstein-Tour und des Busenberger Holzschuhpfads rechts zurück zum **Hexenplätzel ❶**.

34 Von Spirkelbach auf den Rindsberg

Der Spirkelbacher Höhenweg

3.30 Std. | 11,5 km | ↗ 350 m | ↘ 350 m

Prälatenkammer, Wackelstein und senkrechte Kletterfelsen

Der Spirkelbacher Höhenweg führt nördlich der Gemeinde Spirkelbach über den Bergrücken des 437 m hohen Rindsbergs. Auf dieser abwechslungsreichen Wanderung kommen wir an bizarren Felsformationen aus Buntsandstein vorbei, von denen wir tolle Ausblicke über den südlichen Pfälzerwald haben. Einige der bis zu 50 m hohen, senkrecht aufragenden Felstürme sind beliebte Kletterfelsen. Andere sind für Kletterer nicht zugänglich, und auch Wanderer müssen während der Brutzeit der Wanderfalken gebührend Abstand halten.

Ausgangspunkt: Spirkelbach, Wanderparkplatz beim Friedhof.
Markierung: Rotes Logo des Spirkelbacher Höhenwegs mit stilisiertem Wackelstein.
Anforderungen: Wanderschuhe mit Profilsohle, mehrere kurze, aber steile Auf- und Abstiege.
Einkehr: Keine, Rucksackverpflegung.
ÖPNV: Bus Linie 258 von Hauenstein. Zustieg ab Bahnhof Wilgartswiesen möglich, ca. 800 m bis ins Spirkelbachtal.
Karte: Dahner Felsenland von NaturNavi oder Hauenstein & Trifelsland von Pietruska.

Der Spirkelbacher Höhenweg beginnt in **Spirkelbach ❶** am Wanderparkplatz beim Friedhof. Von dort leitet uns sein rotes Logo links haltend über die Straße K 54, am Holzlagerplatz und dem Dorfteich neben dem Spirkelbach vorbei in den Ort zum Dorfgemeinschaftshaus. Dort gehen wir auf der Hauptstraße 50 m rechts und folgen dann links der Talstraße aus dem Dorf. Von dort wandern wir auf dem Wirtschaftsweg geradeaus an den Spirkelbacher Feuchtwiesen entlang. Bei der Kläranlage können wir am Waldhang rechts vom Weg ein großes Herz entdecken, das aus einem Baumstumpf geschnitzt wurde. An einer Abzweigung (Zugang vom Bahnhof Wilgartswiesen) verlassen wir das Tal und folgen rechts der Forststraße durch den Wald. Nach der Waldarbeiterhütte »Zu den drei Eichen« führt uns ein Pfad den Waldhang hinauf zur **Prälatenkammer ❷**. Wer möchte, kann in die enge Felsspalte

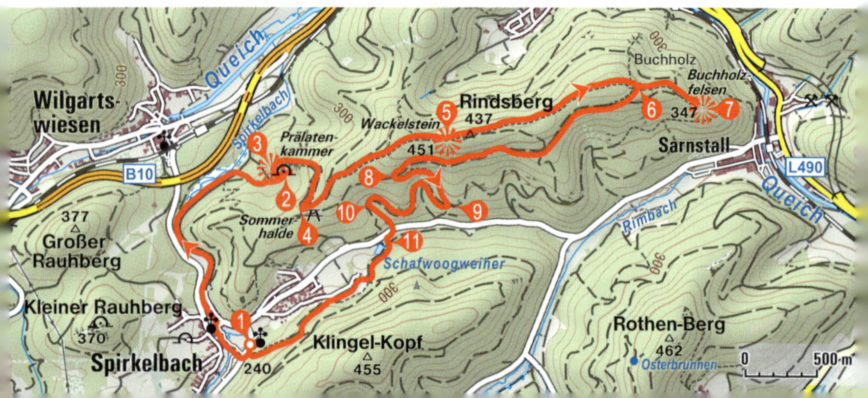

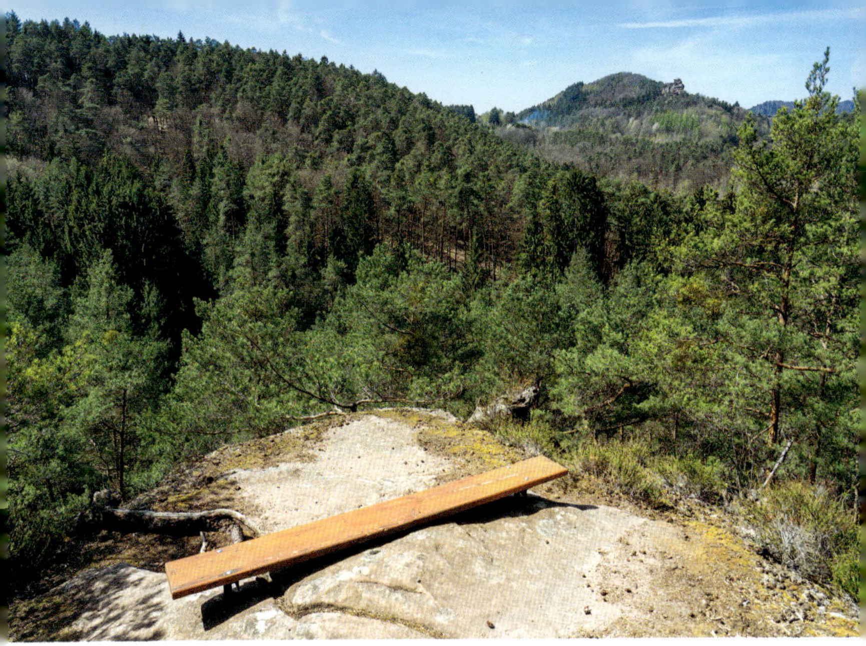

Vom Aussichtspunkt oberhalb der Prälatenkammer blickt man über den südlichen Pfälzerwald zum Großen Rauberg mit dem Bavariafels.

hineinsteigen, doch der sandige Zugang ist steil und rutschig. Der Höhenweg führt davor an der Felswand entlang zu einem Rastplatz, der unter einem überhängenden Felsdach liegt. Danach steigt der Weg hinauf zum **Aussichtspunkt 3** auf dem flachen Felsdach der Prälatenkammer. Dort können wir auf einer schmalen Holzbank sitzend die schöne Aussicht zum Großen Rauberg mit dem Bavariafels genießen. Der Höhenweg führt kurz darauf an einer mächtigen Felswand vorbei, die mehrere »Fenster« hat. Jetzt liegt der stärkste Anstieg hinter uns, und wir wandern über den schmalen, felsigen Höhenrücken des Rindsbergs. Hier stehen alte, 70–90 cm hohe Grenzsteine, die den historischen Grenzverlauf der Waldbesitzer im Jahr 1777 markieren. In ihnen sind die Jahreszahl und die Buchstaben SP (Spirkelbach) und GW (Gemeindewald) eingemeißelt. Schließlich erreichen wir die Schutzhütte und den Rastplatz **Sommerhalde 4**. Hier gehen wir links weiter und können uns dabei auch am H des Rindsberger Höhenwegs orientieren. Der **Wackelstein 5** ist einer der für den südlichen Pfälzerwald typischen Tisch- oder Pilzfelsen. Er ziert das rote Logo des Spirkelbacher Höhenwegs und das blaue Logo

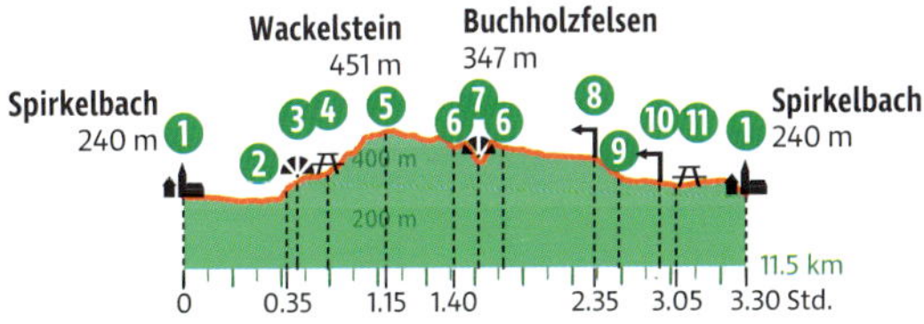

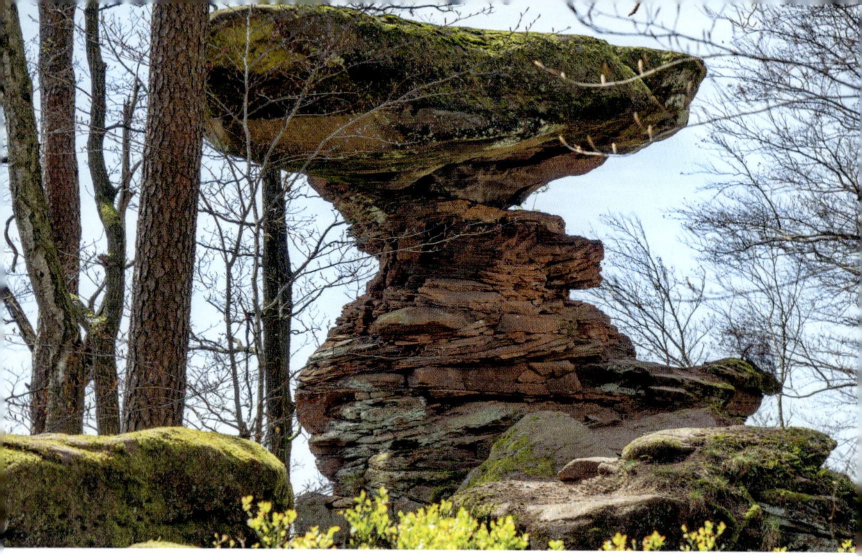

Der Wackelstein, ein Tischfelsen aus Buntsandstein auf dem Rindsberg.

des Rinnthaler Höhenwegs, die hier streckengleich verlaufen. Kurz darauf kommen wir zum 437 m hohen Gipfel des Rindsbergs. An diesem unscheinbaren Gipfelfelsenene wären wir vermutlich vorbeigelaufen, wäre dieser nicht markiert.

Wir wandern geradeaus weiter über den Bergkamm bis zur Wegkreuzung **Am Buchholz ❻**. Hier machen wir geradeaus einen Abstecher zum 600 m entfernten **Buchholzfelsen ❼**. Von ihm haben wir einen schönen Blick ins Queichtal zwischen Rinnthal und Annweiler und den Pfälzerwald. Vom 1. Februar bis zum 30. Juni verzichten wir jedoch auf diesen Abstecher, da Weg und Felsen wegen des Wanderfalkenschutzes gesperrt sind. Für Wanderer auf dem Rinnthaler Höhenweg (blaues Logo) ist während dieser Zeit eine Umleitung ausgeschildert.

Wir gehen an der **Wegkreuzung ❻** rechts auf dem roten Logo des Spirkelbacher Höhenwegs und dem roten Punkt weiter. Die nächsten 2,3 km verläuft der Weg geradeaus auf einer Forststraße am bewaldeten Südhang des Rindsbergs entlang. Danach biegen wir an einer **Abzweigung ❽** scharf links ab, verlassen den roten Punkt, und folgen dem Spirkelbacher Höhenweg auf einem schmalen Waldweg bergab zum **Rindsberger Westpfeiler ❾**, einem 50 m hohen, senkrechten Felsturm. Der Felsen und weitere, die oberhalb von unserem Wanderweg liegen wie die östliche Kesselwand, sind beliebte Kletterfelsen. Danach gelangen wir an einer **Abzweigung ❿** links hinunter zur Straße K 55 und überqueren diese rechts haltend. Vor dem **Schafwoogweiher ⓫**, an dem Rastbänke stehen, gehen wir links über den Damm und danach rechts am Sportplatz vorbei. Vor den ersten Häusern von Spirkelbach gehen wir links daran vorbei und biegen kurz darauf an der nächsten Abzweigung nach links in den Wald ab. An einem Rastplatz haben wir einen guten Blick über Spirkelbach.

An der nächsten Wegkreuzung gelangen wir dann rechts auf dem Waldweg zurück zum **Wanderparkplatz ❶**.

Von Spirkelbach zum »Luger Fritz«

Die Spirkelbacher Höllenberg-Tour

35

3.00 Std. | 8,6 km | ↗ 360 m | ↘ 360 m

Die Ferkelsteine, Luger Friedrichsfelsen und Klingelkopf

Die Spirkelbacher Höllenberg-Tour, ein Premiumweg, verläuft auf dem etwa 3 m langen Kamm des 455 m hohen Höllenbergs, der zwischen den Gemeinden Spirkelbach und Lug im südlichen Pfälzerwald liegt. Der 455 m hohe Klingelkopf ist der höchste Gipfel des Höllenbergs. Kletterer locken der 43 m hoch aufragende Große Ferkelstein an und die 58 m hohe Südwand des Luger Friedrichsfelsens mit ihrer Abseilstelle, an der sie frei in der Luft hängen.

Ausgangspunkt: Spirkelbach, Wanderparkplatz beim Friedhof.
Markierung: Rotes Logo der Spirkelbacher Höllenberg-Tour mit »Teufelshörnern«.
Anforderungen: Wanderschuhe mit Profilsohle, mehrere kurze, aber steile Auf- und Abstiege.
Einkehr: Unterwegs keine, Rucksackverpflegung.
ÖPNV: Bus Linie 258 von Hauenstein.
Karte: Dahner Felsenland von NaturNavi oder Hauenstein & Trifelsland von Pietruska.

Die Spirkelbacher Höllenberg-Tour beginnt wie der zuvor beschriebene Spirkelbacher Höhenweg in **Spirkelbach ❶** am Wanderparkplatz beim Friedhof. Von dort leiten uns die Teufelshörner, das Logo des Premiumwegs, an der Einfahrt zum Parkplatz den Waldhang hinauf. In einer Wegkurve (Rastplatz) haben wir einen schönen Blick auf Spirkelbach. Die Höllenberg-Tour und der Höhenweg, die hier noch streckengleich verlaufen, führen danach bergab zum Sportplatz. Hier trennen sich die beiden Wanderwege: Wir folgen den Teufelshörnern, die uns rechts in den Wald und danach am Sportplatz vorbeileiten. Danach steigen wir auf dem Erwin-Perret-Pfad hinauf zum **Kleinen Ferkelstein ❷**, unter dessen Felsdach wir rasten können. Nach einem kurzen Anstieg führt uns ein ebener Waldweg zu einem weiteren **Aussichtspunkt ❸**. Von diesem blicken wir über den Pfälzerwald mit seinen Buntsandsteinfelsen, die wie

Die Höllenberg-Tour führt über den Bergrücken des Höllenbergs, auf dem alte Grenzsteine stehen.

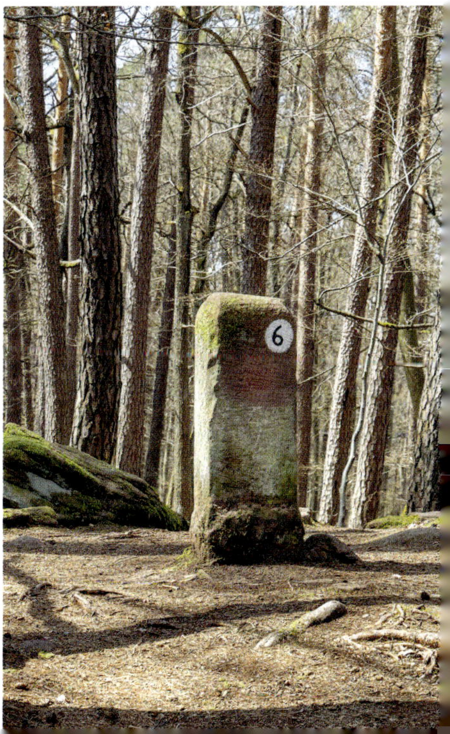

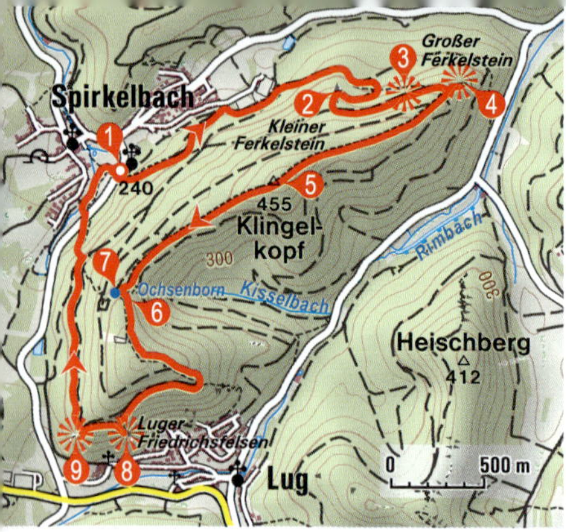

kleine, rote Türme auf dem grünen Wald stehen. Danach erreichen wir den **Großen Ferkelstein** ❹. Dies ist ein beliebter Kletterfelsen, sein Felsplateau aber kein so guter Aussichtspunkt, da Bäume die Sicht auf Wernersberg einschränken. Danach folgt ein kurzer, steiler Anstieg auf den Kamm des Höllenbergs. Ist der Aufstieg geschafft, liegt ein fast eben verlaufender Höhenweg vor uns. Auf diesem wandern wir die nächsten 1,2 km geradeaus über den Bergkamm. Wie auf der vorherigen Wanderung stehen hier an der Grenze zwischen dem Waldbesitz von Spirkelbach (SP) und dem Gemeindewald Völkersweiler (GW) alte Grenzsteine. Der 455 m hohe **Klingelkopf** ❺ ist auffallend beschriftet. Ab hier wandern wir bergab. Noch einmal führt der Weg 1,2 km auf dem schmalen Bergkamm geradeaus. Danach machen wir an einer **Abzweigung** ❻ einen kurzen Abstecher zum **Ochsenborn** ❼. Dazu folgen wir dem ausgeschilderten Hermann-Rinner-Pfad, der rechts in Serpentinen den Waldhang hinunterführt.

Der Ochsenborn ist nicht nur eine der höchstgelegenen Quellen im Pfälzerwald, sondern auch eine sagenumwobene Quelle. Die kleine unscheinbare Quelle führt kaum Wasser, wirkt ungepflegt und liegt versteckt am Waldhang. Eine gute Tarnung für ein Versteck des Teufels! Dieser soll in dem Berg einen Schatz versteckt haben und gelegentlich in Gestalt eines großen schwarzen Hundes zu der Quelle kommen, um

Der 455 m hohe Klingelkopf.

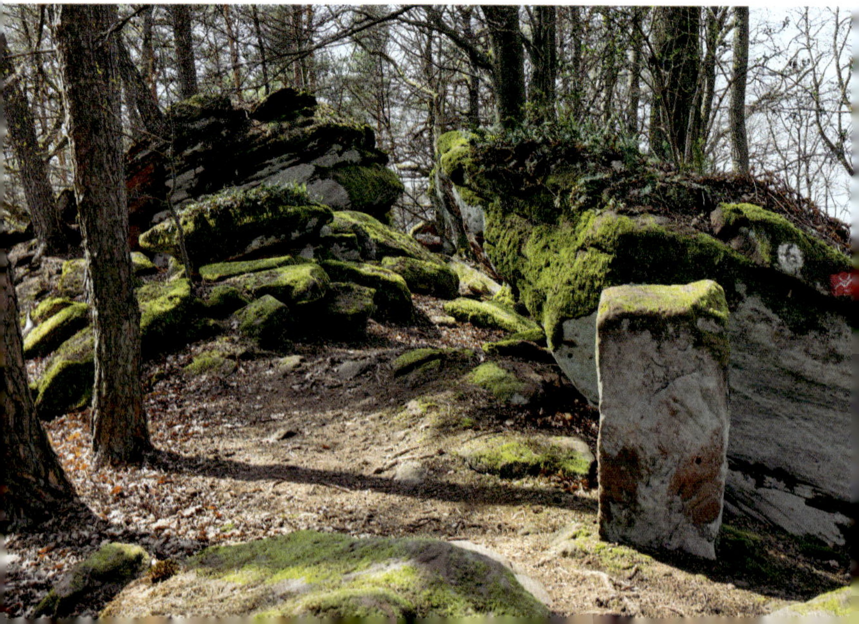

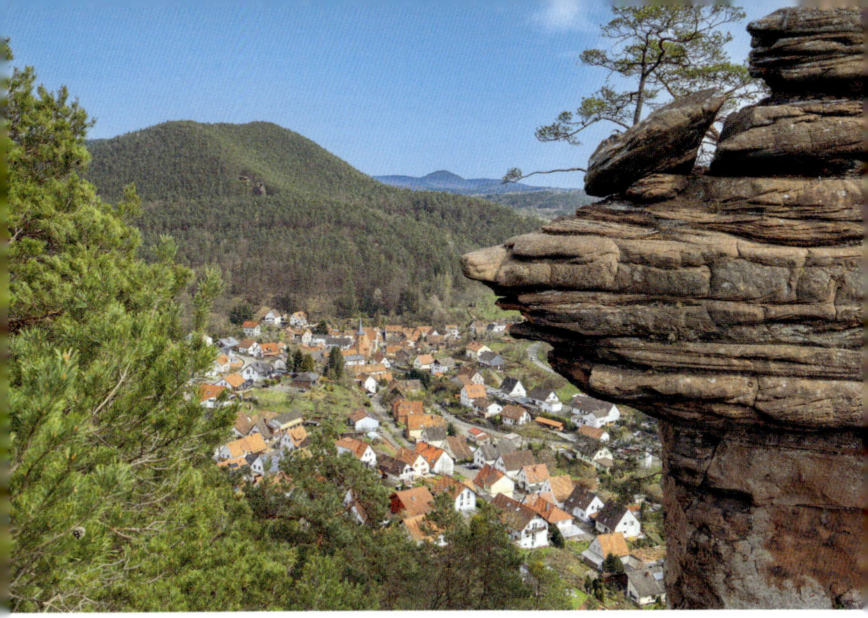

Blick vom Friedrichsfelsen auf Lug im südlichen Pfälzerwald.

nach dem Rechten zu sehen. Ob der von einem Baum umwachsene Stein rechts neben der Quelle der Eingang zur Schatzkammer des Teufels ist?
Wir gehen zurück zu der **Abzweigung 6** und rechts weiter. Wir kommen an einem weiteren Aussichtsfelsen (Rastplatz) und der Schutzhütte des PWV Lug vorbei. Danach biegen wir am nächsten Felsen (Rastbank), an dem die Aussicht von Bäumen versperrt wird, nach rechts ab. Danach kommen wir zum Highlight unserer Wanderung, dem **Luger Friedrichsfelsen 8**. Seine 58 m hohe Südwand zählt zu den höchsten Felswänden des Pfälzerwalds. Von der Aussichtskanzel haben wir einen guten Blick ins Tal und auf das Dorf Lug. Der Felsen wird nach Friedrich Mann, der ihn 1911 erstmals bestiegen hat, auch »Luger Fritz« genannt. Nicht weit entfernt liegt der **Höllenfelsen 9** am Weg. Von seiner Felsbank haben wir ebenfalls eine schöne Aussicht, und man kann hier auch gut rasten. Vielleicht wird man dabei von einer Puppe beobachtet, die unter einem kleinen Felsdach sitzt. Der Weg führt danach bergab zu einem Rastplatz, an dem wir einen guten Blick zum Rauberg und zur Falkenburg bei Wilgartswiesen haben. Wir wandern weiter talwärts und queren am Ende des Abstiegs die Straße K 54. Kurz darauf führt uns rechts ein Wiesenweg am Holzlagerplatz vorbei zurück zum **Parkplatz 1**.

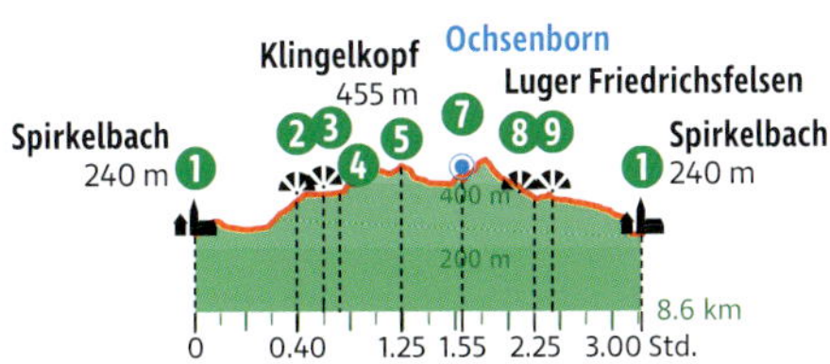

36 Von Gossersweiler zum Rötzenfels

Der Felsenweg bei Gossersweiler-Stein

3.00 Std. | 8,8 km | ↗ 360 m | ↘ 360 m

Die Isselmannsteine und der Vier-Burgen-Blick

Der Felsenweg führt in einem westlichen Bogen auf dem Rücken des Eichelbergs und Rötzenbergs um die Gemeinde Gossersweiler-Stein. Auf dem Rötzenberg verläuft auch der Dimbacher Buntsandstein Höhenweg, der aber nicht überall dieselbe Wegführung hat. Der Vier-Burgen-Blick ist einer der besten Aussichtspunkte des südlichen Pfälzerwalds. Von ihm sehen wir die Ramburg, Burg Neuscharfeneck, die Burg Trifels und die Madenburg nebeneinander liegen.

Ausgangspunkt: Gossersweiler, Parkplatz an der Alten Landstraße (250 m südlich der kath. Kirche).
Markierung: Logo des Felsenwegs mit dem Gipfelkreuz auf dem Engelmannsfelsen.
Anforderungen: Wanderschuhe mit Profilsohle, längere Auf- und Abstiege.
Einkehr: Keine, Rucksackverpflegung.
Tipp: Fernglas mitnehmen!
Hinweis: Vom 1. Februar bis zum 30. Juni ist der Rötzenfels ab dem Aussichtsplateau wegen des Wanderfalkenschutzes gesperrt.
ÖPNV: Bus Linie 531 vom Bahnhof Annweiler (Zugverbindung mit Landau und Pirmasens) nach Gossersweiler, kath. Kirche in der Ortsmitte. Dort Einstieg in die Wanderung.
Karte: Pfälzerwald 8 von NaturNavi oder Hauenstein & Trifelsland von Pietruska.

In **Gossersweiler ①** beginnen wir unsere aussichtsreiche Berg- und Talwanderung am Parkplatz an der Alten Landstraße. Blicken wir dort über die Umgehungsstraße, sehen wir den mächtigen Engelmannsfelsen mit seinem Gipfelkreuz. Dieser ziert das Logoschild des Felsenwegs, das uns auf der gesamten Wanderung leitet. Wir gehen in Richtung Umgehungsstraße aus dem Ort und entlang der Hauptstraße in den Ortsteil Stein. Dort steigen wir am Ortsanfang rechts die Treppe hinauf. Der Felsenweg führt uns jetzt durch den Wald zum Wasserspeicher, an dem wir vorbeigehen und geradeaus auf der Forststraße zur **Lourdes-Grotte ②** gelangen. Kurz darauf ragt der Kriemhildenstein 34 m in die Höhe. Wer möchte, kann einen Abstecher zu dem Felspfeiler machen; wir biegen vorher an der Wegspinne nach rechts ab und wandern auf der ansteigenden Forststraße um den 406 m hohen Eichelberg. In der nächsten Haarnadelkurve verlassen wir diese und folgen links dem Waldpfad auf den Kamm des Eichelbergs. Kurz bevor wir von diesem

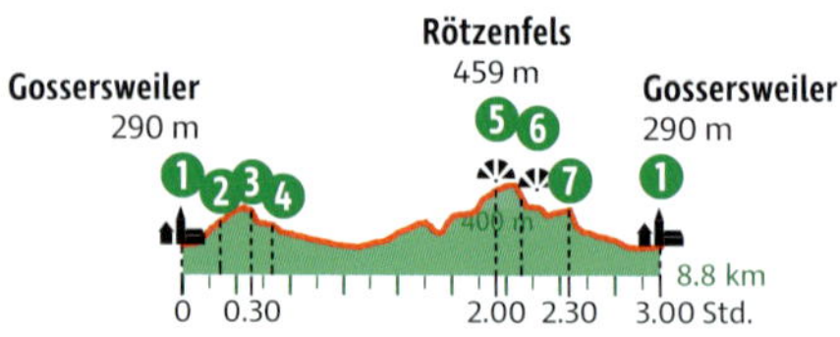

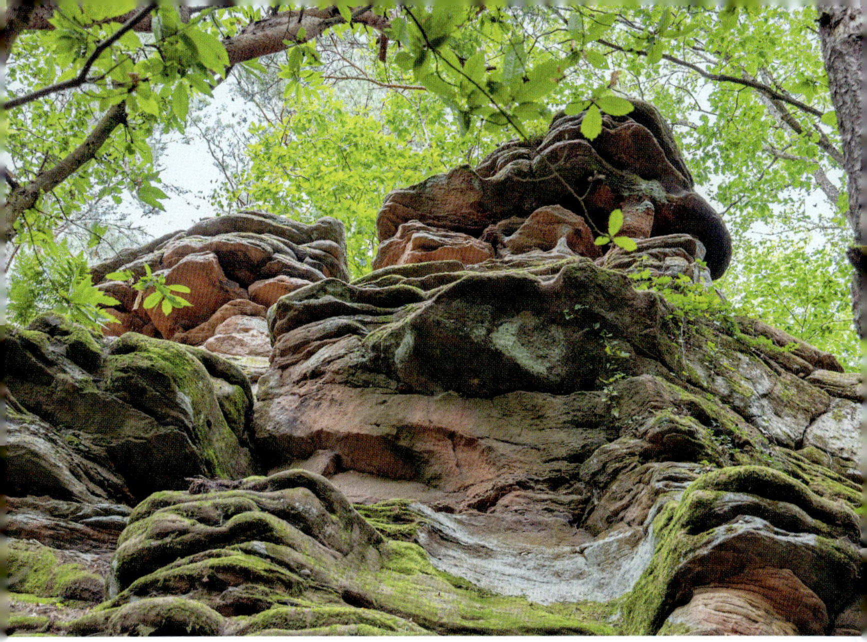

Verwitterter Buntsandstein bei den Drei Felsen.

wieder hinuntersteigen, liegt die **Schöne Aussicht** ❸. Da hier Bäume die Sicht versperren, sehen wir von dem kleinen Felsplateau, auf dem eine einfache Bank steht, nicht allzu viel. Ein Zickzackweg führt danach bergab zu einem schönen Rastplatz neben einer Felswand, an dem ein Skulpturenstein mit einem Gesicht steht. Wir gehen hier links auf der Forststraße weiter und biegen nach 100 m rechts ab. Neben dem Weg erhebt sich eine breite Wand aus **Drei Buntsandsteinfelsen** ❹, in der wir gut die unterschiedlich gefärbten Sandsteinschichten erkennen können. Danach gehen wir auf der nächsten Forststraße rechts. Hier hängen immer wieder kleine, postkartenähnliche Bildtafeln mit Felsmotiven an den Bäumen. Im Tal biegen wir vor einem Hohlweg scharf links ab und wandern die nächsten 1,2 km geradeaus durch einen engen, bewaldeten Taleinschnitt ins Klingbachtal. Durch dieses fließt ein kleiner Seitenarm des Klingbachs, der am Wollborn entspringt. Wir gehen hier rechts durch dieses liebliche Bachtal mit seinen saftigen Wiesen. Nach etwa 600 m verlassen wir wieder das Tal und gehen oberhalb einer lang gezogenen Waldweide rechts auf der Forststraße (Radweg) weiter. Diese verlassen wir nach gut 600 m und biegen an einer Wegkreuzung links ab. Kurz darauf treffen wir auf den Dimbacher Buntsandstein Höhenweg. Wir folgen diesem kurz, bleiben aber auf dem Felsenweg und

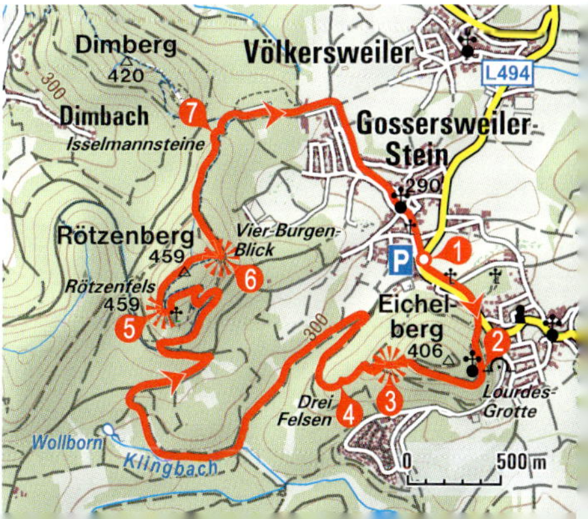

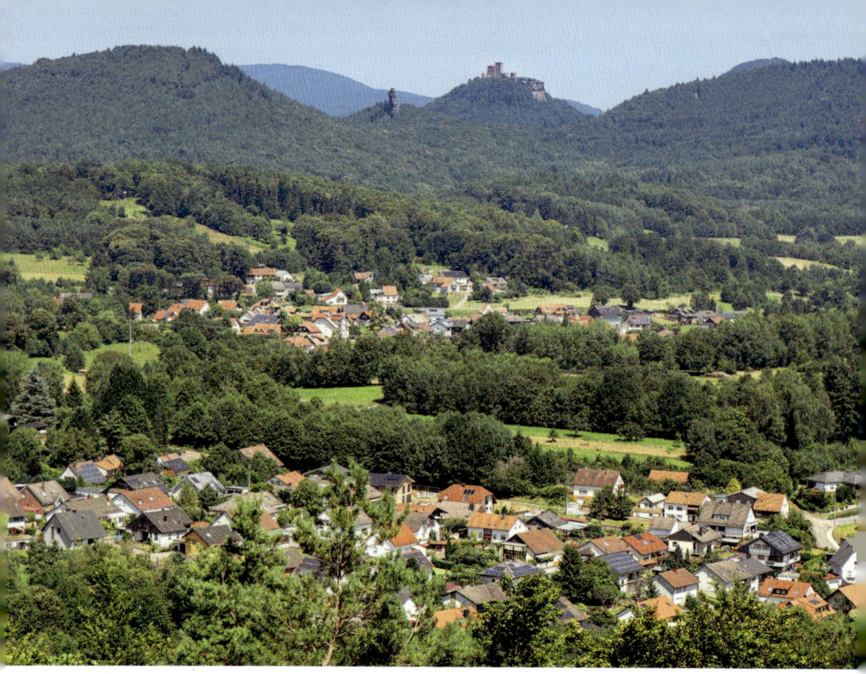

Aussicht beim Vier-Burgen-Blick.

biegen nach 100 m rechts ab. Jetzt geht es bergauf. Wir treffen wieder auf den Dimbacher Buntsandstein Höhenweg und lassen uns jetzt von beiden Logos zum 55 m hohen **Rötzenfels ❺** mit seinem großartigen Aussichtsplateau leiten. Von ihm blicken wir über den bewaldeten Wasgau mit der Ruine Lindelbrunn, wir sehen den Rehberg, den Asselstein und die Reichsburg Trifels. Unser Weg verläuft nun auf dem Grat des 459 m hohen Rötzenbergs, wo wir den Dimbacher Buntsandstein Höhenweg an einer Gabelung wieder verlassen und geradeaus dem Felsenweg zum **Vier-Burgen-Blick ❻** mit seiner einfachen Schutzhütte folgen. Das letzte Stück Zickzackweg dorthin ist steil und bei Nässe rutschig.

Nachdem wir die großartige Aussicht auf die vier Burgen genossen haben, gehen wir den Zickzackweg noch etwas bergab und unterhalb des Aussichtspunkts links. Am Ende des Forstwegs treffen wir an einer Wegkreuzung wieder auf den Dimbacher Buntsandstein Höhenweg. Jetzt folgen wir wieder diesem und dem Felsenweg nach rechts zu den **Isselmannsteinen ❼**. Dabei wandern wir am Fuß dieser lang gestreckten Felsengruppe aus Buntsandstein entlang zu einem Aussichtspunkt, an dem aber hohe Bäume die Sicht einschränken. Danach führt ein kurzer Zickzackweg hinunter zu einer Forststraße, auf der wir 80 m rechts gehen und dann links am Reitplatz vorbei zurück nach Gossersweiler gelangen. Dort gehen wir Am Altenberg rechts und auf der Goßbrechtstraße in den Ort. Am Platz vor der Gemeindehalle steht ein schön bemaltes, weißes Wegkreuz. Wir folgen rechts der Wassergasse zur katholischen Kirche und gehen an dieser vorbei geradeaus auf der Alten Landstraße zurück zum **Parkplatz ❶**.

Von Dimbach zum Dreiländereck

Der Dimbacher Buntsandstein Höhenweg

37

4.15 Std. | 11,2 km | ↗ 590 m | ↘ 590 m

TOP

Kaftenstein, Dimberg, Rötzenfels und Häuselstein

Eine abwechslungsreiche und lehrreiche Felsenwanderung zugleich. Spektakulärere Buntsandsteinfelsen und großartigere Aussichten gibt fast nicht mehr! So könnte man diesen Premiumweg und Geopfad beschreiben. An zwölf Infopunkten stehen Tafeln, die uns die Geologie, Natur und wirtschaftliche Nutzung des Gebiets erläutern. Kaftenstein, Dimberg, Rötzenfels und der Vier-Burgen-Blick bieten die beste Aussicht. Der Rötzenfels ist mit seinem langen, senkrecht aufragenden Felskamm der beeindruckendste Felsen. Zu den Isselmannsteinen, einer lang gestreckten Felsengruppe aus Buntsandstein, dem Vier-Burgen-Blick und dem Rötzenfels führt auch der zuvor beschriebene Felsenweg bei Gossersweiler-Stein.

Ausgangspunkt: Wanderparkplatz an der Straße K 53 nördlich von Dimbach.
Markierung: Logo des Dimbacher Buntsandstein Höhenwegs mit stilisiertem Rötzenfels.
Anforderungen: Wanderschuhe mit Profilsohle, längere Auf- und Abstiege, steile Felsenpfade.
Einkehr: Zur Dimbacher Schenke, Hauptstraße 4, geöffnet Sa., So. ab 12 Uhr.
Tipp: Fernglas mitnehmen!
Hinweis: Vom 1. Februar bis zum 30. Juni ist der Rötzenfels ab dem Aussichtsplateau wegen des Wanderfalkenschutzes gesperrt.
ÖPNV: Bus Linie 258 von Hauenstein und 525 von Annweiler nach Dimbach, Ortsmitte. Dort Einstieg in die Tour.
Karte: Pfälzerwald 8 von NaturNavi oder Hauenstein & Trifelsland von Pietruska.

Der schmale Grat des Rötzenfels bietet eine grandiose Aussicht.

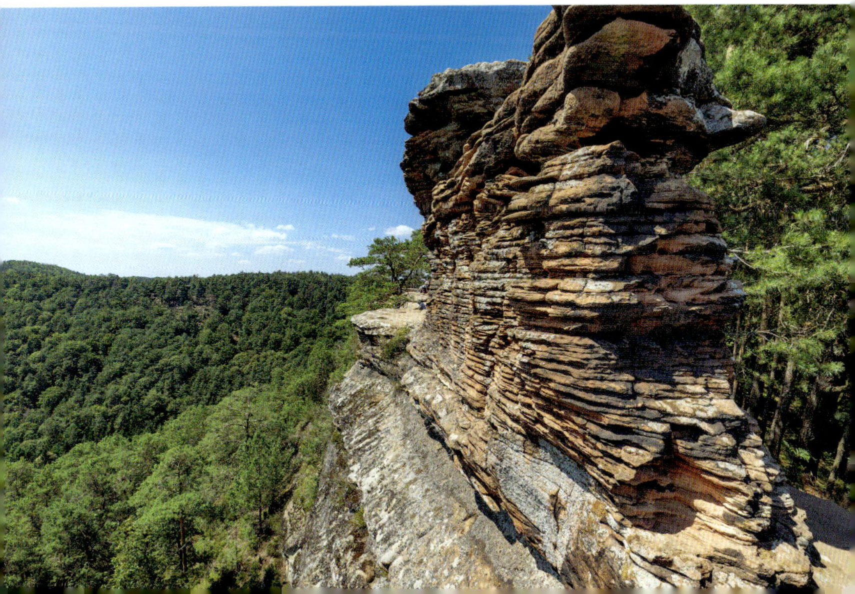

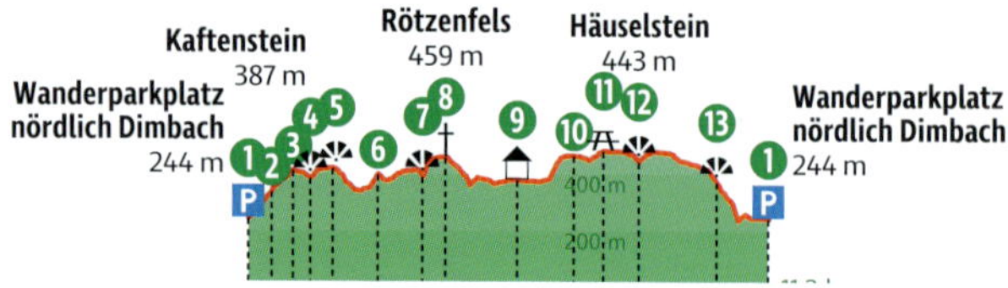

Ausgangspunkt des Dimbacher Buntsandstein Höhenwegs ist der **Wanderparkplatz** an der Straße K 53 **nördlich von Dimbach** 1. Dort folgen wir bei der Wanderwegtafel dem Logo des Premiumwegs und steigen den Waldhang hinauf zum 15 m hohen **Falkenstein** 2, dem nördlichsten Felsen des Dimbergs. Wegen seiner Form wird er auch Dimturm genannt. Am Fuß des Felsens führt uns rechts ein steiniger Wurzelweg über den Berggrat zum Hohen Kopf. Die 23 m hohe, durchbrochene Felswand aus rotem Buntsandstein wird auch als Dimfels bezeichnet. Wir gehen daran entlang und haben dahinter die erste schöne Aussicht über die bewaldeten Berge des Wasgaus mit ihren Buntsandsteinfelsen. Danach können wir uns am **Dimbacher Eichen-Plätzel** 3, einem Rastplatz, von dem etwas anstrengenden Aufstieg erholen.

Nächster Felsen und Aussichtspunkt ist der **Kaftenstein** 4. Dieser liegt 200 m rechts vom Weg. Wir machen einen Abstecher dorthin und folgen dem Serpentinenpfad bergab. Von der Felskanzel blicken wir auf Dimbach mit seiner spitztürmigen Kirche und wie an allen Aussichtspunkten auf dieser Tour über die dicht bewaldeten Berge des Wasgaus, wie der südliche Pfälzerwald auch genannt wird. Wir gehen zurück und wandern rechts auf dem Kammweg zum 420 m hohen **Dimberg** 5. Von seinem schmalen Felsrücken haben wir ebenfalls eine großartige Aussicht. Um dorthin zu gelangen, müssen wir jedoch eine kleine Kletterstelle überwinden. Danach gehen wir vor der Felswand scharf rechts auf dem Zickzackweg bergab. Wir kommen am 41 m hohen, senkrecht aufragenden Dimbergpfeiler vorbei und treffen danach auf einen Forstweg. Diesem folgen wir links zu den **Isselmannsteinen** 6. Der Dimbacher Buntsandstein Höhenweg führt dann am Fuß der lang gestreckten Felsengruppe aus Buntsandstein entlang zu einem Aussichtspunkt, an dem aber Bäume die Sicht versperren. Wir gehen deshalb gleich weiter zum **Vier-Burgen-Blick** 7, einem der besten Aussichtspunkte des südlichen Pfälzerwalds. Von ihm sehen wir die Ramburg, Burg Neuscharfeneck, die Burg Trifels und die Madenburg nebeneinander liegen. Hier können wir rasten und finden unter einem Dach Schutz vor Regen. Der Vier-Burgen-Blick liegt 180 m links von unserem Wanderweg, der Abstecher dorthin ist ausgeschildert.

Danach führt der Weg auf dem Kamm des 459 m hohen Rötzenbergs zum spektakulärsten Aus-

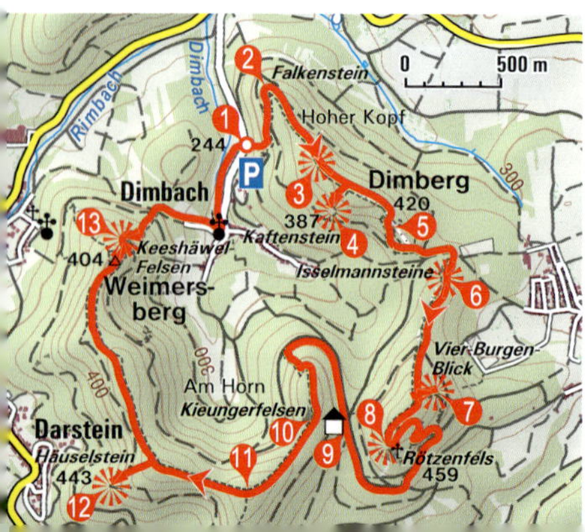

sichtsfelsen unserer Wanderung, dem 55 m hohen **Rötzenfels** ❽. Von seinem Plateau sehen wir die Ruine Lindelbrunn, den Rehberg, den Asselstein und die markante Burg Trifels – und mit einem Fernglas kann man auf den bewaldeten Bergen noch mehr Felsen entdecken.

Jetzt ändert sich die Landschaft und wir wandern hinunter zur **Schutzhütte** ❾ des PWV Gossersweiler-Stein. Dort gehen wir an der Wegspinne auf dem zweiten Weg von rechts weiter (Forststraße). Nach dem Linksbogen der Forststraße steigen wir rechts auf dem Pfad den Waldhang hinauf zum Horn. An dem Felsen kann man gut die verschiedenen rot und gelb gefärbten Schichten des Buntsandsteins sehen. Wir gehen an der langen Felswand entlang zum benachbarten **Kieungerfelsen** ❿. Im Dezember 2010 wurde hier der erste GPS-Referenzpunkt im Pfälzerwald eingerichtet (silberne Plakette am Fels). Von dem Felsen haben wir auch einen guten Blick zum Rötzenfels mit seinem Gipfelkreuz, das wir von seinem Aussichtsplateau nicht sehen können.

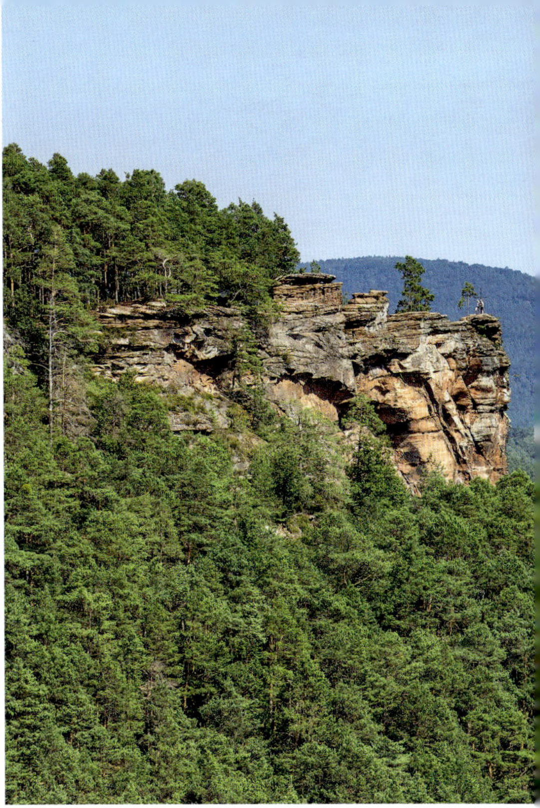

Blick auf den Rötzenfels mit Gipfelkreuz, vom Kieungerfelsen aus.

Unser Weg führt danach rechts am Felsen vorbei zum **Plätzl am Dreiländereck** ⓫. Dieser schöne Rastplatz liegt auf einer Waldlichtung unterhalb des 463 m hohen Immersbergs. Ein großer Tisch zeichnet mit seiner dreieckigen Form die Gemarkungsgrenzen von Darstein, Dimbach und Gossersweiler nach.

Anschließend wandern wir entlang der Grenzsteine bergab zu einer Abzweigung, an der wir links einen Abstecher zum 422 m hohen **Häuselstein** ⓬ machen. Auch hier können wir rasten und die schöne Aussicht genießen. Wieder zurück an der Abzweigung, führt uns der Buntsandstein Höhenweg die nächsten 1,5 km durch den Pfälzerwald am Hockköpfel und auf einem steilen Serpentinenabstieg zum **Keeshäwel-Felsen** ⓭, dem letzten Felsen auf unserer Wanderung.

Danach kommen wir auf der Friedhofstraße nach Dimbach. Dort gehen wir hinter der protestantischen Kirche links und gelangen entlang der Hauptstraße zurück zum **Wanderparkplatz** ❶.

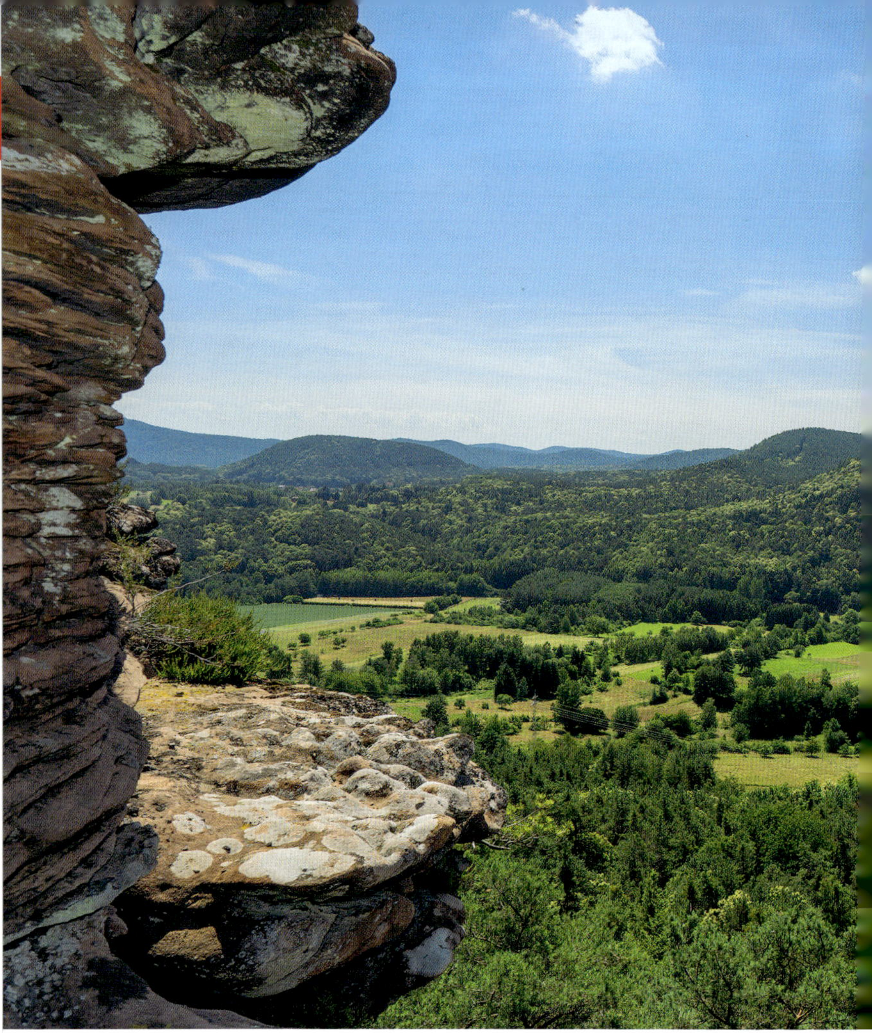

Grandiose Aussicht vom Felsplateau der Geiersteine über den Pfälzerwald.

grüne Ebene mit den Orten Völkersweiler und Wernersberg und auf die bewaldeten Berge des Pfälzerwalds am Horizont ist einzigartig.

Die Geiersteine-Tour führt danach ein kurzes Stück auf dem Felsmassiv zurück und biegt dann nach rechts ab. Auf einem felsigen Waldweg wandern wir jetzt an einer lang gezogenen Felswand entlang, an der unter einem überhängenden Felsdach eine Rastbank steht. Danach führt unsere Wanderung über den bewaldeten Herschberg zu einer Abzweigung südlich vom Runden Hut. Hier gehen wir noch 150 m geradeaus bis zum Ende des **Bergrückens 4**, von dem wir einen guten Blick auf den Runden Hut (s. Umschlag) haben. Um zu dem pilzförmigen Felsen zu gelangen, können wir entweder vor uns den Bergrücken herunterklettern oder ein kurzes Stück zurückgehen und dem abschüssigen Trampel-

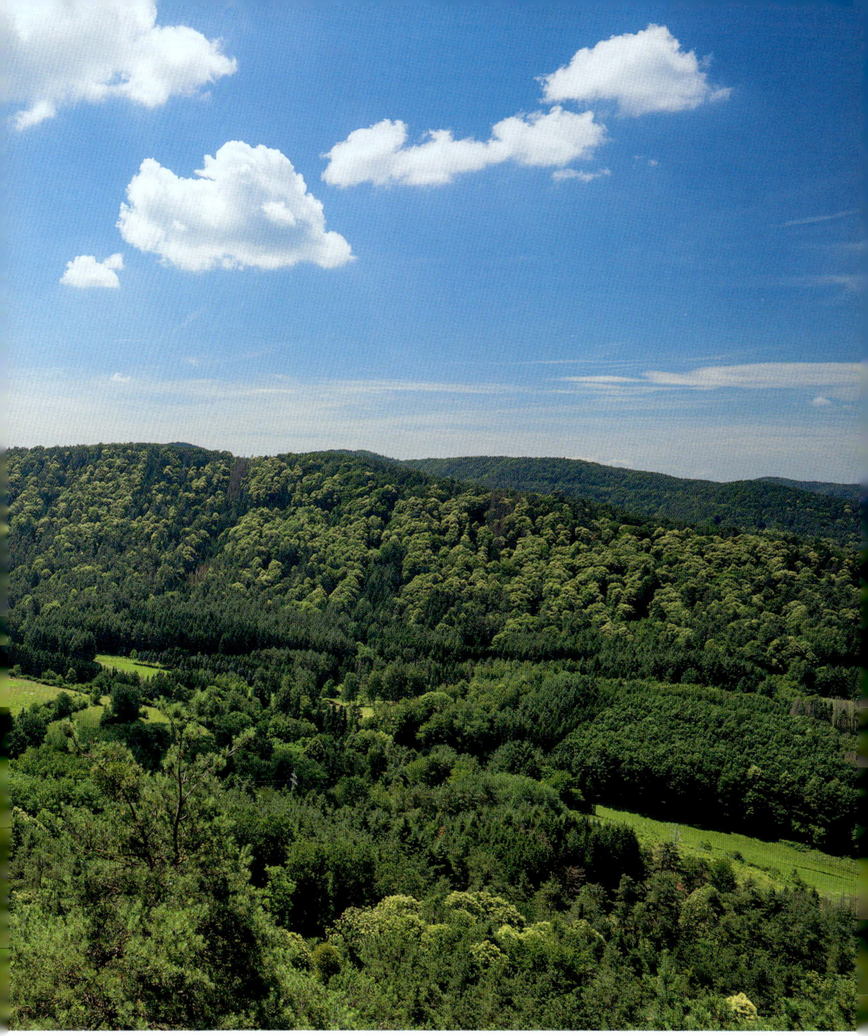

pfad dorthin folgen. Da dieser Weg eher etwas für Schwindelfreie ist und die kleine Sitzbank, die früher einmal auf dem schmalen Grat am Fuß des Runden Huts stand, entfernt wurde, verzichten wir auf diesen Abstecher und gehen auf dem Bergrücken zurück zu der Abzweigung. Dort wandern wir rechts auf der breiten Forststraße in einem großen Bogen zurück nach Lug. Wir kommen dabei nach etwa 2 km wieder zu der Kreuzung unterhalb vom Vorderen Hornstein. Dort gehen wir geradeaus auf der Geiersteine-Tour weiter. Wo eine Bank steht, haben wir einen guten Blick zum Hornstein. Danach steigen wir rechts auf einem bei Nässe rutschigen Pfad den Waldhang hinunter. Am Ende des Pfads treffen wir an einer Abzweigung oberhalb von Lug wieder auf den Hinweg, auf dem wir links in den Ort und zurück zum **Parkplatz 1** gelangen.

39 Von der Drachenfelshütte auf den Jüngstberg

Der Bären-Steig bei Bruchweiler-Bärenbach

TOP | 4.30 Std. | 14,3 km | ↗ 490 m | ↘ 490 m

Ruine Drachenfels, Lourdes-Steig und Jüngstbergkanzel

Der Bären-Steig zählt zu den abwechslungsreichsten Themenwegen im Dahner Felsenland. Die Burgruine Drachenfels und die Jüngstbergkanzel sind grandiose Aussichtspunkte. Wir wandern durch moosgrüne Wälder, an Weiden und an Streuobstwiesen vorbei von Felsen zu Felsen. Gleich am Anfang des Premiumwegs besuchen wir die Ruine Drachenfels. Die große Felsenburg wurde vermutlich um 1200 als Grenzfeste der Abtei Klingenmünster erbaut. Als Ganerbenburg hatte sie bis zu 25 Eigentümer gleichzeitig, unter ihnen Kaiser Maximilian und Franz von Sickingen. 1523 wurde die Burg in der letzten von Sickingens Fehden zerstört.

Ober- und Unterburg wurden auf zwei getrennten Felsen errichtet; zwischen dem Ost- und dem Westfelsen sind im Halsgraben in einer Felswand die Umrisse eines Drachens eingeritzt. Eine Leiter führt auf den schmalen Felsgrat der Oberburg, von dem man eine herrliche 360°-Rundsicht hat. Die Felsenburg mit ihren Kammern, Treppen, schmalen Gängen und Kanzeln wirkt abenteuerlich.

Ausgangspunkt: Drachenfelshütte südlich von Busenberg.
Markierung: Logo des Bären-Steigs, ein weißer Bär auf orangem Schild.
Anforderungen: Etwas schwierigere Tour. Wanderschuhe mit Profilsohle, steile Auf- und Abstiege auf schmalen Wald- und Felspfaden, die bei Nässe rutschig sind, und eine kleine Kletterstelle.
Einkehr: Drachenfelshütte des PWV Busenberg, geöffnet Mi., Sa., So. 11–18 Uhr. Hasenheim des Kaninchenzuchtvereins Bruchweiler-Bärenbach (Schuhfelsstraße 8), geöffnet sonntags und feiertags 10.30–13 Uhr.
ÖPNV: Von Mai bis Oktober verkehren Mi., Sa., So. Ausflugszüge von Mannheim und Karlsruhe nach Bruchweiler. Alternativ mit dem Zug der Linie Pirmasens-Landau zum Bahnhof Hinterweidenthal oder Hauenstein und weiter mit dem Bus Linie 252 nach Bruchweiler, alter Friedhof. Von dort zu Fuß auf der Waldstraße und der Schuhfelsstraße zum Einstieg in die Tour beim Hasenheim (ca. 1,5 km).
Karte: Dahner Felsenland von NaturNavi oder Dahner Felsenland von Pietruska.

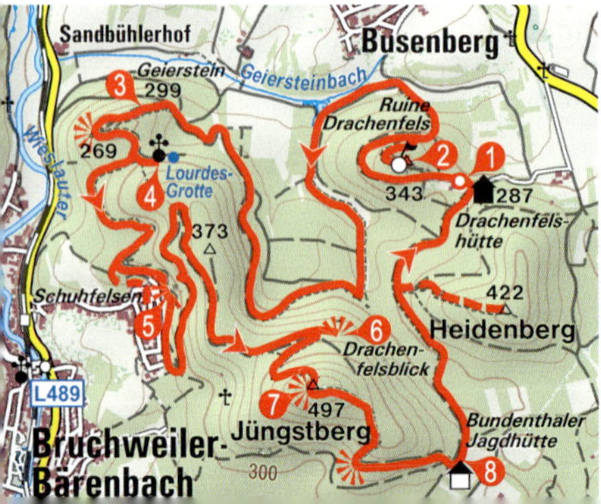

Unsere Wanderung auf dem Bären-Steig beginnt an der **Drachenfelshütte 1**. Von dort wandern wir zunächst unterhalb der Ruine Drachenfels um den Burgberg bis zum ausgeschilderten Westaufgang. Wir gehen hier rechts hinauf zur **Ruine Drachenfels 2** und nach der Besichtigung der abenteuerlichen Burg wieder auf demselben Weg zurück.

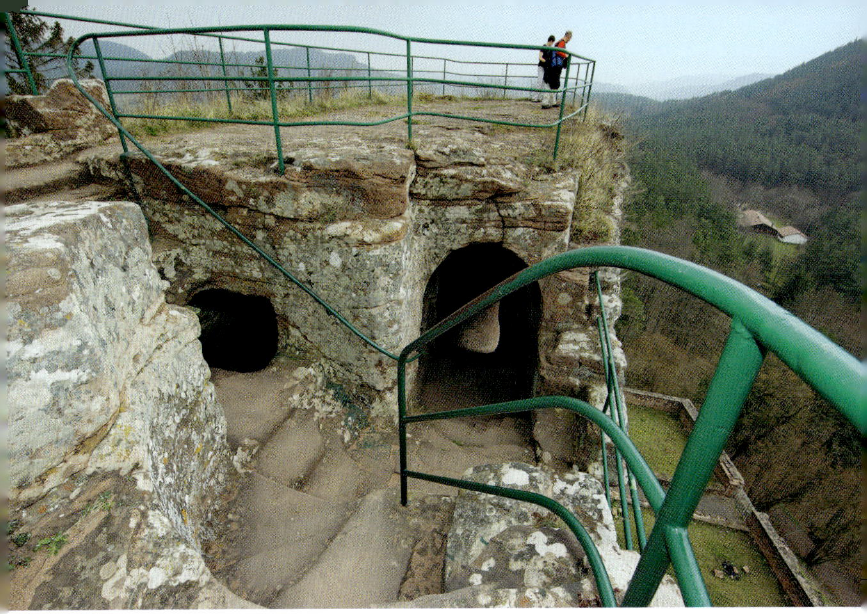

Ruine Drachenfels.

Dann lassen wir uns vom orangen Logo des Bären-Steigs durch das Tal des Geiersteinbachs leiten. Oberhalb eines kleinen Weihers sehen wir den **Geierstein 3** über dem Wald. Auf einem steilen, felsigen Pfad steigen wir hinauf zu dem Buntsandsteinfelsen, dessen fast senkrechte Wand Kletterer anlockt. Wanderer haben vom Fuß des Felsens keine Fernsicht, da diese von hohen Bäumen versperrt wird. Wir gehen an dem engen, windigen Felsspalt zwischen den beiden Felstürmen vorbei und folgen dem schmalen Waldpfad über den Bergkamm zu einem Rastplatz, der unterhalb eines kleinen Felsens liegt. In ihm befindet sich eine Steckdose für die Elwetritschen, die sich hier rasieren. Wir verlassen kurz den Bären-Steig und gehen vom »Rasierplatz der Elwetritschen« im Uhrzeigersinn um den Felsen herum zu einem Aussichtspunkt, der hinter dem Felsen liegt. Dort haben wir einen guten Blick auf Bruchweiler-Bärenbach. Danach wandern wir vom Rastplatz auf dem Bären-Steig links weiter. An einer Wegkreuzung weist ein Schild auf eine in der Nähe gelegene **Lourdes-Grotte 4** hin. Sie befindet sich in einer kleinen Felsnische, die mit grünen Lebermoosen bewachsen ist. Aus ihr sprudelt eine Quelle. Wieder zurück an der Wegkreuzung, folgen wir links dem schmalen Pfad, der sich am Berghang durch den Kiefernwald schlängelt. Dieses Wegstück

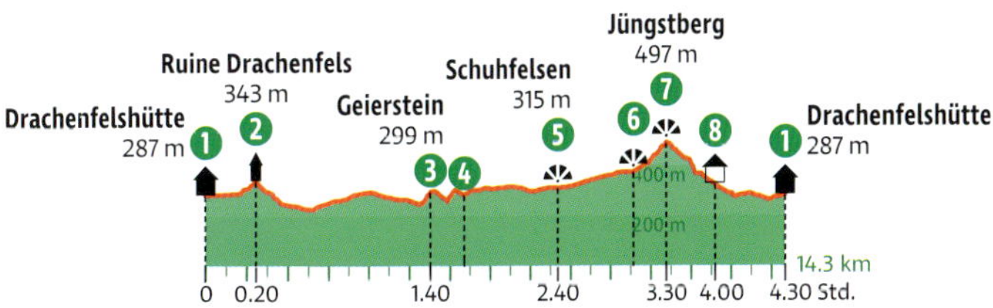

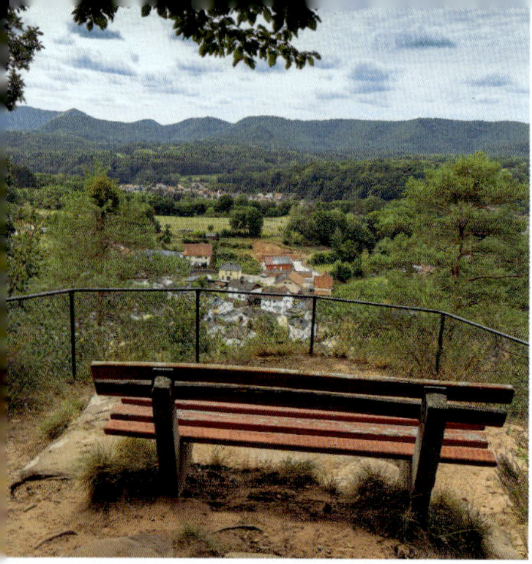

Aussicht vom Schuhfels (links) und von der Jüngstberg-Kanzel (rechts).

wird Lourdes-Steig genannt. Unterwegs machen kleine Holztafeln auf den Biergarten des Hasenheims in Bruchweiler aufmerksam. Wer möchte, kann einen Abstecher dorthin machen. Wir wandern weiter zum **Schuhfelsen ❺**. Von seiner Kanzel haben wir eine schöne Aussicht auf Bruchweiler-Bärenbach. Nächstes Ziel am Weg ist der **Drachenfelsblick ❻**. Dieser Aussichtspunkt liegt knapp 100 m vom Bären-Steig entfernt, doch der Weg dorthin lohnt sich, denn man sieht den Drachenfels mit seiner Felsenburg in seiner vollen Breite. Danach steigen wir hinauf auf den 497 m hohen **Jüngstberg ❼**. Von seiner Aussichtskanzel haben wir in Richtung Westen eine beeindruckende Fernsicht über das Wieslautertal mit Bruchweiler-Bärenbach auf die bewaldeten Berge des Wasgaus. In Blickrichtung Norden sehen wir Busenberg mit den umliegenden Buntsandsteinfelsen. Sogar den Drachenfels kann man zwischen den Bäumen erkennen. Der Bären-Steig führt nun auf dem Jüngstberggrat steil hinunter zu einem Aussichtspunkt. Die letzten Meter davor müssen wir am Förster-Richard-Engel-Steig eine steil abfallende Felswand herunterklettern, doch ein gespanntes Seil hilft uns dabei. Das Forstamt Wasgau hat hier eine Gedenktafel für seinen Revierleiter Richard Engel (1955–2019) angebracht, der kurz vor seiner Pensionierung verstarb. Unterhalb der Felswand gelangen wir auf der Forststraße zur **Bundenthaler Jagdhütte ❽**, einer kleinen Schutzhütte. Danach führt uns der Bären-Steig auf bequemen Waldwegen zurück zur Drachenfelshütte ❶. Wer möchte, kann unterwegs noch einen Abstecher zum ausgeschilderten Buchkammerfelsen auf dem Heidenberg machen.

***i* Franz von Sickingen**

Nachdem Ritter Franz von Sickingen (1481–1523) als einziger Sohn seines verstorbenen Vaters Schweikhardt VIII. von Sickingen (um 1446–1505) umfangreiche Ländereien und Anteile an mehreren Burgen geerbt hatte, wurde er schnell zu einem Anführer der Ritterschaft und sammelte viele Gefolgsleute um sich. Nach dem Tod seiner Frau im Jahr 1515 begann er, seinen Besitz mit Gewalt zu vergrößern und bot seine Dienste gegen Bezahlung auch anderen an, obwohl Fehden seit dem Landfrieden von 1495 verboten waren. Seine Streitmacht aus Söldnern wurde so lange geduldet, wie Franz von Sickingen erfolgreich war. Doch als er in finanzielle Schwierigkeiten geriet und militärische Erfolge ausblieben, wurde er selbst zum Ziel einer Fehde, in der seine Burgen Nanstein und Drachenfels und auch die seiner Gefolgsleute wie Burg Tanstein bei Dahn zerstört wurden. Die letzte Fehde von Franz von Sickingen beendete 1523 die Ritterzeit in Deutschland.

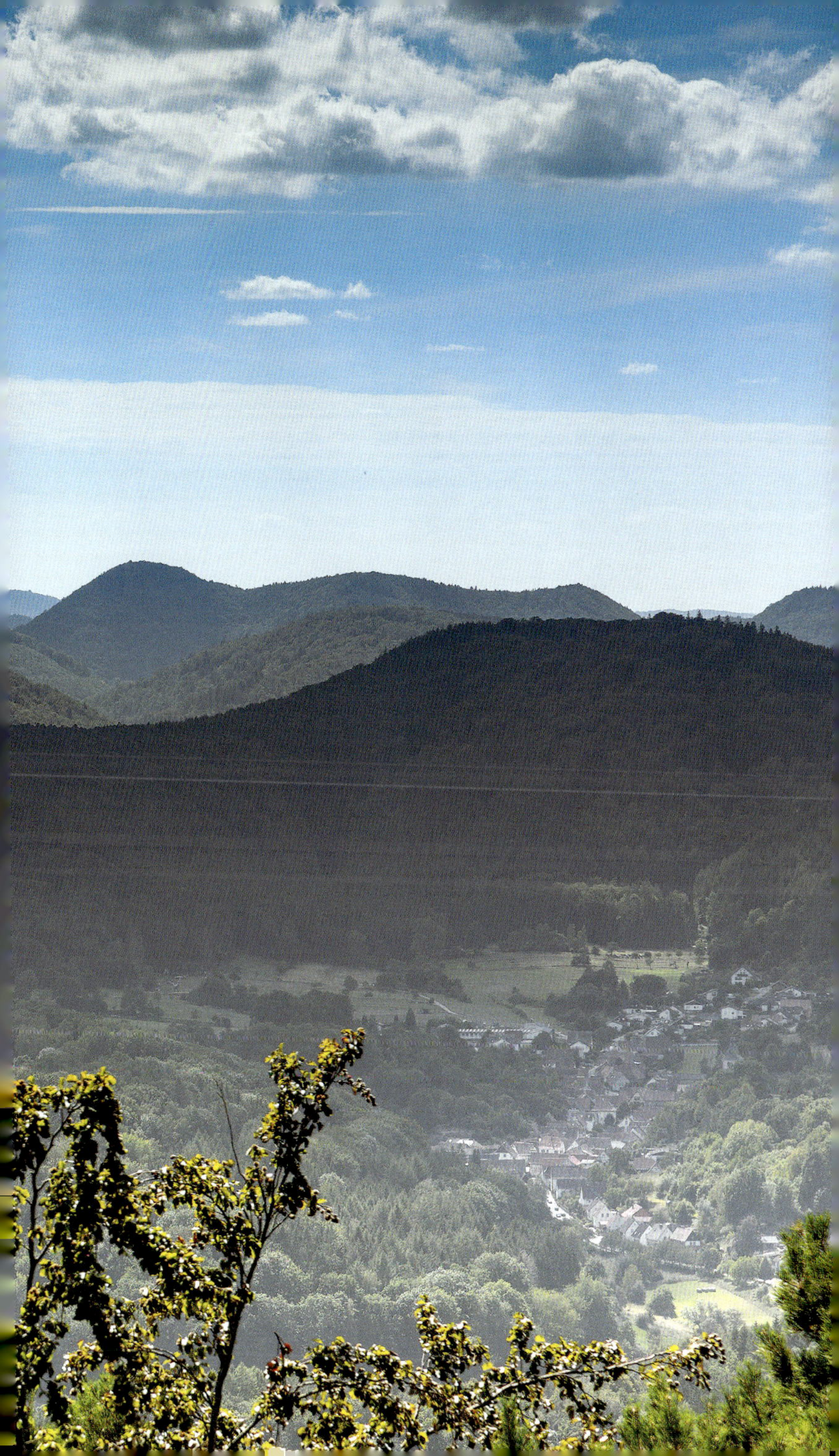

40 Von Petersbächel nach Frankreich

Die Geisterschloss-Tour

TOP | 4.00 Std. | 10,3 km | ↗ 600 m | ↘ 600 m

Ruine Blumenstein, Ruine Wasigenstein und der Maimont
Eine deutsch-französische Wanderung für Familien mit Kindern, die sich unterwegs ein wenig gruseln möchten. Sie führt zur Burg Blumenstein, die auch »Geisterschloss« genannt wird. Die einst prächtige Burg wurde um 1260 von den Herren von Blumenstein erbaut und 1525 im Bauernkrieg zerstört. Erhalten geblieben sind die mächtige Schildmauer mit Mauerresten des Wohnbaus, der Brunnenschacht und eine große Felsenkammer.
Burg Wasigenstein ist eine 75 m lange, 8 m breite und 20 m hohe Felsenburg, eine Doppelburg, die aus zwei baulich verschiedenen Teilen besteht. An der Felsbasis sind die beiden Burgen miteinander verbunden, darüber trennt sie ein tiefer Graben. Der östliche, höhere Teil mit dem spitzen Bergfried und Teilen der mächtigen Schildmauer wird Alt- oder Groß-Wasigenstein genannt, der westliche Neu- oder Klein-Wasigenstein. Alt-Wasigenstein wird erstmals in einer Urkunde aus dem Jahr 1270 erwähnt. Ob die darin genannten Brüder Friedrich und Seman von Wasigenstein aber auch die Erbauer der Burg sind oder deren Vater, ein Feldmarschall von Pfalz-Hagenau, die Burg schon einige Jahre zuvor auf dem senkrecht aufragenden Ostpfeiler des Wasigensteins errichten ließ, ist unklar. Neu-Wasigenstein wurde nach einer Erbteilung Anfang des 14. Jahrhunderts auf dem Westpfeiler des Wasigensteins erbaut. Ein Teil des 20 m hohen, achteckigen Turms der Schildmauer ist erhalten. Im 15. Jahrhundert wurde Wasigenstein zu einer Raubritterburg und gelangte dann in den Besitz der Herren von Fleckenstein. Zerstört wurde die große Burganlage Anfang des 17. Jahrhunderts im Dreißigjährigen Krieg.

Ruine Blumenstein – das »Geisterschloss«.

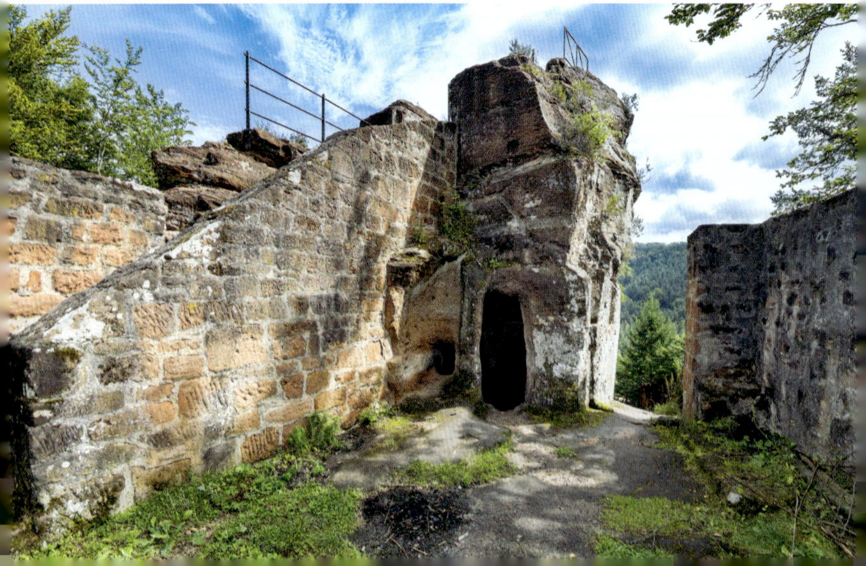

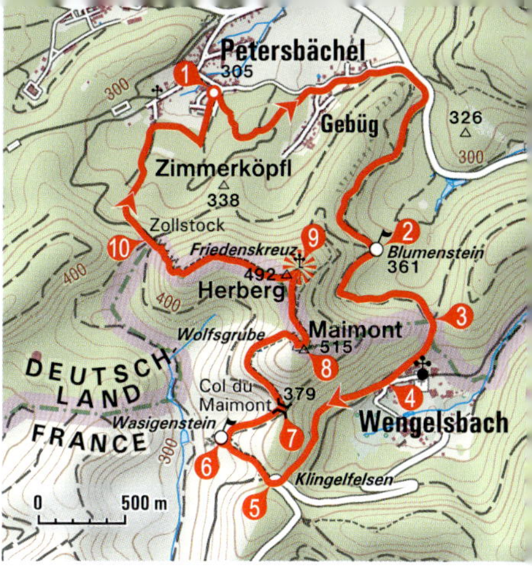

Ausgangspunkt: Petersbächel, alte Schule in der Maimontstraße (Parkplatz).
Markierung: Kein eigenes Logo, sondern grüner Balken, Dachs-Weg (Logo Dachs), rote Raute, Felsenland Sagenweg (blaues Logo mit Gespenst), rotes Kreuz, roter Balken (Burgenweg), rot-weiß-roter Balken und rot-gelber Balken.
Anforderungen: Wanderschuhe mit Profilsohle.
Einkehr: Walthari-Klause in Petersbächel, Gebüger Straße 12–14, geöffnet Mo.–Fr. ab 16 Uhr, Sa. ab 15 Uhr, So. ab 11.30 Uhr. Restaurant Au Wasigenstein in Wengelsbach, aktuelle Öffnungszeiten unter www.restaurantwasigenstein.fr.
ÖPNV: Bus Linie 251 von Dahn nach Petersbächel. Von Mai bis Oktober verkehren Mi., Sa., So. Ausflugszüge von Mannheim und Karlsruhe über Hinterweidenthal nach Dahn. Auch die Busse Linie 250 von Pirmasens oder Linie 252 von Hauenstein und Wissembourg fahren nach Dahn.
Karte: Dahner Felsenland von NaturNavi oder Dahner Felsenland von Pietruska.

In **Petersbächel ❶** gehen wir vom Parkplatz neben der alten Schule rechts auf dem grünen Balken durch den Wald nach Gebüg, ein Ortsteil von Schönau. Dort führen uns die Straße Bielerhof und die Blumensteinstraße geradeaus durch das kleine Dorf zur Straße K 43. Wir überqueren diese und gehen im Wald rechts. Jetzt orientieren wir uns an der roten Raute und stoßen kurz darauf auch auf den Dachs-Weg. Nach etwa 200 m überqueren wir vor dem Wanderparkplatz die K 43 erneut und folgen den beiden Markierungen auf der Forststraße hinauf zur **Ruine Blumenstein ❷**. Wegen der weisen Frau, die hier in Vollmondnächten spuken soll, wird sie auch Geisterschloss genannt. Diese verwunschene Ruine schauen wir uns näher an. Im Burgfels sind interessante gelbe und rote Bänder im Buntsandstein mit Wabenverwitterungen zu sehen. Die Farben erklären sich durch die unterschiedlichen Eisengehalte der urzeitlichen Sandablagerungen. Hinter der Burg, wo auch der Eingang ist, liegt ein Rastplatz. Rechts vom Eingang können wir in eine große Felskammer hineingehen, in die durch Fensteröffnungen Licht einfällt. Dahinter führt eine Treppe auf die Burgmauer. Nach der Burgbesichtigung lassen wir uns vom Dachs-Weg und dem blauen Logo des Felsenland Sagenwegs auf der bergabführenden Forststraße

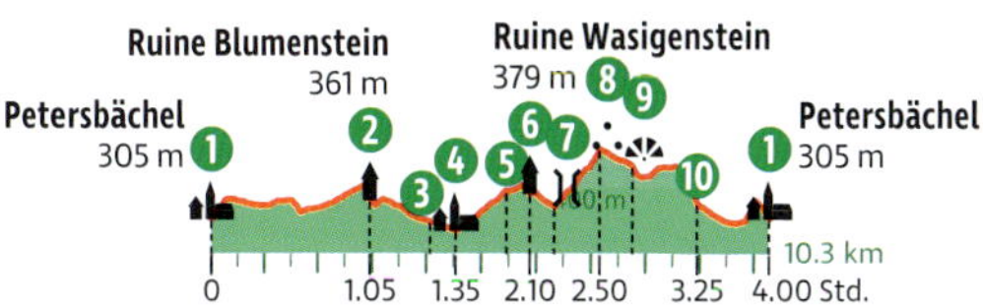

zum **Wengelsbacher Hals 3** leiten. Dort verläuft die Grenze zwischen Deutschland und Frankreich. An der Wegspinne gehen wir rechts auf dem schmalen Weg bergab und gelangen auf französischer Seite dem roten Kreuz folgend nach **Wengelsbach 4**. Dort gehen wir zunächst geradeaus an dem kleinen Weiler vorbei bis zur Abzweigung vor dem Restaurant Au Wasigenstein. Wer mehr über den Ort erfahren möchte, sollte sich die historischen Häuser aus der Nähe ansehen, denn an ihnen sind Schilder angebracht, die uns deren Geschichte erläutern. Am Eingang zum Restaurant und auch an anderen Stellen auf unserem weiteren Weg kann man Wanderstöcke mit einem Stoffband entdecken, auf dem ein Sinnspruch steht. Diese fordern dazu auf, achtsam durch die Natur zu gehen. Vor dem Restaurant gehen wir rechts auf dem Waldpfad weiter, der mit einem roten Kreuz markiert ist. Vom Weg haben wir einen schönen Blick auf das Dorf im Grünen, das wie eine Insel im Wald liegt. Wir kommen an Felsen vorbei und treffen in einer Haarnadelkurve auf die Straße D 190. Dort können wir am Fuß des **Klingelfelsens 5** rasten. Spuren von Behausungen, die man hier fand, deuten darauf hin, dass dies ein vorgeschobener Beobachtungsposten der Burg Wasigenstein gewesen sein könnte. Nach einer Legende soll man hier in Vollmondnächten Glocken läuten hören. In der Haarnadelkurve wandern wir rechts bergab und gelangen auf dem roten Balken (GR 53, Burgenweg) zur **Ruine Wasigenstein 6**, eine der imposantesten Felsenburgen in den nördlichen Vogesen.

Vor der Burg gehen wir am Rastplatz vorbei und folgen dem rot-weiß-roten Balken zum **Col du Maimont 7**, einem 340 m hohen Bergpass. Dort gehen wir geradeaus an dem Bergrücken entlang und biegen nach 50 m links ab. Hier sind wir auch wieder auf dem Felsenland Sagenweg unterwegs. Auf dem 513 m hohen Gipfel des **Maimont 8** sind Reste eines keltischen Ringwalls erhalten. Ein zerbrochener Felsbrocken aus Sandstein, der eine schüsselförmige Vertiefung hat, wird als keltische »Opferschale« gedeutet. Ein Gedenk-

Felsenkammern in der Ruine Wasigenstein.

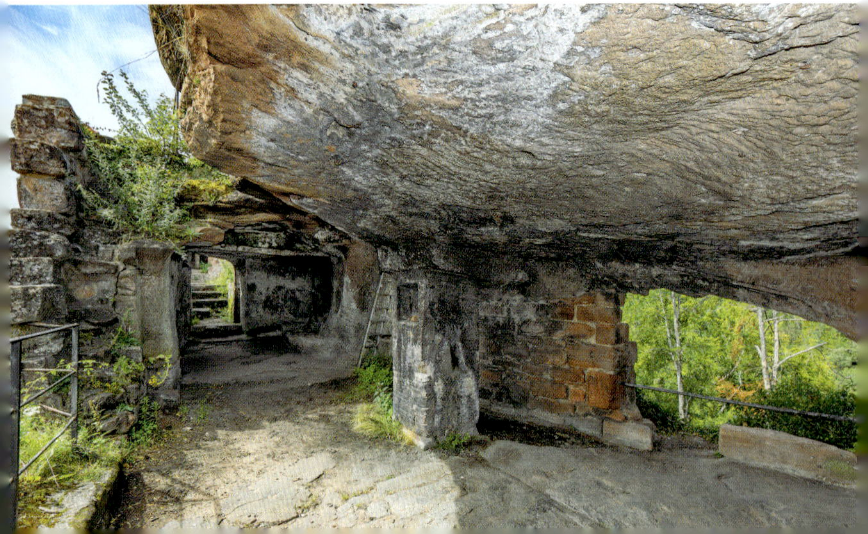

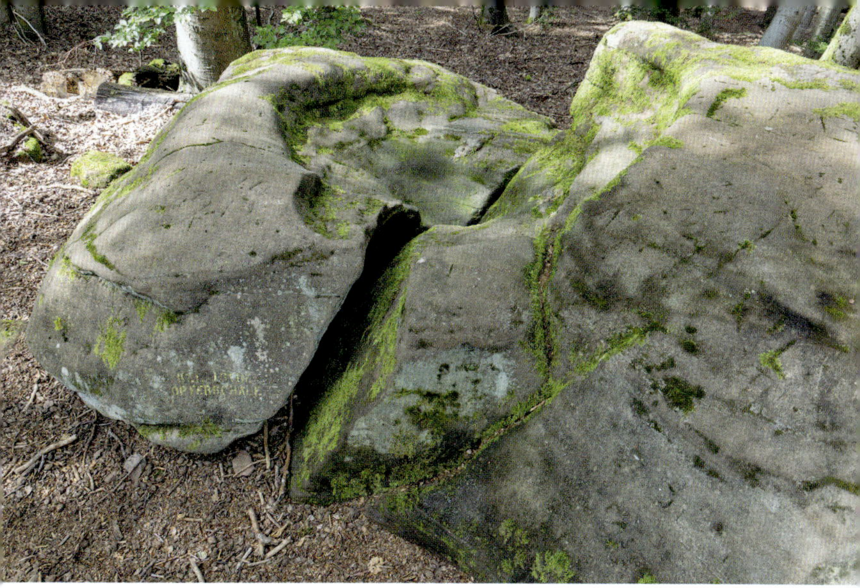

Felsbrocken auf dem Maimont, der als keltische Opferschale gedeutet wird.

stein erinnert hier auch an die Soldaten, die am Pfingstmontag des Jahres 1940 während eines 15-stündigen Kampfes gefallen sind. Danach überschreiten wir die Grenze und kommen auf dem Felsenland Sagenweg an einer alten Wolfsgrube vorbei. Da außer einer unscheinbaren, mit Laub bedeckten Vertiefung im Waldboden hier nichts mehr zu sehen ist, wandern wir leicht rechts weiter zum **Friedenskreuz** ⑨. Dieses wurde in den 1950er-Jahren auf einem Felsen nahe der Grenze als Mahnmal für den Frieden aufgestellt. Nach kurzem Leiteraufstieg haben wir von ihm eine schöne Aussicht in Richtung Norden auf Gebüg, Fischbach und die Berge des Wasgaus.

Vom Friedenskreuz wandern wir auf dem Felsenland Sagenweg und dem rot-gelben Balken auf deutscher Seite an der Grenze entlang. Wir kommen an einer langen Felswand vorbei und schmunzeln über die Steinmännchen, die am Weg stehen. In Serpentinen steigen wir dann von dem Bergrücken hinunter und stehen plötzlich an der Wegspinne beim **Zollstock** ⑩ wieder an der Grenze. Hier leiten uns die beiden Markierungen rechts auf einem ausgewaschenen Wegstück hinunter ins Fuchsloch und zurück nach Petersbächel ①.

Friedenskreuz.

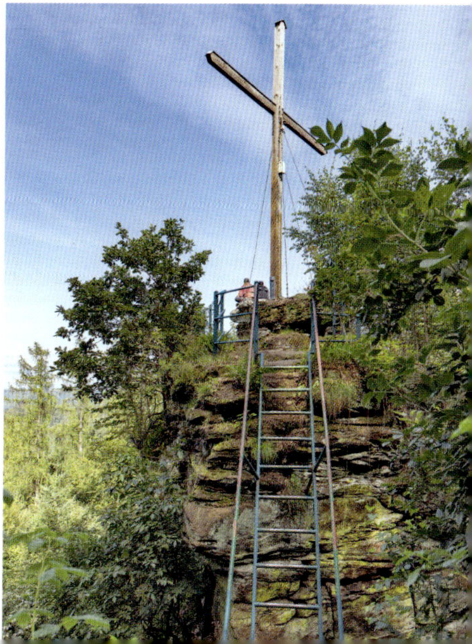

41 Von Eppenbrunn zum Altschlossfelsen

Der Altschlosspfad bei Eppenbrunn

TOP | 3.00 Std. | 10,7 km | ↗ 220 m | ↘ 220 m

Ein Amphitheater aus Felsen und das Dianabild

An der Südostflanke des 400 m hohen Brechenbergs erstreckt sich die 1,5 km lange und bis zu 30 m hohe Felsgruppe der Altschlossfelsen, die längste und spektakulärste Buntsandsteinformation im Pfälzerwald. Hier reihen sich mehrere Felstürme, Felsdächer, Pfeiler und Felsentore aus blassgelbem, ockerbraunem und rotviolettem Sandstein aneinander. Wer Anfang April dorthin wandert und am frühen Abend das richtige warme Licht erwischt, kann beim Alten Schloss das Amphitheater der Felsen intensiv in roten Farbtönen leuchten sehen. Die Felsen scheinen dann regelrecht zu glühen. Die Erosion hat diese Kunstwerke der Natur aus dem 220 Millionen Jahre alten Buntsandstein modelliert. Auch eine Felsenburg könnte hier einmal gestanden haben, worauf Balkenlöcher und Treppenstufen im Fels hindeuten.

Auf französischer Seite, wo einst die alte Salzstraße von Metz zum Rhein verlief, befindet sich in der Sandsteinwand des Diana-Felsens ein verwittertes römisches Steinrelief, das Dianabild. Es zeigt in der Mitte die römische Jagdgöttin Diana, die umgeben ist vom Kriegsgott Mars und dem Gott des Waldes Silvanus.

Ausgangspunkt: Eppenbrunn, Wanderparkplatz in der Neudorfstraße.
Markierung: Logo des Altschlosspfads mit stilisiertem Felsen.
Anforderungen: Wanderschuhe mit Profilsohle, stellenweise schmale Felsenpfade.
Einkehr: Kuppers Gaade (Jagdstube und Biergarten) neben dem Hotel Kupper, Himbaumstraße 22, aktuelle Öffnungszeiten unter www.hotelkupper.de. Braustübel im Hotel Waldesruh, Neudorfstraße 4, Di. Ruhetag.
ÖPNV: Bus Linie 255 vom Bahnhof Pirmasens nach Eppenbrunn.
Karte: Pfälzerwald 7 von NaturNavi oder Biosphärenreservat Pfälzerwald Südteil von Pietruska.

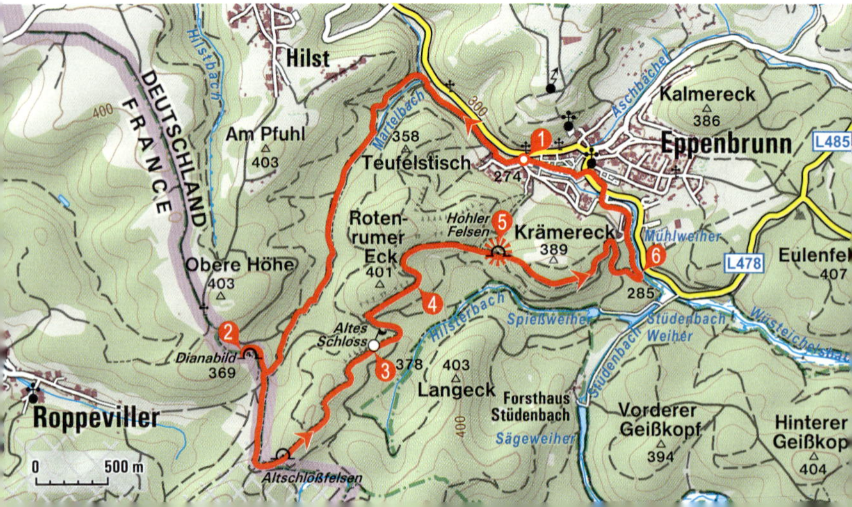

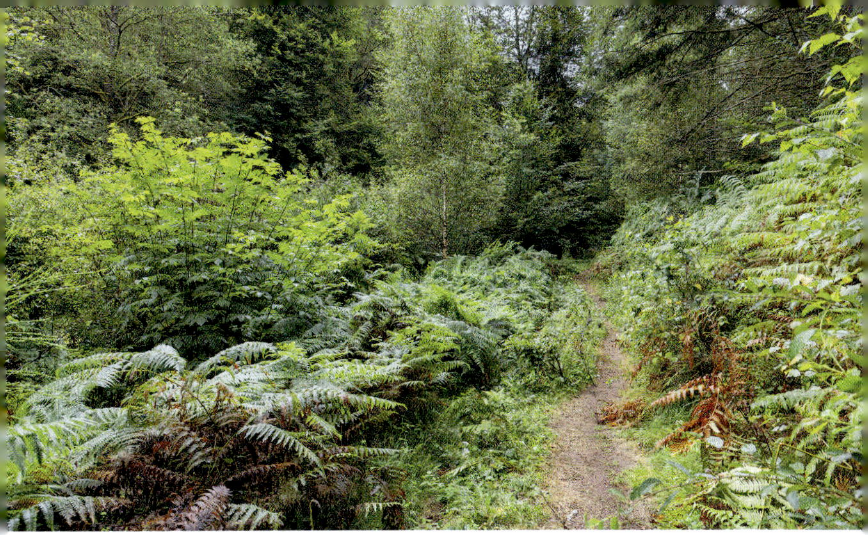

Der Altschlosspfad im Martelbachtal bei Eppenbrunn.

Unsere Wanderung beginnt in **Eppenbrunn ❶** am Wanderparkplatz in der Neudorfstraße. Das Logo des Altschlosspfads leitet uns auf diesem Premiumweg. Wir gehen vor dem Parkplatz auf der Himbaumstraße links und kurz darauf rechts zum Hotel Kupper. Dort gehen wir rechts am Hotel vorbei in den Wald. Wer möchte, kann am Anfang des Walds links einen Abstecher zu einem 600 m entfernten Teufelstisch machen, der Weg dorthin ist ausgeschildert. Wir verzichten darauf und wandern geradeaus am Eppenbrunner Bach entlang. Immer wieder entdecken wir neben dem Weg ein kleines Schild, auf dem ein besinnlicher Spruch steht. An der Brücke, die rechts über diesen Bach führt, sitzen ein aus Holz geschnitzter großer Frosch und ein Eichhörnchen auf zwei Baumstümpfen. Wir gehen an der Brücke vorbei, überqueren den kleinen Martelbach und wandern danach links auf der Forststraße durch dessen Tal. Der Weg steigt jetzt leicht an. Nach 500 m überqueren wir den Bach und folgen dem Altschlosspfad weiter talaufwärts. Um uns herum wächst ein märchenhaft anmutender Mischwald aus alten Eichen, Buchen und Nadelbäumen, und der Waldboden ist bedeckt mit grünen Moosen und Farnen. Nach 1,8 km treffen wir an einer Abzweigung auf den grenzüberschreitenden Helmut-Kohl-Weg. Der ehemalige Bundeskanzler wanderte hier oft von Eppenbrunn ins französische Roppeviller. Wir folgen dem Helmut-Kohl-Weg 100 m nach rechts bis zur nächsten Abzweigung, an der wir den Altschlosspfad und den Helmut-Kohl-Weg verlassen, um einen Abstecher nach Frankreich zum **Dianabild ❷** zu machen. Der

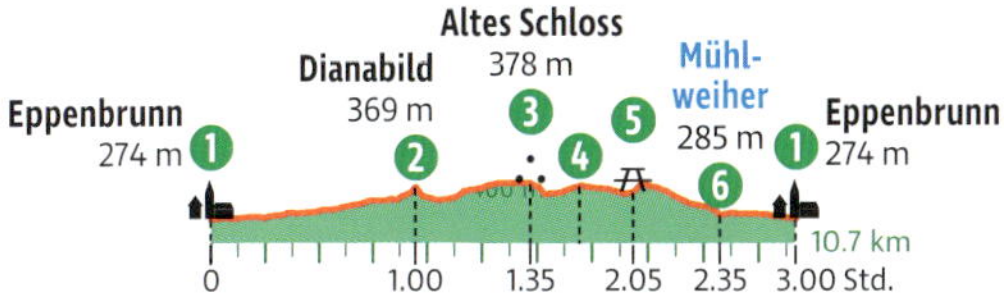

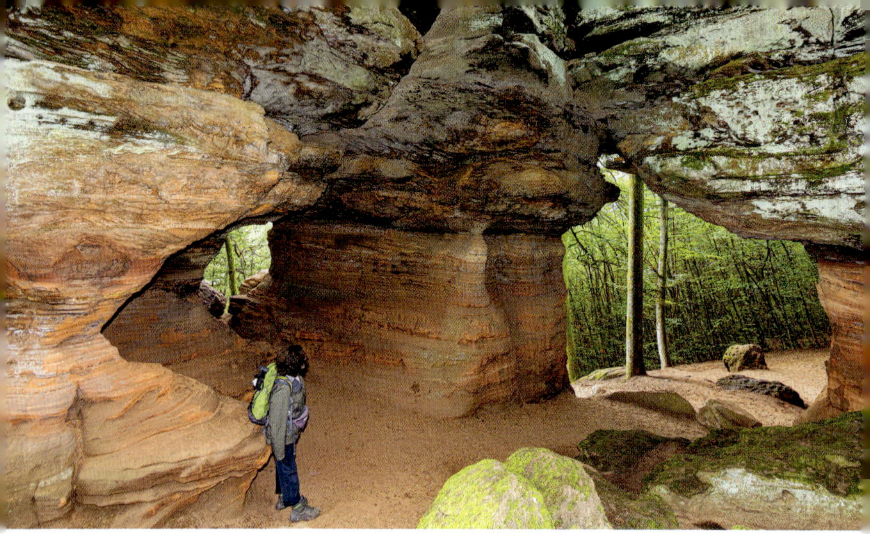

Der Altschlossfelsen, diese Formation wird Altes Schloss genannt.

rote Punkt und der Wegweiser zum Rocher Diane (Diana-Felsen) führen uns dorthin. Das Felsrelief ist bereits stark verwittert, sodass wir genau hinsehen müssen, um die drei dargestellten Figuren zu erkennen. Auf demselben Weg gehen wir danach wieder zurück, wobei wir oberhalb der Abzweigung geradeaus auf dem Altschlosspfad an der Grenze entlangwandern. Wer hier werktags unterwegs ist, kann die dumpfen Kanonenschüsse des in einigen Kilometern Entfernung liegenden französischen Truppenübungsplatzes von Bitche hören.

Nach gut 500 m verlassen wir die Grenze und kommen nach einem kurzen Anstieg zum südlichen Ende der Altschlossfelsen. Von hier führt uns der Altschlosspfad rechts an der langen Felswand entlang. In dieser kann man gut die Waben- und Kugelverwitterungen erkennen, und manchmal wächst auch ein kleiner Baum in der steilen Sandsteinwand. Unterwegs führen schmale Pfade auf das Felsplateau, das mit einem artenreichen Wald und Sträuchern bewachsen ist. Das **Alte Schloss ❸** ist ein Amphitheater der Felsen mit Kammern, Säulen und Durchbrüchen. Hier kann man das Felsenglühen im warmen Licht der Abendsonne am besten erleben. Hinter den Felspfeilern führt der Altschlosspfad links hinunter zum **Rotenrumer Eck ❹**, einem 18 m hohen Felsen, der ein langes, überhängendes Felsdach hat. Danach können wir am **Hohlen Felsen ❺** rasten. Nun ändert sich die Landschaft. Statt Felsen liegt der **Mühlweiher ❻** vor uns. Auf dem langen Stausee des Eppenbrunner Bachs wachsen Seerosen. Wir wandern links an dem schmalen See entlang. Am Ortsanfang von Eppenbrunn gehen wir hinter der Klinik auf der Altschlossstraße, die auf dem Staudamm verläuft, rechts zur Weiherstraße und auf dieser links weiter. Vor der Rechtskurve der Straße führt uns der Altschlosspfad rechts auf einer Treppe in den Freizeitpark. Dort wurde ein Feuchtbiotop angelegt, es gibt Spielmöglichkeiten für Kinder und einen Kiosk. Wir gehen am Eppenbrunner Bach entlang durch den Park und erreichen danach wieder den **Wanderparkplatz ❶**.

Von der Burg Lemberg zum Maiblumenfelsen

Der Lemberger Graf-Heinrich-Weg

42

4.00 Std. | 13,3 km | ↗ 460 m | ↘ 460 m

Burg Lemberg, Rabenfels und Ruppertstein

Am 8. Januar 1198 übertrug Graf Heinrich I. von Zweibrücken dem Benediktinerkloster Hornbach ein Hofgut. Als Gegenleistung erhielt er von diesem zwei Berge, den Gutenberg und den Rupprechtisberg (heute Ruppertstein), damit er auf ihnen zur Sicherung seines Landes Burgen errichten konnte. Der Graf ließ daraufhin auf dem 458 m hohen Gutenberg, der später Schlossberg genannt wurde, eine Burg erbauen. Da der Graf einen Löwen auf seinem Wappen hatte, bekam die Burg den Namen Löwenburg. Davon leitet sich der heutige Name der Burg Lemberg ab. 1534 ließ Graf Jakob von Zweibrücken die Burg zu einem Schloss umbauen und machte dieses 1541 zu seiner Residenz. Seine reiche Gemahlin, Katharina von Hohenstein, soll dazu maßgeblich beigetragen haben, weil sie höfischen Glanz in die Burg bringen wollte. 1689 wurde die Burg im Pfälzischen Erbfolgekrieg zerstört. Erhalten geblieben sind Teile der Ringmauer, ein Turm, ein Keller und die Grundmauern der ehemaligen Burgkapelle. Dazwischen liegt das heutige Burgeninformationszentrum mit der Burgschänke.

Als man beim Graben des 94,8 m tiefen Brunnenschachts, der die Burg mit Wasser versorgen sollte, selbst in dieser Tiefe immer noch nicht auf Wasser gestoßen war, wurde er zu einer großen Zisterne umgebaut. Diese wurde von einer Quelle, die am Fuß des Burgbergs lag, mit Wasser versorgt. Dazu musste ein 131 m langer, fast waagrechter Stollen mit 2 m Durchmesser durch den Fels gegraben werden, der in 59 m Tiefe in den Brunnenschacht mündet.

Auch auf dem Ruppertisberg, am nördlichen Ausläufer des Hummelbergs gelegen, ließ Graf Heinrich I. eine Grenzfeste erbauen, die Burg Ruppertstein. Die kleine Vorburg diente zur Absicherung der Burg Lemberg. Man nimmt an, dass sie ebenfalls um 1200 errichtet und 1689 zerstört wurde. Die Burg stand auf einem 12 m hohen Felsen, auf den eine um 1900 erbaute Steintreppe führt. So hat ein Tauschgeschäft zum Bau der beiden Burgen Lemberg und Ruppertstein beigetragen.

Blick von der Burg Lemberg über die Grundmauern der Burgkapelle.

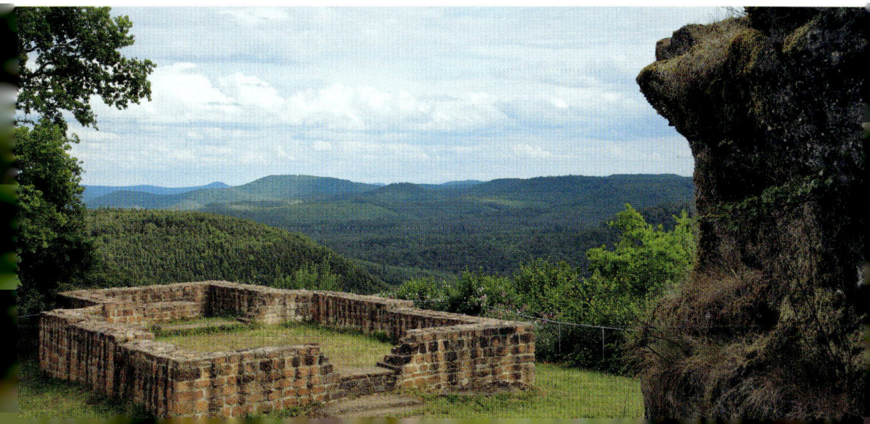

Ausgangspunkt: Wanderparkplatz unterhalb der Burg Lemberg in der Landgrafenstraße am östlichen Ortsrand von Lemberg.
Markierung: Blaues Logo des Lemberger Graf-Heinrich-Wegs mit dem Gespenst Blizy.
Anforderungen: Wanderschuhe mit Profilsohle.
Einkehr: Unterwegs keine; Burgschänke Lemberg, geöffnet Mi.–So. 11–18 Uhr.
Hinweis: Vom 1. Februar bis zum 30. Juni ist der Aufstieg auf den Ruppertstein wegen des Wanderfalkenschutzes nicht möglich.
Tipp: Das Burgeninformationszentrum dokumentiert die Geschichte der Burg Lemberg und informiert auch über andere Burgen in der Region. Es ist samstags und sonntags von 11–18 Uhr bzw. im Winter bis 17 Uhr geöffnet. Der Brunnenstollen kann von Mai–Oktober nach Voranmeldung bei der Tourist-Info (Tel. +49 6331 8720) im Rahmen einer Gruppenführung besichtigt werden.
ÖPNV: Bus Linie 856 oder 854 vom Bahnhof Pirmasens nach Lemberg, Ortsmitte. Von dort zu Fuß zur Burg Lemberg (1 km).
Karte: Pfälzerwald 7 von NaturNavi oder Biosphärenreservat Pfälzerwald Südteil von Pietruska.

Wir beginnen diese Tour am **Wanderparkplatz** unterhalb der **Burg Lemberg ❶**. Von dort lassen wir uns vom Gespenst Blizy auf dem blauen Logo des Lemberger Graf-Heinrich-Wegs leiten. Der Premiumweg führt zunächst vom Parkplatz auf der Landgrafenstraße hinauf in Richtung Burg. Nach 100 m gehen wir an der Gabelung links und 50 m weiter an der nächsten Abzweigung erneut links. Wieder nach 50 m biegen wir scharf rechts ab. Am Weg liegen große Sandsteinblöcke. Auf einem Felsenweg gelangen wir an einem Aussichtspunkt vorbei zum **Rabenfels ❷**, von dessen Aussichtskanzel wir einen 360°-Panoramablick auf Lemberg und den Pfälzerwald haben. Blizy führt uns dann an mächtigen, überhängenden Felsen entlang zum **Ringstein ❸**. Auf einer Leiter steigen wir auf die Felskanzel und sehen den Schlossberg mit dem Burgeninformationszentrum vor uns liegen. Von der Kanzel gehen wir geradeaus über den Felsrücken und danach steil bergab. Wir kommen an einer langen Felswand vorbei und wandern nach einem Rastplatz über den Hummelberg. Dort liegt unter einem überhängenden Felsdach ein weiterer Rastplatz. Am Fuß der Felsen können wir im Sand die kleinen Fangtrichter von Ameisenlöwen entdecken, und die vielen Kieselsteine

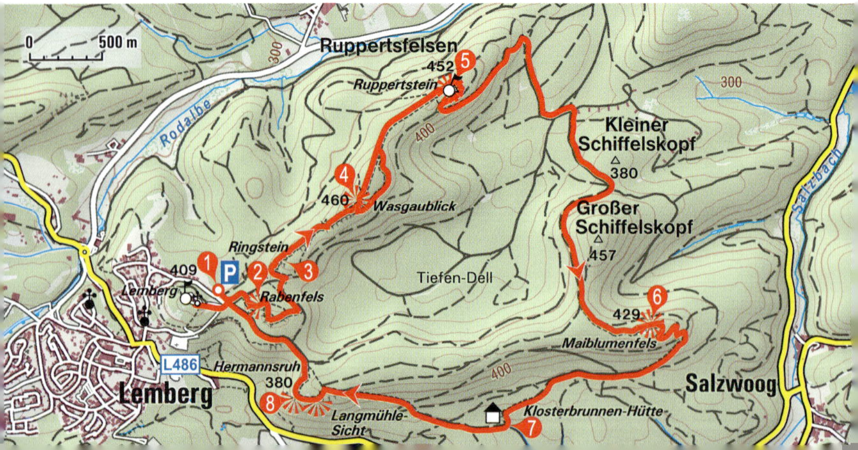

Treppenaufstieg zum Ruppertstein.

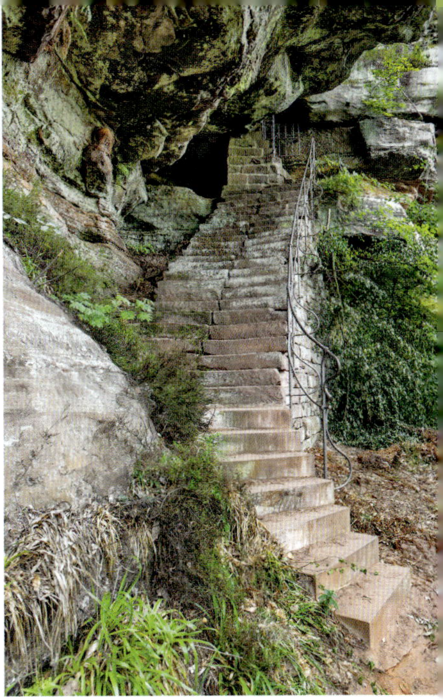

im Buntsandstein verraten uns, dass hier vor vielen Millionen Jahren urzeitliche Flüsse Sedimente ablagerten.

Oberhalb des Wanderwegs liegt der Aussichtspunkt **Wasgaublick ❹**. Wir verlassen den Lemberger Graf-Heinrich-Weg und machen einen kurzen Abstecher dorthin nach links. Danach gehen wir zurück und folgen wieder dem blauen Logo mit Blizy zum 452 m hohen **Ruppertstein ❺**. Von der ehemaligen Burg ist kaum etwas übrig geblieben, doch vom Felsplateau (Rastplatz), auf das eine steile Steintreppe führt, haben wir eine tolle Aussicht. Wir sehen in Richtung Norden über Ruppertsweiler zum Großen Arius mit seinem charakteristischen rot-weißen Funkmast und in Richtung Süden über den Pfälzerwald. Schauen Sie sich beim Abstieg den Anfang des Handlaufs an der Treppe genau an. Dieser ist mit Gesichtern des Bildhauers Heinrich Jäger verziert. Der Lemberger Graf-Heinrich-Weg führt danach die nächsten 4 km auf schattigen Waldwegen westlich des 380 m hohen Kleinen und des 457 m hohen Großen Schiffelskopf zum **Maiblumenfels ❻**. Auf dem schmalen, langgezogenen Felsen können wir eine Felsenkammer entdecken und die Aussicht über den Pfälzerwald genießen. Blizy führt uns danach rechts zur **Klosterbrunnen-Hütte ❼**. Keramikscherben aus dem 8.–13. Jh. und ein romanisches Kapellenfenster, das man bei archäologischen Ausgrabungen fand, weisen darauf hin, dass hier einmal eine Kapelle stand. Jetzt wandern wir im Wald oberhalb des Salzbachtals zu zwei Aussichtspunkten, der Langmühle-Sicht und der benachbarten **Hermannsruh ❽**. Von ihnen haben wir einen guten Blick in das bewaldete Tal. Am Schluss unserer Felsenwanderung besichtigen wir noch die Burg Lemberg und besuchen das Burgeninformationszentrum. Danach steigen wir wieder vom Schlossberg hinunter und gelangen auf der Landgrafenstraße zurück zum **Parkplatz ❶**.

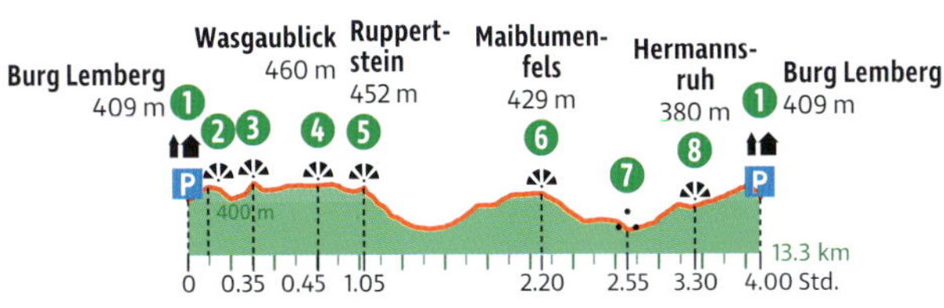

43 Von Lemberg zum Waldhaus Drei Buchen

Der Lemberger Rothenberg-Weg

TOP | 2.30 Std. | 10,0 km | ↗ 230 m | ↘ 230 m

Aussicht von der Gottfriedsruh und ein Felsenpfad

Der Premiumweg führt uns auf naturbelassenen Felsen- und Waldpfaden durch die faszinierende Felslandschaft des 414 m hohen Rothenbergs zum Waldhaus Drei Buchen, in dem wir einkehren können. Unterwegs kommen wir immer wieder an kleinen Rastplätzen vorbei, die sich unter einem überhängenden Felsdach verstecken.

Ausgangspunkt: Wanderparkplatz am Sportplatz Lemberg am Ende der Laubbrunnerstraße.
Markierung: Rotes Logo des Lemberger Rothenberg-Wegs mit dem Gespenst Blizy.
Anforderungen: Wanderschuhe mit Profilsohle, Felsenpfade und mehrere kurze Auf- und Abstiege.

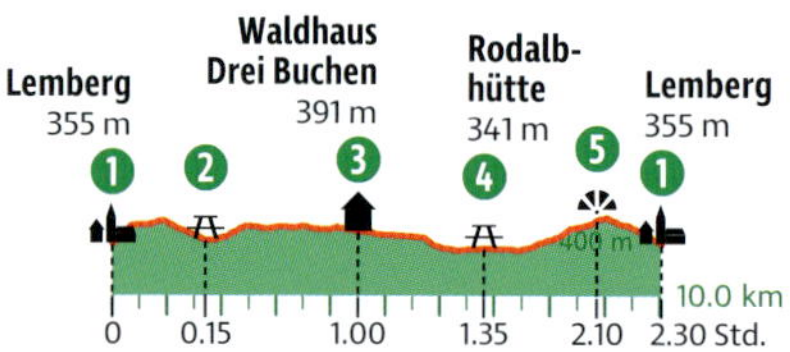

Einkehr: Am Ausgangspunkt Sportheim-Gaststätte des SV Lemberg, geöffnet Mo., Mi., Fr. ab 16 Uhr, So. ab 10 Uhr. Waldhaus drei Buchen, geöffnet Mi.–So. ab 10 Uhr.
ÖPNV: Bus Linie 856 oder 854 vom Bahnhof Pirmasens nach Lemberg, Kindergarten. Von dort auf der Laubbrunnerstraße zu Fuß zum Ausgangspunkt (700 m).
Karte: Pfälzerwald 7 von NaturNavi oder Biosphärenreservat Pfälzerwald Südteil von Pietruska.

Anstieg auf dem Lemberger Rothenberg-Weg.

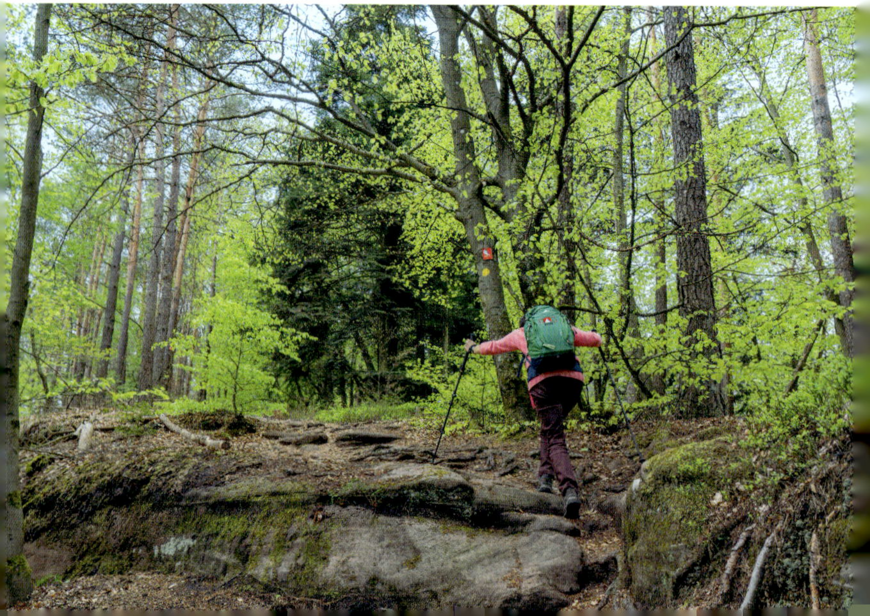

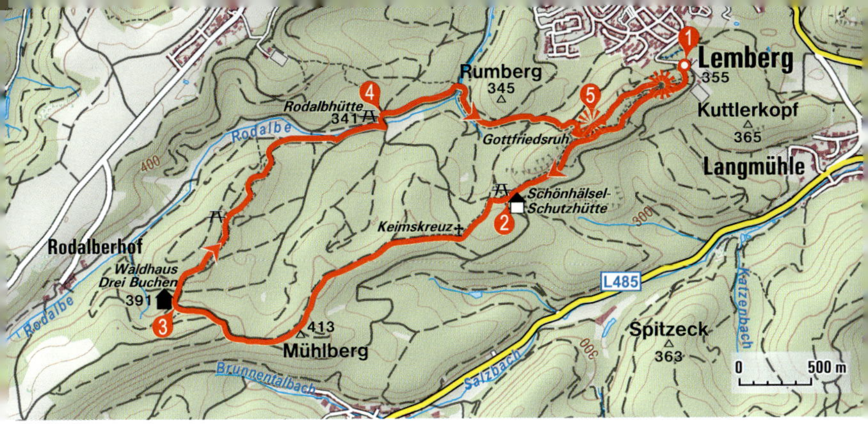

Auch auf dem Lemberger Rothenberg-Weg führt uns das Gespenst Blizy. Vom Wanderparkplatz am Sportplatz **Lemberg ①** folgen wir gegenüber vom Sportheim dem roten Logoschild des Premiumwegs, das uns links am Fuß des Rothenbergs durch den jungen Buchenwald leitet. Nach einem kurzen Anstieg kommen wir an seiner langen Felswand und einer ersten Rastbank vorbei, die unter einem überhängenden Felsdach steht. Danach erhebt sich rechts vom Weg ein beeindruckender Tischfelsen. Wir wandern danach erneut an einer mächtigen Wand aus rotem Buntsandstein vorbei zur **Schönhälsel-Schutzhütte ②**. Vor der kleinen Hütte liegt ein großer Rastplatz. Nicht weit davon entfernt steht das Keimskreuz am nächsten schönen Rastplatz. Es erinnert an den Förster Friedrich Keim, der hier am 15. Mai 1870 von einem Wilderer erschossen wurde.

Danach führt ein steiniger Wurzelweg zwischen Felsbrocken hindurch auf den bewaldeten Höhenrücken zwischen dem Rothenberg und dem Mühlberg. Diese historische Hohe Straße benutzten schon die Römer. Blizy leitet uns am Ende des langen, fast ebenen Höhenwegs um den Mühlberg zum **Waldhaus Drei Buchen ③**. Dort können wir einkehren, und für Kinder gibt es dort einen Spielplatz. Vor der Hütte wandern wir rechts weiter und kommen unterhalb der Hütte an einem moosbewachsenen Felsen vorbei, an dem eine Gedenktafel an die Gefallenen des Zweiten Weltkriegs erinnert. Der Lemberger Rothenberg-Weg ist anschließend als Felsenpfad ausgeschildert und verläuft dem ehemaligen Kurt-Weber-Pfad folgend fast eben unterhalb einer lang gezogenen Felsreihe entlang. Auch auf diesem beeindruckenden Wegstück steht eine Rastbank unter einem überhängenden Felsdach. Am Ende des Felsenpfads folgen wir der Forststraße rechts hinunter ins Tal der Rodalbe. Dort überqueren wir vor dem Kübelwoog links die Wiese und den Bach. Auf der anderen Seite steht die **Rodalbhütte ④**. Vor dieser und dem Rastplatz gehen wir auf der asphaltierten Straße rechts. Im Frühjahr blühen in der feuchten Bachaue Schlüsselblumen und sogar Hasenglöckchen. Im Linksbogen der Straße überqueren wir rechts auf dem Damm des Moosbachweihers die Rodalbe und folgen dem Gespenst Blizy auf den Kamm des Rothenbergs. Dort wandern wir über den schmalen Berggrat, wobei uns Treppenstufen im Fels die kurzen, steilen Auf- und Abstiege erleichtern. Am

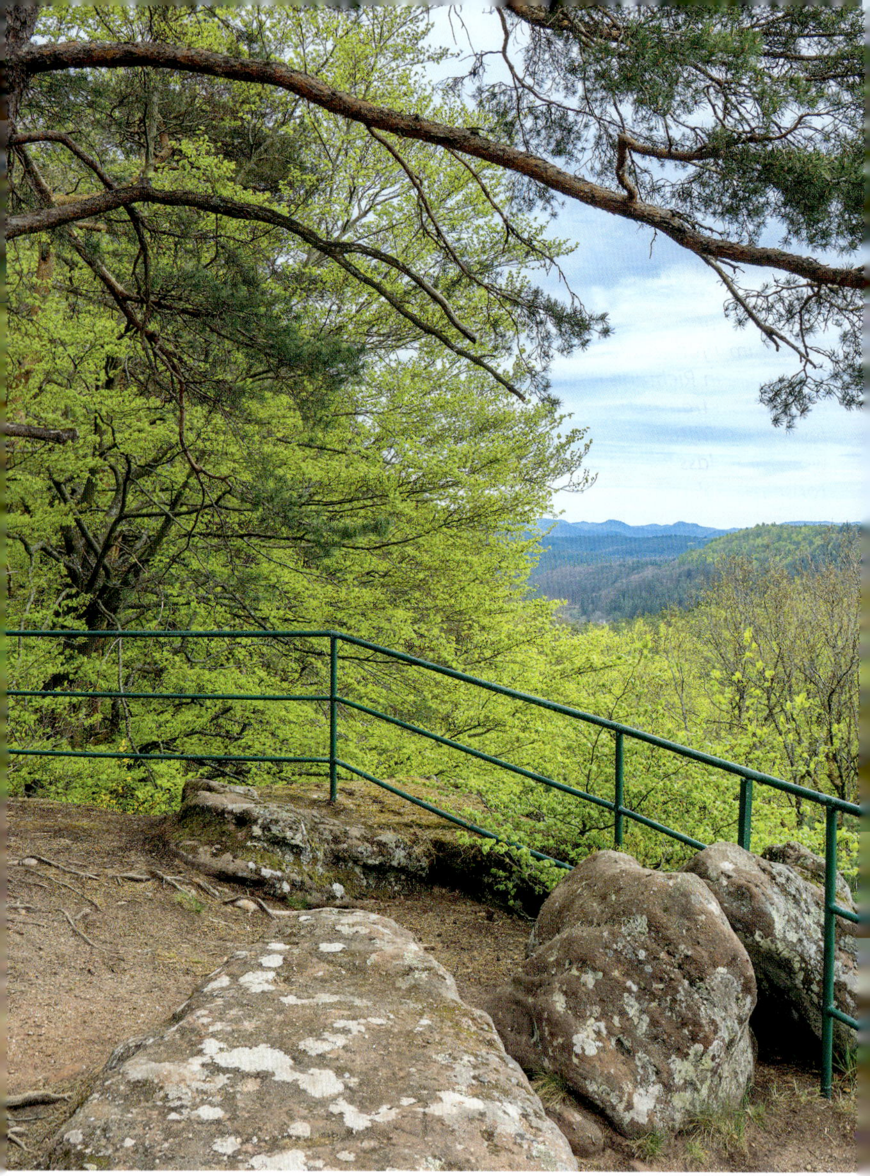

Gottfriedsruh.

Aussichtspunkt **Gottfriedsruh** 5 können wir rasten und unseren Blick über den Pfälzerwald schweifen lassen. Wir wandern weiter über das Plateau des Rothenbergs, auf dem Steinmännchen am Weg stehen. Nachdem wir uns durch einen engen Felsspalt gezwängt haben, machen wir einen kurzen Abstecher nach links zum ausgeschilderten Lemberg-Blick. Danach gehen wir denselben Weg zurück und steigen auf dem Lemberger Rothenberg-Weg hinunter zum Wanderparkplatz 1.

Von Lemberg ins Storrbachtal

Die Lemberger Flößertour

4.15 Std. | 14,0 km | ↗ 450 m | ↘ 450 m

Das Felsentor am Fleckstein und die historische Holztrift im Storrbachtal

Im 19. Jahrhundert war die Fällung von Bäumen zur Gewinnung von Brennholz für die im Pfälzerwald lebende Bevölkerung der wichtigste Broterwerb. Die Bäche, die in Richtung Rhein flossen, boten eine kostengünstige Möglichkeit, das Holz zu transportieren. Dafür mussten die Bäche begradigt, ihre Ufer befestigt und Triftanlagen gebaut werden. Im Storrbachtal sind diese restauriert worden, sodass wir auf unserer Wanderung einen guten Eindruck von der historischen Holztrift im Pfälzerwald bekommen (siehe auch Tour 48).

Ausgangspunkt: Wanderparkplatz am Sportplatz Lemberg am Ende der Laubbrunnerstraße.
Markierung: Logo der Lemberger Flößertour mit Bach und Viadukt.
Anforderungen: Wanderschuhe mit Profilsohle, stellenweise holprige Waldpfade mit Steinen und Wurzeln.
Einkehr: Unterwegs keine Einkehrmöglichkeit, Sportheim-Gaststätte des SV Lemberg, geöffnet Mo., Mi., Fr. ab 16 Uhr, So. ab 10 Uhr.
ÖPNV: Bus Linie 856 oder 854 vom Bahnhof Pirmasens nach Lemberg, Kindergarten. Von dort auf der Laubbrunnerstraße zu Fuß zum Ausgangspunkt (700 m).
Karte: Pfälzerwald 7 von NaturNavi oder Biosphärenreservat Pfälzerwald Südteil von Pietruska.

Das Logo der Lemberger Flößertour leitet uns vom Wanderparkplatz am Sportplatz **Lemberg ❶** am Sportplatz vorbei. Dahinter biegt der Premiumweg nach links ab und führt gleich danach rechts in den Wald. Auf einem Wurzelweg gelangen wir ins Tal, wo wir an der **Wegspinne ❷** geradeaus auf dem Waldpfad weiterwandern. Im nächsten Tal überqueren wir rechts haltend die Straße L 485 und danach auf einem Holzsteg den Salzbach. Eine Forststraße führt uns jetzt durch das breite Katzenbachtal, dann folgen wir dem Logo der Flößertour auf einem immer leicht ansteigenden Hangweg zum **Stephanshäuschen ❸**, eine Waldarbeiterhütte. Davor liegt ein Rastplatz, und auch eine mächtige Eiche wächst hier. Wir gehen rechts auf der Forststraße weiter und kommen kurz darauf am Blacksbrunnen vorbei, der etwas rechts vom Weg liegt. Danach kommen wir zum **Grafenfelsen ❹**. Eine Eisenleiter führt auf seine Aussichtskanzel, von der wir eine Rundsicht über den westli-

Eisenleiter zur Aussichtskanzel auf dem Grafenfelsen.

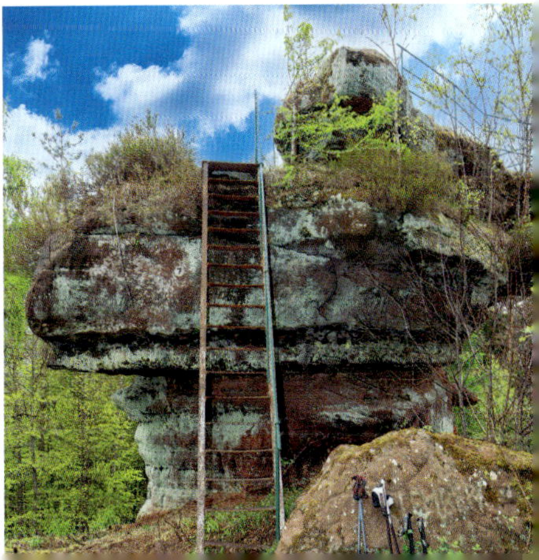

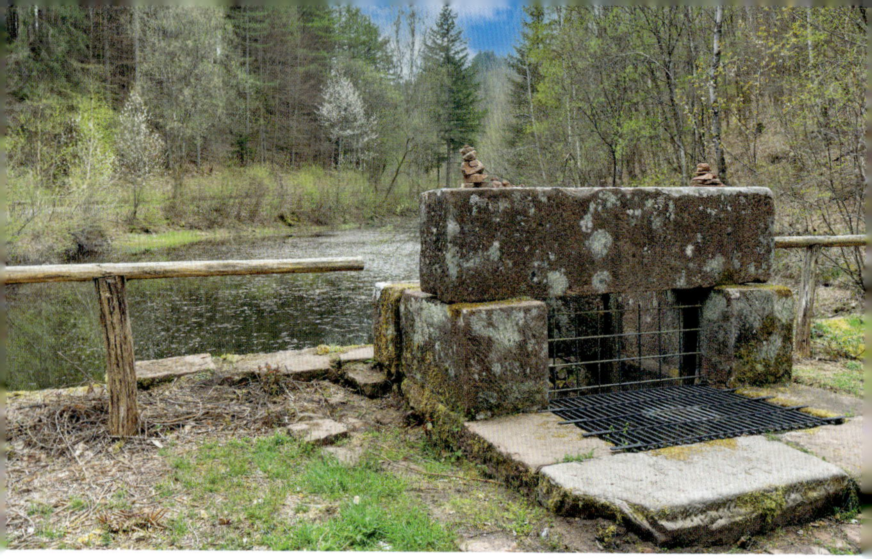

Petersklause am Melkerplätzelweiher.

chen Pfälzerwald haben. Wir gehen danach um den Felsen herum und ein kurzes Stück auf dem Weg zurück. Die Flößertour leitet uns dann rechts zum **Fleckstein 5**. Hier haben wir zwar keine gute Aussicht, aber wir lernen eine beeindruckende Felsformation aus rotem Buntsandstein kennen. Auf einem schmalen Weg gehen wir durch das Felsentor und um den überhängenden Felsen. Danach wandern wir auf dem Felsen-

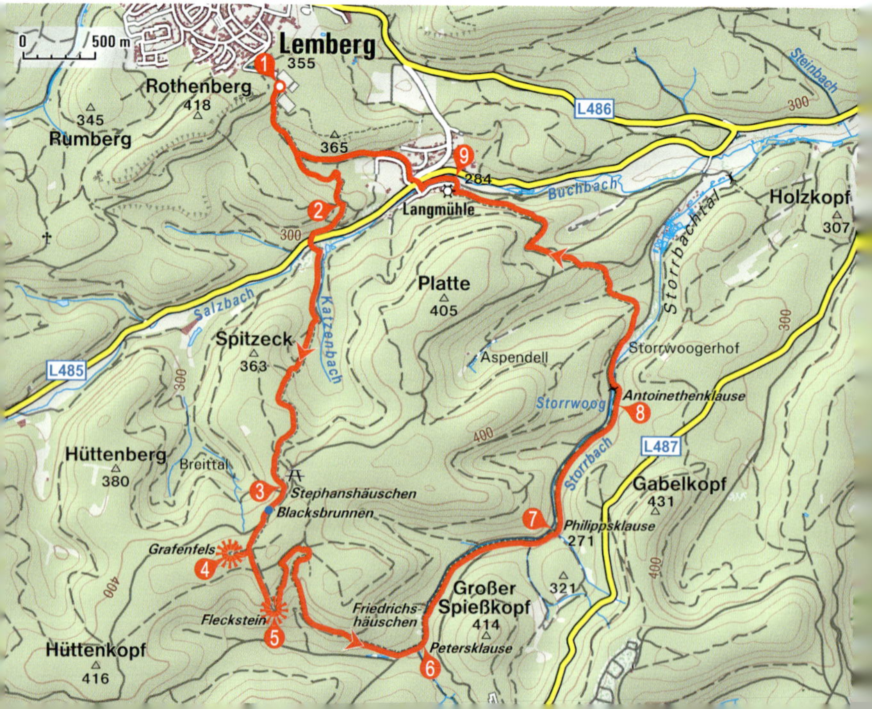

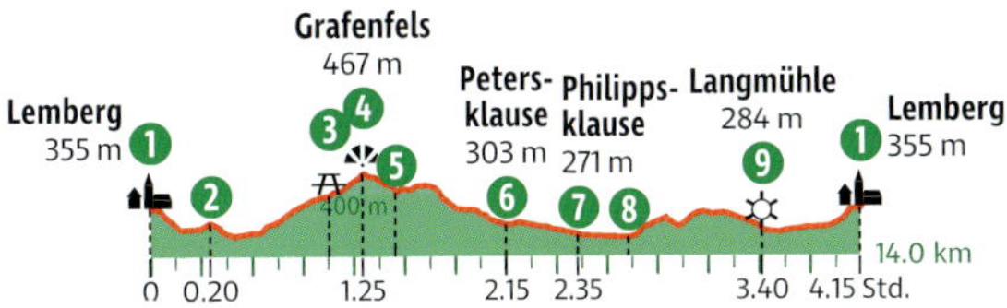

pfad an der langen Felswand entlang, an der unter einem überhängenden Felsdach ein Rastplatz liegt. Auch der Wanderweg verläuft unter dem überhängenden Dach, dann führt uns die Flößertour auf dem Rentnerpfad hinunter ins Storrbachtal. Dort gelangen wir links auf der Forststraße zum Melkenplätzelweiher mit der **Petersklause ❻**. Von dort folgen wir der Storrbachtalstraße (Radweg) am historischen Triftkanal entlang zum Rastplatz am Friedrichshäuschen. Hier stehen Erklärungstafeln zur Holztrift. Auf unserem weiteren Weg durchs Storrbachtal kommen wir an Rumpeln und Viadukten vorbei und sehen auch, wie aufwendig der Kanal seinerzeit mit Sandsteinen und Mauerwerk befestigt wurde. Die **Philippsklause ❼** bei der Wüstklamm ist die beeindruckendste Klause. Wir überqueren hier den Storrbach und wandern rechts am Triftkanal entlang zum Storrwoog mit der **Antoinethenklause ❽**. Dort überqueren wir auf der Storrwoogbrücke erneut den Kanal und gehen rechts auf der Storrbachtalstraße zum Ritterstein, wo einmal der Storrwoogerhof stand. Von 1735 bis 1760 standen hier Pottaschhütten, in denen aus Holzasche Pottasche (Kaliumcarbonat) gewonnen wurde. Diese wurde zur Herstellung von Glas, als Weißmacher für Wäsche, als Backtriebmittel, in der Seifensiederei und zur Herstellung von Schießpulver gebraucht. Ab 1761 siedelten sich hier Bauern an, die den großen Storrwoogerhof bewirtschafteten. 1833 wurde dieser an Bayern verkauft und ein Forsthaus darin eingerichtet, das 1892 zerstört wurde.

Wir verlassen an dem Ritterstein das Storrbachtal und folgen links dem Logo der Flößertour auf dem Schulpfad über den bewaldeten Bergrücken ins Salzbachtal zur **Langmühle ❾**. Die Mühlstraße führt uns durch den Ort und rechts über den Bach zur Salzbachstraße. Diese überqueren wir und wandern auf der Straße In der Lützlang wieder aus dem Dorf. In der Linkskurve der Straße gehen wir geradeaus auf dem Waldweg weiter, der nach 800 m auf den Hinweg trifft. Auf dem Wurzelweg gelangen wir hinauf zum Sportplatz und zurück zum **Wanderparkplatz ❶**.

Philippsklause.

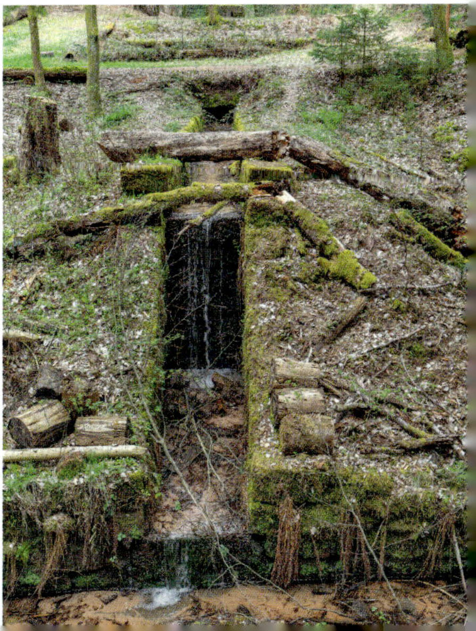

45 Vom Forsthaus Beckenhof nach Ruppertsweiler

Die Arius-Tour um Ruppertsweiler

3.15 Std. | 11,3 km | ↗ 320 m | ↘ 320 m

Pfälzer Hütten-Gastlichkeit, Ruppertstein und Kleiner Maiblumenfels

Zwischen den lang gezogenen Bergrücken des 448 m hohen Großen Arius im Norden und dem 452 m hohen Hummelberg im Süden erstreckt sich das Tal der Rodalbe mit dem Dort Ruppertsweiler. Auf dem Plateau des Arius lag früher ein Militärgelände mit einer Radarstation. Heute steht dort nur noch ein rot-weiß angestrichener Funkmast. Auf dem Premiumweg der Arius-Tour kommen wir nicht nur an beeindruckenden Felsen wie dem Kleinen Maiblumenfels, dem Bismarckstein und dem Nassfelsen vorbei, sondern können auch auf dem Felsplateau des Ruppertsteins, auf dem früher eine Burg stand (siehe Tour 42), rasten und die Aussicht über den Pfälzerwald genießen.

Ausgangspunkt: Wanderparkplatz am Forsthaus Beckenhof (Pirmasens, Beckenhofer Straße).
Markierung: Logo der Arius-Tour mit dem Funkmast.
Anforderungen: Mittel, Wanderschuhe mit Profilsohle. Wald- und Felsenpfade mit Auf- und Abstiegen.
Einkehr: Forsthaus Beckenhof, geöffnet Mi.–So. ab 11 Uhr. Waldhaus Starkenbrunnen, geöffnet Di.–So. ab 10.30 Uhr.

Hinweis: Vom 1. Februar bis zum 30. Juni ist der Aufstieg auf den Ruppertstein wegen des Wanderfalkenschutzes gesperrt.
ÖPNV: Bus Linie 256 vom Bahnhof Pirmasens nach Ruppertsweiler, dort Einstieg in die Tour oder Ruftaxi von Pirmasens zum Beckenhof.
Karte: Pfälzerwald 5 von NaturNavi oder Biosphärenreservat Pfälzerwald Südteil von Pietruska.

Aussicht auf dem Plateau des 12 m hohen Ruppertsteins.

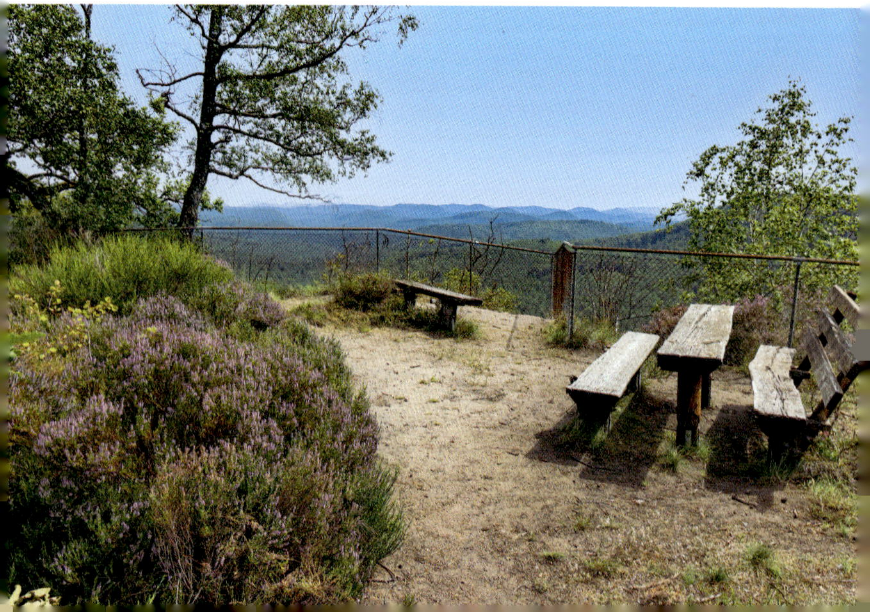

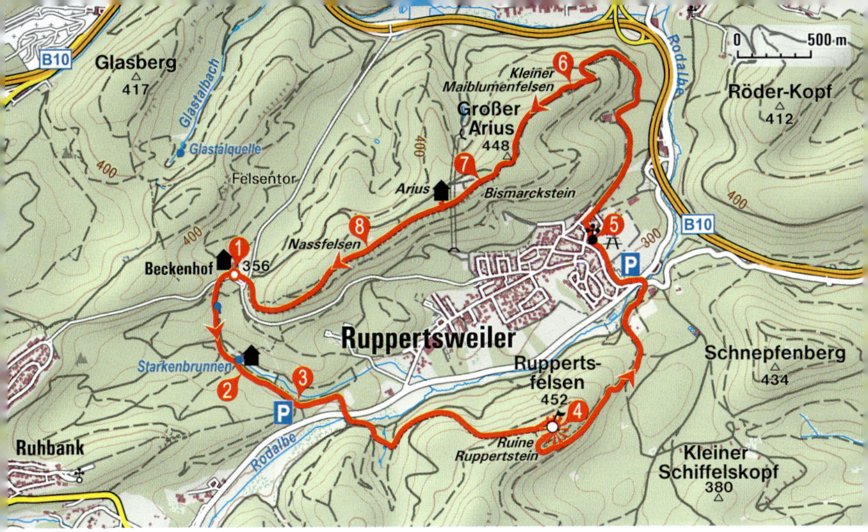

Am Anfang unserer Wanderung auf dem Premiumweg Arius-Tour liegen zwei für die Pfalz typische Einkehrmöglichkeiten. Wir starten am Wanderparkplatz beim **Forsthaus Beckenhof ❶** mit seinem großen Biergarten. Die Logos der Arius-Tour und der Felsenwald-Tour (siehe Tour 46) führen uns vor der Ausflugsgaststätte von der Beckenhofer Straße links auf einem Waldpfad bergab. Wir kommen an einer Quelle und am Hammelsweiher vorbei. Kurz darauf liegt die zweite Einkehrmöglichkeit am Weg, das **Waldhaus Starkenbrunnen ❷** des Pfälzerwaldvereins. Auch hier können wir draußen sitzen, und für Kinder gibt es einen Spielplatz. Vor der Hütte liegt der gefasste Starkenbrunnen.

Wir gehen am Waldhaus vorbei und wandern durch einen lichtdurchfluteten Mischwald, in dem hohe Farne neben dem Weg wachsen, ins Tal der Rodalbe. Dort trennen sich beim **Wanderparkplatz ❸** die Arius- und die Felsenwald-Tour. Wir folgen der Arius-Tour nach links und überqueren nach 300 m rechts die Straße K 36 und die Rodalbe.

Danach wandern wir links weiter und erreichen nach einem langen Anstieg auf den Hummelberg den **Ruppertstein ❹**. Auf dem 12 m hohen Felsen stand einmal eine Burg, zu der eine um 1900 erbaute steile Treppe aus Stein führt. Zu sehen sind außer dem Felsdurchgang nur noch wenige Mauerreste. Auf dem sonnigen Felsplateau liegt ein aussichtsreicher Rastplatz: Wir sehen in Richtung Norden über Ruppertsweiler zum Großen Arius mit seinem charakteristischen rot-weißen Funkmast und in Richtung Süden über den Pfälzerwald. Schauen Sie sich beim

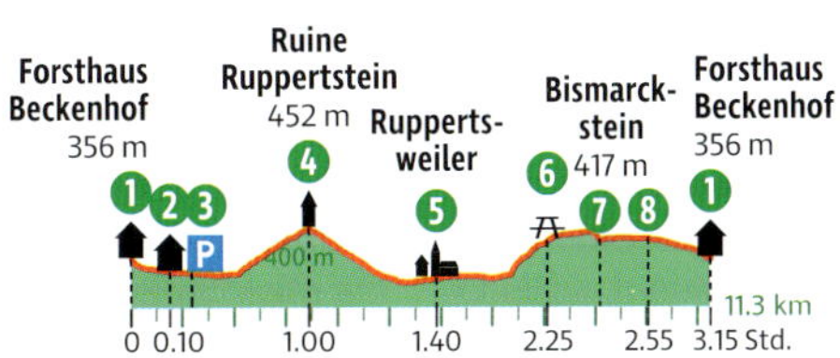

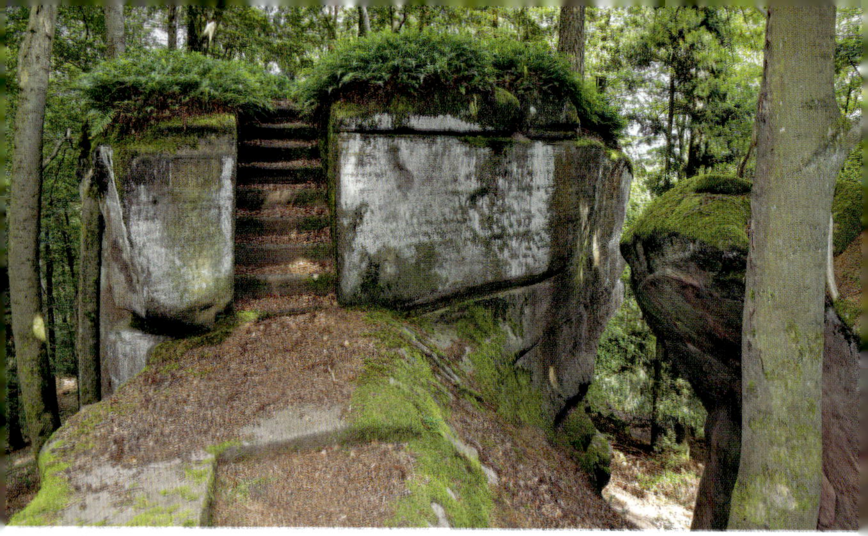

Der Kleine Maiblumenfelsen.

Abstieg den Anfang des Handlaufs an der Treppe genau an. Dieser ist mit Gesichtern des Bildhauers Heinrich Jäger verziert.

Wir gehen rechts um den mächtigen Felsen, dessen rote Buntsandsteinschichten im Sonnenlicht leuchten. Unterhalb des Felsens gehen wir an der Wegkreuzung in der Schwarzdell links und folgen der Forststraße hinunter zum Wanderparkplatz an der Einmündung der Straße K 92 in die K 36. Nachdem wir dort die K 36 links haltend überquert haben, führt uns die Hauptstraße zur evangelischen Kirche in **Ruppertsweiler ❺**. Dort folgen wir rechts der Bergstraße und dem anschließenden Fußweg zur Schulstraße, auf der wir rechts das Dorf verlassen und geradeaus in den Wald gelangen. Auf dem im Tal verlaufenden Waldweg kommen wir in der Birkendell an einem ehemaligen Militärdepot vorbei und wandern danach hinauf zum **Kleinen Maiblumenfelsen ❻**. Am Fuß des Felsens liegt ein Rastplatz unter einem Felsdach. Links davon steigen wir auf den kleinen Felsen, in den Treppenstufen gehauen sind. Danach wandern wir über den kurzen Felsrücken und auf der Forststraße geradeaus über den Bergrücken des Großen Arius. Von einem Gipfel, geschweige denn einer Aussicht, ist nichts zu sehen. Nur Wald, sodass wir nicht bemerken, dass die Abzweigung auf Höhe des ehemaligen Militärgeländes die höchste Stelle unserer Wanderung ist. Ab hier führt die Arius-Tour links bergab. Neben dem Weg erhebt sich die lange, überhängende Felswand des **Bismarcksteins ❼**. Danach steht rechts oberhalb des Wanderwegs die kleine Arius-Schutzhütte. Der **Nassfelsen ❽** ist die nächste lange Felswand am Weg. In seinen Buntsandsteinschichten sind große Kieselsteine eingelagert, die uns wieder einmal an die über 250 Millionen Jahre alte geologische Entstehungsgeschichte dieser Gegend erinnern, als Sand und Kieselsteine von urzeitlichen Flüssen abgelagert wurden. Im Winter hängen an dem Felsen lange Eiszapfen. Damit endet die Felsszenerie unserer Wanderung, und wir folgen dem Logo der Arius-Tour auf dem Waldweg zurück zum **Forsthaus Beckenhof ❶**.

Vom Forsthaus Beckenhof zum Eisweiher

Der Felsenwald-Premiumwanderweg Pirmasens

4.15 Std. | 13,5 km | ↗420 m | ↘420 m

Durchs Felsentor zur Schillerwand und zu Schiffen auf dem Eisweiher

»Felsenwald« beschreibt treffend den Charakter dieser abwechslungsreichen Waldwanderung. Auf dem Kleinen Arius spannt sich ein Felsentor mit etwa 1,8 m Durchgangshöhe als natürlicher Buntsandsteinbogen über den Premiumweg. Die Schillerwand, die Gebrochenen Felsen und der Luitpoldfelsen ziehen sich als mehrere hundert Meter lange Kette von Buntsandsteinwänden mit Felstürmen, Überhängen, Kammern und Durchbrüchen an der Ostflanke des 417 m hohen Glasbergs entlang. Den Ambossfelsen und den 8 m hohen Kanzelfelsen hat die Erosion in ihre heutige Form modelliert. Der Kanzelfelsen ist ein dicker Pilzfelsen, dessen weichere Sandsteinschichten an seinem Fuß schneller abgetragen wurden als die härteren darüber. Dadurch steht seine mächtige Kanzel auf einem kurzen, schlanken Fuß. Der Eisweiher, ein 185 m langer und 40 m breiter Stausee, ist ein beliebtes Naherholungsgebiet am Lambsbach. Hier lassen Modellbauer ihre Schiffe fahren.

Ausgangspunkt: Wanderparkplatz am Forsthaus Beckenhof (Pirmasens, Beckenhofer Straße).

Markierung: Logo des Felsenwald-Premiumwanderwegs Pirmasens.

Anforderungen: Wanderschuhe mit Profilsohle.

Einkehr: Forsthaus Beckenhof, geöffnet Mi.–Mo. 11–20 Uhr. Waldhaus Starkenbrunnen, geöffnet Di.–So. und feiertags 10.30–20 Uhr.

ÖPNV: Bus Linie 206 vom Bahnhof Pirmasens zum Exerzierplatz, von dort mit dem Bus Linie 201 zum Krankenhaus/Eisweiher-Park oder nach Ruhbank, Platte (Einstieg in die Tour). Ruftaxi von Pirmasens zum Beckenhof.

Karte: Pfälzerwald 5 von NaturNavi oder Biosphärenreservat Pfälzerwald Südteil von Pietruska.

Das Felsentor – ein 1,80 m hoher Felsdurchbruch im Buntsandstein.

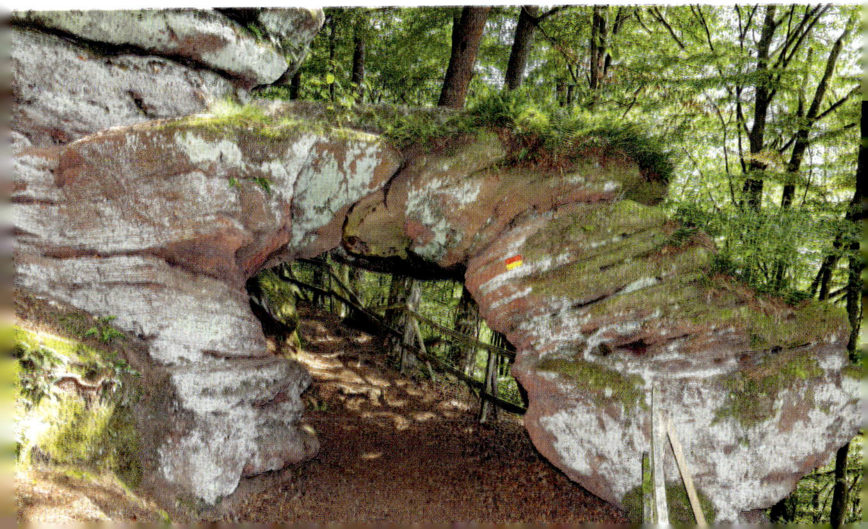

Der Felsenwald-Premiumwanderweg führt uns vom Wanderparkplatz am **Forsthaus Beckenhof** ❶ rechts an der Ausflugsgaststätte vorbei zum **Felsentor** ❷. Wir gehen unter dem Felsbogen hindurch und wandern über den südlichen Ausläufer des Kleinen Arius hinunter ins Glastal. Dort liegt der **Glastalbrunnen** ❸ an einem kleinen Waldweiher (Rastplatz). Vorbei an Waldwiesen führt ein sonniger Weg am Waldrand entlang durch das liebliche Bachtal. Nach 700 m verlassen wir das Tal und folgen links dem Waldpfad hinauf zur **Schillerwand** ❹. Wir gehen an der mächtigen Wand entlang, in der wir ein in den Fels geritztes Sonnengesicht entdecken können. Jetzt folgt eine Felsformation nach der anderen. Bei den Gebrochenen Felsen müssen wir uns durch einen engen Felsdurchbruch zwängen. Der Felsenpfad endet schließlich am überhängenden **Luitpoldfelsen** ❺. Danach wandern wir wieder durch den Wald zum nächsten Felsen, dem **Gebetbuch** ❻. Es liegt etwa 70 m neben dem Wanderweg, sodass wir einen kurzen Abstecher dorthin machen, um nachzusehen, ob dieser Felsen tatsächlich wie ein Buch aussieht. Von der Seite betrachtet hat der Felsen die Form eines zugeschlagenen Buchs, doch schaut man ihn vom steilen Waldhang aus an, ähnelt er einem aufgeschlagenen Buch, das auf einem Lesepult liegt.

Wieder zurück auf dem Felsenwald-Weg gehen wir rechts weiter. Hier kommen wir an einem kleinen Felsen vorbei, der die Form eines Hinkelsteins hat und sich an einen Baum stützt. Danach erreichen wir den Kugelfelsen. Seinen Namen erhielt der Fels von den kugelförmigen Aushöhlungen, die einmal harte, runde Steine enthielten, die durch Erosion des sie umgebenden weicheren Sandsteins herausgewaschen wurden. An einigen Stellen kann man noch solche Steinkugeln im Fels erkennen. Die Felsblöcke und Durchbrüche des Kugelfelsens bieten eine interessante Szenerie. Sie umschließen ein sandiges Pla-

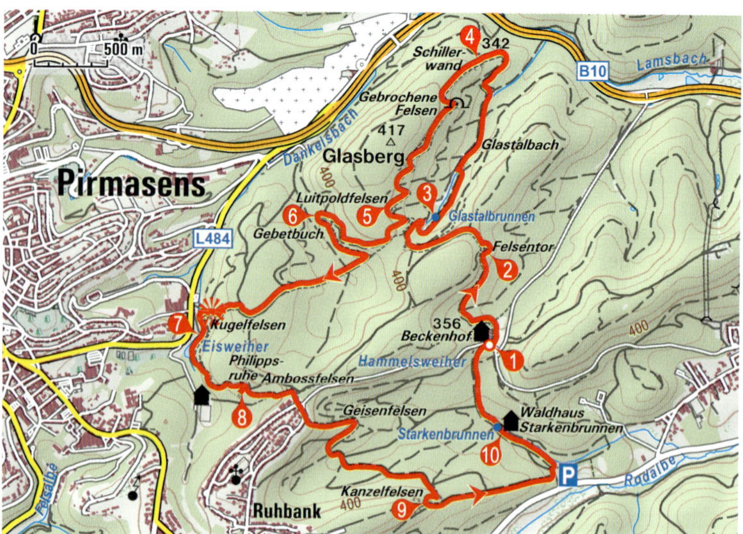

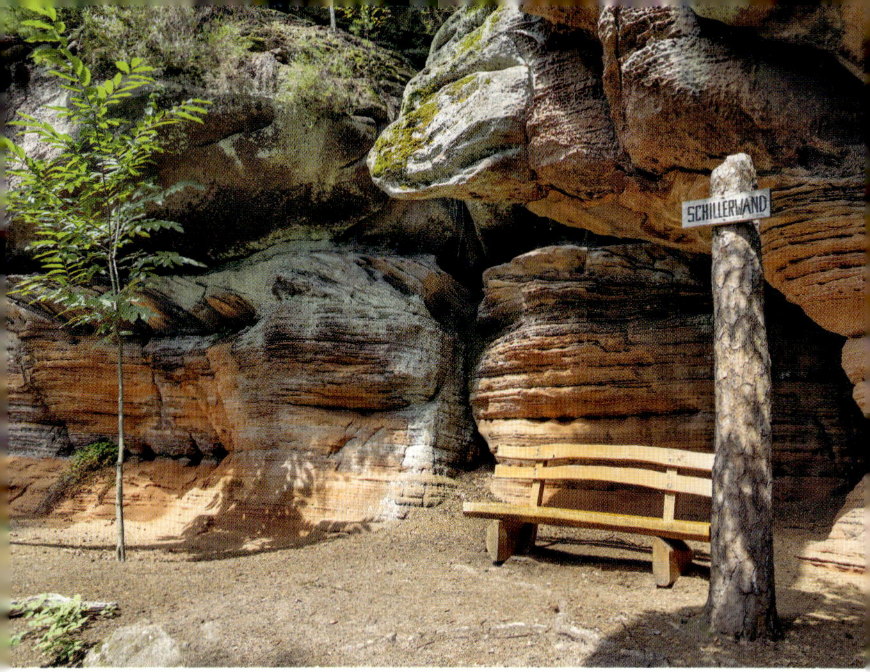

Rastbank unter der Schillerwand.

teau, auf dem es im 19. Jahrhundert einen Biergarten gab.

Vom Kugelfelsen leitet uns der Felsenwald-Weg rechts auf einem steilen Pfad hinunter zum **Eisweiher 7**, an dem wir links vorbeigehen. Danach führt wieder ein Pfad links bergauf durch den Wald zur Philippsruhe, an der eine Bank unter einem Felsdach steht, und zum **Ambossfelsen 8**. Von diesem haben wir einen weiten Blick über den Pfälzerwald. Danach führt unser Wanderweg ins Mordloch. Zum Glück ist dieses enge, düster wirkende Tal nur kurz, und wir kommen schnell in das Pirmasenser Wohngebiet Ruhbank. Dort gehen wir über den Verkehrskreisel (Bushaltestelle Platte) und danach wieder durch den Wald zum Geisenfelsen. An diesem Naturdenkmal kann man gut die unterschiedlich gefärbten Schichten im Buntsandstein erkennen. Wir gehen links an dem Felsen vorbei und kommen nach einem steilen Anstieg zum **Kanzelfelsen 9**. Vor diesem führt uns der Weg links zum Wanderparkplatz im Tal der Rodalbe. Dort trifft der Felsenwald-Weg auf die Arius-Tour. Die beiden Logos führen uns jetzt wie bei der Tour 45 links durch einen schönen Mischwald mit Farnen zum bewirtschafteten **Waldhaus Starkenbrunnen 10** und talaufwärts am Hammelsweiher und seiner Quelle vorbei zurück zum **Forsthaus Beckenhof 1**.

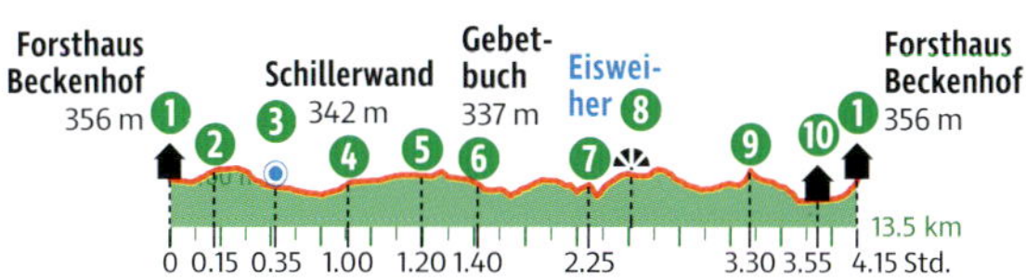

47 Von Niedersimten zum Teufelsfelsen

Der Teufelspfad-Premiumwanderweg Pirmasens

TOP | 1.45 Std. | 6,2 km | ↗160 m | ↘160 m

Dschungel-Feeling, Felsen und das Gersbachtal

2020 belegte der Teufelspfad den 4. Platz bei der Wahl zu Deutschlands schönstem Wanderweg. Dieser Premiumweg ist abwechslungsreich, abenteuerlich und wunderschön. Ein besonderes Naturerlebnis bietet der Wanderweg im Frühjahr, wenn im Wald die Frühlingsblumen blühen, und im Winter, wenn an den überhängenden Felsen lange Eiszapfen wie Orgelpfeifen hängen.
Am Hühnerfelsen wurde in einer großen Felsgrotte ein Rastplatz angelegt. Davor rauscht ein kleiner Wasserfall vom Felsdach. Der Teufelsfelsen erhebt sich oberhalb einer engen Schlucht aus Buntsandsteinfelsen, durch die Treppen und Holzstege führen. Dort bildet in einer Felshöhle ein unterirdischer Bach einen kleinen Wasserfall.

Ausgangspunkt: Wanderparkplatz beim Naturfreundehaus Niedersimten, Gersbachtal 100.
Markierung: Logo des Teufelspfads mit blauem Teufel auf weißem Hintergrund.
Anforderungen: Wanderschuhe mit Profilsohle, Wald- und Felsenpfade, die bei Nässe rutschig sind.
Einkehr: Am Ausgangspunkt Naturfreundehaus Niedersimten, aktuelle Öffnungszeiten siehe www.naturfreunde-niedersimten.de.
ÖPNV: Bus Linie 206 vom Bahnhof Pirmasens zum Exerzierplatz, von dort mit dem Bus Linie 210 nach Niedersimten, Denkmal. Zu Fuß auf der Gersbachtalstraße zum Naturfreundehaus (1,7 km).
Karte: Pfälzerwald 7 von NaturNavi oder Biosphärenreservat Pfälzerwald Südteil von Pietruska.

Der Teufelspfad leitet uns vom Wanderparkplatz beim **Naturfreundehaus Niedersimten ❶** zunächst auf einer Forststraße am Weiher vorbei durch das Gersbachtal. Nach 700 m verlassen wir das Tal und steigen rechts auf einem Waldpfad hinauf zum **Haspelfelsen ❷**. An feuchten Stellen unter seinem Felsdach wachsen sattgrüne Lebermoose. Davor sind die Bäume dicht mit Efeu bewachsen, sodass auf dem schmalen Felsenpfad ein wenig Dschungel-Feeling aufkommen kann.

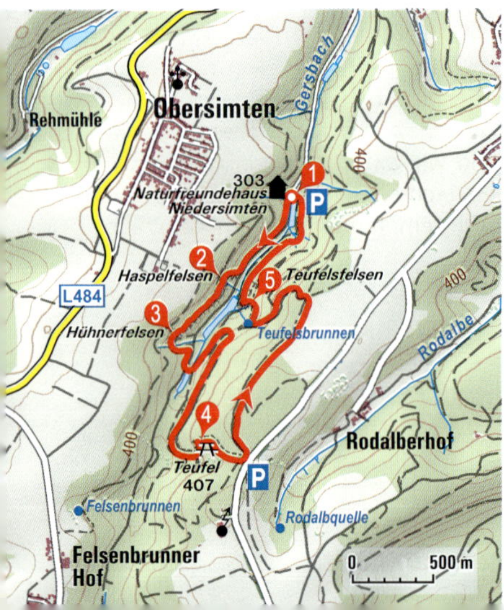

Wir wandern an der langen Felswand entlang zum **Hühnerfelsen ❸**. Hier können wir in einer Felsgrotte rasten. In der Felswand liegen Kieselsteine, die mit besinnlichen Worten wie Jahre, Zeit, Kraft beschriftet sind, während andere ein lächelndes Gesicht

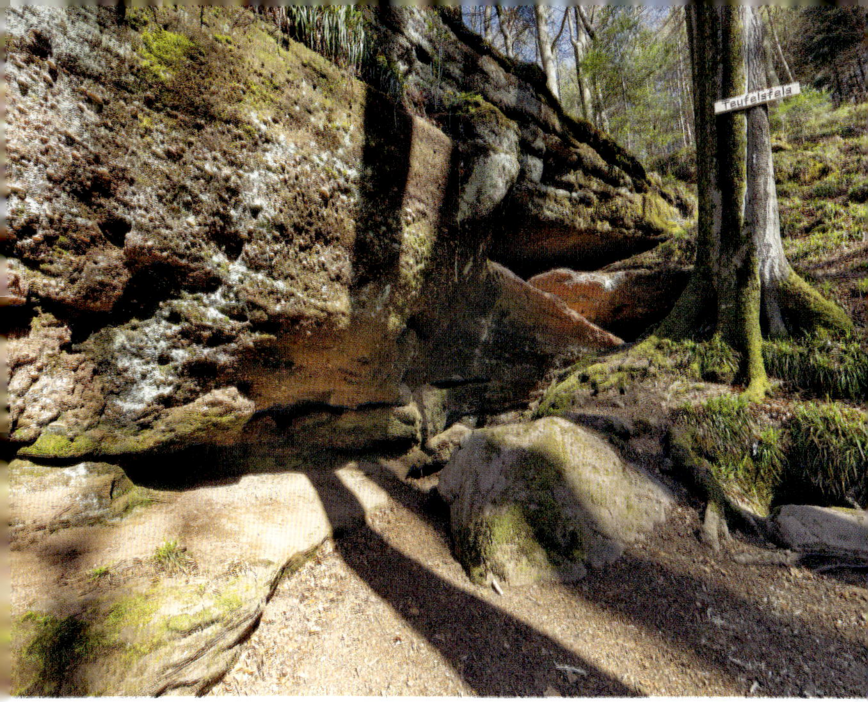

Der Teufelsfels am Teufelspfad.

zeigen. Danach führt der Teufelspfad wieder hinunter ins Gersbachtal und quert dieses vor einem Weiher. Im Wald wandern wir jetzt bergauf zum leibhaftigen **Teufel 4**. Dieser steht in Gestalt einer mannsgroßen Holzskulptur mit Vollbart und Hörnern neben einem Rastplatz.

Am Waldparkplatz vor der Straße K 4 gehen wir links auf der Forststraße unter der Hochspannungsleitung hindurch und folgen dieser 1,2 km geradeaus. Etwa nach der Hälfte der Strecke führt unser Weg am sonnigen Waldrand entlang. Vor der Rechtskurve, an der eine Bank steht, biegen wir scharf links in den Wald ab und wandern bergab zum Teufelsbrunnen. Kurz darauf stehen wir vor dem **Teufelsfelsen 5**. Unter den Felsbrocken an seinem Fuß können wir das leise Murmeln eines unterirdischen Bachs hören. Ein schmaler Pfad führt links davon durch eine enge Schlucht, in der wir auf einem Holzsteg eine tiefe Felsspalte überqueren. Links davon rauscht in einer dunklen Felshöhle ein kleiner Wasserfall. Am Ende des Abstiegs sind wir wieder im Gersbachtal, wo wir rechts am Weiher vorbeigehen und dem Teufelspfad am Gersbach entlang zurück zum **Naturfreundehaus 1** folgen.

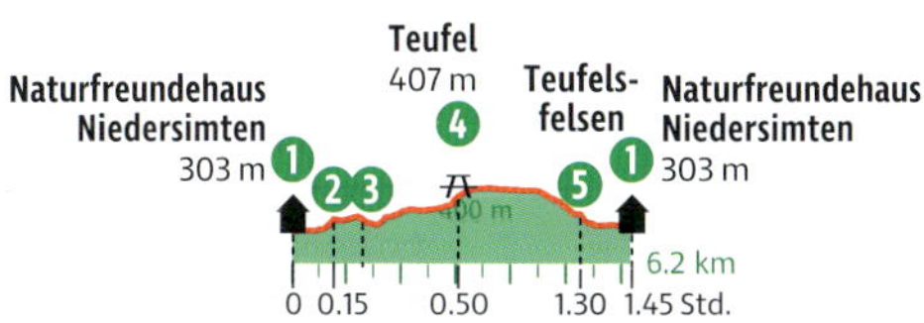

48 Historische Triftanlagen bei Elmstein

Der Trifterlebnispfad Legelbachtal

3.00 Std. | 11,6 km | ↗ 320 m | ↘ 320 m

Wooge, Klausen und ein heroischer Siegfried

Auf der Tour 44 haben wir bereits erfahren, welch wichtiger Erwerbszweig der Holzeinschlag und der Transport der bis zu 1,4 m langen Stammstücke auf dem Wasserweg früher einmal für die Menschen im Pfälzerwald waren. Der Legelbach, der Kleine Legelbach und der Speyerbach gehörten im 19. Jahrhundert zu den bedeutendsten Triftbächen im Pfälzerwald, mit denen das Brennholz zum Rhein getriftet wurde. Die Bäche wurden ab 1820 für die Holztrift befestigt, zu Kanälen begradigt und die Triftanlagen errichtet. In Woogen, kleinen Stauseen, wurde das Wasser gestaut. Mit einer Klause (Schleuse) wurde ein Wasserschwall erzeugt, der die kleinen Holzstämme talwärts spülte. Alle 80–100 m befanden sich Rumpel im Kanal, kleine Stauwehre mit einer schiefen Ebene, welche zu starkes Gefälle ausglichen und die Fließgeschwindigkeit des Wassers verlangsamten, sodass es überall im Kanal gleich schnell floss. Am Ufer des Triftbachs und auf kleinen Brücken stehend, sorgten Triftknechte mit langen Hakenstangen dafür, dass sich das Holz nicht verkeilte. 1905 verlor die Holztrift an Bedeutung, nachdem das Brennholz auf Straßen und mit der Eisenbahn preisgünstiger transportiert werden konnte.

Entlang des Trifterlebnispfads erläutern 21 Schautafeln und Audiostationen die Geschichte der Holztrift und die Funktionsweise der Triftanlagen. Der Wanderer kann unterwegs mit einem Smartphone den spannenden Geschichten des Felsenkönigs Johann König und seiner Frau zuhören. Er erfährt, wie ein Hut Napoleons den Lebensweg des Felsenkönigs bestimmte, wie er mit einem Trick die Obrigkeit überlistete, sodass er in seinem Haus bleiben konnte, das er ohne Genehmigung an einen Felsen gebaut hatte.

Der Trifterlebnispfad im bewaldeten Tal des Legelbachs.

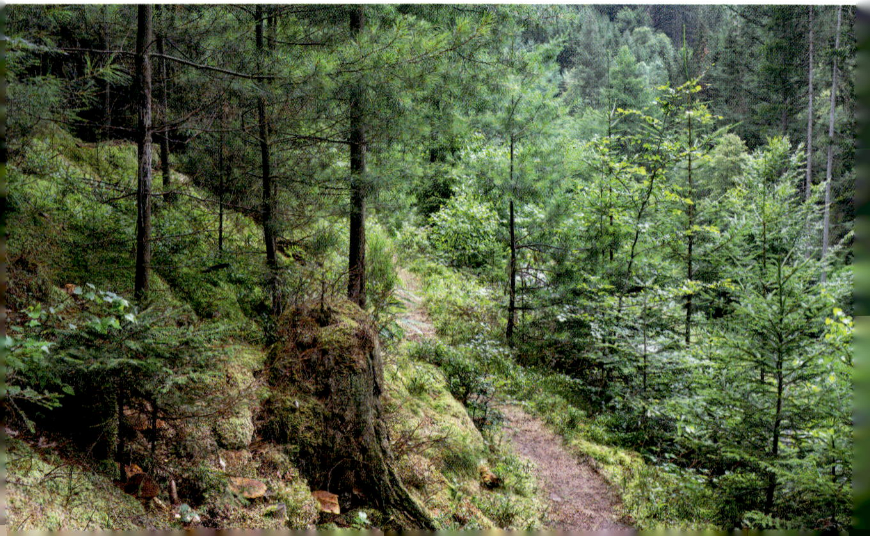

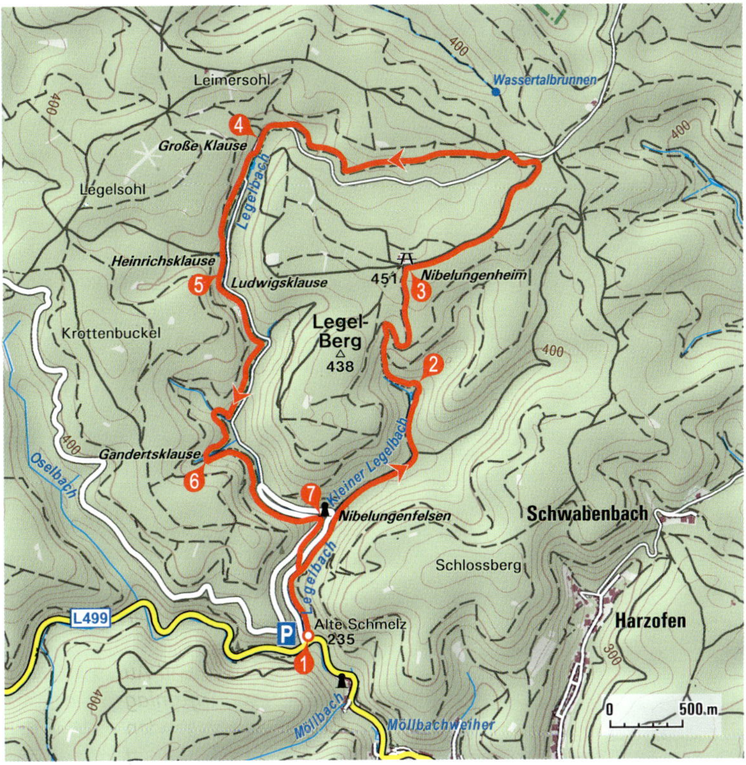

Ausgangspunkt: Wanderparkplatz an der Alten Schmelz westlich von Elmstein, Abzweigung der Straße L 504 von der L 499.
Markierung: Logo des Trifterlebniswegs mit Triftknecht.
Anforderungen: Wanderschuhe mit Profilsohle. Bei Nässe können die Waldpfade neben dem Bach stellenweise matschig sein.
Einkehr: Keine, Rucksackverpflegung.
Tipp: Da wir in dem engen Tal nicht überall Handyempfang haben, empfiehlt es sich, die kostenlose Audiotour zu Hause vom App Store bzw. bei google play auf das Smartphone oder Tablet zu laden (Suchbegriff Trifterlebnis Legelbach).
ÖPNV: Bus Linie 517 von Neustadt, Hauptbahnhof, nach Elmstein, Schule. Von dort zu Fuß auf dem Wanderweg neben der Straße L 499 zur Alten Schmelz (1,5 km).
Karte: Pfälzerwald 4+6 von NaturNavi oder Lambrecht und Neustadt von Pietruska.

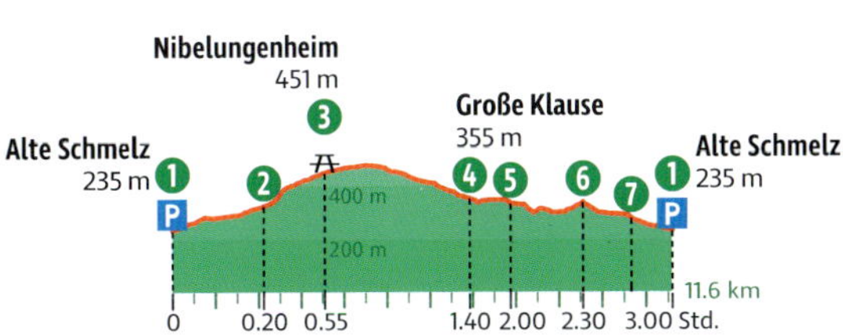

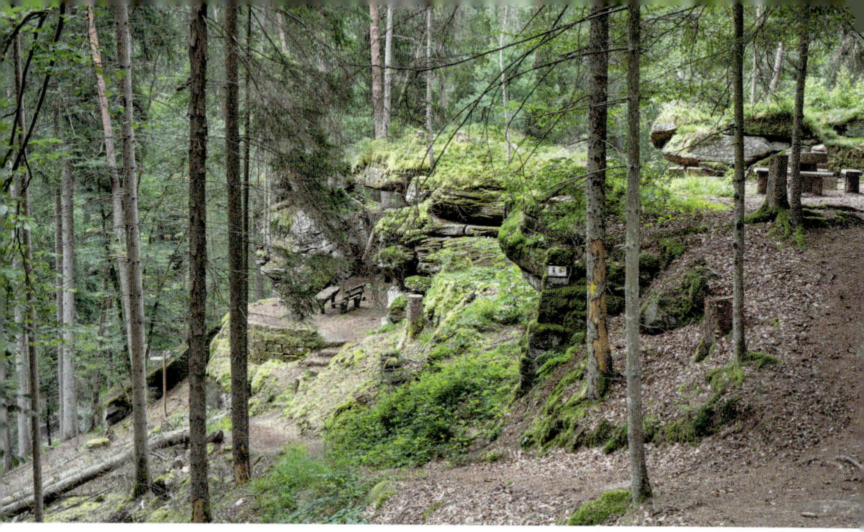

Rastplatz auf den Terrassen des Nibelungenfelsens.

Der Trifterlebnispfad Legelbachtal ist dank seiner schattigen Waldwege gut für eine Wanderung an heißen oder regnerischen Tagen geeignet. Am Wanderparkplatz an der **Alten Schmelz ❶** begrüßt ein Triftknecht aus Blech den Wanderer, und eine Infotafel stellt uns den Wanderweg vor, der in eine kurze, mittlere und lange Runde aufgeteilt ist. Wir wählen die lange Runde. Da der Wanderparkplatz bereits die Station 2 ist, beginnen wir unsere Wanderung mit einem kurzen Abstecher zur Station 1. Diese liegt auf der anderen Seite der Straße L 499 am Speyerbach. Wir gehen dorthin und bekommen gleich einen ersten Eindruck von den historischen Holztriftanlagen. Hier münden der Legelbach und ein Mühlkanal, der eine Sägemühle mit Wasser versorgte, in den Speyerbach. Der Trifterlebnisweg führt uns am Ende des Wanderparkplatzes am Legelbach an einem großen, gemauerten Rumpel vorbei zum Mühlweiher. Dieser Woog wurde nicht zur Holztrift angelegt, sondern er versorgte eine Sägemühle mit Wasser. Nachts, wenn kein Holz getriftet werden konnte, füllte der Legelbach den Woog mit Wasser, das in den Mühlkanal geleitet wurde. So konnte am Tag der Legelbach für die Holztrift genutzt werden. Ein schmaler Waldpfad verläuft jetzt neben dem Bach. Er wird zur Erinnerung an Franz Roth und Konrad Kobel, die den Weg 1970 anlegten, auch als Roth-Kobel-Pfad bezeichnet. Über morastige Stellen sind Steinplatten gelegt, dann biegt der Pfad an einem großen Baumstubben nach rechts ab und führt oberhalb der Straße L 504 am steilen Waldhang entlang hinunter zu der Straße. Auf der gegenüberliegenden Seite erhebt sich der Nibelungenfelsen, an dem wir auf dem Rückweg vorbeikommen. Hier treffen der Kleine und der Große Legelbach zusammen. Wir wandern rechts auf der asphaltierten Forststraße durch das Tal des Kleinen Legelbachs zu einer **Waldarbeiterhütte ❷**, vor der ein kleiner Woog liegt. Dort gehen wir vor der Hütte links bergauf und lassen uns vom Trifterlebnisweg zum **Nibelungenheim ❸** leiten. Dieses wird auch Jagdhaus Breitscheit genannt. Hier können wir unter schattigen Bäumen rasten. Danach wandern wir rechts auf der Forststraße weiter durch den Wald, überqueren nach 1,4 km die Straße K 38 und erreichen danach den Großen Legelbach, der hier an einer Quelle entspringt.

Nun wandern wir von Klause zu Klause. An der quellnahen **Großen Klause ❹** wurde das Wasser des größten Woogs im Tal gestaut. Dieser liegt heute trocken. Die Heinrichsklause staute einen Triftwoog in einem kleinen Seitental. Das Wasser stürzte hier zuerst in ein rundes Tosbecken, welches eine gleichmäßige Welle erzeugte. An einer besonders engen Stelle im Tal wurde die **Ludwigsklause ❺** angelegt. Ihr Woog hat eine Besonderheit: Durch ihn musste das Triftholz durchgeleitet werden, wodurch sich dieses auch im Woog ansammelte, weil nicht alles Holz sofort weitergetriftet werden konnte. Deshalb baute man hier neben dem Hauptkanal auch einen Nebenkanal, durch den das Holz dem Hauptkanal zugeführt wurde. Die 1830 erbaute **Gandertsklause ❻** ist die am besten erhaltene Triftanlage. Sie liegt in einem Seitental, in dem ein kleiner Bach gestaut wurde. Hier sieht man gut die Abfolge der Holztrift aus Bach, Woog mit Stauwehr (Klause), Tosbecken, Triftkanal und Rumpel. Auch ein Rastplatz liegt hier, und unterhalb davon finden Wanderer in einem Tipi (Indianerzelt) Schutz bei schlechtem Wetter. Kurz vor der Straße steigt der Wanderweg noch einmal an und führt an der Patrizia- oder Johannisquelle vorbei, einer unscheinbaren Wasseraustrittsstelle, die unterhalb vom Weg liegt. Danach wird die Szenerie wieder spannend. Wir kommen an den Terrassen oberhalb des **Nibelungenfelsens ❼** vorbei, die Altes Schießhaus genannt werden, weil hier früher (1866 auf der Felswand) Veranstaltungen mit Scheibenschießen stattfanden. Unterhalb davon protzt der sagenhafte Siegfried aus der Nibelungensage mit seinen Muskeln und dem Schwert.

Unterhalb des Nibelungenfelsens überqueren wir die Straße und wandern rechts am Legelbach entlang. Bei dem Baumstubben treffen wir wieder auf den Hinweg, auf dem wir geradeaus zurück zur **Alten Schmelz ❶** gelangen.

Das Tipi bei der Gandertsklause ähnelt einer alten Schutzhütte der Waldarbeiter.

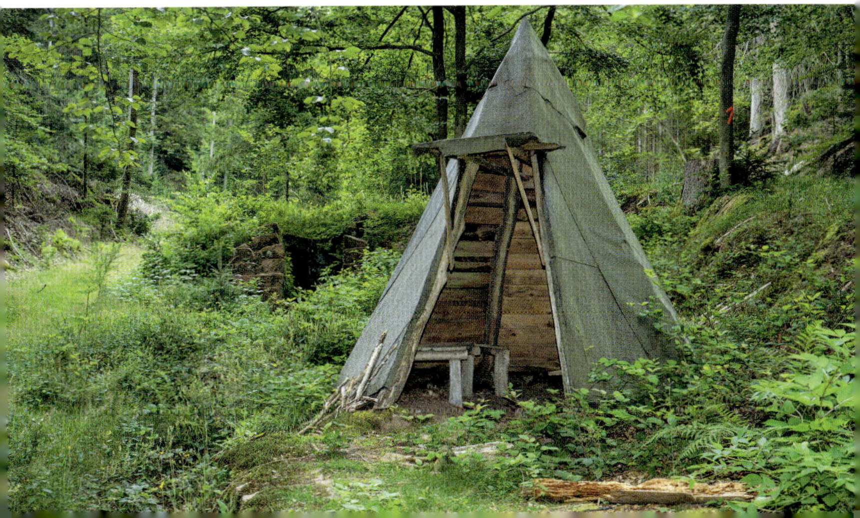

49 Von Hördt zum Rhein

Der Treidlerweg Hördt

2.45 Std. | 12,1 km | ↗ 45 m | ↘ 45 m

Durch den Auwald an den Rhein

Der Treidlerweg, ein Premiumweg, und der Tulpenbaumweg (Tour 50) führen östlich von Hördt durch den Auwald am Rhein. Diese Wasserwildnis ist zwar kein Urwald mehr, sondern entstand durch Menschenhand, aber an den Resten alter Rheinschlingen bekommen wir einen Eindruck davon, wie die Auenlandschaft bis ins 19. Jahrhundert vor der Begradigung des Rheins durch Tulla ausgesehen hat.

Am Rhein wandern wir auf dem sonnigen Uferweg am Fluss entlang und können dabei die Schiffe beobachten. Mühelos fahren diese heute rheinaufwärts. Bis zur Erfindung der Dampfschiffe (1816 fuhr das erste Dampfschiff auf dem Rhein) mussten die Schiffe von Pferden und Ochsen gegen die Strömung flussaufwärts gezogen (getreidelt) werden. Das war für Tier und Mensch gleichermaßen ein harter Knochenjob. Für ein Schiff, das mit 200 Tonnen beladen war, brauchte man acht Pferde oder Ochsen. Standen keine Tiere zur Verfügung, mussten 28 Tagelöhner das Schiff ziehen. Die Strecke von Karlsruhe-Leopoldshafen bis Straßburg wurde damals je nach Windverhältnissen und Strömung in 8 bis 14 Tagen zurückgelegt.

Ausgangspunkt: Hördt, Wanderparkplatz am Ende der Rheinstraße.
Markierung: Logo des Treidlerwegs auf weißem Grund.
Anforderungen: Keine Steigungen, aber lange Wegstrecke. Wanderschuhe mit Profilsohle, da bei Nässe matschige Wege. Bei Hochwasser des Rheins sind die Wege überflutet und nicht begehbar.
Einkehr: Schnitzelwerk, Kirchstraße 58, geöffnet Mi.–Fr. ab 18 Uhr, Sa. ab 17.30 Uhr, So. ab 12 Uhr; Schützenhaus, Kirchstraße 66, geöffnet Mi.–Fr. ab 17 Uhr, Sa. ab 15 Uhr, So. ab 11 Uhr. Schleusenhaus des PWV Sondernheim, geöffnet April–Oktober Mi. 12-20 Uhr, So. 11–20 Uhr, November–März So. 11–19 Uhr.
Tipp: Das Ziegeleimuseum Sondernheim dokumentiert die Geschichte der Lehmgruben am Treidlerweg und der Sondernheimer Ziegelei, die 1834 von den Brüdern Josef, Jan und Bernhard Stubenrauch gegründet wurde. Aktuelle Öffnungszeiten unter www.ziegelei-sondernheim.de. Daneben liegt das Rasthaus Ziegelei, das täglich ab 11.30 Uhr geöffnet ist. Museum und Rasthaus sind knapp 2 km vom Wehr am Michelsbach entfernt.
ÖPNV: S-Bahn S51 von Germersheim, S52 oder Karlsruhe (Marktplatz) oder Zug 552 von Landau nach Rülzheim. Von dort mit dem Bus Linie 589 nach Hördt.
Karte: Bei www.suedpfalz-tourismus.de, www.tourenplaner-rheinland-pfalz.de und www.outdooractive.com kann eine Wanderkarte mit dem Treidlerweg heruntergeladen werden.

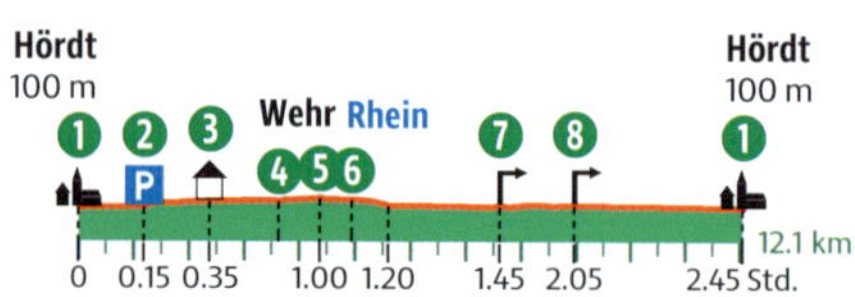

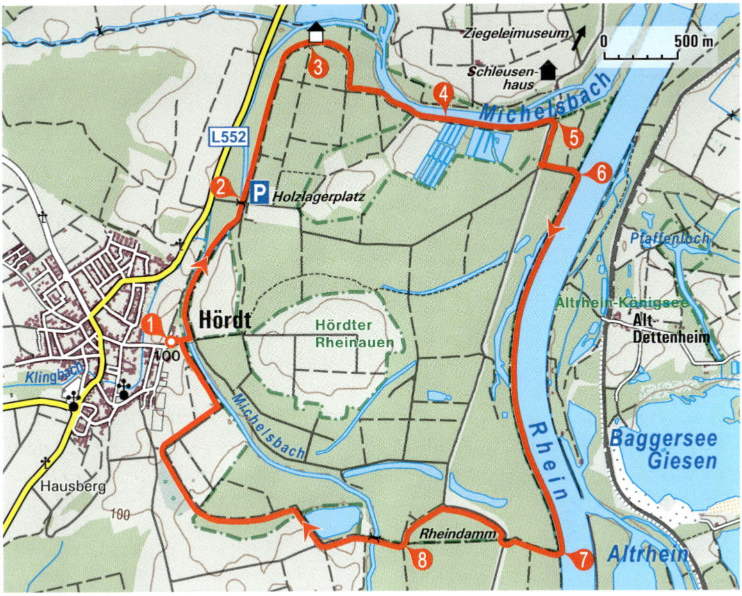

In **Hördt** ❶ leitet uns der Treidlerpfad streckengleich mit dem Tulpenbaumweg (Tour 50) vom Wanderparkplatz am Ende der Rheinstraße über die Brücke des kleinen, begradigten Rothenbachs und des größeren Michelsbachs. Dort bekommen wir einen ersten Eindruck von der Wasserwildnis im Auwald und können mit etwas Glück sogar Sumpfbiber (Nutrias) beobachten. Enten und Schwäne sieht man hier fast immer. Und manchmal sind auf dem Gewässer auch Kanufahrer unterwegs. Hinter der Brücke wandern wir links auf dem Feldweg, der oberhalb vom Michelsbach am Rand der Äcker entlangführt, zum **Holzlagerplatz** ❷. Hier liegt ebenfalls ein Waldparkplatz. Der Tulpenbaumweg trennt sich hier vom Treidlerweg. Wir überqueren die Zufahrtsstraße und wandern auf dem Treidlerweg geradeaus weiter am Michelsbach entlang. Rechts vom Weg erstreckt sich nun die Hartholzaue des Auwalds, die nicht regelmäßig überflutet wird. Wir kommen an einer sechseckigen **Schutzhütte** ❸ vorbei und wandern danach durch die Hartholzau. Sie ist im Frühjahr von den Blüten des Weißen Buschwindröschens, des Gelben Windröschens, von den klei-

Sumpfbiber.

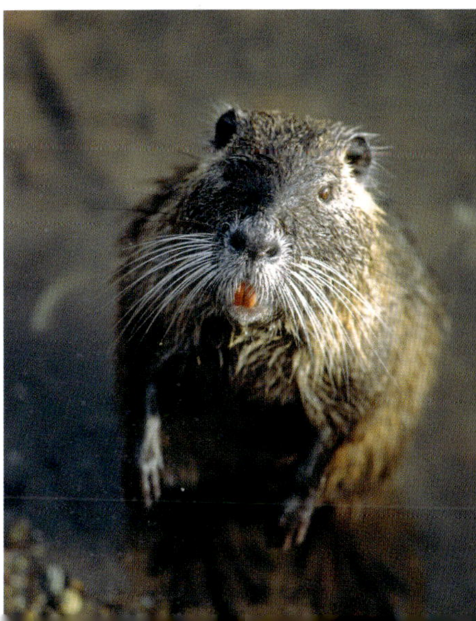

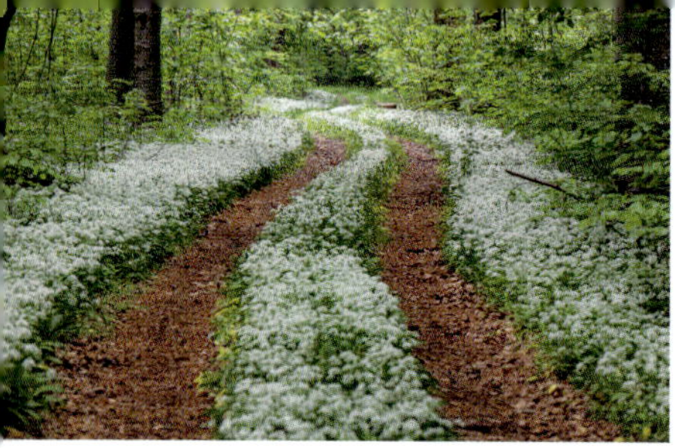

Mit Bärlauch übersäter Auwald-Weg.

nen, gelben Blüten des Scharbockskrauts, blau blühenden Veilchen und gelben Schlüsselblumen erfüllt. Auch Bärlauch wächst hier und verströmt seinen Knoblauchduft. An einer Wegkreuzung biegen wir nach links ab und gelangen wieder zum Michelsbach, der hier einen breiten Schilfrand hat, ein Biotop für Vögel und grüne Quaker, wie ich die Frösche liebevoll nenne. Wo der Weg am Rand eines Ackers entlangführt, fallen uns im Frühjahr besonders die weiß blühenden, dornigen Schlehen und die großen Misteln auf den hohen Bäumen auf. Danach liegen die ehemaligen **Lehmgruben ❹** links am Weg. In ihnen wurde der Lehm abgebaut, aus dem in der 1834 gegründeten Sondernheimer Ziegelei von 1930 bis 1976 Backsteine gebrannt wurden. Sie ist heute ein Museum. Der Lehm wurde mit einer Feldbahn von den Gruben zur Ziegelei transportiert; die Gleise sind nicht mehr vorhanden, aber der Damm, auf dem sie verlegt waren, erstreckt sich heute noch zwischen dem Wanderweg und dem Michelsbach. Die Natur hat sich die Lehmgruben zurückgeholt, einige sind zu einem Biotop für Vögel und Amphibien geworden, andere dienen als Angelgewässer. Am **Wehr ❺** biegt der Treidlerweg nach rechts ab. Überqueren wir hier aber links den Michelsbach auf der Brücke, können wir gleich dahinter im Schleusenhaus des Pfälzerwaldvereins Sondernheim einkehren und uns mit leckeren Gerichten und Kuchen verwöhnen lassen.

Wir wandern vom Wehr auf dem Deich weiter und biegen nach 350 m nach links in Richtung **Rhein ❻** ab. Dort weht immer eine leichte Bri-

Auf dem Treidlerweg am Rhein.

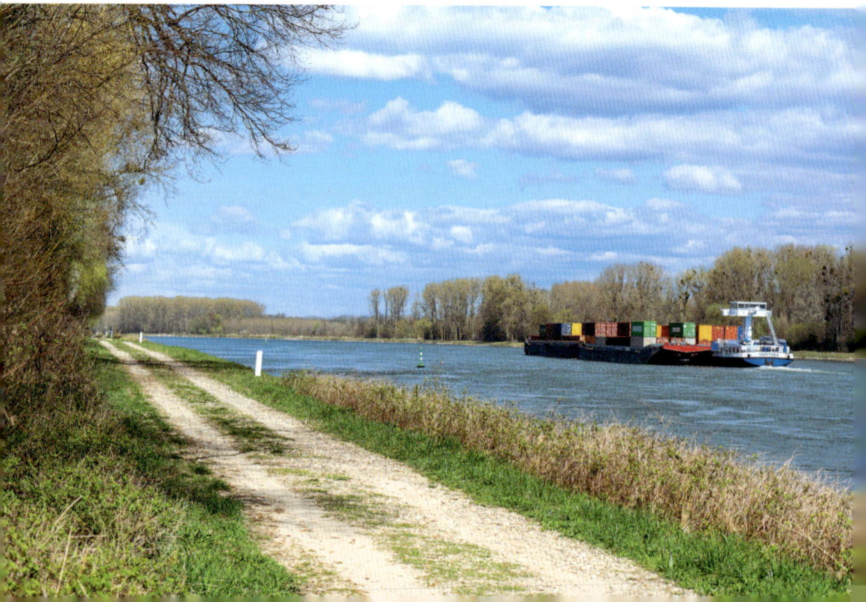

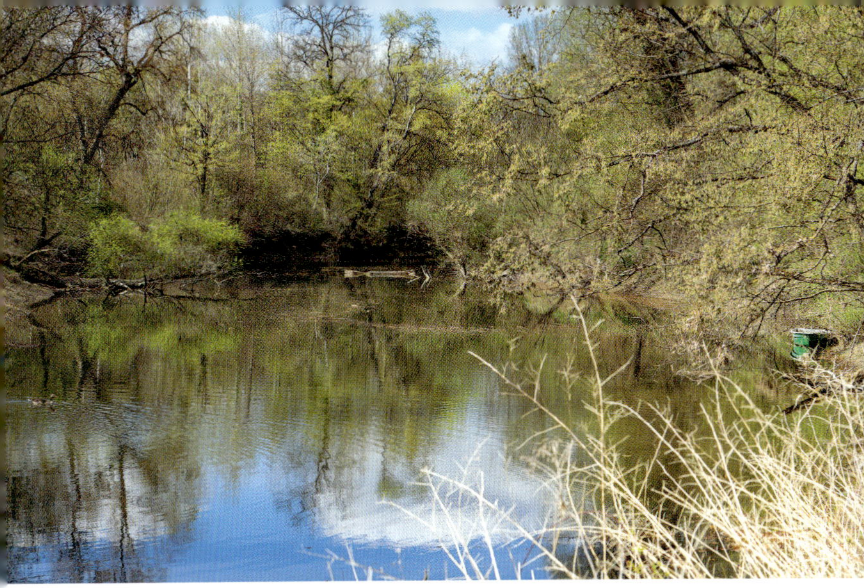

Frühling am Altrhein.

se und wir wandern die nächsten 2,7 km auf einem ebenen, sonnigen Uferweg am Rhein entlang. Dabei können wir Schiffe beobachten und haben nach rechts immer wieder einen schönen Blick in die Altrheinarme mit ihrer Wasserwildnis und den mächtigen Silberweiden und Pappeln. Diese Weichholzaue kann bei Hochwasser des Rheins mehrmals im Jahr überflutet werden, sodass hier andere Bäume wachsen als in der Hartholzaue.

Auf dem heute bequem zu begehenden Uferweg schufteten früher Tagelöhner, als sie ohne oder mit Unterstützung von Pferden und Ochsen die Schiffe rheinaufwärts zogen. Der Premiumweg Treidlerpfad erinnert an das alte Gewerbe der Treidler.

Schließlich verlassen wir vor dem Rechtsbogen des Rheins den Uferweg an einer **Abzweigung 7** und wandern durch den Auwald zum Hochwasserschutzdamm. Dort gehen wir rechts auf der Dammkrone an der ehemaligen Rheinschleife am Böllenkopf vorbei. Hier können wir viele Wasservögel beobachten. Unterwegs treffen wir auch wieder auf den Tulpenbaumweg. Dieser leitet uns jetzt streckengleich mit dem Treidlerweg zurück zum Ausgangspunkt. Nach einer **Wegkreuzung 8**, an der wir rechts gehen, überqueren wir einen Altrheinarm auf einer Brücke und verlassen danach den Auwald. Jetzt wandern wir über die Felder, kommen an einem ehemaligen Baggersee vorbei, in dem heute nur noch geangelt wird, und gelangen an seinem Ende wieder in den Auwald.

Danach verlassen wir das Naturschutzgebiet Hördter Rheinaue und folgen geradeaus dem Wirtschaftsweg, der uns an alten nummerierten Obstbäumen vorbeiführt. Am Ende der Obstbaumreihe leitet uns der Treidlerweg rechts über die Felder zum Michelsbach. Schon von Weitem sehen wir auch hier die großen Misteln auf den Bäumen. Wir wandern links auf dem Feldweg am Michelsbach entlang zurück zum Wanderparkplatz in **Hördt 1**.

50 Durch die Hördter Rheinaue

Der Tulpenbaumweg Hördt

2.00 Std. | 8,5 km | ↗15 m | ↘15 m

Frühlingsblumen im Auwald

Eine botanische Wanderung zu den Pflanzen im Auwald am Rhein. Frühblüher wie Weiße Buschwindröschen, Gelbe Windröschen, Veilchen und Schlüsselblumen, aber auch die Gemeine Waldrebe, der Winter-Schachtelhalm und der Bärlauch sind die Charakterpflanzen des Auwalds. Im Frühjahr schwebt ein dezenter Duft von Knoblauch durch den Wald, und Anfang Mai verwandelt der Bärlauch den Waldboden in ein weißes Blütenmeer. Bärlauch ist essbar, wer die Pflanze aber nicht genau kennt, kann sie leicht mit den Blättern des giftigen Maiglöckchens verwechseln. Da wir in dem Naturschutzgebiet sowieso keine Pflanzen pflücken dürfen, begnügen wir uns mit seinem Duft und dem, was unser Auge sieht.

Bei der Begradigung des Rheins im 19. Jahrhundert wurde die Landschaft auf beiden Seiten des Rheins aufgewühlt, und der alte Auwald verschwand. Danach wurde ein neuer Wald mit schnell wachsenden, großen Bäumen gepflanzt, die heute 180–200 Jahre alt sind. Seit dem 17. Jahrhundert ist der aus Nordamerika stammende Tulpenbaum in Deutschland ein beliebter Zier- und Parkbaum. Sein weiches Holz wird zur Herstellung von Möbeln verwendet. Auch diesen Baum pflanzte man in den Jahren 1900–1920 in Hördt vor allem entlang des Michelsbachs an. Er wächst hier bis zu 35 m hoch und trägt in seiner Krone gelbe, tulpenähnliche Blüten mit sechs Blütenblättern, die am Grund orange gefleckt sind. 25 große Bäume sollen heute noch hier blühen. Wer ihre Blüte sehen möchte, sollte im Juni kommen und ein Fernglas mitbringen, denn der Baum blüht hoch oben in der Krone und die Blüten sind nur so groß wie eine kleine Tulpenblüte.

Frühlingswanderung auf dem Tulpenbaumweg.

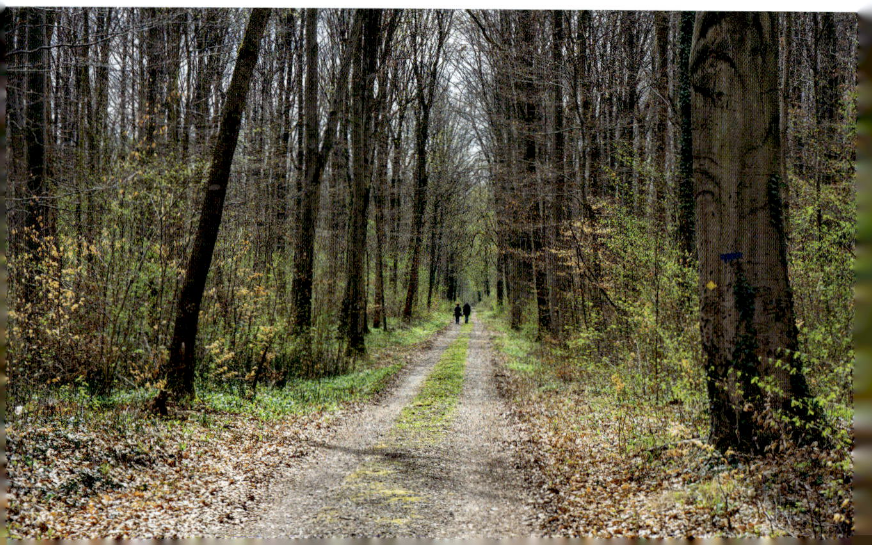

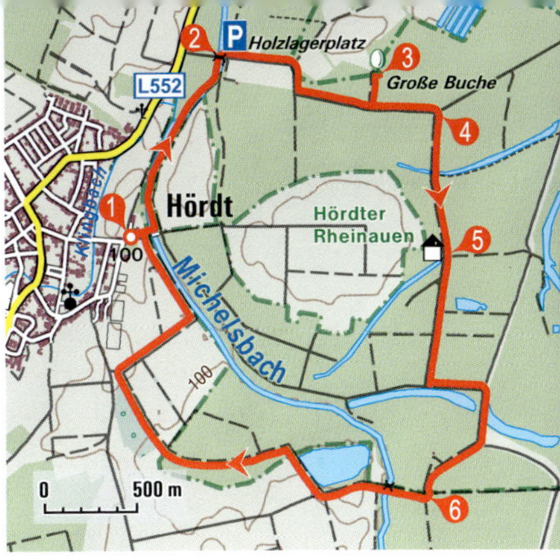

Ausgangspunkt: Hördt, Wanderparkplatz am Ende der Rheinstraße.
Markierung: Logo des Tulpenbaumwegs mit gelber Blüte.
Anforderungen: Keine Steigungen. Wanderschuhe mit Profilsohle, da bei Nässe matschige Wege. Bei Hochwasser des Rheins sind die Wege überflutet und nicht begehbar.
Einkehr: Schnitzelwerk, Kirchstraße 58, geöffnet Mi.–Fr. ab 18 Uhr, Sa. ab 17.30 Uhr, So. ab 12 Uhr; Schützenhaus, Kirchstraße 66, geöffnet Mi.–Fr. ab 17 Uhr, Sa. ab 15 Uhr, So. ab 11 Uhr.
ÖPNV: S-Bahn S51 von Germersheim, S52 oder Karlsruhe (Marktplatz) oder Zug 552 von Landau nach Rülzheim. Von dort mit dem Bus Linie 589 nach Hördt.

Karte: Bei www.suedpfalz-tourismus.de und www.outdooractive.com kann eine Wanderkarte mit dem Tulpenbaumweg heruntergeladen werden.

In **Hördt ❶** leitet uns der Tulpenbaumweg streckengleich mit dem Treidlerpfad (Tour 49) vom Wanderparkplatz am Ende der Rheinstraße über die Brücke des kleinen, begradigten Rothenbachs und des größeren Michelsbachs. Hinter der Brücke wandern wir links auf dem Feldweg weiter, der oberhalb vom Michelsbach am Rand der Äcker entlangführt. An diesem Weg stehen die ersten hohen Tulpenbäume, die im Juni blühen. Mehr noch als diese Bäume stechen aber die großen Misteln in den Kronen großer Bäume ins Auge. Am **Holzlagerplatz ❷**, an dem ein Waldparkplatz liegt und ein hoher Lebensturm für Insekten steht, verlassen wir den Treidlerweg und folgen der gelben Tulpenbaumblüte auf dem asphaltierten Sträßchen nach rechts. In der leichten Linkskurve des Wegs machen wir dann links einen Abstecher durch den nach Bärlauch duftenden Auwald zur **Großen Buche ❸**. Von dem 1830 gepflanzten Baum ist leider nur noch ein Torso vorhanden, in dessen Rinde Buchstaben und andere Zeichen eingeritzt sind. Stürme oder ein Blitz haben die Krone des hohen Baums gebrochen. Auch um ihn herum liegen weitere umgestürzte, alte Bäume, die zwischen den grünen Blättern des Bärlauchs vermodern und zu einem Lebensraum für Käfer und Pilze wurden. Wir gehen zurück und links weiter durch den Auwald. Am nächsten Linksbogen des Asphaltwegs wandern wir an der **Wegspinne ❹** rechts an einem toten Altrheinarm vorbei zur **Schutzhütte ❺** im Herrengrund. Dort gehen wir geradeaus und sehen gleich danach am nächsten Altrheinarm, dass in dem Naturschutzgebiet umgefallene Bäume liegen bleiben. Die Inschriften im Stamm der uralten Buche, die links neben dem Weg steht, passen überhaupt nicht in ein Naturschutzgebiet, doch vermutlich sind sie älter als dieses. Der Weg trifft dann vor dem nächsten Altrheinarm auf eine Forststraße, die uns links an diesem entlang zum Hochwasser-

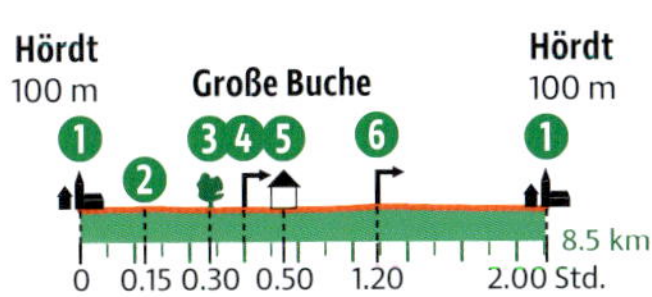

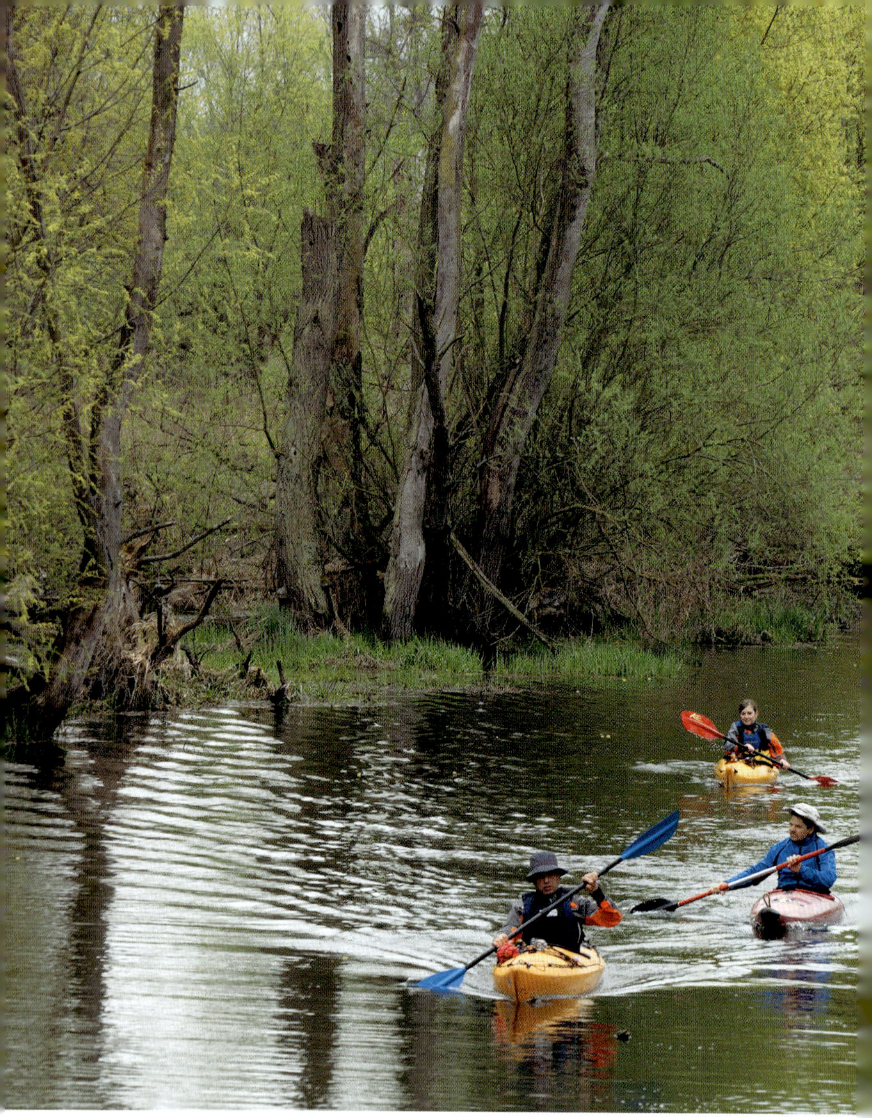

Kajakfahrer auf dem Michelsbach im Auwald am Rhein bei Hördt.

schutzdamm am Böllenkopf führt. Von der Dammkrone aus können wir hier an der ehemaligen Altrheinschleife viele Wasservögel beobachten und sehen eine Landschaft, die uns eine Vorstellung davon gibt, wie der Auwald früher ausgesehen hat, bevor der Rhein begradigt wurde. Wir gehen rechts auf der Dammkrone weiter und treffen hinter dem Gewässer, wo wir rechts den Damm verlassen, wieder auf den Treidlerweg. Dieser leitet uns jetzt streckengleich mit dem Tulpenbaumweg zurück zum Ausgangspunkt. Nach einer **Wegkreuzung 6**, an der wir rechts gehen, überqueren wir einen Altrheinarm und verlassen danach den

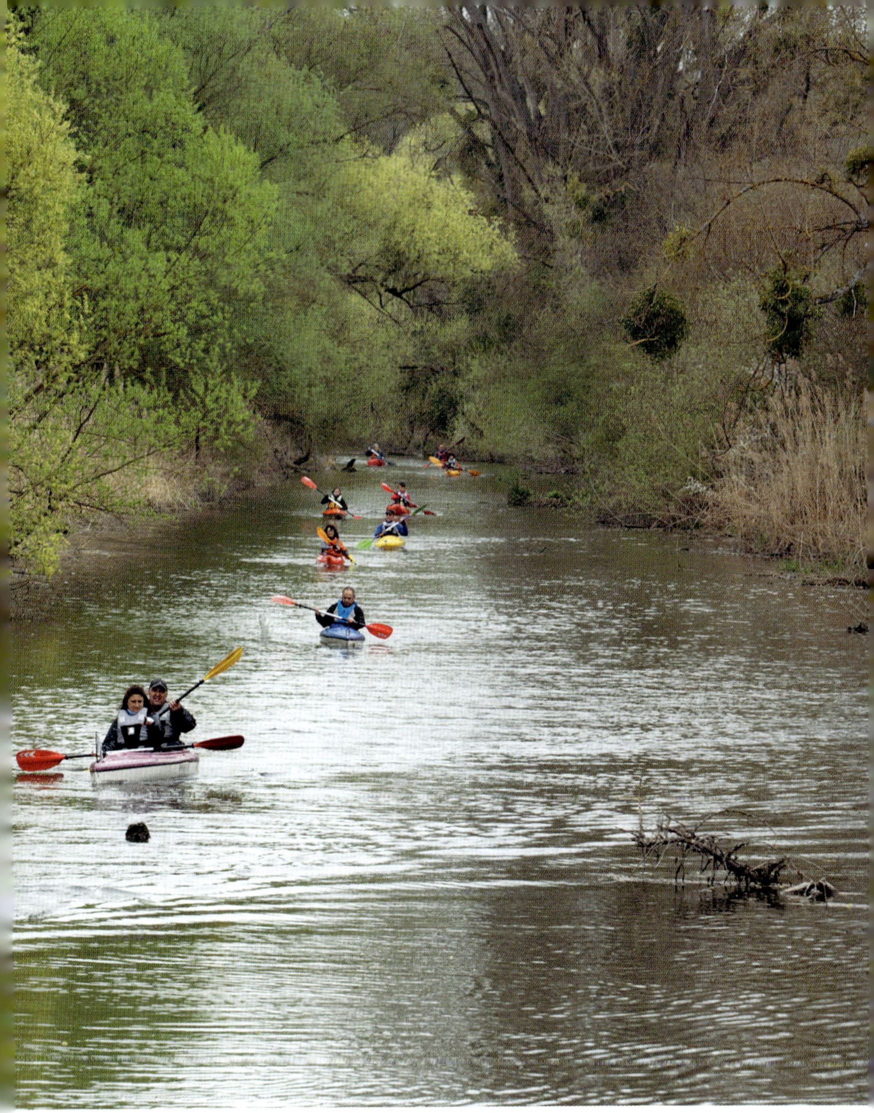

Auwald. Jetzt wandern wir über die Felder, kommen an einem ehemaligen Baggersee vorbei, in dem heute nur noch geangelt wird, und gelangen an seinem Ende wieder in den Auwald. Danach verlassen wir das Naturschutzgebiet Hördter Rheinaue und folgen geradeaus dem Wirtschaftsweg, der uns an alten nummerierten Obstbäumen vorbeiführt. Am Ende der Obstbaumreihe führt uns der Tulpenbaumweg rechts über die Felder zum Michelsbach. Schon von Weitem sehen wir auch hier die großen Misteln auf den Bäumen. Wir wandern links auf dem Feldweg am Michelsbach entlang zurück zum Wanderparkplatz in **Hördt ❶**.

Stichwortverzeichnis

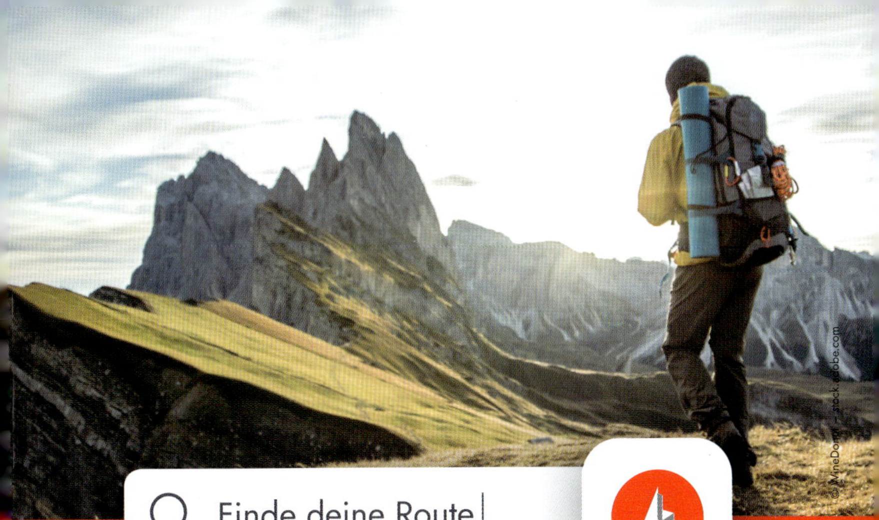

Impressum

Umschlagbild: Runder Hut und Rimbachtal im Pfälzerwald

Bild im Innentitel: Aussicht vom Hornstein im Pfälzerwald auf Lug

Bild S. 2: Burg Trifels bei Annweiler (Tour 28)
Bild S. 36/37: Ruine Wasigenstein (Tour 40)

Alle Fotos vom Autor, Foto auf Seite 31 mit freundlicher Genehmigung des Deutschen Zinnfigurenmuseums in Kulmbach.

Kartografie: 50 Wanderkärtchen im Maßstab 1:25.000 / 1:50.000 / 1:75.000
Geodaten © Open Street Map und Mitwirkende
Kartografisches Design: Freytag & Berndt, Prag, www.freytagberndt.cz
sowie 2 Übersichtskärtchen im Maßstab 1:400.000 und 1:1.000.000
© Freytag & Berndt, Wien

1. Auflage 2023

ISBN 978-3-7633-3299-1

FSC www.fsc.org MIX Papier aus verantwortungsvollen Quellen FSC® C021956

Wir freuen uns über jeden Korrekturhinweis zu diesem Wanderbuch!
Bitte per E-Mail an: **leserzuschrift@rother.de**

ROTHER BERGVERLAG · Keltenring 17 · D-82041 Oberhaching
Tel. +49 89 608669-0 · www.rother.de